Elogios a *A Grande Virada*

"*A Grande Virada* apresenta uma história instigante, devastadora e, em essência, profundamente esperançosa, que fornece uma estrutura para a nova conversação política, unificadora, de que nossa nação precisa tão desesperadamente. Uma leitura obrigatória para toda pessoa de consciência."

— Van Jones, diretor executivo,
The Ella Baker Center for Human Rights

"Que dádiva David Korten nos concedeu com este livro profético! Nesta bem escrita e completa história das crises da modernidade recente, Korten nos dá uma exame criteriosamente pesquisado, belamente fundamentado, de por que temos que nos afastar totalmente do poder e da riqueza imperiais e, em seu lugar, criar uma Comunidade da Terra. Esta é uma leitura obrigatória para ativistas, amantes de estudos americanos contemporâneos e criadores culturais."

— Paul H. Ray, coautor de *The Cultural Creatives*

"Utilizando história, psicologia, economia, espiritualidade e senso comum, Korten não apenas critica o dilema em que estamos como espécie, mas também nos mostra maneiras executáveis e funcionais de sairmos de nosso lamaçal. Ele criou uma realização brilhante — um chamado à compaixão, bem como um projeto para a sobrevivência. Este livro é um tipo de Bíblia para o século XXI, uma revelação de onde poderíamos viajar se tivermos a imaginação moral e a coragem para escolher e agir sabiamente."

— Matthew Fox, educador e teólogo,
autor de *Original Blessing* e *A New Reformation*

"Se você ler apenas um livro sobre como lidar com as ameaçadoras crises ecológica e social que defrontam a humanidade, que seja este! Korten se atraca sem medo com 'o grande quadro' e vai além de meramente diagnosticar o problema (o que faz com grande precisão), ao delinear um plano realista e positivo para de fato criar uma sociedade global justa e sustentável."

— David Cobb, candidato presidencial do
Partido Verde dos Estados Unidos, em 2004

"Korten conseguiu novamente — criou uma obra-prima de grande pensamento para nos ajudar a encontrar nosso caminho neste momento histórico de vida ou morte. Com analogias fascinantes, histórias intrigantes e análises eloquentes, Korten nos envolve e incentiva a acreditar que podemos cultivar e confiar no melhor de nós mesmos e, a despeito da hora avançada, escolher a vida."

— Frances Moore Lappé, autora de *Hope's Edge* e *Democracy's Edge*

"Em um momento em que o discurso político está obcecado com o imediatismo, Korten nos incita a parar e refletir sobre o que significa ser totalmente humano. Ao ler este livro rigoroso, o leitor é tocado por sua aura sagrada. A reflexão espiritual com profundas implicações econômicas e políticas demanda que nos mudemos com graça e dignidade para o novo espaço da equidade, dignidade e, acima de tudo, do amor permanente. No fim, que todos sejamos transformados."

— Reverendo Osagyefo Uhuru Sekou, autor de *Urbansouls*

"Este é o livro que precisava ser escrito. Entrelaçando padrões culturais, política, economia e história, Korten demonstra como a história dos Estados Unidos *não* é o modelo democrático que todos os políticos e autoridades 'recordam'. É, na verdade, um legado de poder e controle imperial. Chegou a hora de dar uma virada... Precisamos seguir adiante e permitir um tipo diferente de história!"

— Georgia Kelly, fundadora e diretora do Praxis Peace Institute

"Uma leitura obrigatória para todos os que aspiram criar um futuro humano positivo. Em *When Corporations Rule the World*, Korten chamou a atenção para a corrupção da globalização econômica guiada pelas corporações e ajudou a lançar um poderoso movimento de resistência global. Em *A Grande Virada*, ele diz que o flagelo da globalização econômica é apenas uma manifestação contemporânea de 5 mil anos de domínio das elites imperiais. É um livro prático, profundo e sábio, cheio de percepções novas e destinado a ser ainda mais influente do que as contribuições anteriores do autor."

— Anita Roddick, fundadora de *The Body Shop*

"*A Grande Virada* é suave, brilhantemente pesquisado, e cativante. Korten construiu uma história de esperança e percepção. Alerta aos democratas! Aqui está o projeto de uma visão que eles nasceram para proporcionar ao mundo. O fim inspira poeticamente. As coisas não estão perdidas, o mundo está verdadeiramente mudando e tudo o que precisamos fazer é nos impulsionar para a frente juntos."

— Dal LaMagna, fundador e ex-diretor executivo da Tweezerman

"*A Grande Virada* é uma obra-prima inspiradora e profunda que esclarece a importância política, social e cultural das visões de mundo contrastantes da física newtoniana materialista-mecanicista clássica e da física holística-quântica moderna. Korten aponta, de maneira eloquente, a necessidade de abandonar a plutocracia dominante orientada ao poder do Império em favor de uma Terra cooperativamente integrada, continuamente diversificadora e intensificadora da vida."

— Professor Hans-Peter Duerr, PhD.,
ex-diretor do Max-Planck-Institute for Physics, Munique;
vencedor do prêmio Nobel alternativo, 1987

"Com a majestade de um filme de George Lucas, o conto épico de Korten, que coloca a Comunidade da Terra contra o Império, entrelaça os grandes movimentos sociais de nossa época. Ele nos inspira neste ponto crucial da história para preencher nosso destino como seres humanos que amam, agem e pensam."

— Judy Wicks, proprietária do White Dog Cafe
e copresidente da Business Alliance for Local Living Economies (BALLE)

"Este é o livro que estávamos esperando! Ele proporciona o contexto e as histórias que estavam faltando, deixando-nos análises e soluções fragmentadas. A estrutura da história de 5 mil anos do Império é poderosa para abrir os olhos em relação à ponderação sobre a escravidão e a opressão."

— Jan Roberts, diretor do Earth Charter
USA Communities Initiatives

"Este é um livro de enorme importância, e enormemente impressionante! Imagino que ele atinja muito mais que apenas o público leitor de Korten."

— Raffi Cavoukian, cantor, autor,
defensor da ecologia e fundador da Child Honoring

"David Korten é um militante pela vida, a Terra e a comunidade. Este livro pioneiro apresenta o panorama de uma revolução e evolução do século XXI que pode inspirar o cidadão comum a agir e transformar o ativista em um corredor de longa distância."

— Grace Lee Boggs, coautora de
Revolution and Evolution in the 20th Century

"Jogue fora os ajustes tecnológicos de Thomas Friedman e Jeffrey Sachs e entre no mundo de Korten, onde as comunidades se organizam para assegurar seus direitos e construir um mundo melhor. Não conheço nenhum escritor que adote melhor a sabedoria de um espectro tão amplo de pensadores para criar uma nova compreensão, novas possibilidades, nova inspiração, nova esperança."

— John Cavanagh, diretor, Institute for Policy Studies;
membro do Fórum Internacional sobre a Globalização

"Este é de fato um livro espetacular. *A Grande Virada* apoia nosso processo evolutivo mais franco."

— Bill Kauth, cofundador de The ManKind Project,
e autor de *A Circle of Man*

"Brilhante. Desafiador. Inspirador. Prático. Espiritual. Inteligente. Mais uma vez David Korten nos desafia com sua análise aguçada e sabedoria elegante — um chamado claro para a transformação social sustentável e um convite oportuno para viver uma história diferente. Korten nos dá exatamente o que precisamos para lidar com nossa atual paralisia e medo. Leia este livro e seja inspirado a fazer a diferença."

— Reverendíssimo Bill Phipps,
ex-moderador da Igreja Unida do Canadá

"Inspirado por uma visão ética e espiritual irresistível, *A Grande Virada* argumenta de modo persuasivo que o século XXI apresenta à humanidade uma oportunidade única de romper com seu passado violento e criar um futuro pacífico, sustentável, participativo e justo. Nesta obra fundamental, David Korten habilmente combina análises culturais, psicológicas, sociais, econômicas e ecológicas e lança poderosas convocações às comunidades locais e à emergente sociedade civil global para que liderem a caminhada."

— Steven C. Rockefeller, copresidente,
Earth Charter International Steering

"David Korten conseguiu novamente!! Por meio de cuidadosas e meticulosas análises históricas, reflexões pessoais e demolição de mitos, *A Grande Virada* desafia os cidadãos americanos a um novo nível de consciência do que foi e do que pode ser. Uma leitura obrigatória!"

— Tanya Dawkins, fundadora/diretora
do Global-Local Links Project

"As ideias de David Korten são ferramentas, como picaretas e pás, que nos ajudam a escavar sob a superfície de nosso pessimismo e medo de mudança. O que encontramos é um âmago profundo de esperança para a Terra como nossa comunidade amada e a habilidade de adotar a *kuleana* (termo havaiano para "responsabilidade") individual e coletiva para nossas escolhas e suas consequências."

— Puanani Burgess, contador de histórias
e poeta havaiano

"David Korten apresentou um projeto claro para uma poderosa maioria emergente. Este livro vai nos ajudar a mudar os Estados Unidos para melhor."

— Dennis J. Kucinich,
Câmara dos Deputados dos Estados Unidos

"Ao mergulhar neste livro, você vai querer que todos que conhece o leiam. É uma fonte poderosa de inspiração e orientação para os que já estão se voltando para a Comunidade da Terra e pode ajudar os que estão embutidos nas instituições do Império a ver mais claramente as escolhas diante de si."

— Alisa Gravitz, diretora executiva da Co-op America

A Grande Virada

David C. Korten

A GRANDE VIRADA
Do Império Global à Comunidade da Terra

Tradução
PEDRO DA COSTA NOVAES
BRUNO COSTA

Editora Cultrix
SÃO PAULO

Título original: *The Great Turning*.

Copyright © 2006 People-Centered Development Forum.

Publicado mediante acordo com Berrett-Koehler Publishers, Inc., San Francisco, USA.

Todos os direitos reservados. Nenhuma parte desta obra pode ser reproduzida ou usada de qualquer forma ou por qualquer meio, eletrônico ou mecânico, inclusive fotocópias, gravações ou sistema de armazenamento em banco de dados, sem permissão por escrito, exceto nos casos de trechos curtos citados em resenhas críticas ou artigos de revistas.

A Editora Pensamento-Cultrix Ltda. não se responsabiliza por eventuais mudanças ocorridas nos endereços convencionais ou eletrônicos citados neste livro.

Coordenação editorial: Denise de C. Rocha Delela e Roseli de S. Ferraz

Preparação de originais: Denise Pessoa

Revisão de provas: Liliane Scaramelli

Dados Internacionais de Catalogação na Publicação (CIP)
(Câmara Brasileira do Livro, SP, Brasil)

Korten, David C.
    A grande virada : do Império global à Comunidade da Terra / David C. Korten ; tradução Pedro da Costa Novaes e Bruno Costa. — São Paulo : Cultrix, 2010.

    Título original: The great turning : from empire to Earty Community.
    ISBN 978-85-316-1069-1
    1. China — História — 1949-1976 2. Comunismo — China
I. Título.

10-04072   CDD-951

Índices para catálogo sistemático:
1. China : História 951

O primeiro número à esquerda indica a edição, ou reedição, desta obra. A primeira dezena à direita indica o ano em que esta edição, ou reedição, foi publicada.

Edição   Ano

1-2-3-4-5-6-7-8-9-10   10-11-12-13-14-15-16-17

Direitos de tradução para o Brasil
adquiridos com exclusividade pela
EDITORA PENSAMENTO-CULTRIX LTDA.
Rua Dr. Mário Vicente, 368 — 04270-000 — São Paulo, SP
Fone: 2066-9000 — Fax: 2066-9008
E-mail: pensamento@cultrix.com.br
http://www.pensamento-cultrix.com.br
que se reserva a propriedade literária desta tradução.

DEDICADO A

Minha avó paterna, Lydia Boehl Korten, que me ensinou que toda pessoa tem um propósito sagrado.

Meus pais, Ted Korten e Margaret Korten, que tornaram possível atender ao chamado.

Meu irmão, Robert Korten, que assumiu as responsabilidades familiares que abandonei.

Thomas Berry, Riane Eisler e Joanna Macy, de cuja inspiração, análise e linguagem eu me vali livremente ao formular a escolha humana prestes a acontecer.

Timothy Iistowanohpataakiiwa, que me iniciou na ancianidade em meu 65º aniversário e me ajudou a ver com mais clareza o caminho de meus anos de ancião.

E George W. Bush, cuja administração expôs totalmente a sombra imperialista da democracia americana, removeu a última das ilusões de minha inocência infantil, e me compeliu a escrever este livro.

Sumário

Agradecimentos	15
A Grande Virada	21
Prólogo: Em busca do possível	23

PARTE I: A ESCOLHA DO NOSSO FUTURO ... 43
1. A escolha ... 45
2. A possibilidade ... 58
3. O imperativo ... 74
4. A oportunidade ... 92

PARTE II: OS PESARES DO IMPÉRIO ... 109
5. Quando Deus era mulher ... 111
6. O Império antigo ... 127
7. O Império moderno ... 144
8. A experiência ateniense ... 160

PARTE III: ESTADOS UNIDOS, O PROJETO INCONCLUSO ... 175
9. Um começo infausto ... 177
10. A rebelião de poder do povo ... 189
11. A vitória do Império ... 200
12. A luta por justiça ... 221
13. O chamado para o despertar ... 238
14. As prisões da mente ... 259

PARTE IV: A GRANDE VIRADA ... 275
15. Para além do pai severo contra o relógio do envelhecimento ... 277
16. A jornada épica da Criação ... 291
17. As alegrias da Comunidade da Terra ... 305
18. Narrativas para uma nova era ... 326

PARTE V: O NASCIMENTO DA COMUNIDADE DA TERRA ... 337
19. A liderança da base ... 339
20. A construção de uma maioria política ... 351
21. A liberação do potencial criativo ... 366
22. Mude a história, mude o futuro ... 380

Notas	386
Sobre o autor	407

Agradecimentos

A Grande Virada reúne os muitos fios de minha jornada de compreensão, que começou há mais de 46 anos, no último ano da faculdade. Quase todos que tocaram minha vida desde então contribuíram de alguma forma para as reflexões que partilho nas páginas que seguem. Menciono aqui apenas aqueles que tive o privilégio de conhecer e me relacionar durante os mais de três anos que dediquei especificamente a escrever este livro, e que fizeram contribuições especiais ao meu pensamento.

Fran Korten, minha esposa e companheira de vida, participou de todos os aspectos de minha jornada e contribuiu em todos os passos da conceitualização e da escrita deste livro, inclusive com um minucioso tratamento editorial de cada capítulo. Ideias estruturais importantes vieram de Janine Benyus, Thomas Berry, Marcus Borg, Riane Eisler, Matthew Fox, Mae-Wan Ho, Marjorie Kelly, Frances Moore Lappé, Joanna Macy, Nicky Perlas, Paul Ray, Elisabet Sahtouris, Vandana Shiva, Meg Wheatley e Walter Wink. Sarah van Gelder trabalhou comigo na concepção e no projeto original.

Sou especialmente grato a Steve Piersanti, fundador e editor da Berrett-Koehler Publishers, por seu excepcional apoio em todos os aspectos da criação deste livro, da concepção inicial à produção final, e por sua total disponibilidade. Meus agradecimentos a toda a equipe da Berrett-Koehler pelo entusiasmo e o apoio que tornaram este projeto possível. Também sou grato pelo relacionamento duradouro com Krishna Sondhi e a equipe da Kumarian Press, com quem venho publicando desde 1983.

Danny Glover, Robert Jeffries e Belvie Rooks aumentaram minha consciência do papel central da raça na formatação da experiência americana. Raffi Cavoukian chamou minha atenção para o interesse universal pelas crianças como uma ponte potencial sobre a divisão política aparentemente irreconciliável entre conservadores e liberais. Larry Daloz, Sharon Parks, Elizabeth Pinchot, David Womeldorff e Donna Zajonc contribuíram todos para o meu entendimento dos estágios de desenvolvimento da consciência humana e suas amplas aplicações para realizar os potenciais da nossa natureza.

Colegas da redação e da direção da revista *YES!* serviram como minha principal comunidade intelectual durante a escrita deste livro. Entre os que ainda não foram mencionados e cuja contribuição merece menção específica estão Gar Alperovitz, Rod Arakaki, Dee Axelrod, Jill Bamburg, Richard Conlin, Kim Corrigan, Tanya Dawkins, Carol Estes, Kevin Fong,

Susan Gleason, Alisa Gravitz, Carolyn McConnell, Gifford Pinchot, Michael Ramos, Dan Spinner e Audrey Watson.

Colegas de dois outros grupos, a Business Alliance for Local Living Economies (BALLE) e o International Forum on Globalization (IFG), também proporcionaram importante suporte intelectual. Da BALLE, Laury Hammel, Michelle e Derek Long, Richard Perle, Don Shaffer, Michael Shuman e Judy Wicks. Do IFG, Debi Barker, John Cavanagh, Maude Barlow, Walden Bello, Robin Broad, Tony Clarke, Edward Goldsmith, Randy Hayes, Colin Hines, Martin Khor, Andrew Kimbrell, Jerry Mander, Helena Norberg-Hodge, Sara Larrain, Simon Retallack, Mark Ritchie, Vandana Shiva, Victoria Tauli-Corpuz e Lori Wallach.

Michelle Burkhart me assistiu dedicada e incansavelmente nos estágios iniciais da escrita como estagiária voluntária de pesquisa. Mark Dowie, Tom Greco, Todd Manza, Gabriela Melano, Ted Nace e Hilary Powers forneceram *feedbacks* preciosos como parte do processo editorial da Berrett-Koehler. Doug Pibel contribuiu com seu gênio editorial na revisão final do manuscrito. Uma combinação de competência profissional e estilo cooperativo tornou uma alegria especial trabalhar com Karen Seriguchi como copidesque.

Peter Bower, Susan Callan, Riane Eisler, Robert Erwin, Matthew Fox, Bill Kauth, Eric Kuhner, Don MacKenzie, Sue McGregor, Bill Phipps, Marcus Renner, Elisabet Sahtouris, Roger Simpson, Melissa Stuart e Lama Tsomo forneceram um *feedback* bastante proveitoso como retorno dos rascunhos iniciais. Medea Benjamin, David Cobb, John Cobb Jr., Kevin Danaher, Hans-Peter Duerr, Thom Hartmann, Bob Hasegawa, Jim Hightower, Georgia Kelly, Dal LaMagna, Dan Merkle, Anita Roddick, Juliet Schor, Tom Thresher e Linda Wolf contribuíram com ideias e inspiração.

Carolyn North organizou um seminário para convidados com apoio do Whidbey Institute, que resultou num *feedback* inestimável de um rascunho inicial por Skye Burn, Ellen Camin, Doug Carmichael, Elizabeth Davis, Halim Dunsky, Kurt Hoelting, Stephanie Ryan, Marilyn Saunders e Bob Stilger. Sharon Parks conduziu a discussão e Larry Daloz foi o relator.

Também recebi inspiração de amigos e colegas com quem tive diálogos particularmente significativos ao longo de uma série de retiros cujo tema era o Estado do Possível organizada pela Positive Futures Network para líderes voltados para o futuro. Entre eles estão Sharif Abdullah, Rebecca Adamson, Brahm Ahmadi, Nane Alejandrez, Negin Almassi, Carl Anthony, Kenny Ausubel, Rachel Bagby, John Beck, Juliette Beck, Edget Betru, Grace Boggs, Yelena Boxer, Chuck Collins, Susan Davis, John de Graaf, Drew Dellinger, Brian Derdowski, Yvonne Dion-Buffalo, Cindy Domingo, Ronnie

Dugger, Mel Duncan, Sheri Dunn Berry, Mark Dworkin, Malaika Edwards, Jim Embry, Chris Gallagher, Bookda Gheisar, Tom Goldtooth, Sean Gonsalves, Sally Goodwin, Elaine Gross, Herman Gyr, Han-shan, Rosemarie Harding, Vincent Harding, Debra Harry, Paul Hawken, Pramila Jayapal, Don Hazen, Francisco Hernandez, Francisco Herrera, Cathy Hoffman, Melvin Hoover, Ellison Horne, Thomas Hurley, Timothy Iistowanohpataakiiwa, Verlene Jones, Don Kegley, Peter Kent, Dennis Kucinich, Wallace Ryan Kuroiwa, Meizhu Lui, Carolyn Lukensmeyer, Marc Luyckx, Melanie MacKinnon, Jeff Milchen, John Mohawk, Bill Moyer, Charlie Murphy, Eric Nelson, Nick Page, Susan Partnow, Nicole Pearson, Nick Penniman, Kelly Quirke, Jamal Rahman, Paul Ray, Joe Reilly, Anita Rios, Michele Robbins, Ocean Robbins, Jan Roberts, Vicki Robin, Shivon Robinsong, Jonathan Rowe, Peggy Saika, Osagyefo Uhuru Sekou, Priscilla Settee, Ron Sher, Nina Simons, Alice Slater, Mark Sommer, Linda Stout, Dan Swinney, Clayton Thomas-Müller, Barbara Valocore, Roberto Vargas, John Vaughn, Sara Williams, Ray Williams, Akaya Windwood e Melissa Young.

Este livro foi pesquisado e escrito como um projeto do People-Centered Development Forum (PCDForum), uma aliança informal de organizações e ativistas dedicados à criação de sociedades sustentáveis, inclusivas e justas por meio da ação cidadã voluntária. O PCDForum é uma organização puramente voluntária que não paga salários. Não recebi nenhuma compensação pessoal de nenhuma fonte para a preparação deste livro, e os *royalties* da venda dos livros irão para o PCDForum para apoiar seu trabalho permanente. As opiniões expressas neste livro são minhas e não representam necessariamente a de nenhuma das pessoas mencionadas, nem do PCDForum, nem de nenhuma outra organização a que eu seja filiado. Estendo meu mais profundo apreço a todos os muitos amigos e colegas que ajudaram a tornar este projeto possível e peço desculpas àqueles a quem porventura tenha deixado de agradecer.

David C. Korten
www.davidkorten.org
www.greatturning.org
www.developmentforum.net

Estamos em um momento crucial da história da Terra, uma época em que a humanidade precisa escolher seu futuro. À medida que o mundo fica mais interdependente e frágil, o futuro guarda ao mesmo tempo grandes perigos e grandes promessas. Para seguir adiante precisamos reconhecer que no meio de uma magnífica diversidade de culturas e formas de vida somos uma família humana e uma Comunidade da Terra com um destino comum. Precisamos nos unir para construir uma sociedade global sustentável fundamentada no respeito pela natureza, nos direitos humanos universais, na justiça econômica e numa cultura de paz. Visando este fim, é imperativo que nós, os povos da Terra, declaremos nossa responsabilidade pelo outro, pela comunidade maior da vida e pelas gerações futuras.

CARTA DA TERRA, 2000

A Grande Virada

As gerações futuras, se ainda lhes restar um mundo onde se possa viver, olharão para trás, para a transição crucial que estamos fazendo rumo a uma sociedade sustentável. E poderão muito bem chamar esta época de "A Grande Virada".[1]

Joanna Macy

Como nossos filhos e os filhos de nossos filhos chamarão nossa época? Falarão, com raiva e frustração, dos tempos do Grande Desfecho, quando o consumo desenfreado causou uma onda de ecossistemas esgotados, uma violenta disputa pelo que restou dos recursos do planeta, uma queda dramática na população mundial, a desintegração daqueles que permaneceram enclausurados em domínios beligerantes governados por soberanos cruéis?

Ou olharão para trás, numa celebração de alegria, para o nobre tempo da Grande Virada, quando seus antepassados transformaram a crise em oportunidade, acolheram o potencial superior de sua natureza humana, aprenderam a viver em parceria criativa uns com os outros e com a Terra viva, e criaram uma nova era de possibilidades?

A premissa de *A Grande Virada: Do Império Global à Comunidade da Terra* é que nós, seres humanos, nos encontramos num momento decisivo, que nos apresenta uma escolha irrevogável. Nossa resposta coletiva determinará como nossa época será lembrada enquanto a espécie humana sobreviver. Nesses dias, agora iminentes, devemos todos estar cientes de que cada escolha coletiva e individual que fizermos é um voto para o futuro que nós, desta época, legaremos às gerações vindouras. *A Grande Virada* não é uma profecia, é uma possibilidade.

PRÓLOGO

Em busca do possível

> *O homem, quando ingressou na vida, deu-lhe o Pai as sementes de cada tipo e todo modo de vida possível. Seja qual for a semente que o homem plante e cultive, ela crescerá e produzirá para ele seus frutos.*
>
> Giovanni Pico della Mirandola, 1486

> *A diferença entre o que fazemos e o que somos capazes de fazer bastaria para a solução da maioria dos problemas do mundo.*
>
> Mohandas K. Gandhi

Em 1995, observei no prólogo de *When Corporations Rule the World* que em todos os lugares onde estive notei que as pessoas comuns tinham uma sensação quase universal de que as instituições das quais elas dependiam haviam falhado. O aumento da pobreza e do desemprego, da desigualdade, crimes violentos, desagregação familiar e deterioração ambiental, tudo isso contribuiu para um medo crescente do que o futuro pode nos reservar.

Comparada com os dias de hoje, aquela época parece boa. O choque financeiro que varreu a Ásia, a Rússia e a América Latina no final da década de 1990, a bolha do mercado de ações que estourou nos primeiros dias do século XXI e a onda contínua de escândalos financeiros no meio corporativo chamaram a atenção para a corrupção das instituições da economia global muito mais do que eu havia documentado em 1995.

Os especialistas continuam a falar com otimismo sobre crescimento econômico, aumento do emprego e alta no mercado de ações; ainda assim famílias trabalhadoras, mesmo com duas fontes de renda, acham cada vez mais difícil fazer o dinheiro cobrir as despesas e afundam cada vez mais em dívidas, pois os custos com saúde e moradia decolam para além do alcance. Dizem-nos que como nação não podemos mais arcar com o básico que tínhamos como certo, como empregos de salário mínimo com benefícios, uma educação de qualidade para nossos filhos, redes de saúde e segurança para os pobres, proteção para o ambiente, parques, fundos públicos para as artes e transmissões públicas, e pensões para os idosos. Os economistas dizem que estamos ficando mais ricos, contudo a experiência diária conta uma história diferente. Enquanto isso encaramos o terrorismo global, aumentos rápidos nos preços do petróleo, eventos climáticos cada vez mais violentos, o déficit comercial americano em rápido crescimento, e o dólar americano em queda.

Falar do fim dos tempos está na moda. Livros sobre o Armagedom bíblico e o retorno iminente de Cristo para levar os crentes ao paraíso são vendidos às dezenas de milhões nos Estados Unidos. As principais revistas econômicas trazem matérias de capa sobre o fim do petróleo. O Pentágono se uniu aos ambientalistas no esforço de alertar sobre as consequências potencialmente apocalípticas da mudança climática.

Um dos comentários mais frequentes que recebi dos leitores de *When Corporations Rule the World* foi que o livro deu a eles uma sensação de esperança. Fiquei surpreso no início, porque documentar as causas sistêmicas da desigualdade, destruição ambiental e desintegração do tecido social cada vez maiores fora para mim uma experiência decididamente deprimente. Ainda assim, muitos leitores comentaram que, ao proporcionar uma análise que explicava a causa das dificuldades que estavam vivendo e demonstrar que é possível para as sociedades humanas tomar outro rumo, *When Corporations Rule the World* lhes trouxe esperança de que as coisas pudessem ser diferentes.

À medida que a crise continuou a se intensificar, percebi que as questões que abordei em *When Corporations Rule the World* são uma manifestação contemporânea de padrões históricos muito mais profundos, e que mudar o rumo vai exigir muito mais do que deter corporações globais responsáveis pelas consequências ambientais e sociais de suas operações. Este livro examina esses padrões mais profundos. Ele não oferece respostas simples a 5 mil anos de caminho errado na trajetória humana, mas deixa claro que o caminho errado não é inevitável e que agora faz parte dos recursos da espécie humana a possibilidade de escolher um caminho prático para um futuro mais positivo. Consequentemente, espero que no geral os leitores considerem *A Grande Virada* um livro ainda mais esperançoso do que *When Corporations Rule the World*.

Como fiz em livros anteriores, quero introduzir as questões que vamos explorar juntos, partilhando com o leitor os contornos da jornada que realizei, da inocência do meu crescimento até minha atual compreensão da oportunidade épica que se apresenta diante da nossa espécie.

CRESCER NUM PLANETA QUE ENCOLHE

Sou membro de uma geração transicional que viveu as profundas consequências políticas, econômicas e culturais de uma revolução nas comunicações que encolheu o planeta e removeu as barreiras da geografia que há muito separavam os seres humanos em ilhas de isolamento cultural. Essa revolução está produzindo uma nova consciência da realidade de que somos um povo partilhando um destino em um pequeno planeta. A história do meu despertar pessoal está longe de ser única entre os membros da minha geração.

Geração transicional

Nascido em 1937, cresci branco, classe média, e essencialmente conservador em uma pequena cidade no canto noroeste dos Estados Unidos, cercado por uma família estendida de tios, tias e avós. Raramente via alguém de raça diferente e nunca encontrei um muçulmano, hindu ou budista. Presumia, como minha família, que ao completar a faculdade eu voltaria à minha cidadezinha natal para passar a vida tocando o negócio da família. Tinha pouco interesse em viajar além de visitar as montanhas e o litoral próximos e, até pouco antes da graduação na faculdade, achava meio estranho que qualquer pessoa abençoada com a cidadania americana quisesse se aventurar para além de nossas fronteiras nacionais. Nunca, nem em uma fantasia fugaz, imaginei que como adulto iria residir e trabalhar por mais de vinte anos na África, América Latina e Ásia.

A diferença entre minha experiência de crescer e a de minhas filhas ilustra o dramático encolhimento do planeta e a transformação da experiência humana que ocorreu em um período de menos de quarenta anos. Quando minhas filhas se formaram no ensino médio, tinham vivido na Nicarágua, Filipinas, Indonésia e Estados Unidos, e frequentado escolas internacionais com colegas de origens raciais, culturais e religiosas ricamente variadas de mais de sessenta países. Elas cresceram como itinerantes, muito distantes dos parentes de sangue, com exceção dos pais. Durante os anos do ensino médio, não viam nada de mais em viajar sozinhas entre a Indonésia e os Estados Unidos com uma parada na Coreia do Sul, onde poucas pessoas falam inglês, para fazer algumas compras. Mesmo antes de se formarem no colégio, tinham uma consciência global e habilidades para lidar com diferenças culturais que iam muito além da minha compreensão, pois cresci em uma época em que viagens internacionais eram lentas, proibitivamente caras e incomuns.

Intercâmbios estudantis em larga escala, programas de serviço voluntário e carreiras internacionais em organizações governamentais, não governamentais e de negócios transnacionais agora proporcionam a milhões de pessoas encontros interculturais constantes e profundos. Desde o início dos anos 1990, as tecnologias de internet tornaram as comunicações internacionais instantâneas e quase sem custo, abrindo possibilidades para formas ainda mais variadas de troca e cooperação internacional.

Do ponto de vista evolutivo, essa foi uma ruptura virtualmente instantânea com a condição humana anterior. Ela cria novos desafios à medida que expande em ordem de grandeza as possibilidades de nossa espécie. Eis a história de como vivi essa ruptura.

Da cidade natal à aldeia global

Em 1959, estudante do último ano de psicologia, deparei com a exigência de assistir a um seminário fora do meu campo principal de estudo. Fiquei atraído por um sobre revoluções modernas ministrado por Robert North, um renomado professor de ciência política. Parecia uma boa oportunidade para aprender algo sobre as revoluções comunistas, que, em minha mente conservadora, representavam uma ameaça ao modo de vida americano. No decorrer do seminário, aprendi que as revoluções comunistas ocorreram devido ao desespero dos pobres. À medida que absorvia as informações, tomei uma decisão que mudou minha vida: iria dedicar o meu tempo a partilhar os segredos do sucesso político e econômico dos Estados Unidos para que os pobres do mundo pudessem se tornar livres e prósperos como os americanos e assim abandonar ideias de revolução.

A experiência subsequente de trabalhar por cerca de trinta anos como membro do *establishment* de desenvolvimento internacional mudou profundamente minha visão de mundo. Tinha ido ao exterior para ensinar. Mas o que aprendi — sobre mim mesmo, meu país e a tragédia humana da possibilidade não realizada — teve muito mais consequências do que aquilo que ensinei. Essencialmente, percebi que precisava voltar à minha terra natal para partilhar com meu povo as lições do meu encontro com o mundo.

Em 1992, eu e Fran, minha esposa e parceira na vida, nos mudamos para Nova York. Fran continuou seu trabalho na Ford Foundation, e eu comecei a pesquisa que levou à publicação, em 1995, de *When Corporations Rule the World*.[1]

Mantenho até hoje minha desconfiança conservadora com relação ao grande governo. Agora, contudo, desconfio também dos grandes negócios e das grandes finanças. Continuo criticando as deficiências dos sindicatos e programas de bem-estar social, mas tenho uma apreciação bem maior de seu papel essencial e positivo em proteger os direitos e o bem-estar de pessoas normalmente indefesas no mundo endurecido dos grandes negócios e finanças globais.

Apesar de continuar firme no amor por meu país e suas possibilidades, não vejo mais os Estados Unidos com os olhos da inocência.Vi em primeira mão o impacto devastador que as políticas militares e econômicas do governo americano tiveram sobre a democracia, a justiça econômica e a sustentabilidade ambiental, tanto em casa como no exterior. Essa experiência também me levou a uma compreensão de que a liderança para criar um mundo que funcione para todos pode e precisa vir de baixo para cima, por meio do trabalho criativo e do ativismo político das pessoas comuns, que conhecem por experiência própria as consequências dessas políticas.

Portanto, na maioria dos aspectos, continuo a me alinhar com o que cresci acreditando serem valores conservadores. Ainda assim, percebo que não tenho nada em comum com os extremistas de direita, que propõem uma plataforma de bem-estar de classe, irresponsabilidade fiscal, intrusões governamentais na liberdade pessoal e aventureirismo militar internacional inconsequente como causas conservadoras.

A TRAGÉDIA DO POTENCIAL NÃO REALIZADO

Muito de minha vida profissional foi devotado a uma pesquisa sobre a tragédia do potencial humano não realizado. Em diferentes ambientes, percebi uma tendência persistente em organizações formais — públicas ou privadas — para centralizar o controle em benefício da ordem e da previsibilidade. Isso é tão predominante que muitos encaram como natural ou inevitável.

Os custos da oportunidade perdida vieram à baila para mim no começo dos anos 1970, quando Fran e eu nos envolvemos em um projeto para melhorar a administração de programas de planejamento familiar com base em clínicas na América Central. Procedimentos e estruturas organizacionais eram ditados por conselheiros estrangeiros empregados por agências de ajuda humanitária ou por profissionais nas matrizes nacionais — dos quais nenhum tinha contato com as mulheres a que o programa visava atender. O resultado foi um desempenho incrivelmente pobre do programa, medido pelo número de mulheres atendidas, o moral da equipe e a satisfação dos clientes.

Em contraste, a clínica com melhor desempenho que identificamos tinha uma enfermeira corajosa e inovadora que ignorava os procedimentos formais e se concentrava na organização dos serviços de modo que fossem convenientes para os clientes e eficazes com relação às suas necessidades. A equipe e o programa prosperaram.[2] Infelizmente, casos assim eram enfaticamente desencorajados pelos dirigentes do programa.

Fran e eu depois observamos as mesmas consequências devastadoras no Sudeste Asiático — no serviço de saúde, na extensão agrária, na irrigação, na administração florestal, na reforma agrária, na educação e no desenvolvimento da comunidade. Os programas visavam atender aos substanciais recursos materiais e humanos mal aproveitados para nenhum fim útil. Ainda mais alarmante era a frequente interrupção da habilidade dos aldeãos e suas comunidades de controlar e administrar os próprios recursos para atender a suas necessidades.

Por exemplo, pequenos agricultores em toda a Ásia por muitos séculos se reuniram para construir e administrar seus sistemas de irrigação, dos quais alguns são maravilhas da inventividade da engenharia e da eficiência operacional. Ainda assim, quando os programas do governo fizeram o inventário da capacidade de irrigação, contaram apenas os sistemas de irrigação construídos pelo próprio governo. Então começaram a substituir os sistemas construídos e administrados pelas aldeias por sistemas mais caros, menos eficientes, com administração centralizada. Em geral os novos sistemas eram financiados por empréstimos de muitos milhões de dólares do World Bank e do Asian Development Bank, que um dia seriam cobrados dos filhos dos lavradores por meio de impostos.

No esforço de demonstrar as possibilidades de uma abordagem que reforçasse o controle local, Fran e eu nos envolvemos em uma intervenção de dez anos para transformar a Administração de Irrigação Nacional Filipina (NIA) de uma burocracia de engenharia de cima para baixo em uma organização de serviços que atendesse às necessidades organizacionais e técnicas das associações de irrigação das comunidades. O processo envolveu a transformação das estruturas, procedimentos, propósito, equipes e capacidades da NIA para mudar seu enfoque de implementar procedimentos de interferência para trabalhar com os lavradores como parceiros para resolver os problemas. Os resultados desencadearam o potencial criativo tanto dos lavradores como da equipe de intervenção, melhoraram o desempenho da irrigação, elevaram o moral da equipe, reforçaram o controle e a democracia locais, e resultaram em um uso mais eficiente dos recursos públicos. A estratégia de intervenção tornou-se um modelo para iniciativas subsequentes da Ford Foundation em todo o mundo.[3]

Durante os quinze anos que vivemos na Ásia, Fran e eu vimos a mesma lição se manifestar repetidas vezes. Quando o poder reside no povo e nas comunidades, a vida e a inovação prosperam. Quando o poder está centralizado em agências governamentais ou corporações distantes, a vida é sugada da comunidade, e os serviços são organizados para atender às necessidades e conveniências dos provedores. Os que tomam as decisões prosperam, e o povo local sofre as consequências. Começamos a perceber o que testemunhávamos como parte de um padrão recorrente. Também percebemos que o poder e a autoridade serem centralizados ou descentralizados é uma questão de escolha.

A centralização da autoridade raramente era consequência de má intenção. Na maior parte das vezes as pessoas estavam simplesmente fazendo seu trabalho, inconscientes das consequências de suas ações. Se as coisas iam mal, supunha-se que o problema era local, provavelmente uma falha em seguir os procedimentos prescritos. Treinamento e controles mais firmes para assegurar a conformidade eram as soluções-padrão — afirmando assim a habilidade e a autoridade dos detentores do poder central e a incapacidade dos que estão submetidos a ele.

Mais tarde vim a perceber como esse padrão é utilizado à exaustão em todos os níveis do sistema. Vi que o sistema de ajuda humanitária estrangeira em si transfere o controle para as burocracias globais situadas a meio mundo de distância das necessidades das pessoas a que supostamente devem atender, que as instituições da economia global transferem o poder de decisão das pessoas e das comunidades para corporações e financistas que não têm conhecimento das consequências ambientais e sociais de suas decisões. Enfim, vi o mesmo padrão sendo utilizado à exaustão em toda parte no planeta, em todos os níveis de organização.

No final dos anos 1980, com a ajuda de astutos colegas de uma série de organizações não governamentais (ONGS) asiáticas, comecei a ver o quadro mais amplo do modo como as agências oficiais de ajuda humanitária, mesmo que sem intenção, minam ativamente o controle e a capacidade locais. Mesmo a maioria dos líderes das ONGS não estavam sintonizados com essas questões maiores.

Em 1990, vivendo em Manila, juntei-me a uns poucos colegas filipinos mais próximos para fundar o Fórum de Desenvolvimento Centrado nas Pessoas, cujo objetivo era servir como uma rede de apoio mútuo para um bando de ativistas dispersos, muitas vezes sitiados, envolvidos em aumentar a consciência pública das consequências das políticas oficiais de ajuda humanitária. Quanto mais longe levávamos nossa análise, mais evidente ficava que, longe de ser o benfeitor global que uma vez supus que fossem, os Estados Unidos eram o principal impulso por trás do que vim a reconhecer como um modelo de desenvolvimento profundamente destrutivo e antidemocrático.

Uma conversa com um colega da Índia, Smitu Kothari, resumiu tudo. Ele sugeriu educadamente que seria melhor se eu servisse à causa de melhorar as condições de vida dos pobres da Ásia voltando aos Estados Unidos e me dedicando a educar meu próprio povo sobre as consequências para o mundo das políticas mal orientadas do nosso governo. Ao refletir e consultar outros colegas asiáticos, percebi que ele estava certo. Foi outro grande ponto de virada em minha vida.

A RESISTÊNCIA À GLOBALIZAÇÃO ECONÔMICA CONDUZIDA PELAS CORPORAÇÕES

Quando Fran e eu nos mudamos para Nova York, em 1992, me dediquei a partilhar as lições de minha experiência com meus compatriotas. Nessa época, eu estava ficando cada vez mais consciente de em que medida políticas econômicas normalmente consideradas perversas serviam a interesses corporativos. Viver em um apartamento bem ao lado da Union Square, entre a Madison Avenue e a Wall Street, provou ser uma localização ideal para concentrar minha atenção na conexão corporativa. Foi lá que escrevi *When Corporations Rule the World*.

Em 1994, aceitei um convite para participar de um encontro internacional de ativistas interessados em questões de comércio e investimento global. Em seguida participamos do Fórum Internacional sobre a Globalização (IFG), uma aliança dedicada a aumentar a consciência global de que acordos de "comércio" promovidos pelas corporações globais tinham menos a ver com o livre-comércio do que com liberar as corporações da responsabilidade de prestar contas publicamente. Esses acordos tiravam de modo sistemático das comunidades, e até das nações, a habilidade de determinar suas próprias prioridades sociais e econômicas, e deixavam as decisões para os financistas globais, executivos de empresas e advogados do comércio.

When Corporations Rule the World foi publicado em outubro de 1995, num momento auspicioso. Havia uma sensação crescente nos Estados Unidos de que alguma coisa estava errada no mundo. Na mente da população estavam frescas histórias de executivos de empresas levando para casa bônus de muitos milhões de dólares por despedir milhares de trabalhadores e terceirizar suas funções para estabelecimentos com péssimas condições de trabalho no México, na Indonésia e outros países com mão de obra barata. *When Corporations Rule the World* fez as ligações entre esses fatores e forneceu a análise que muitos procuravam. De repente me vi como um importante personagem de um movimento emergente de resistência global.

As 50 mil pessoas que tomaram as ruas de Seattle para protestar contra a Organização Mundial do Comércio e interromper seus processos secretos de negociação deram visibilidade pública ao movimento e transmitiram a mensagem de que os cidadãos comuns não são tão impotentes como poderia parecer diante do rolo compressor corporativo. A partir daí, quase todas as vezes que as elites corporativas e seus subordinados legais se encontravam para burlar a democracia por meio de acordos de comércio internacionais, eram confrontados por maciços protestos de rua. A resposta muitas vezes violenta da polícia despertou muitas mentes para a realidade histórica de que, apesar da retórica da democracia, quando o direito de propriedade entra em conflito com os direitos do povo, o poder policial do governo normalmente se alinha com o direito de propriedade.

Minha crença no poder de uma consciência humana despertada vem de minha participação na construção de um movimento de resistência global que — em pouco mais de dez anos — cresceu de fugazes conversas entre uns poucos mas dedicados ativistas marginais a um movimento capaz de desafiar algumas das mais poderosas instituições do mundo. Essa experiência é uma fonte fundamental de minha esperança no futuro humano e de minha crença em que a mudança, se vier, virá por meio da liderança de milhões de pessoas criando uma nova realidade institucional e cultural de baixo para cima.

DEVE HAVER UM SIM PARA TODO NÃO

Eu havia percebido já no começo dos anos 1980 que as críticas dos modelos de desenvolvimento convencionais orientados para o crescimento da década anterior haviam influenciado a retórica do desenvolvimento, mas não a prática. Os profissionais quase inevitavelmente recaíam na estrutura de uma teoria desacreditada porque não tinham outra teoria para guiá-los.

Em termos simples, a teoria subjacente à globalização econômica conduzida pelas corporações estabelece que o progresso humano é mais bem desenvolvido desregulamentando os mercados e eliminando as fronteiras econômicas para deixar que as forças incontidas do mercado determinem as prioridades políticas, distribuam os recursos e dirijam o crescimento econômico. Soa como descentralização, mas na realidade é bem diferente. Um mercado sem regras e fronteiras aumenta a liberdade dos jogadores mais fortes e economicamente mais poderosos de se tornarem ainda mais fortes à custa da liberdade e do direito de autogestão do povo e das comunidades. Corporações e mercados financeiros tomam as decisões e colhem os lucros.

Deixam às comunidades o fardo de lidar com os crescentes custos ambientais e humanos.

Esses custos despertaram milhões de pessoas para a realidade de que a saúde de uma comunidade depende em medida substancial de sua habilidade para estabelecer as próprias prioridades econômicas e controlar os próprios recursos econômicos. Comunidades fortes e suficiência material são a verdadeira fundação da prosperidade e da segurança econômica e uma fonte essencial de significado. Protestos de rua são uma resposta a esse despertar. O apelo de reforma das estruturas legais corporativas são outra. Menos visível mas ainda mais importante é o compromisso crescente de reconstruir economias locais e comunidades de baixo para cima.

Tais esforços de baixo para cima podem parecer vãos quando se luta contra a maré — até que se começa a reconhecer que estão brotando em toda parte, em todas as esferas da vida, inclusive na cultural e na política, demonstrando por resultados que um mundo diferente é possível. Tornar essas demonstrações mais visíveis é acelerar o despertar de uma nova consciência do possível e assim encorajar ainda mais as iniciativas locais.

Com isso em mente, Sarah van Gelder e eu nos juntamos a outros colegas em 1996 para fundar a Positive Futures Network (PFN), que publica *YES! A Journal of Positive Futures*, para contar as histórias de empreendedores sociais criativos, num esforço para acelerar o despertar dessa consciência, ajudar as pessoas a se envolver e facilitar a formação de novas alianças. Desde então tenho colaborado como um dos diretores. Sarah formou a organização, assumiu o papel de editora executiva, e mais tarde convidou Fran para ser diretora executiva e editora-geral. Em 1998, nos mudamos de Nova York para Bainbridge Island, em Puget Sound, no Estado de Washington, onde estão sediados os escritórios da PFN.

YES! se tornou um recurso valioso para os envolvidos no trabalho de parto da era da Comunidade da Terra e é uma ótima fonte de informação para os leitores de *A Grande Virada* que queiram se manter atualizados com os novos desenvolvimentos e encontrar novos aliados e maneiras de se envolver nesse esforço. Está disponível na internet no endereço www.yesmagazine.org.

Economias locais vivas

Ainda antes de terminar de escrever *When Corporations Rule the World*, eu estava ciente de que simplesmente restringir o excesso corporativo não era uma solução adequada para as questões que havia identificado. Os protestos poderiam retardar o dano, mas a mudança real dependeria da articulação de uma alternativa instigante à economia global planejada e administrada pelas corporações e direcionada para o lucro. Parecia que sistemas vivos saudáveis poderiam oferecer percepções úteis. Ainda assim, a biologia convencional, que procura explicar a vida em termos de mecanismos materiais e presume que uma competição pela sobrevivência dos mais aptos é a chave do progresso evolutivo, oferecia poucos recursos de utilidade evidente.

Então conheci duas mulheres extraordinárias — a microbióloga Mae-Wan Ho e a bióloga evolucionista Elisabet Sahtouris. Ambas estavam levando o estudo da vida a um nível profundo que revela que a vida é fundamentalmente um empreendimento auto-organizador, localmente enraizado, cooperativo, no qual cada organismo individual está continuamente equilibrando interesses individuais e do grupo.[4] Era o modelo natural que eu estava procurando. A vida aprendeu, em bilhões de anos, as vantagens da auto-organização localmente enraizada e cooperativa. Talvez os seres humanos pudessem ser capazes de fazer o mesmo.

Tais percepções são uma chave para reconhecer que há uma alternativa democrática, com base no mercado e que serve à comunidade para a escolha desagradável entre uma economia socialista centralizada e administrada pelo governo e uma economia capitalista centralizada e administrada por uma classe de elite de financistas ricos e executivos de empresas. A distinção fundamental entre uma economia capitalista e a alternativa de mercado é que uma economia de mercado apropriada opera com regras, fronteiras e propriedade local equitativa sob a supervisão pública de governos democraticamente responsáveis por prestar contas. Explico isso em detalhes em *The Post-Corporate World: Life after Capitalism* publicado em março de 1999.

Nesse mesmo ano, juntei-me a um comitê de projetos do Fórum Internacional sobre a Globalização encarregado de produzir o relatório consensual "Alternatives to Economic Globalization", organizado por John Cavanagh e Jerry Mander. Publicado pela primeira vez em 2002 e relançado em edição atualizada e expandida em 2004, esse relatório estabelece uma abrangente estrutura institucional e de diretrizes para um sistema econômico global de mercado, democrático e com base na propriedade e controle locais.

Mudança por meio da emergência

Eu ainda estava em conflito, contudo, em relação a como promover a transição de uma economia global conduzida pelas corporações a um sistema planetário de economias locais vivas conduzidas pelas comunidades. No início de 2001 assisti a uma conferência no Esalen Institute da qual participaram Sahtouris e Janine Benyus, bióloga e uma das principais proponentes do biomimetismo. Ambas observaram que os processos de sucessão natural pelos quais os ecossistemas florestais evoluem oferecem um modelo potencial para a transformação econômica. O primeiro estágio do desenvolvimento de um sistema florestal, o de colonização, é dominado por espécies transitórias, agressivamente competitivas e de rápido crescimento que são no fim desalojadas pela emergência das espécies com maior eficiência energética, mais assentadas, cooperativas e pacientes que definem a fase madura.

Esse modelo apontava para uma estratégia de mudança por meio do surgimento e desalojamento. Esses conceitos de sistema vivo definiram a premissa estratégica subjacente da Business Alliance for Local Living Economies (BALLE), que foi fundada no mesmo ano por Laury Hammel e Judy Wicks, dois empresários fervorosamente comprometidos com a ideia de que o verdadeiro propósito definidor dos negócios é servir à vida e à comunidade.

Logo as iniciativas econômicas locais por todos os Estados Unidos e o Canadá estavam aderindo como seções da BALLE. (Para mais informações, ver www.livingeconomies.org.) Essas seções se dedicam ao crescimento e à ligação de negócios independentes locais, organizações sem fins lucrativos e governos locais em economias que servem à vida, localmente enraizadas, maduras, com o potencial de desalojar a economia global corporativa desenraizada, oportunista, voltada para o dinheiro e essencialmente suicida. A experiência de observar o poder mobilizador dessa ideia assumir o domínio é ainda outra fonte de minha esperança para o futuro humano.

Gifford e Libba Pinchot, célebres gurus da administração e diretores fundadores da Positive Futures Network, abriram o Bainbridge Graduate Institute (BGI) simultaneamente à formação da BALLE. O BGI oferece um programa pioneiro de MBA dedicado a preparar os líderes de negócios com a sensibilidade e as habilidades necessárias para administrar negócios que verdadeiramente servem à vida. Sua maior missão é transformar a educação nessa área. Ele atrai os membros mais criativos do corpo docente das escolas existentes para começar do zero e projetar um novo currículo de MBA para gerentes de desenvolvimento de negócios que buscam promover resultados ambientais e sociais positivos como propósito central. (Para maiores informações, ver www.bgiedu.org) Juntei-me à comissão de diretores do BGI em 2005, o ano em que a *Business Week* relatou um declínio íngreme nas aplicações em escolas convencionais da área de negócios e o ano em que as inscrições de alunos na BGI triplicaram.

PERTO DA GRANDE VIRADA

Transformar as instituições da economia é criticamente importante para o futuro humano. Eu estava aprendendo, contudo, que a necessidade da transformação também se estende à cultura e à política. Sob esse aspecto, também fui testemunha de um diálogo global do qual estava emergindo um consenso extraordinário sobre o mundo, que um número crescente de pessoas estava se comprometendo a criar.

Consenso de despertar

No fim dos anos 1980 e início dos anos 1990, participei regularmente de conferências internacionais de ONGS. Muitos desses encontros, particularmente os organizados por ONGS das nações do sul, emitiram declarações fazendo um apelo pelos direitos do povo e das comunidades às terras, florestas e áreas de pesca das quais eles dependem para sua sobrevivência. Essas declarações raramente pediam alguma coisa dos governos ou de doadores estrangeiros, a não ser que respeitassem e assegurassem os direitos das pessoas comuns aos meios para criar seu próprio modo de vida.

Essas conferências de cidadãos prepararam o caminho para o Fórum Internacional de ONGS que ocorreu em paralelo à Conferência das Nações Unidas sobre Meio Ambiente e Desenvolvimento (UNCED), realizada no Rio de Janeiro em 1992. O fórum de ONGS reuniu cerca de 18 mil cidadãos civis representando virtualmente todas as nacionalidades, raças, religiões e classes sociais do mundo para se envolver em projetos de "tratados" de cidadãos explicitando os valores partilhados e objetivos comuns.

Tive o privilégio de participar do fórum de ONGS no Rio e da elaboração de sua declaração final. Foi uma experiência de formação em minha vida, pois gravou em minha consciência a realidade de que apesar de toda a sua profunda diversidade, as pessoas que se reuniram para o fórum partilhavam de valores semelhantes e de uma visão semelhante do mundo democrático, inclusivo, sustentável e justo, que elas estavam se comprometendo a criar.

A construção do consenso foi levada adiante subsequentemente sob os auspícios de uma comissão civil internacional que organizava trocas de ideias envolvendo milhares de pessoas e centenas de organizações de todas as regiões do mundo. Esse processo produziu um documento chamado Carta da Terra. Referido muitas vezes como uma declaração de interdependência das pessoas, a Carta da Terra elabora quatro princípios abrangentes da Comunidade da Terra: 1) respeito e cuidado pela comunidade de seres vivos; 2) integridade ecológica; 3) justiça econômica e social; e 4) democracia, não-violência e paz.[5] É também uma declaração da responsabilidade universal de uns para com os outros e para com a Terra viva. Tive o privilégio de ser um dos oradores que deram o tom básico no lançamento americano da Carta da Terra, em 29 de setembro de 2001.

Por meio dessas experiências, cresci em minha compreensão dos processos pelos quais as pessoas do mundo estão despertando para a realidade de que somos um povo com um destino em um pequeno planeta e de que podemos e devemos aceitar responsabilidades adultas de uns para com os outros e para com a teia da vida que sustenta a todos nós.

Dando nome à época, mudando a história

De 1999 a 2004, a Positive Futures Network reuniu uma série de líderes de diversos grupos de movimentos sociais em um profundo diálogo para identificar objetivos comuns, construir relacionamentos de confiança mútua, conectar-se com a natureza sagrada de nosso trabalho e facilitar a formação de novas alianças. Chamávamos os retiros de "O Estado do Possível".[6]

A estudiosa e professora budista Joanna Macy estava entre os participantes, e percebemos que o termo "A Grande Virada", cunhado por ela, captara muito bem nossa noção da época em que vivemos como uma transição entre eras. Herman Gyr, um de nossos facilitadores, sintetizou nossa noção de morte do velho e nascimento do novo em um ícone representando dois redemoinhos interligados, um girando para dentro enquanto se exaure, e o outro ganhando o exterior enquanto cresce em energia e potencial. Macy fala da Grande Virada como uma revolução espiritual fundada no despertar da consciência de nossa ligação espiritual com os outros e com o corpo vivo da Terra.

O líder civil e estrategista filipino Nicanor Perlas, que também participou dos retiros, nos ajudou a entender uma verdade simples: a vantagem da sociedade civil ao promover a transição reside no poder moral dos valores culturais autênticos. Perlas me ajudou a reconhecer que o poder das instituições de dominação política e econômica depende de sua habilidade de perpetuar um transe cultural inautêntico e falsificado baseado em crenças e valores em desacordo com a realidade. Quebre o transe, substitua os valores de uma cultura inautêntica pelos valores de uma cultura autêntica baseada no amor pela vida e não no amor pelo dinheiro, e as pessoas irão realinhar sua energia vital e criar as instituições que servirão à vida de uma nova era. A chave é mudar as histórias pelas quais nos definimos. É mais fácil falar do que fazer, mas descobri que essa é uma poderosa percepção estratégica.

O confronto com nosso legado imperialista

Em julho de 2002, Fran e eu hospedamos em Bainbridge Island nossa amiga e colega Vandana Shiva, cientista indiana de renome mundial, escritora, líder rural e ativista de paz e justiça global. Foi no verão seguinte ao 11 de setembro de 2001, quando houve o ataque terrorista aos Estados Unidos.

Dias depois do ataque, o governo americano declarou guerra perpétua contra o terrorismo, começou a reduzir as liberdades civis e acusou os dissidentes de dar suporte aos terroristas. Líderes de muitos outros governos, contentes por ter uma desculpa para limitar a dissenção e reforçar o próprio poder, seguiram o exemplo americano. Por todo o mundo, vozes de resistência contra a globalização corporativa foram brevemente silenciadas.

Na época da visita de Shiva, o governo americano havia invadido o Afeganistão e falava-se de uma possível ação militar preventiva contra Iraque, Coreia do Norte, Irã, Síria e Líbia. Influentes analistas políticos debatiam os méritos do Império americano, e circulavam documentos nos quais funcionários-chave do governo defendiam abertamente a imposição de uma *pax americana* sobre o mundo pela aplicação unilateral do poderio militar americano, à maneira do antigo Império Romano.

Durante nossas conversas, Shiva observou que a mobilização da sociedade civil global para frustrar o uso impróprio dos acordos de comércio para burlar a democracia se baseava na então amplamente aceita crítica da globalização corporativa, para a qual todos havíamos contribuído. A sociedade civil, contudo, não tinha uma estrutura amplamente aceita para tratar da maior e ainda mais grave ameaça à liberdade e à democracia que representava a dominação militar direta. Shiva e eu convidamos Perlas a se juntar a nós para preparar o ensaio "Global Civil Society: The Path Ahead" [disponível em <http://www.davidkorten.org/CivilSocietyPathAhead>].[7]

Essa colaboração trouxe à baila a relevância do trabalho de outra colega, a historiadora cultural Riane Eisler. Em sua clássica obra *The Chalice and the Blade*, Eisler colocou o conflito entre modelos de organização do tipo dominador e do tipo parceria em um contexto histórico profundo, usando a lente da análise de gênero, para esclarecer as raízes mais profundas de nossas lutas políticas contemporâneas por justiça, paz e administração ambiental. Por sua avaliação, a repressão do potencial criativo que estive testemunhando por mais de trinta anos tem sido utilizada à exaustão por cerca de 5 mil anos em todos os níveis da organização humana, das relações entre Estados às relações entre membros familiares. Ela investigou a tragédia até a subordinação do feminino ao masculino e do princípio organizador de parceria ao princípio organizador de dominação. Uma vez que fizemos essa ligação à obra de Eisler pudemos ver que estávamos lidando com questões que têm raízes históricas muito mais profundas do que havíamos considerado anteriormente. Essa percepção levou ao livro agora em suas mãos.

Minha intenção ao escrever *A Grande Virada: Do Império Global à Comunidade da Terra* é proporcionar um estrutura historicamente embasada para compreender as possibilidades da época singular em que vivemos e assim nos capacitar a prefigurar o caminho para uma nova era. Sem essa compreensão, continuaremos a desperdiçar tempo e recursos valiosos em esforços fúteis para preservar ou reparar as culturas e instituições de um sistema que não pode ser reparado e precisa ser substituído.

Observe que ao longo de *A Grande Virada* uso o termo Império com I maiúsculo como um rótulo para a ordenação hierárquica das relações humanas baseadas no princípio de dominação. A mentalidade do Império adota excesso material para as classes dominantes, honra ao dominador poder de morte e violência, nega o princípio feminino e suprime a realização dos potenciais de maturidade humana.

De modo semelhante, uso o termo Comunidade da Terra como um rótulo para a ordenação igualitária dos relacionamentos, com base no princípio da parceria. A mentalidade da Comunidade da Terra adota suficiência material para todos, honra o poder gerador da vida e do amor, busca um equilíbrio entre os princípios feminino e masculino e cultiva a realização do potencial maduro da natureza humana.

Incito o leitor a ler de modo ativo e crítico, testando minhas observações e conclusões contra seu próprio conhecimento e experiência. Espero que o leitor também participe da expansão do círculo de diálogo discutindo as questões subjacentes com amigos e colegas. Um bom começo seria recomendar aos que se pretende que se envolvam que leiam *A Grande Virada*. Talvez organizar um grupo de discussão. Há ferramentas de apoio e guias de discussão em <http://www.greatturning.org/>. Para redirecionar o curso da humanidade, quebrar o silêncio, acabar com o isolamento e mudar a história.

Eu gostaria de lembrar que é impossível envolver-me de modo individual com cada leitor deste livro que queira conversar diretamente comigo. Apesar do quanto eu possa desejar o contrário, sou incapaz de responder a inquirições pessoais.

SINOPSE DA ARGUMENTAÇÃO

A espécie humana está entrando em um período de mudança dramática e potencialmente devastadora como resultado das forças de nossa própria criação, que estão agora muito além de nosso controle. Está dentro de nossas capacidades, contudo, moldar um resultado positivo se escolhermos receber a crise resultante como uma oportunidade para nos elevarmos a um novo nível de maturidade e potencial da espécie.

O resultado irá depender em ampla medida das histórias prevalecentes que moldam nossa compreensão da época traumática que está próxima — suas causas e possibilidades. Talvez o aspecto mais difícil e no entanto essencial deste trabalho seja o de mudar nossa história.

Se tivermos sucesso, as gerações futuras poderão olhar para trás e enxergar esta como uma época de transição profunda e falar dela como a época da Grande Virada. Se fracassarmos, nossa época pode ser, ao contrário, conhecida simplesmente como a época trágica do Grande Desfecho.

Histórias escritas pelos vencedores das guerras, intrigas e engodos sem fim do Império exageraram suas próprias realizações, ao mesmo tempo que negligenciaram os custos e as oportunidades. Tentativas atuais das elites imperialistas do mundo de recuperar o poder e o privilégio do Império estão acelerando o colapso de sistemas ambientais e sociais críticos e ameaçando a sobrevivência da civilização humana, se não da espécie humana.

Agora temos os meios para pôr fim à era de 5 mil anos do Império que reproduziu as hierarquias de dominação em todos os níveis da organização humana. Um despertar espiritual e cultural global está criando o impulso para o nascimento de uma nova era da Comunidade da Terra com base em um modelo de parceria radicalmente democrático na organização das relações humanas. Esse despertar é motivo de esperança.

Há os que dizem que a violência e a cobiça do Império são características definidoras da natureza humana, que a competição feroz por poder e bens materiais é inescapável. Dizem que nossos impulsos precisam ser disciplinados ou pela autoridade central ou pela competição do mercado, ambas criadoras de hierarquias de poder que destinam a maioria dos seres humanos a uma vida de desespero e suprimem o potencial criativo da espécie.

A verdade é ao mesmo tempo mais complexa e mais esperançosa. A natureza humana na verdade incorpora muitas possibilidades, indo de violência e cobiça a amor e serviço. As sociedades humanas contemporâneas fracassam em manifestar os potenciais de ordem mais alta de amor e serviço, não por causa de uma falha inerente à natureza humana, mas porque as relações dominadoras do Império suprimem ativamente o desenvolvimento e a expressão desse potencial. Como espécie, agora encaramos tanto a obrigação como a oportunidade de dizer não ao Império, crescer e aceitar as responsabilidades da vida adulta madura.

Nossos sistemas sociais e ambientais fracassados criam o imperativo. A revolução global no transporte e nas comunicações está criando a oportunidade. A liderança na realização das possibilidades está vindo de pessoas de toda parte que estão fazendo a escolha de se afastar das falsas promessas do Império e se envolver no trabalho de transformar nossas culturas, economias e políticas dominadoras em relações de parceria.

A virada cultural. A Grande Virada começa com um despertar espiritual e cultural. A virada política e econômica só pode seguir uma mudança no valor do dinheiro e do excesso material para a vida e a plenitude espiritual, das relações de dominação às relações de parceria, da crença nas nossas limitações à crença nas nossas possibilidades, e de temer as diferenças para desfrutar a diversidade.

A virada econômica. A mudança de valores da virada cultural nos conclama a mudar, a deixar de medir o bem-estar pelo tamanho do iate e da conta bancária para medir o bem-estar pela saúde da família, da comunidade e do ambiente natural. Ela nos leva das políticas econômicas que elevam os que estão no topo a políticas que elevam os que estão abaixo, da plutocracia econômica à democracia econômica, do acúmulo ao compartilhamento, e dos direitos de propriedade às responsabilidades de administração.

A virada política. A virada econômica cria as condições necessárias para a mudança de uma democracia do dinheiro para uma democracia das pessoas, de cidadania passiva à ativa, da competição pela vantagem individual à cooperação pela vantagem mútua, da justiça retribuidora à justiça restauradora, e da ordem social por coerção à ordem social por responsabilidade e transparência mútuas.

Alguns críticos certamente irão reclamar que "Korten quer mudar tudo". Eles não perceberam o sentido exato. Tudo vai mudar. A questão é se deixamos as mudanças acontecerem de maneiras cada vez mais destrutivas ou acolhemos a crise que se aprofunda como nosso momento de oportunidade. Mais que nunca precisamos liberar o potencial criativo da espécie e direcioná-lo para a democratização das culturas e instituições, nos colocar numa postura equilibrada em relação aos outros e à Terra. É o maior desafio criativo que a espécie já enfrentou. O sucesso pareceria um sonho fútil se em todo o planeta esse impulso já não estivesse sendo criado.

O LIVRO

Apesar de as questões abordadas em *A Grande Virada* serem globais e universais, escolhi concentrar minha análise nos Estados Unidos. É, entre todas as outras, a nação mais desafiada pelos imperativos da Grande Virada. Poucas outras nações estão tão habituadas a viver para além de seus próprios meios, tão imbuídas de um senso de virtude e merecimento especial, ou tão sobrecarregadas por uma liderança política quanto desconectadas da realidade global, e tão incapazes de aceitar a responsabilidade pelas consequências de suas ações. Devido à sua presença global, quer os Estados Unidos respondam aos imperativos com a lógica do Império, quer com a lógica da Comunidade da Terra, é provável que haja consequências de longo alcance para todas as nações. Além disso, os Estados Unidos são a minha nação, a nação que conheço melhor e a que mais amo, e a nação por cujo papel no mundo me sinto responsável.

A Grande Virada é apresentado em cinco partes. A primeira, "A escolha do nosso futuro", explora a escolha prestes a acontecer e a natureza e as implicações dos imperativos e oportunidades característicos que se apresentam agora diante de nós.

A segunda, "Os Pesares do Império", revê as condições que levaram outrora os seres humanos a se afastar da reverência pela vida e do poder regenerador do feminino para seguir o caminho da violência e da dominação. Uma sinopse da experiência imperialista ilustra a dinâmica social autorrepetidora do Império, mapeia a transição das instituições monárquicas às instituições da economia global como os instrumentos favorecidos do domínio imperialista, e revela os custos das realizações muitas vezes excessivamente idealizadas do Império. Ela também se vale de lições do antigo experimento ateniense em democracia popular e das percepções dos grandes filósofos atenienses.

A terceira, "Estados Unidos, o projeto inconcluso", volta-se aos Estados Unidos e à história do desafio que temos diante de nós como nação. No esforço para dissipar os mitos que subjazem a uma perigosa complacência para com nossas instituições e intenções globais, um olhar sóbrio sobre a realidade de que nunca fomos a democracia que imaginamos ser e sempre tivemos ambições imperialistas. Um exame, por fim, das ações de uma administração particularmente corrupta e incompetente como um chamado nacional para despertar e confrontar a realidade da nossa história e nos envolver na mobilização popular para construir a sociedade democrática de nosso ideal fundador.

A quarta, "A Grande Virada", delineia o âmbito do trabalho da Grande Virada contrastando as histórias e suposições profundas que subjazem aos valores e relações do Império e da Comunidade da Terra, que legitimam uma hierarquia de dominação e concentração de riqueza de um lado, e redes de parceria, compartilhamento e aprendizado mútuo de outro. Percepções mais profundas tanto da ciência como da religião defendem o argumento de que o aprendizado e a parceria são integrais não apenas na vida, mas também em toda a Criação.

A quinta, "O nascimento da Comunidade da Terra", delineia uma estrutura estratégica que produzirá a nova era da Comunidade da Terra. Nela descrevo como processos auto-organizadores de ação cidadã, baseados em lideranças de dentro das comunidades, podem promover uma plataforma de democratização política, econômica e cultural que enraíza o poder nas pessoas e libera o potencial criativo da espécie. E defendo a ideia de que a fundação de um consenso político majoritário com base nos valores da comunidade e da família e um interesse pelas crianças já está em curso.

PARTE I
A Escolha do Nosso Futuro

A capacidade de antecipar e escolher nosso futuro é uma característica definidora da espécie humana. A recente proliferação global das tecnologias de comunicação se combinou com a confrontação dos limites planetários, apresentando-nos uma oportunidade única e a necessidade de usar essa capacidade com objetivos coletivos e conscientes.

A escolha definidora se dá entre dois modelos opostos de organização dos assuntos humanos. Vamos dar-lhes os nomes genéricos de Império e Comunidade da Terra. O Império, caracterizado pela organização por meio da dominação e que tem sido a característica inerente às sociedades humanas mais poderosas e influentes por mais de quinhentos anos, apropria-se da maior parte do excedente produtivo da sociedade para manter um sistema de poder dominador e a competição das elites. Racismo, sexismo e classismo são características endêmicas do Império. A Comunidade da Terra, caracterizada pela organização por meio da parceria, libera o potencial humano para a cooperação criativa e aloca o excedente produtivo da sociedade em função do aumento do potencial de criação do todo.

Os defensores do Império ensinam que os seres humanos são limitados por natureza a um narcisismo autocentrado e essencialmente autodestrutivo. Seu modelo de organização favorito suprime o desenvolvimento dos níveis superiores da consciência humana e, assim, cria uma profecia que se cumprirá por si só. O modelo de organização da Comunidade da Terra, ao contrário, acalenta a expressão de níveis superiores das potencialidades humanas com ações responsáveis, que o Império nega. Uma convergência de imperativos e oportunidades únicas para o momento atual da experiência humana prepara o terreno para uma escolha coletiva e intencional que abandone o modelo do Império enquanto vivenciamos uma nova era da Comunidade da Terra.

CAPÍTULO 1

A escolha

> *A energia sempre flui ou na direção da esperança, da comunidade, do amor, da generosidade, do reconhecimento mútuo e do vigor espiritual, ou na direção do desespero, do ceticismo, do medo de que não haja o suficiente, da paranoia quanto às intenções dos outros e do desejo de controlar.*[1]
>
> Michael Lerner

> *Todas as sociedades se pautam ou por um modelo dominador — no qual as hierarquias humanas basicamente se apoiam sobre a força ou a ameaça de força — ou por um modelo de parceria, com variações intercaladas.*[2]
>
> Riane Eisler

No início da década de 1970, enquanto dava aulas no Instituto Centro-americano de Administración de Empresas, na Nicarágua, fiz várias visitas a uma fazenda de gado na Costa Rica, que passo a chamar de Hacienda Santa Teresa. A história simples mas cativante desta fazenda me atrai pela essência da tragédia de possibilidades humanas não realizadas que permeia todos os níveis da sociedade, de relações entre nações a relações dentro de uma nação, entre raças e gêneros, dentro da família, e entre as pessoas. Os nomes são fictícios. A história é verdadeira.[3]

HACIENDA SANTA TERESA

Quando Juan Ricardo se tornou administrador da Hacienda Santa Teresa, em 1970, as terras, vias de acesso, cercas e construções estavam em mau estado de conservação; boa parte do gado estava com a saúde comprometida por falta dos suplementos minerais necessários e de vacinação. Na maioria os *sabaneros*, peões que cuidavam do gado, eram homens solteiros que viviam em um galpão deteriorado e sem pintura, onde dormiam sobre pranchas de madeira. Os *peones*, que faziam o trabalho braçal, compartilhavam um alojamento semelhante, mas separado, onde simplesmente dormiam no chão pela inexistência até de pranchas de madeira. Cada um recebia um pequeno salário mais uma porção de arroz, feijão, toucinho, café e, ocasionalmente, farinha de milho para fazer *tortillas*. Essas eram as condições-padrão para a região.

Os *sabaneros* dessas áreas normalmente eram aparentados e formavam grupos bastante integrados. Em geral, eram mais limpos e mais preocupados com a aparência de seu alojamento do que os *peones*, mas ainda eram descuidados com a higiene pessoal e não gozavam de boa saúde. Tinham reputação de honestos, faziam bem seu trabalho e cultivavam um respeito um tanto rancoroso pelos fazendeiros, que dependiam deles para cuidar do gado em pastos distantes.

Como a maioria dos outros na região, os *sabaneros* da Hacienda Santa Teresa deveriam ter seu próprio equipamento, que normalmente era malcuidado. Os freios não tinham embocadura, as cordas eram velhas e não tinham nem mesmo proteção básica contra a chuva, apesar de os aguaceiros serem constantes. A fazenda fornecia os cavalos, que recebiam o mínimo cuidado possível. Os *sabaneros* não sabiam aparar os cascos direito e não se importavam em tirar os carrapatos da pele dos cavalos.

Os *peones* faziam cercas, consertavam estradas, limpavam a terra e construíam currais e outras edificações — tarefas para as quais alguns tinham habilidade considerável. Eram, no entanto, tidos como ladrões incorrigíveis que precisavam de severa vigilância. Esperava-se que atendessem a qualquer ordem com subserviência e respeito. Uma vez que as leis trabalhistas só passavam a valer depois de três meses de emprego, muitos fazendeiros faziam questão de nunca manter um *peón* por tanto tempo. Os *sabaneros* desprezavam os *peones* e se achavam no direito de dar ordens arbitrárias a eles, que julgavam sujos, sem princípios, irresponsáveis e ignorantes.

Ricardo observou que muitos dos *peones*, que eram pagos por hora, trabalhavam com afinco e, fazendo horas extras, chegavam a ganhar mais que os *sabaneros*. No entanto, os *peones* viviam na mais completa imundície e não tinham iniciativa nem mesmo nas questões que afetavam diretamente seu próprio conforto e bem-estar. Ao final do dia de trabalho, deixavam as ferramentas onde estivessem e voltavam ao alojamento, a menos que recebessem uma ordem diferente. Na manhã seguinte, alinhavam-se esperando novas ordens. Se um *peón* visse uma vaca passando por um buraco na cerca, limitava-se a olhar, a não ser que alguém o mandasse buscá-la. Pequenos furtos eram um problema contínuo.

Ricardo concluiu que tanto o rancho quanto seu pessoal tinham possibilidades não exploradas. Resolveu testar sua teoria de que tratando os trabalhadores como adultos responsáveis, eles se comportariam como tal. Uma de suas primeiras medidas foi melhorar a saúde deles fornecendo uma capa de chuva e um colchão, além de incrementar a dieta com ovos, carne, legumes, verduras e queijo. Depois deu um aumento de 25% a 30% aos *sabaneros* e de 20% aos *peones*, mas implementou uma política de deduzir os custos das ferramentas perdidas.

Indicou o líder informal dos *sabaneros* para sabanero-chefe, deu-lhe um adicional e um relógio. Em vez de atribuir de dez a quinze cavalos para cada *sabanero*, que era o padrão na região, cortou para três, comprou selas novas e ensinou-os a tirar carrapatos dos cavalos e a aparar os cascos corretamente. O golpe inicial no status dos *sabaneros*, por causa da redução no número de cavalos, logo deu lugar ao orgulho de terem os melhores cavalos da região.

Ricardo adotou uma abordagem semelhante com os *peones*. Em vez de simplesmente dar ordens quando eles se reuniam antes de começar o trabalho pela manhã, Ricardo passou a perguntar-lhes que trabalho julgavam mais urgente — por exemplo, limpar a terra ou cavar buracos para mourões. No início, os *peones* ficaram confusos. Um foi embora, reclamando que lhe pediam para tomar decisões demais. Outros, assim que se acostumaram a se posicionar, passaram a discutir, insistindo em terminar um trabalho antes de fazer outro que Ricardo considerasse mais urgente. Ricardo reconheceu que era uma etapa normal e necessária do processo.

Em minha última visita à fazenda, dois anos depois da chegada de Ricardo, rancho e operários avançavam para uma mudança extraordinária. Os *sabaneros* tratavam o gado regularmente contra parasitas, aplicavam vacinas, davam sal para os animais lamberem, faziam testes de prenhez e ajudavam nos partos.

Ricardo atribuiu a alguns *sabaneros* e *peones* a responsabilidade de cuidar de áreas mais remotas da fazenda. Para os *sabaneros*, isso significava cuidar do gado. Para os *peones*, significava manutenção de cercas e do pasto. Para os operários casados, Ricardo estava construindo casas de alvenaria independentes, onde o trabalhador poderia morar com a família na sua área de atribuição na fazenda. Ricardo havia atribuído funções mais específicas e especializadas para outros *peones*, como motorista de trator e carpinteiro. Um deles ficou responsável pela manutenção do equipamento pesado.

Durante esse período de dois anos, o rebanho cresceu de setecentas para 1.300 cabeças, sem aumento do número de empregados. A taxa de nascimento de novilhos aumentou de 33% para 63%, e Ricardo esperava chegar aos 85% até o final do ano seguinte.

DEMONSTRANDO POSSIBILIDADES

Ao substituir relacionamentos com base na dominação e no desdém por relacionamentos com base na parceria e no respeito mútuo, Ricardo despertou potenciais antes reprimidos, tanto nos trabalhadores quanto nos sistemas produtivos naturais da fazenda, melhorando a vida em geral e de todos os participantes — inclusive cavalos e gado.

Condicionados durante longo tempo à subserviência e à moradia degradante, *sabaneros* e *peones* levaram algum tempo para reagir. Para alguns, aceitar seu próprio potencial para autogestão com habilidade e responsabilidade era mais do que podiam enfrentar, e esses foram embora. Outros, no entanto, criaram coragem para aproveitar a oportunidade que Ricardo oferecia.

Encontro uma lição importante nesta história para aqueles que tendem a descrever a natureza humana em termos de algumas características básicas de individualismo, egoísmo ou ganância. Qualquer um que observasse esses homens na época da chegada de Ricardo concluiria, justificadamente, que eram preguiçosos por natureza e incapazes de autogestão responsável. Qualquer um que os visse três anos mais tarde provavelmente concluiria que eram pessoas trabalhadoras por natureza e capazes de autogestão. As duas conclusões, no entanto, descrevem apenas possibilidades. Nenhuma descreve a natureza dos trabalhadores, que guardava uma notável capacidade de se adaptar às circunstâncias.

Essas histórias de microexperimentos são quase um clichê no campo do desenvolvimento organizacional. Administradores habilidosos e conscienciosos têm chegado a esse tipo de resultado inúmeras vezes em várias áreas. Negociando-se a mudança dos princípios organizacionais do Império para os princípios organizacionais da Comunidade da Terra, as energias criativas há muito reprimidas passam a fluir para realizar um extraordinário potencial. Os resultados desses microexperimentos, no entanto, raramente se mantêm. O motivo é uma lição sobre as implicações de um mundo organizado pelos princípios dominadores do Império.

Consideremos uma verdade maior não abordada na história da Hacienda Santa Teresa conforme se apresenta acima. O poder real não pertencia aos *sabaneros* e *peones*, nem mesmo a Ricardo, mas aos proprietários da fazenda.

Estes eram três *playboys* ricos que viviam nos Estados Unidos e que usavam o rancho para abater imposto de renda. A enorme e luxuosa sede da fazenda servia como um lugar reservado para encontros amorosos com as namoradas americanas que de tempos em tempos traziam em seu avião particular em férias com dedução de imposto. Ricardo também era cidadão americano de origem europeia. Tinha muito orgulho de seu trabalho e, particularmente, de seu papel na transformação da mão de obra da fazenda, mas não era o proprietário e um dia voltaria aos Estados Unidos. Apesar das inovações positivas que introduziu, as relações legais de uma sociedade dominadora continuavam em voga.

Por exemplo, Ricardo detinha o poder de despedir qualquer operário, a qualquer hora, com um pagamento mínimo. Da mesma forma, os proprietários detinham o poder de despedir Ricardo quando bem entendessem e de restabelecer o velho sistema de trabalho. Além disso, os lucros que Ricardo e os peões da fazenda haviam conseguido iam para os proprietários ausentes, que não haviam participado da transformação da fazenda em empreendimento lucrativo e para quem até os lucros eram frutos do acaso.

Por isso, apesar de o caso demonstrar veementemente um leque de possibilidade humana, o contexto organizacional em que ocorreu também exemplifica as injustiças de uma ordem global imperial. Podemos imaginar, no entanto, as possibilidades se um dia esses peões, cujo trabalho havia tornado o rancho produtivo, viessem a se tornar trabalhadores proprietários e assim verdadeiramente donos do próprio destino.

Para mim, a história da Hacienda Santa Teresa serve como metáfora da condição humana em um mundo dividido entre aqueles que mandam e aqueles que vivem na dependência, exclusão e marginalidade. Quando justaposta à possibilidade perdida de como as coisas podem dar certo, a condição humana como a conhecemos é um crime trágico e autoinfligido contra nós.

Também vejo nessa história uma lição importante em política prática. Criar sociedades que auxiliem todos os seus membros a realizar sua humanidade ao máximo não é uma causa nem distintamente liberal nem conservadora.

A abordagem de Ricardo contempla tanto valores liberais quanto conservadores. Ele potencializou a iniciativa pessoal e a realização e, ao mesmo tempo, aumentou a percepção de comunidade e responsabilidade mútua. Incrementou a produtividade da fazenda e ao mesmo tempo a fez mais equitativa, democrática e viva. Suas inovações melhoraram a liberdade, a disciplina, a responsabilidade individual de cada um e a responsabilidade coletiva para com o desempenho geral da fazenda.

Houve maior competição para fazer o melhor, mas também mais cooperação verdadeira. Ricardo não buscava nem ideologia nem poder pessoal, mas sim uma visão madura da possibilidade humana e dos benefícios de viver em uma comunidade saudável de pessoas, plantas e animais. Assim fazendo, afirmou e expressou sua própria humanidade.

A ESCOLHA DETERMINANTE

Dentro dos limites de sua própria estrutura de propriedade, o caso da Hacienda Santa Teresa ilustra dois modelos primários de organizar as relações humanas. A primeira abordagem mostra o modelo clássico da hierarquia da dominância, na qual a direção flui de cima para baixo. A segunda abordagem, muito diferente, enfatiza o trabalho em grupo e a autogestão. Riane Eisler os denomina, respectivamente, de modelos dominador e de parceria.[4] Um tanto nega quanto reprime o potencial humano para a autogestão criativa, a cooperação e o serviço voluntário para o bem-estar do todo. O outro o cultiva e se regozija com isso. Cada uma cria sua própria profecia autossatisfatória. As diferenças nos resultados podem ser surpreendentes, como ilustra o caso da Hacienda Santa Teresa.

Ao longo deste livro, uso Império e Comunidade da Terra como rótulos genéricos para estes dois modelos contrastantes de organizar as relações humanas. Cada modelo tem por base seus próprios valores culturais, formas institucionais e narrativas de apoio. Uma vez que casos puros de um modelo ou outro são raros no mundo complexo dos assuntos humanos, pensemos neles como tendências conflitantes. O quadro 1.1 resume as características que as definem. Ao reconhecer suas naturezas contrastantes e suas consequências, podemos identificar melhor de qual nos servimos em cada escolha cultural, econômica e política que fazemos.

Quadro 1.1: A escolha

Império	Comunidade da Terra
A vida é hostil e competitiva	A vida é mantenedora e cooperativa
Os seres humanos têm defeitos e são perigosos	Os seres humanos têm muitas possibilidades
Ordem pela hierarquia da dominância	Ordem pela parceria
Competir ou morrer	Cooperar e viver
Amor ao poder	Amor à vida
Defesa dos direitos do indivíduo	Defesa dos direitos de todos
Domínio masculino	Gênero equilibrado

Optei por utilizar o termo Comunidade da Terra em vez de simplesmente comunidade em *A Grande Virada* para ressaltar a relação integral tão importante para o futuro humano entre as comunidades humanas e as comunidades naturais que as sustentam. O termo Comunidade da Terra vem da Carta da Terra, uma "declaração de interdependência e responsabilidade universal", criada através de um processo colaborativo de muitos anos envolvendo centenas de organizações e milhares de pessoas de diferentes linhas religiosas, culturas, raças, idiomas e nacionalidades.[5]

Narrativas conflitantes

Império e Comunidade da Terra vêm de visões de mundo nitidamente contrastantes.[6] A narrativa do Império, que enfatiza a aptidão humana para o ódio, a exclusão, a competição, a dominação e a violência como meio para alcançar a dominação, presume que os seres humanos são incapazes de autogestão responsável e que a ordem social deve ser imposta por meios coercitivos. A narrativa da Comunidade da Terra, que enfatiza a aptidão humana para o cuidado, a compaixão, a cooperação, a parceria e a comunidade a serviço da vida, presume uma capacidade de autogestão responsável e auto-organização e, por meio disso, a possibilidade de criar organizações e sociedades radicalmente democráticas. Essas narrativas representam os dois lados de uma tensão psíquica que reside dentro de nós. Uma enfoca o que nos divide e nos leva ao medo e, com frequência, à competição violenta. A outra enfoca o que nos une e nos leva à confiança e à cooperação.

Essas tendências conflitantes se expressam na tensão entre a predisposição feminina de unir-se para proteção mútua diante do perigo e a predisposição masculina de lutar ou fugir. Ainda assim, ao mesmo tempo que uma ou outra tendência pode estar mais plenamente expressa em determinada pessoa ou sociedade, ambas residem em cada um de nós — macho ou fêmea — o que ajuda a responder pela ampla variedade da experiência humana. A função social saudável depende da manutenção do equilíbrio entre essas tendências. Os 5 mil anos do Império da dominação masculina demonstram as trágicas consequências do desequilíbrio.

As narrativas conflitantes também se refletem na gama de qualidades atribuídas a Deus em diferentes culturas. Em um extremo existe o Deus irado do Império, que exige lealdade exclusiva, favorece uma pessoa em detrimento de outra, vive separado de sua Criação, reina através dos representantes terrenos ungidos, além de comandar uma vingança terrível sobre seus inimigos e sobre os descrentes. No outro extremo está o Deus de amor da Comunidade da Terra, o Espírito vivo intrínseco e onipresente que está além do gênero e se manifesta em cada aspecto da Criação.

Amor e medo são partes integrantes da natureza humana e necessários para nosso pleno desenvolvimento. O amor é uma força espiritual agregadora que abre a mente e o coração para as possibilidades criativas da vida. O medo alerta para os perigos reais e dá foco a nossa atenção para garantir que não negligenciemos nossas necessidades de sobrevivência. No entanto, quando o medo desperta nossas defesas, também evoca nossa aptidão para a violência, inclusive a violência contra quem amamos. O modo como resolvemos a tensão entre amor e medo tem consequências fundamentais em nossa vida — e também na política. A democracia profunda do comprometimento cívico igualitário que caracteriza a Comunidade da Terra depende necessariamente de uma noção madura de confiança mútua, responsabilidade e cuidado.

Relações do Império

O Império, que expressa o impulso autoritário, tem como característica o impulso para o poder dominador, para usar o termo de Eisler: o poder de tomar, controlar e destruir por meio coercitivo. Organiza todas as relações em todos os níveis da sociedade, de acordo com a hierarquia de poder, controle, *status* e privilégio. O foco sempre presente é conseguir mais poder cooptando e monopolizando o poder dos inúmeros subordinados, frequentemente com um alto custo para o todo.[7] Os machos se socializaram para se especializar no cultivo do poder dominador.

Os sistemas culturais e institucionais do Império sustentam a monopolização de recursos pelas elites dirigentes, cuja vida se consome na competição pelas posições mais altas da hierarquia da dominância. Como as lutas pelo poder são contínuas e quase sempre traiçoeiras, as relações normalmente se caracterizam por um elemento substancial de desconfiança, medo e falsidade. O medo é amigo do Império, uma vez que cria uma necessidade psicológica de certeza, controle e relações estruturadas que motivam a aquiescência dos subordinados.

O Império concede de forma rotineira direitos e liberdades aos que estão no topo da hierarquia, mas nega-os aos que estão abaixo. Pela lógica da narrativa do Império, os jogadores mais espertos e duros têm o direito e o dever de agarrar e deter o poder por qualquer meio disponível para impor a paz e a ordem em um mundo indisciplinado no interesse de todos — um serviço pelo qual se julgam recompensados, por direito, com poder e riqueza ainda maiores. A cultura legitimadora enaltece as virtudes dos poderosos vencedores, atribui a condição dos miseráveis perdedores à incompetência ou falta de caráter e transmite a mensagem de que a única alternativa para o poder de dominação da elite é o caos — juntamente com a insinuação desdenhosa de que confiança, compaixão e cooperação são para tolos e covardes.

Patologia social

A hierarquia de dominância do Império cria a ilusão de ordem e segurança. Na verdade, é uma patologia social que alimenta uma competição violenta e autodestrutiva, suprime o potencial criativo e promove o uso grosseiramente ineficiente de recursos. Alimentando-se das próprias ilusões, o Império se torna uma espécie de vício coletivo — uma dependência psicológica da dominação, da violência e do excesso material. Os afetados a abraçam como a uma muleta, pois satisfaz sua necessidade de sentir que têm poder e segurança — mesmo que de forma tragicamente autodestrutiva.

O Império coloca nações e pessoas em uma situação análoga à do infeliz gladiador na arena do Coliseu romano: lutar pela chance de viver mais um dia ou aceitar a morte imediata. Matar ou ser morto. Ser vencedor ou perdedor. Mandar ou ser mandado. O Império tem sua própria regra máxima: "Quem tem o ouro reina." Portanto "busque o ouro" e dê um jeito de conseguir mais que o seu vizinho.

Uma vez que a dinâmica em que o vencedor fica com tudo se instala, cria-se o que o analista político Jonathan Schell chama de sistema "adapte-se ou morra" — ou mais precisamente um sistema do tipo "competir ou morrer" —, do qual fica extremamente difícil se desvencilhar, tanto no caso de pessoas quanto de sociedades, como demonstram milênios de história humana. Comprometa-se com a competição do tipo o vencedor leva tudo e submeta-se a suas regras draconianas, ou sofra o destino de opressão e exclusão do perdedor.[8] Os altos riscos criam um forte incentivo para vencer a qualquer custo e exercer pressão para achatar os parâmetros éticos, um padrão repetido infinitamente em todos os níveis das sociedades imperiais. Uma vez que a dinâmica cultural e institucional do Império se instala, a escolha geradora da Comunidade da Terra está fora do jogo.

As dinâmicas e consequências do Império foram documentadas em detalhe por Andrew Schmookler em seu clássico da ciência social *The Parable of the Tribes*.[9] Na parábola, um grupo de tribos pacíficas vive junto harmoniosamente por muitas gerações, até que um dia surge uma tribo com uma cultura guerreira agressiva, começa a devastar as tribos pacíficas e as força a adotar o modo violento, fugir ou ser dizimadas.

A patologia do Império se espalha de uma sociedade para outra através de sua dinâmica. A cultura e as instituições da sociedade infectada sofrem uma transformação gradual das relações de apoio e recompensa com base na parceria e passam a apoiar aquelas com base na dominação.

Os dirigentes se reduzem a uma escolha: conquistar e assimilar o território de seus vizinhos, ou correr o risco de ser conquistados e assimilados por eles. Quanto maior a riqueza e o poder de um dirigente, mais cobiçosos serão seus inimigos externos e internos, maiores os exércitos necessários para defender o reino e maior a necessidade de terra dos súditos e de gente para satisfazer a insaciável demanda por patrocínio das classes detentoras, sobre as quais repousam a riqueza e o poder do dirigente. O trabalho de aumentar o potencial do todo para o benefício mútuo de todos fica subordinado ao trabalho de manter o sistema de dominação. O custo para a sociedade em vidas, recursos e oportunidades perdidas vai além do que se pode calcular ou mesmo entender.

É por isso que a história fornece poucos exemplos de reis sábios e benevolentes. Apenas os mais inescrupulosamente ambiciosos são capazes da violência e da traição necessárias para alcançar os mais altos níveis do poder em um sistema imperial. Os de mente sã e sensatez ética madura tendem a se retirar voluntariamente; os de sensibilidade menos madura tendem a eliminar os de sensibilidade mais madura que tentam se manter no jogo sem sacrificar seus princípios. Não é simplesmente que todo poder corrompe. Mais acertado seria dizer que os corruptos são os mais fortemente motivados a buscar o poder absoluto.

O Império oferece uma barganha faustiana mesmo para os vencedores. A riqueza e o poder vêm à custa das qualidades que tornam vencedores e perdedores plenamente humanos. O Império é um tormento psicológico, bem como social, ao mesmo tempo causa e consequência da incapacidade coletiva de realizar o potencial humano. Esta incapacidade apresenta uma barreira crucial para fazer a transição humana coletiva das relações de dominação do Império para as relações de parceria profundamente democráticas da Comunidade da Terra, porque a negociação bem-sucedida da transição exigirá uma contribuição criativa de cada um.

Relações da Comunidade da Terra

A Comunidade da Terra, que dá expressão ao impulso democrático, se caracteriza por um percurso que Eisler chama de poder da parceria, o poder de criar, compartilhar e cuidar. Organiza-se através da tomada de decisão consensual e da responsabilidade individual. Seu foco é cultivar confiança mútua, cuidado, competência e distribuição igualitária de poder e de recursos. É mais satisfatório, mais eficiente e, em última análise, mais humano. Além disso, permite a realocação massiva dos excedentes humanos disponíveis da manutenção das hierarquias da dominação para o trabalho de melhorar a vida de todos.

Como as fêmeas foram socializadas para se especializar no cultivo de relações de parceria, reconhecendo as possibilidades da Comunidade da Terra, essas possibilidades chegam mais facilmente a elas do que aos machos. Na verdade, grande parte da patologia do Império surgiu da supressão do feminino. Parte da transformação das relações sociais da Hacienda Santa Teresa envolveu a mudança de alojamentos só para homens para unidades de habitação familiar, que trouxe mulheres e filhos para o tecido social da fazenda. A atual mudança global para relações de gênero mais equilibradas é uma fonte importante de esperança para o futuro das espécies.

A regra fundamental da Comunidade da Terra é: "Faça por seu vizinho o que gostaria que ele fizesse por você, trabalhando assim juntos para criar uma vida melhor para todos." Serviço, compaixão e cooperação são valorizados como bens sociais essenciais e considerados uma medida de maturidade saudável. Se cada indivíduo tem a oportunidade de usufruir as recompensas intrínsecas que resultam do serviço responsável e compartilha os benefícios do crescente poder gerador do todo, então confiança, compaixão e cooperação passam a se autorreforçar. O conflito pode ser aproveitado como uma oportunidade de aprendizado criativo. Torna-se natural expandir o círculo de cooperação prevendo o aumento de oportunidades para ganho mútuo que a cooperação expandida proporciona.

Na Comunidade da Terra, violência e competição pelo poder de dominação são considerados irracionais, porque destroem as relações cooperativas alimentadoras essenciais do bem-estar do indivíduo e da sociedade. Fica evidente por si só que tais comportamentos são moralmente errados porque são destrutivos em relação à vida. Com a experiência diária, as pessoas aprendem que encontram significado e propósito em compartilhar igualitariamente o poder e os recursos para explorar as possibilidades criativas por meios que garantam o bem-estar de todos.

Os princípios culturais da Comunidade da Terra afirmam a unidade espiritual e a interligação com a Criação. Defendem o respeito a todos os seres, a não violência, o serviço à comunidade e o gerenciamento dos recursos comuns para o benefício das gerações que virão. Os princípios econômicos da Comunidade da Terra afirmam o direito básico de todos a um meio de vida e a responsabilidade de cada um por uma relação equilibrada com seu lugar na Terra, sem expropriar os recursos dos outros. Defendem o controle local, a autoconfiança, o comércio mutuamente benéfico e o compartilhamento.

Os princípios políticos da Comunidade da Terra afirmam o valor inerente e o potencial de todas as pessoas e seu direito a manifestar-se nas decisões que moldam sua vida, defendendo assim o engajamento cidadão inclusivo, a resolução cooperativa de problemas e a justiça recuperadora.

A ÚLTIMA LIBERDADE

Como todas as outras espécies, nós, seres humanos, devemos lutar com as limitações físicas herdadas de nosso código genético. No entanto, os limites da possibilidade humana são mais psicológicos e culturais do que genéticos e são, em grande parte, autoimpostos — uma consequência dos medos individuais e coletivos que nos cegam para nós mesmos e para as possibilidades criativas da vida.

Um dos comentários mais impressionantes que já li sobre a escolha humana diante de fatos aparentemente impossíveis faz parte do relatório do renomado psiquiatra europeu Viktor Frankl sobre seus anos nos campos de concentração alemães em Auschwitz e Dachau.[10] Para os prisioneiros, a vida nesses campos era um pesadelo de privação e desumanização, com a constante ameaça da morte instantânea, arbitrária e sem sentido. Pode-se pensar nesses campos como um estudo brutal sobre a variedade de reações humanas à mais extrema dinâmica de desumanização do Império. A gama de reações por parte tanto dos prisioneiros quanto dos guardas a circunstâncias que nenhum deles havia escolhido deixou uma marca profunda em Frankl. Nas palavras dele, alguns se comportavam como santos, outros como porcos.

> Sempre havia escolhas a fazer. Cada dia, cada hora, oferecia a oportunidade de tomar uma decisão, uma decisão que determinava se você iria ou não se submeter aos poderes que lhe ameaçavam roubar o seu próprio eu, sua liberdade interior; que determinava se você iria ou não se tornar o brinquedo nas mãos das circunstâncias, renunciando à liberdade e à dignidade para se moldar na forma do prisioneiro típico [...]
>
> O ser humano não existe simplesmente, ele sempre decide o que será de sua existência, em que se transformará no próximo momento.[11]

Pelo relato de Frankl, alguns prisioneiros buscavam entusiasticamente agradar os guardas informando-os sobre os colegas prisioneiros ou servindo como supervisores, cozinheiros, almoxarifes ou policiais do campo — postos que lhes permitiam participar do tratamento arbitrário e da humilhação de seus companheiros prisioneiros. Outros, que se mantinham firmes em sua dignidade e humanidade, visitavam as cabanas confortando os outros, doando sua última ração de pão. Podem ter sido poucos em número, mas oferecem prova suficiente de que tudo pode ser tirado de uma pessoa, menos uma coisa: a última das liberdades humanas — a de escolher a própria atitude em qualquer conjunto de circunstâncias, a de escolher seu próprio caminho.[12]

Muito dessa mesma faixa de possibilidade pode ser observado entre os guardas. Alguns eram sádicos, no sentido mais puramente clínico, tinham prazer especial em infligir dor física e mental. Conhecidos tanto pelos oficiais quanto pelos prisioneiros, eram os indicados para fazer interrogatórios e administrar punições. Outros, apesar do ambiente brutal dos campos, recusavam-se a tomar parte nas medidas sádicas. Alguns praticavam atos de verdadeira compaixão pelos prisioneiros. O comandante da SS de um dos campos pagou secretamente altas somas do próprio bolso para comprar remédios para seus prisioneiros em uma cidade próxima.

Apesar de as circunstâncias poderem limitar as escolhas individuais, as circunstâncias humanas normalmente são fruto do coletivo humano, portanto sujeitas à escolha coletiva. A desculpa de que "é a natureza humana, só isso" não tem mais peso moral do que o argumento de uma criança que diz "todo mundo faz isso". É nossa natureza sermos criaturas de escolha. Nós, seres humanos, somos, em última análise, os arquitetos de nossa própria natureza.

Império e *Comunidade da Terra* são nomes genéricos para dois modelos de organização humana em todos os níveis da sociedade, das relações entre nações às relações entre familiares e membros de um grupo de trabalho. O Império organiza as relações em hierarquias de dominação que monopolizam o poder nas mãos das elites para expropriar a energia vital e assim suprimir o potencial criativo do resto. A Comunidade da Terra organiza as relações em redes de parcerias que distribuem o poder igualmente para alimentar o bem-estar e o potencial criativo de cada pessoa e da comunidade como um todo. Cada um desses modelos está ao nosso alcance, e basicamente cabe a nós escolher entre os dois.

Os céticos argumentam que a ideia de sociedades humanas organizadas com base em parceria é uma bobagem idealista além de nossa capacidade, pois os seres humanos são violentos e individualistas por natureza, incapazes de cooperar para um bem maior. Deixando de reconhecer que nossa natureza reúne muitas possibilidades, os céticos olham apenas para as possibilidades menores prontamente observáveis de nossa natureza e negligenciam as possibilidades superiores. É preciso, primeiramente, reconhecer sua existência.

CAPÍTULO 2

A possibilidade

> *Um ser humano é uma parte de um todo a que chamamos de universo, uma parte limitada no tempo e no espaço. Percebe a si mesmo, seus pensamentos e sentimentos como algo separado do resto, um tipo de ilusão de ótica de sua consciência. Essa ilusão é uma espécie de prisão para nós, que nos restringe aos nossos próprios desejos e à afeição por algumas poucas pessoas mais próximas de nós. Nossa tarefa deve ser nos libertar dessa prisão, ampliando nosso círculo de compaixão para abranger todas as criaturas vivas e toda a natureza em sua formosura.*
>
> Albert Einstein

De acordo com a sabedoria convencional, as hierarquias da dominação são necessárias para trazer ordem às sociedades humanas porque somos uma espécie inerentemente indisciplinada e autocentrada, que tende à violência e à ilegalidade. Necessitamos, portanto, da disciplina de uma classe dominante e da competição de um mercado não regulamentado para impor a ordem. Contando apenas parte da história, essa sabedoria convencional se torna uma profecia autorrealizadora, definindo nossas crenças sobre a possibilidade humana, a arquitetura preferida de nossas instituições e os parâmetros adequados de nosso discurso político.

O capítulo 1 descreveu duas narrativas — uma era a do dominador, do Império, a outra a da parceria, da Comunidade da Terra. Derivam de hipóteses nitidamente contrastantes sobre a condição e a natureza humanas. Apesar de parecerem estar em lados opostos, essas hipóteses na verdade definem possibilidades. A narrativa do dominador define as possibilidades limitadas da consciência imatura. A narrativa da parceria define as possibilidades mais amplas da consciência madura. Nenhuma delas define o nosso destino.

Ficamos bloqueados ao perceber nosso potencial positivo, não por nossa natureza, mas sim pela dinâmica social do Império. Agora temos a oportunidade de nos livrar de seus vícios mortais. A história da jornada da consciência humana individual, desde o nascimento até a velhice, é uma história rica em compreensão da natureza e do caminho para a realização de sociedades humanas mais maduras.

DESPERTANDO A CONSCIÊNCIA

A primeira experiência da consciência humana individual começa no útero materno, onde flutuamos sem esforço em unidade indiferenciada com os fluidos quentes e reconfortantes da bolsa amniótica. Os processos bem ensaiados do desenvolvimento físico do corpo acontecem em nível celular, bem longe da capacidade de nossa consciência em botão de monitorar ou influenciar. Nossa mente consciente não sofre nenhuma demanda, não carrega responsabilidades. Não há início, não há fim. Não há eu, e não há não eu. Existir já basta.

De repente, uma passagem traumática involuntária nos lança, sem-cerimônia, em um mundo de sensações desconhecidas e geralmente desagradáveis. Nossa primeira reação costuma ser de indignação — uma expressão elementar de tristeza pelo que se perdeu. Agora enfrentamos o desafio de nos adaptar às novas circunstâncias, organizando sons em ritmos, visões em imagens e aprendendo a diferença entre uma coisa e outra. Percebemos o cobertor como áspero e irritante ou macio e gostoso, mas sem consciência de que essas sensações vêm de um objeto externo. A sensação da fralda ensopada evoca um mal-estar não associado a nenhuma causa ou objeto. Sugar o seio da mãe traz bem-estar, mas sem consciência da separação entre seio e lábio.

Nosso próximo desafio importante é aprender a diferenciar o eu do não eu — o primeiro passo para aprendermos a nos relacionar com nosso mundo e, principalmente, com as outras pessoas. Durante toda a vida, dependeremos de nossas relações com outros seres humanos, não só para satisfazer nossas necessidades físicas e nos proteger de ameaças físicas, mas também para obter suporte para desenvolver as capacidades cognitivas, morais e emocionais da consciência. Aprender a nos relacionar com outros seres humanos é, assim, fundamental para garantir nossa sobrevivência e para realizar as possibilidades humanas.

A seguir, estabeleço um mapa de cinco estágios para o caminho de desenvolvimento das ordens menos maduras para as ordens mais maduras da consciência humana. Parto do trabalho de muitos estudiosos importantes do desenvolvimento humano, incluindo Larry Daloz, Erik Erikson, Carol Gilligan, Stanley Greenspan, Robert Kegan, Lawrence Kohlberg, Abraham Maslow, Rollo May, Sharon Parks, Jean Piaget e Carl Rogers. O mapa fornece um quadro para a compreensão do ponto central de uma política de consciência no trabalho da Grande Virada.[1]

Primeira ordem: consciência mágica

A consciência mágica de uma criança de dois a seis anos de idade percebe o mundo como fluido e sujeito aos desejos de seres mágicos, benéficos e maléficos. Possui apenas uma capacidade rudimentar de reconhecer relacionamentos causais; os limites entre a fantasia e a realidade são difusos. Esses são os anos do Papai Noel, da fada do dente, do coelho da Páscoa. Os contos de fadas clássicos de mundos mágicos povoados por espíritos amistosos e sinistros dão expressão à rica vida de fantasia desses primeiros anos.

Uma vez que a consciência mágica não é capaz de distinguir entre o ser permanente e o impulso emocional do momento, o comportamento é impulsivo, imediato e guiado pela emoção. Limitada em sua capacidade de reconhecer a ligação entre as ações do eu e as consequências futuras, a consciência mágica depende de figuras externas para tornar as coisas magicamente corretas, defronta-se com a traição quando protetores em que acredita deixam de fazê-lo e é incapaz de reconhecer as consequências de suas próprias ações ou de aceitar a responsabilidade sobre elas.

Segunda ordem: consciência imperial

A transição da consciência mágica para a consciência imperial normalmente ocorre em algum ponto entre os seis e os sete anos, quando a criança desenvolve uma capacidade maior de distinguir entre o real e acontecimentos imaginários, e descobre que muitos relacionamentos são previsíveis e que as ações têm consequências. A descoberta da ordem, regularidade e estabilidade no mundo é um avanço significativo que abre as possibilidades para controlar o que antes parecia ser uma realidade fluida e imprevisível.

A meta primária de aprendizagem neste estágio é desenvolver uma compreensão dos relacionamentos e das consequências e explorar a capacidade de uma pessoa influenciar o mundo através de suas ações. O restante da consciência mágica se manifesta na consciência imperial através da identificação com super-heróis, através dos quais a criança cria fantasias de ter poderes sobre-humanos. Assim como na consciência mágica, a perspectiva da consciência imperial é principalmente, se não exclusivamente, autocentrada, até narcisista.

Durante a transição para a consciência imperial, as crianças aprendem que outras pessoas têm outros pontos de vista e que conseguir o que querem para si normalmente exige alguma forma de reciprocidade. Para compreender a consciência imperial, isto significa um mercado de troca elementar do tipo "uma mão lava a outra". A ideia de justiça normalmente se limita à primitiva e pessoalmente reforçada justiça retribuidora do "olho por olho, dente por dente". A capacidade de conter conscientemente um impulso emocional — por exemplo, a raiva — em vez de enfrentá-la fisicamente, permanece limitada.

A consciência imperial é capaz de reconhecer o ponto de vista de uma outra pessoa a fim de calcular o melhor modo de conseguir o que quer, mas com uma fraca noção de lealdade, gratidão e justiça. Kegan cita o exemplo de um adolescente infrator, quando o juiz lhe perguntou: "Como você pode roubar as pessoas que confiaram tanto em você?" O jovem respondeu com a maior sinceridade: "Mas, Meritíssimo, é muito difícil roubar dinheiro das pessoas se elas não confiam na gente."[2]

A maioria das crianças na idade da consciência imperial pode repetir a regra máxima sem hesitar — "Faça aos outros o que gostaria que fizessem a você" — mas tem dificuldade em colocar-se no lugar do outro. Quando alguém pergunta: "O que você faria se alguém viesse e batesse em você?", a resposta característica, ao menos para os meninos, é: "Bateria de volta. Faça aos outros o que fizerem para você."[3]

A consciência imperial reconhece que adaptar-se às expectativas das figuras de autoridade normalmente resulta em recompensas. O bom comportamento é motivado mais pelo desejo de agradar aos outros para melhorar a própria posição, ou para evitar ser pego, do que por uma preocupação abnegada com as necessidades dos outros ou por um código ético internalizado. A consciência imperial justifica o mau comportamento com uma desculpa: "Eu não queria magoar ninguém" ou "Todo mundo faz isso".

Terceira ordem: consciência socializada

A transição da consciência imperial para a consciência socializada normalmente se inicia aos onze ou doze anos de idade. Coincidindo com o começo da rebeldia adolescente contra a autoridade paterna, marca a transição da internalização das normas culturais para um grupo mais amplo de referências. Há um crescimento da inteligência emocional e o reconhecimento do quanto a segurança pessoal, em um mundo por vezes hostil, depende da lealdade mútua dos membros do grupo. A consciência socializada se define por sua relação com o outro, cuja aceitação se torna um critério básico para medir o valor de uma pessoa.

A consciência socializada traz a capacidade de se ver pelo olhar do outro. Em contraste com a consciência imperial, que é capaz de adotar o ponto de vista do outro apenas para manipulá-lo em causa própria, a consciência socializada é capaz de ter empatia, sentir e se importar o suficiente com o que o outro está vivendo emocionalmente para subordinar as próprias necessidades e desejos aos do outro. Também traz o reconhecimento dos interesses do grupo, que transcendem os interesses particulares imediatos.

A consciência socializada traz uma crescente valorização da necessidade de regras, leis e autoridades política e religiosa adequadamente constituídas para manter uma ordem essencial tanto social quanto institucional; internaliza o jogar de acordo com as regras, a moralidade da lei e da ordem. Aos olhos da consciência socializada, imparcialidade significa uma sociedade que recompensa quem trabalha arduamente, deixa os preguiçosos sofrerem sua sorte e exige que os malfeitores paguem sua dívida com a sociedade através de multas, prisão ou execução. Não compreendendo ainda a realidade de que interações de sistemas complexos podem impedir um número enorme de pessoas de encontrar e manter um emprego, ou ficar dentro da lei, a consciência socializada vê o conceito de justiça restauradora como um convite para quebrar as regras com impunidade.

A consciência socializada constrói sua identidade através de grupos primários de referências, conforme definidos por gênero, idade, raça, etnia, religião, nacionalidade, classe, partido político, profissão, empregador e, talvez, o time favorito. Comumente é uma defensora militante de seu próprio grupo e tende a tomar qualquer crítica como uma afronta grave. Internaliza e adota os códigos morais culturalmente definidos pelos grupos com os quais se identifica, num esforço para evitar um sentimento de culpa ou vergonha, mas falta-lhe a capacidade para sujeitar esses códigos a um exame crítico. Uma vez que é altamente influenciada pelas normas e expectativas culturais predominantes, a consciência socializada também pode ser chamada de consciência aculturada. É a consciência dos bons cidadãos, que têm uma visão de "pequeno mundo" da realidade definida por seu grupo de referência mais próximo, que jogam de acordo com as regras estabelecidas e em troca esperam uma vida decente para si, para a família e a comunidade. Representam o voto flutuante que pode fazer pender a balança para o Império ou para a Comunidade da Terra, dependendo da estrutura cultural.

Altamente adaptável ao contexto cultural e institucional dominante, a consciência socializada é a base do bom cidadão convencional. Por outro lado, também é suscetível à manipulação publicitária e política, além de ser propensa a exigir para os membros do próprio grupo de identidade o que quer negar aos outros.

Quarta ordem: consciência cultural

A idade adulta normalmente nos põe diante de pessoas com perspectivas culturais e crenças diferentes das dos nossos grupos de identidade. A reação inicial a esses encontros normalmente é um sentimento chauvinista de superioridade cultural e às vezes a adoção de um absolutismo cultural: "A visão do meu povo é a única visão certa."

Se a consciência socializada está suficientemente segura em sua identidade, no entanto, pode vir a reconhecer que a cultura é, em si mesma, uma construção social, que cada cultura tem sua própria lógica, que diferentes "verdades" culturais levam pessoas e sociedades a diferentes resultados, e que normas e expectativas culturais estão sujeitas a uma escolha. Isso representa um grande passo no desenvolvimento de uma consciência moral verdadeira, baseada em princípios legítimos, e o despertar da capacidade de inovação cultural.

A consciência cultural reconhece a necessidade de sanções legais para garantir a ordem e a segurança da sociedade contra a predação de sociopatas que não têm maturidade moral para evitar fazer mal aos outros. Enquanto a consciência imperial se preocupa basicamente com a necessidade de que a lei proteja e promova sua própria segurança e interesses, a consciência cultural se preocupa com justiça para todos, não apenas para si próprio ou para membros de um mesmo grupo, e atua no sentido de rejeitar ou revisar leis injustas.

Raramente se atinge a consciência cultural antes dos trinta anos, e a maioria das pessoas que vivem em sociedades imperiais modernas nunca a atinge, em parte porque muitas corporações, partidos políticos, igrejas, sindicatos e até instituições educacionais desestimulam fortemente esse caminho. Cada uma dessas instituições tem seu sistema de crenças limitante e exige lealdade a ele. Aqueles que levantam desafios significativos ficam sujeitos a perder posições ou a ser sumariamente rechaçados. Mas como os que atingem a consciência cultural têm a capacidade de questionar as premissas culturais distorcidas do Império, são eles os impulsionadores essenciais da renovação e da maturação cultural que a consciência socializada tende a suprimir como uma ameaça à ordem social e moral estabelecida. As pessoas que atingiram a consciência cultural têm uma visão de "mundo inclusivo", que vê a possibilidade de criar sociedades inclusivas, de afirmação da vida, que servem a todos. Conforme discutido no capítulo 4, tais pessoas reconhecem a cultura como uma construção social sujeita a mudanças pela escolha consciente. Podemos assim chamá-los de criadores culturais, para usar a terminologia de Paul Ray e Sherry Anderson.[4]

Quinta ordem: consciência espiritual

A consciência espiritual, a mais alta expressão do que significa ser humano, se manifesta pelo despertar da Criação como um todo complexo, multidimensional, interconectado, em constante evolução. Implica uma volta total ao sentido original de unidade da experiência no útero, mas com uma avaliação rica em nuances da complexidade e da grandeza da Criação como um todo na medida em que ela se manifesta em cada pessoa, animal, planta e pedra. A experiência no útero é totalmente passiva. As pessoas que atingiram a consciência espiritual têm uma visão evolutiva de "mundo integral" e encontram sentido em servir como parceiros ativos ou cocriadores na busca evolutiva da Criação para realizar suas possibilidades. São chamados de criadores espirituais.

A consciência espiritual é a consciência do dirigente mais velho, do professor, do líder tribal ou do sábio religioso que defende uma moralidade legítima fundamentada nos princípios universais de justiça, amor e compaixão comuns aos ensinamentos dos mais reverenciados profetas religiosos. Encara conflito, contradição e paradoxo não como problemas a superar, mas como oportunidades para aprofundar o aprendizado.

Como as transições anteriores para uma ordem superior de consciência, a transição da consciência cultural para a consciência espiritual se faz através do relacionamento com várias pessoas e da vivência de situações diversas em busca de uma compreensão cada vez mais profunda das possibilidades da vida. Cada um desses encontros abre uma janela para um pedaço da realidade antes oculto para a mente consciente. Por fim, o que antes parecia um amontoado de fragmentos desconexos de percepção se interliga para despertar um profundo sentimento da unidade espiritual da Criação.

Longe de marcar o fim do processo de desenvolvimento, o passo para a consciência espiritual abre caminho para novas oportunidades de aprendizado. Como foi observado pelos psicólogos John e Linda Friel: "É maravilhoso observar a profundidade e a amplidão da ligação de uma pessoa de idade com a Criação, e esta só pode surgir se essa pessoa estiver disposta a se desapegar gradualmente de seu narcisismo durante toda a vida."[5]

A consciência socializada tende a caracterizar as pessoas que atingiram a consciência espiritual como contempladores solitários desligados da sociedade, porque desaprovam a lealdade especial a qualquer grupo ou identidade. Essa, no entanto, é uma interpretação equivocada. A consciência espiritual simplesmente transcende a exclusividade de lealdades convencionais de grupo para assumir uma identidade que inclui o todo e todos os seus inúmeros elementos. Dessa forma, expande-se para abranger um todo maior: os sentimentos de dever e lealdade, antes reservados aos membros da família, grupo étnico, nacionalidade ou religião, agora se estendem ao todo. Para a consciência espiritual, a satisfação de viver em serviço criativo para o todo já é a própria recompensa.

Capaz de assumir uma visão holística das relações sociais, a consciência espiritual rejeita a justiça da punição por não ser justa ou pragmática, por levar a um círculo sem fim de vingança que impede o avanço do bem-estar tanto do indivíduo quanto da sociedade. A consciência espiritual, ao contrário, enfoca a justiça restauradora, que, na medida do possível, recupera a vítima e reabilita o malfeitor ao mesmo tempo que impede que malfeitores do passado e do futuro cometam infrações. As consciências imperial e socializada veem isso como um afago, ou mesmo como tomar o partido dos malfeitores, uma vez que lhes falta uma perspectiva inclusiva que permita pensar e agir em termos de um conceito maior: o bem-estar do todo.

A consciência espiritual se junta à consciência cultural no esforço para mudar leis injustas. Reconhece, no entanto, que por vezes é necessário praticar atos de desobediência civil não violenta com base em princípios legítimos para chamar a atenção pública para a injustiça e evitar compactuar com ela, a despeito de ter pleno conhecimento das possíveis consequências legais.

PSICOLOGIA DO IMPÉRIO

No trabalho da Grande Virada, enfrentamos um paradoxo. Uma das mais altas prioridades da sociedade madura devota dos princípios de parceria da Comunidade da Terra é dar suporte a cada um para que ele transponha o caminho até uma consciência plenamente madura. Criar uma sociedade madura, no entanto, exige a liderança de pessoas de consciência madura.

Isso cria uma dificuldade. Culturas e instituições atormentadas pelos vícios do Império erguem barreiras ativas para adquirir a consciência madura e passam a apoiar líderes que agem a partir de uma consciência imperial. A consciência imperial é um estágio normal e essencial nos processos de desenvolvimento das crianças. Em adultos, no entanto, é sociopata.

Idade adulta e consciência mágica

Em adultos, a consciência mágica se expressa em um emaranhado de relacionamentos causais elementares, fantasias de possuir superpoderes e fé em protetores mágicos que põem as coisas em seus devidos lugares. O adulto que opera a partir de uma consciência mágica vive num "outro mundo", negando suas responsabilidades neste mundo. Exemplos básicos disso são os economistas que fantasiam um mundo em que os mercados magicamente transformam ganância em bem público e os crentes religiosos que apontam o dedo da responsabilidade pelos males terrenos a um Deus distante e assim se absolvem da responsabilidade de seus atos de cumplicidade. Em adultos, a consciência mágica tende a se manifestar como subtexto da consciência imperial.

Idade adulta e consciência imperial

A moralidade autocentrada da consciência imperial pode ser bastante incômoda quando é encontrada em um adulto. Kegan apresenta o exemplo de Roxanne, interna em uma instituição correcional para mulheres que tinham um histórico de batedora de carteiras, por roubar cheques da previdência e por usar cartões de crédito de outras pessoas. Quando entrevistada, o ponto de vista manifestado foi de que roubar era errado para ela, menos quando era necessário para atender às suas necessidades. Quando lhe perguntaram se seria justo outra pessoa com necessidades semelhantes roubá-la, Roxanne respondeu que não seria justo porque ela também precisava do dinheiro.[6] Membros da classe governante que não veem nada de mais em pedir milhões em subsídios do governo, mas condenam os pobres que aceitam ajuda do governo, demonstram o mesmo tipo de padrão duplo de autocentramento em grande escala.

Quando a consciência imperial se manifesta em adultos, a moralidade autocentrada leva a uma divisão do mundo entre amigos e inimigos: "Quem não está comigo está contra mim." Definições de bem e de mal, da mesma forma, são autocentradas. Bem é o que serve aos meus interesses e mal o que vai contra eles. A consciência imperial possui uma visão do tipo "meu mundo" de quase tudo, avaliando cada situação com um olho em ganhos e perdas potenciais para o eu. São os caçadores de poder, que bajulam os mais poderosos e exploram os menos poderosos — ou, como se diz, "beijam os de cima e chutam os de baixo".

Manifestações adultas das demandas da consciência mágica ou da imperial em geral são muito mais complexas que as manifestações na infância.

Mesmo que adultos que agem a partir dessas ordens inferiores da consciência possam ser incapazes de comportamento ético com base na compreensão empática, podem por outro lado ter um intelecto altamente desenvolvido capaz de formular e executar estratégias políticas complexas. Com frequência são bons mentirosos, habilidosos em criar argumentos morais afinados com as sensibilidades emocionais e morais das pessoas cuja lealdade querem manipular. Incapazes de distinguir entre o próprio interesse e o interesse coletivo, admitem erro, aceitam a responsabilidade pelas consequências de seus atos, ou sentem culpa e remorso pelo mal causado; essas pessoas podem ser incapazes de reconhecer, até para si mesmas, que estão enroladas numa mentira. A verdade se torna aquilo que querem que ela seja. E por acreditar nas próprias mentiras, são capazes de mentir com grande sinceridade.

Combinam um intelecto cognitivo altamente desenvolvido com uma consciência imperial moral e emocionalmente questionada, e o resultado pode ser um hábil praticante da arte maquiavélica da manipulação política. Essas pessoas podem ter muita aptidão para planejar, fazer negociações, manipular outros e armar estratégias para atingir suas metas e para usar o poder dominador para vantagens pessoais. Além disso, podem ser bastante espertas para elaborar argumentos que justifiquem ações de interesse próprio como se fossem sacrifício no interesse de um bem maior; reagem com indignação de quem se considera virtuoso à menor sugestão de que o que dizem não é sincero.

Essas pessoas são facilmente identificadas pela pouca propensão a reconhecer seus erros, por reivindicarem ficar isentos, "por direito", das regras que se aplicam aos outros mortais e por comumente usarem bodes expiatórios — projetando as próprias falhas morais em inimigos, que para elas são maus, para justificar o extravasamento de seu medo ou raiva como uma missão justa. O impulso emocional por retribuição pode ser tão forte que perguntas sobre a verdadeira culpa ou inocência acabam sendo consideradas irrelevantes.

Logo após o ataque terrorista de 11 de setembro de 2001, aconteceu de eu estar em um avião, ao lado de um alto executivo de uma importante empresa americana. Os Estados Unidos acabavam de iniciar ataques no Afeganistão e eu falava sobre minhas reservas quanto à guerra e seu custo em vidas de afegãos inocentes. Ele respondeu que, em sua opinião, uma vez que "eles" haviam matado 5 mil dos nossos (uma estimativa inicial, que depois baixou para 3 mil), nós, dos Estados Unidos, não estaríamos quites até matarmos pelo menos 5 mil dos deles.

Argumentei que a maioria das pessoas que estávamos matando no Afeganistão era inocente, sem nenhum envolvimento com o ataque. Ele respondeu que isso não importava, pois as pessoas mortas no World Trade Center também eram inocentes. Fiquei perplexo. Aquele era um homem instruído, com seus cinquenta ou sessenta anos, que detinha uma posição considerável de poder e responsabilidade; mesmo assim, faltava-lhe maturidade moral para reconhecer que a vingança contra inocentes era tão imoral quanto o ato original dos terroristas e que levaria a uma escalada inútil da violência. Isso me colocou bem diante de uma realidade que eu vinha negando há muito tempo.

Quando comecei a escrever e dar palestras, defendia o argumento de que as falhas de nossas instituições eram resultados de sistemas ruins, não de pessoas ruins. Mas uma onda de escândalos em 2002 e 2003 envolvendo a corrupção que permeava os mais altos níveis do poder corporativo e governamental apontou que muitas de nossas instituições mais poderosas estavam nas mãos de seres humanos de ética questionável.

Autismo moral

Apesar dos esforços da mídia corporativa em retratar os escândalos como coisa de apenas algumas maçãs podres, tornou-se evidente que a corrupção era em grande escala e praticada por pessoas cuja ética estava profundamente deteriorada. Os responsáveis não desejavam, necessariamente, prejudicar outros. Na verdade, pareciam estar agindo de uma perspectiva puramente autocentrada, típica de crianças pequenas. O teólogo católico Daniel Maguire se refere a esse padrão como "autismo moral".[7]

Assim como a jovem delinquente já mencionada, o adulto que age a partir da consciência imperial pode ter inteligência social para reconhecer que é mais fácil roubar daqueles que confiam nele, mas não tem capacidade moral para reconhecer que fazer isso constitui um mal em si e destrói o tecido da confiança, essencial em relações sociais saudáveis. Quando esse tipo de adulto surge em classes socioeconômicas mais baixas, o sistema governante normalmente os identifica como sociopatas e os confina à prisão ou ao hospício. Quando aparecem nas classes socioeconômicas mais altas, porém, o sistema governante tende a julgá-los especialmente adequados para posições de liderança nas instituições políticas e corporativas do poder imperial. Pessoas de consciência imperial também tendem a ser as mais motivadas a entrar na competição atroz que é preciso enfrentar para alcançar semelhantes posições de poder. Produtos de culturas de dominação e de instituições do Império, os que têm o próprio desenvolvimento desafiado acabam por tornar-se seus servos.

PSICOLOGIA DA COMUNIDADE TERRENA

Em contraste com a consciência imperial, a consciência cultural e a consciência espiritual incorporam as capacidades humanas de autogestão criativa e escolha dentro de um quadro de responsabilidade para e pelo todo. Essas capacidades são as bases da inovação cultural positiva, da democracia e das mais altas possibilidades de nossa natureza humana. Potencialmente dentro do alcance de qualquer ser humano, é mais fácil entrar em contato com elas quando são cultivadas intencionalmente pelo indivíduo e estimuladas pela comunidade. O capítulo 4 evidencia que a quantidade de pessoas que agem a partir dessas altas ordens da consciência vem aumentando rapidamente em resposta à intensificação da comunicação transcultural, aos grandes movimentos sociais do século XX e à crescente consciência das realidades de um mundo interdependente.

Os que levam uma vida legítima, fundamentada em uma visão de mundo madura, compreendem a complexidade, identificam-se com o bem-estar do todo, não têm interesse em conseguir poder arbitrário e não tendem a sucumbir às manipulações publicitárias e políticas. Abrangem o todo dentro de um círculo amplamente expandido de identidade individual e veem oportunidades para a resolução pacífica de conflitos e o progresso do bem comum que são invisíveis às pessoas de consciência mágica ou imperial. Em sua melhor forma, são os visionários e guardiães da sabedoria da Comunidade da Terra e da cidadania democrática madura.

Pessoas que agem a partir de diferentes ordens da consciência compreendem a natureza e o significado da democracia de modos bem diferentes. A consciência imperial vê a participação democrática como um concurso de poder para promover interesses pessoais e até como uma oportunidade para impor os próprios valores e preferências sobre os outros. A consciência socializada tende a ver a participação democrática mais como votar em um concurso de popularidade ou torcer pelo time local em um evento esportivo. Nenhuma das duas fornece uma base sólida para a autogestão madura. Em contraste, a consciência cultural e a espiritual veem a prática da democracia como um processo coletivo de resolução de problemas com vistas a aumentar o bem-estar e o potencial de todos. Podemos chamá-las de *ordens democráticas da consciência*.

POLÍTICA CULTURAL

O simples modelo das cinco ordens de consciência define uma gama de possibilidades que fornece um quadro para compreender a política cultural da Grande Virada. A consciência mágica e a imperial defendem as culturas de dominação do Império. A consciência cultural e a espiritual defendem as culturas de parceria da Comunidade da Terra. Qualquer que prevaleça como a cultura primária da sociedade global determinará qual será a futura direção de desenvolvimento da espécie humana e, dessa forma, se as futuras gerações verão o nosso tempo como o Grande Fracasso ou como a Grande Virada.

A competição pelo voto indeciso

A consciência socializada, que é a consciência da maioria dos americanos adultos, adapta-se aos valores e aos papéis sociais da cultura dominante. Representa os eleitores indecisos e é fundamental para a política cultural da Grande Virada, pois pode se adaptar tanto à cultura da dominação do Império quanto à cultura de parceria da Comunidade da Terra (ver figura 2.1).

Na medida em que a cultura do Império prevalece, a consciência socializada pende politicamente a favor da plataforma do Império. Na medida em que a cultura da Comunidade da Terra prevalece, pende politicamente a favor da plataforma da Comunidade da Terra. Na corrida pela lealdade dos eleitores indecisos, cada lado tem sua vantagem natural.

A vantagem do Império

A hegemonia cultural e institucional bem estabelecida do Império lhe dá uma forte vantagem. Além disso, qualquer um que tenha atingido o nível da consciência socializada já viu o mundo pelas lentes da consciência imperial e assim está familiarizado com seus princípios organizacionais. Por outro lado, só aqueles que foram além da consciência socializada, para a consciência cultural ou espiritual, podem compreender de maneira total as possibilidades profundamente democráticas da Comunidade da Terra. O Império desfruta ainda de outra vantagem na tendência dos adultos da consciência imperial a serem atraídos para a luta competitiva por posições de poder institucional, a partir do qual podem dominar os outros — e assim reproduzir a dinâmica do Império.

Figura 2.1: Cultura e consciência

Cultura da Comunidade da Terra		Quinta ordem: consciência espiritual Os **criadores espirituais** vivem em um **mundo integral** complexo e em evolução, no qual participam como cocriadores evolucionários.
		Quarta ordem: consciência cultural Os **criadores culturais** vivem em um **mundo inclusivo** e veem a possibilidade de criar sociedades inclusivas, de afirmação da vida, que beneficiam a todos.
Cultura do Império		Terceira ordem: consciência socializada Os **bons cidadãos** vivem em um **pequeno mundo**, obedecem as regras de seu grupo de identidade, esperam uma recompensa justa e englobam os eleitores indecisos.
		Segunda ordem: consciência imperial Os **caçadores de poder** vivem no **meu mundo**, bajulam os poderosos e exploram os oprimidos.
		Primeira ordem: consciência mágica Os **sonhadores** vivem em **outro mundo** e têm fé em protetores mágicos.

Por fim, as incertezas de nosso tempo, que incluem a insegurança do emprego, graves acontecimentos climáticos e ameaças terroristas, favorecem o Império. O medo provoca uma regressão para uma consciência mais primitiva e aumenta a suscetibilidade à manipulação da publicidade e da política, que parecem, instintivamente, tocar em nossos medos e inseguranças. "Compre meu produto e este lhe dará beleza e amor." "Vote em mim e eu vou fazer você progredir, além de protegê-lo contra os maléficos inimigos." "Acredite em Deus e ele o perdoará de todos os pecados e lhe dará uma vida eterna de bem-aventurança depois da morte." "Acredite na mágica do mercado não regulado para converter sua ganância sem limites e autoindulgência em uma vida melhor para todos." Cada um desses refrões mexe com os medos e fantasias conhecidos da criança assustada que existe em cada um de nós.

A cultura e as instituições do Império recompensam e se alimentam da imaturidade psicológica e da desordem, além de reproduzir esse padrão de geração em geração. Dessa forma, sufocam o desenvolvimento humano saudável e a capacidade criativa necessária para se adaptar às circunstâncias que mudam rapidamente. Essa tem sido a condição crônica das sociedades humanas dominantes há 5 mil anos e agora ameaça a própria sobrevivência das espécies. Dar o passo para a maturidade exige que aceitemos a responsabilidade individual e coletiva pelo lado sombrio de nossa natureza humana e que tratemos de criar um sistema de suporte mútuo, semelhante a uma reunião global dos Alcoólicos Anônimos que fornece o apoio emocional necessário para irmos além de nossa dependência psicológica da dominação e da violência.

A vantagem da Comunidade da Terra

Apesar de o Império parecer contar com uma vantagem insuperável, quatro circunstâncias dão a vantagem fundamental às possibilidades da Comunidade da Terra. Primeiro, o impulso de realizar a plenitude de nossa humanidade é inerente à nossa natureza. Segundo, a grande maioria das pessoas já atingiu uma consciência socializada, ou um estágio adiante, e portanto é capaz de compreender o conceito de bem público que transcende os interesses individuais estreitamente definidos e que necessita de cooperação para ser atingido. Terceiro, como desenvolvido no capítulo 3, enfrentamos urgências ecológicas e sociais específicas deste momento da experiência humana para que assumamos os potenciais mais elevados de nossa natureza. Quarto, como discutido no capítulo 4, os avanços na comunicação global e em nossa compreensão da natureza interdependente de nossa relação com o outro e com o planeta estão auxiliando o despertar das ordens superiores da consciência em um nível sem precedentes. Apesar de as pessoas de consciência madura geralmente serem avessas à luta competitiva pelo poder, característica da dominação, são fortemente atraídas para papéis de liderança em movimentos sociais empenhados em desafiar o domínio do Império.

Talvez o melhor indicador de que os valores da Comunidade da Terra em última análise detêm o controle seja o comportamento dos demagogos contemporâneos. Aqueles que tentam ganhar o eleitorado com plataformas imperiais que na verdade favorecem o poder e os privilégios da elite descobrem que têm de recorrer a táticas de dissimulação para ocultar seus verdadeiros objetivos e valores. Para conseguir apoio político, têm de declarar seu compromisso com a promoção dos valores da Comunidade da Terra — o cuidado com as crianças, família, comunidade, justiça, democracia e administração ambiental. Assim como a jovem que dizia ser mais fácil roubar das pessoas que confiam em você, eles abusam da confiança que as pessoas naturalmente tendem a depositar em seus líderes. Esse engodo pode funcionar durante algum tempo, mas por fim a confiança persistentemente traída se transforma em confiança negada.

Há quem afirme que os seres humanos estão destinados a uma vida de violência e ganância, mas na verdade nossa natureza traz consigo um amplo leque de potenciais. Os níveis possíveis de realização vão do criminoso sociopata que é incapaz de considerar qualquer necessidade ou interesse que não os seus próprios até a sensibilidade social e espiritual e a visão de um Jesus, Gandhi, Buda ou Martin Luther King Jr.

Ao nascer, nós, humanos, não temos as capacidades físicas normais de um adulto. Nem a consciência de um adulto. A jornada na qual o homem adquire maturidade moral e emocional de ordem superior necessária para agir como adulto responsável é uma das aventuras mais extraordinárias da vida. Como vimos no caso da Hacienda Santa Teresa, o sucesso depende em grande parte de um ambiente propício e da orientação de mentores que, por sua vez, tenham consciência madura.

Cinco ordens da consciência humana definem o caminho para a maturidade emocional e moral. As ordens inferiores, das consciências mágica e imperial, produzem uma cultura do Império. As ordens superiores, das consciências cultural e espiritual, produzem uma cultura da Comunidade da Terra. A consciência socializada, a partir da qual a maioria das pessoas age, é capaz de adaptar-se aos valores e expectativas tanto do Império quanto da Comunidade da Terra, dependendo de qual é a cultura dominante. Mudanças profundas no contexto humano desde a metade do século XX criaram a urgência e a possibilidade para a espécie fazer uma opção coletiva consciente pela cultura da Comunidade da Terra.

CAPÍTULO 3

O imperativo

Desde Auschwitz, sabemos do que o homem é capaz. E desde Hiroshima, sabemos o que está em jogo.[1]

Viktor E. Frankl

Este planeta conturbado é lugar dos mais violentos contrastes. Os que auferem as recompensas estão completamente apartados daqueles que carregam o fardo. Essa não é uma maneira sábia de liderar.[2]

Spock, no episódio "The Cloud Minders",
da série *Jornada nas Estrelas*.

O episódio "The Cloud Minders", da série *Jornada nas Estrelas*, se passa no planeta Ardana. Os regentes do planeta vivem de forma suntuosa e tranquila na linda cidade de Stratos, suspensa numa plataforma bem acima do solo. Afastados da desolada superfície planetária, eles também estão apartados da miséria e da violência enfrentadas pelos Troglytes, que labutam em condições de quase escravidão nas minas subterrâneas do planeta para gerar os créditos de comércio interplanetário usados para importar os luxos que os governantes de Stratos desfrutam. Estes consideram seus privilégios absolutamente justificados, tendo em vista a percepção de que sua inteligência superior, refinamento cultural e sensibilidade moral os distinguem dos Troglytes, que vivem embaixo.

Esta evidente alegoria política atesta a severa divisão entre a elite governante do planeta Terra, que habita mansões muradas, trabalha em altas torres de escritórios e voa em jatos particulares para reuniões e tem luxuosas casas de veraneio, e aqueles cujo trabalho torna essas regalias possíveis. Para legitimar as injustiças do sistema imperial, os habitantes da Stratos do nosso planeta Terra constroem histórias que louvam suas virtudes e glorificam a grandiosidade de sua liderança e das instituições que os colocam acima do dever de prestar contas aos comuns dos mortais. É virtualmente impossível liderar de forma sábia quando os líderes estão alienados em relação à realidade daqueles sobre quem pesam os resultados de suas decisões.

As consequências podem ser letais, especialmente quando o isolamento dos líderes os impede de reconhecer e responder rapidamente a mudanças velozes e dramáticas que impõem a necessidade de adaptação a novas realidades humanas. Esta é a circunstância humana atual. Nosso consumo desregrado está destruindo os sistemas vivos do planeta de que depende nossa vida. Os modernos armamentos transformaram a guerra em instrumento de autodestruição.

Distantes demais do contexto humano em constante mudança, condicionados pelas crenças da cultura imperial e limitados pelos imperativos das instituições imperiais, aqueles que comandam de cima das nuvens atribuem as ameaças à vida, à civilização e às instituições sociais vigentes a inimigos externos e àqueles que questionam a autoridade estabelecida. Numa profunda negação da realidade de que a raiz do problema remonta às instituições do Império, que mantêm seus privilégios, respondem da mesma forma que os governantes imperiais têm feito há 5 mil anos: na tentativa de manter e expandir seu poder, aceleram o colapso iminente.

Os imperativos deste momento ímpar na experiência humana se acumulam há muito tempo. Os primeiros humanos, os *Homo habilis*, surgiram há cerca de 2,6 milhões de anos. Vivendo em harmonia com os animais de planícies e florestas, esta espécie sem grandes atrativos físicos carregava pouco da capacidade de escolha e autorreflexão que se manifestaria nas gerações futuras. Nossos ancestrais mais antigos aprenderam a cultivar suas capacidades lentamente, mas num progresso em constante aceleração, que nos afastaria cada vez mais das outras espécies com que compartilhamos o planeta.

Durante o século XX, a velocidade com que os seres humanos adquiriram novos poderes tecnológicos para remodelar nossa relação com o outro e com o planeta se acelerou vertiginosamente, superando, de forma indiscutível, a soma de todos os avanços tecnológicos dos 26 mil séculos anteriores. Nos últimos cem anos, alcançamos outros planetas, perscrutamos o passado até a origem do universo e sondamos os mistérios mais profundos das partículas subatômicas e do código genético para adquirir poderes quase divinos de destruição e criação. No entanto, não utilizamos esses poderes com sabedoria — em grande parte porque aqueles a quem concedemos a liderança continuam vivendo e governando de cima das nuvens.

Este capítulo trata do imperativo gerado pela falência institucional generalizada. O capítulo seguinte discutirá a oportunidade que se apresenta.

UM PLANETA SUBMETIDO A UM STRESS DEBILITANTE

Por volta de 1980, os seres humanos cruzaram um limiar evolutivo: o fardo que depositamos sobre os sistemas de suporte à vida no planeta ultrapassou o limite da sustentabilidade. As estatísticas são estarrecedoras. Apenas de

1950 para cá, a população humana mais que dobrou, passando de 2,6 bilhões, em 1950, para 6,4 bilhões, em 2005. O valor da produção econômica global cresceu de 6,7 trilhões, em 1950, para 48 trilhões, em dólares constantes, em 2002.[3] O número de automóveis é dez vezes maior do que em 1950.[4] O consumo de combustíveis fósseis se multiplicou por cinco, e o uso global de água doce triplicou.[5] Os gastos em publicidade, destinados essencialmente a fazer que 1,7 bilhão de pessoas — 27% da humanidade — que hoje desfrutam abundância material consumam ainda mais bens e serviços, foram equivalentes, em 2002, a quase dez vezes o valor gasto em 1950.[6]

Em 2002, os seres humanos consumiam alimentos, materiais e energia a uma taxa de cerca de 1,2 planetas equivalentes à Terra.[7] A diferença entre o consumo humano e a capacidade regenerativa do planeta é coberta pelo esgotamento do capital natural da Terra — capital tanto não renovável, como minerais e combustíveis fósseis, quanto renovável, como florestas, estoques pesqueiros, solo, água e sistemas climáticos. A consequência é a extração de um subsídio temporário e insustentável da Terra, de forma a permitir o consumo corrente às expensas de nossos filhos e dos filhos deles, por muitas gerações que ainda estão por vir.

O WWF publica regularmente o Índice Planeta Vivo, que mapeia a saúde das florestas, da água doce, dos oceanos e dos ecossistemas costeiros ao longo do tempo. Esse índice registrou uma queda de 37% no período entre 1970 e 2000. É improvável que ele chegue a zero — um planeta morto — porque o próprio planeta seguramente se livrará da espécie transgressora muito antes que isso ocorra.[8]

Cerca de 420 milhões de pessoas vivem hoje em países que dependem da importação de alimentos, em função do déficit per capita de terras cultiváveis para nutrir a população. Em 2025, esse número pode ultrapassar 1 bilhão, na medida em que a população cresce e a quantidade e a qualidade das terras cultiváveis declinam. Mais de meio bilhão de pessoas vive hoje em regiões suscetíveis a secas crônicas. Acredita-se que esse número possa alcançar a casa dos 3,4 bilhões em 2025.[9]

Uma combinação de colapso dos ecossistemas, desnutrição, déficit no acesso a água potável e a rápida movimentação de pessoas e bens através de fronteiras ecológicas espalhou, numa velocidade sem precedentes, doenças novas e devastadoras, como a AIDS. Enfermidades como a malária e a tuberculose, consideradas erradicadas, estão voltando sob formas ainda mais virulentas. Desequilíbrios climáticos e o término iminente da disponibilidade imediata de petróleo extraído de forma barata, base de muitos de nossos excessos contemporâneos, acelerarão a crise e limitarão a capacidade humana de lidar com ela.

Desequilíbrio climático

Cresce a cada ano, à medida que as evidências vão ficando mais contundentes, o consenso científico em torno da veracidade da mudança climática e da significativa responsabilidade das atividades humanas em seu desenrolar. A temperatura média da superfície do globo aumentou 0,6 graus centígrados ao longo do século XX, com incrementos ainda mais acentuados previstos para o século XXI.[10] O aquecimento é mais intenso no hemisfério norte, particularmente na região do Ártico, onde a calota polar encolheu 46% ao longo de vinte anos, podendo começar, já em 2020, a derreter integralmente nos meses de verão. As térmicas oceânicas que impulsionam a corrente do Golfo, responsável pelo aquecimento da Europa, se enfraqueceram substancialmente, trazendo a inquietação de que a corrente possa ficar mais lenta ou até deixar de existir por completo — com consequências desastrosas para as nações e particularmente para a agricultura europeia.[11]

Mesmo pequenos incrementos de temperatura podem ter significativos desdobramentos climáticos, como demonstra o aumento constante, ao longo das cinco últimas décadas, de eventos climáticos severos, como grandes furacões, inundações e secas. Em termos globais, ocorreram apenas treze eventos desse tipo na década de 1950. Em comparação, 72 eventos severos aconteceram durante os primeiros nove anos da década de 1990. O custo dos danos causados aumentou de cerca de 3 bilhões de dólares por ano, nos anos 1950, para 40 bilhões, nos anos 1990.[12] Os furacões Katrina e Rita, que arrasaram a costa do Golfo nos Estados Unidos e no México em 2005, foram apenas um prenúncio do que está por vir.

Desequilíbrios na agricultura e grandes deslocamentos populacionais são hoje iminentes, em função da mudança climática e do consequente aumento do nível do mar. Um estudo encomendado pelo Pentágono avisa que o aquecimento global no século XXI poderia

> resultar num declínio significativo da capacidade de suporte à vida humana do ambiente terrestre [...] [e] potencialmente na desestabilização do ambiente geopolítico, levando a disputas, batalhas e mesmo a guerras, em função da limitação de recursos [...] Desequilíbrio e conflito serão características endêmicas da vida.[13]

O fim do petróleo

Um aumento acentuado dos preços do petróleo em 2004 e 2005, somado à revelação de que a Shell e outras companhias petrolíferas vinham sistematicamente superestimando suas reservas comprovadas de petróleo, provocou uma intensa discussão para a previsão do momento em que se dará o ápice e o início do inexorável declínio da produção de petróleo, diante da demanda crescente e de custos de extração cada vez maiores. Prevê-se que o "pico do óleo", como é chamado esse evento, jogará o preço da energia nas alturas e resultará em consideráveis alterações econômicas, na medida em que se retrairá o subsídio barato do petróleo, motor da maior parte da expansão econômica.

Segundo a revista *Fortune*, as estimativas mais otimistas de fontes confiáveis preveem o pico do óleo para daqui a 35 anos. Outros especialistas importantes sugerem que 2005 pode ter sido o ano fatal. Nesse ínterim, a China, onde automóveis particulares eram quase inexistentes, passou a ter uma frota estimada em 24 milhões de veículos privados, em 2005, com um esperado crescimento exponencial previsto para o futuro.[14] Em 2004, a China ultrapassou o Japão como segundo maior consumidor de petróleo do mundo.[15] Os Estados Unidos, claro, são os campeões. Na realidade, como corretamente observa a *Fortune*, não importa se o pico do óleo já ocorreu ou se não virá nos próximos 35 anos.[16] Deve ser uma prioridade essencial e imediata reconfigurarmos a economia mundial para superar a dependência do petróleo e reverter o acúmulo de gases-estufa.

Se não decidirmos agir por conta própria, a Terra fará a escolha por nós, forçando a mãe de todas as correções do mercado. Será uma lição traumática do princípio de mercado, segundo o qual os subsídios levam os mercados a alocar os recursos de maneira ineficiente; do princípio da teoria de sistemas, que postula que não há como sustentar um crescimento infinito num sistema finito; e do princípio cibernético, que diz que a ausência de ação a tempo de restaurar o equilíbrio sistêmico resulta em transbordamento e colapso.[17] Em linguagem corriqueira, usamos o subsídio barato do petróleo para criar economias e estilos de vida dependentes do consumo insustentável dos recursos da Terra. Nosso consumo já supera os limites sustentáveis por uma margem substancial. O colapso econômico é iminente, se não houver uma ação corretiva imediata.

De acordo com os cálculos do Índice Planeta Vivo, já nos encontramos para além do nível de equilíbrio ecológico desde 1970 aproximadamente. Na realidade, o processo se iniciou quase cem anos antes, quando a moderna transformação da economia, rumo à dependência do petróleo, começou de fato. Os anos subsequentes se dedicaram à construção de uma infraestrutura dependente do petróleo barato, ao mesmo tempo que se acelerava a depleção das reservas acessíveis de óleo e a liberação de dióxido de carbono e de outros gases-estufa na atmosfera.

O século XX foi o período mais pródigo em excessos do Império. Estamos prestes a pagar um preço terrível. Com o lento despertar do estupor dessa intoxicação causada pelo petróleo, a lancinante dor de cabeça da ressaca humana começa a se instalar. Temos de lidar não só com os 5 mil anos de herança do Império, mas também com as consequências dos excessos imperiais possibilitados pelo petróleo barato. Quanto mais retardarmos o abandono do caminho do Império em favor da Comunidade da Terra, mais devastador será o colapso e maior o preço que todos teremos de pagar por isso.

ATAQUE DE REALIDADE

O século XX foi o século do petróleo. De extração barata e disponíveis de forma aparentemente inesgotável, o petróleo e o gás natural foram tratados como recursos livres, tendo seu preço definido principalmente a partir dos custos de extração, processamento e distribuição. Não demos a devida importância aos custos ambientais da liberação na atmosfera de CO_2 e outros gases-estufa, ignorando ainda o fato de que, na escala humana de tempo, petróleo e gás são recursos finitos e não renováveis.

As formas de desenvolvimento econômico que se seguiram à Segunda Guerra Mundial, da Revolução Verde a políticas industriais orientadas para a exportação, passando pela suburbanização e por sistemas de transporte dependentes de automóveis, em muitos aspectos constituíram um impulso para a conversão do mundo à dependência do petróleo e do gás natural. Em 2001, o consumo mundial de petróleo era 7,5 vezes maior que em 1950. O consumo de gás natural, que responde hoje por cerca de 24% da energia global, aumentou em 12,9 vezes desde a mesma época.[18]

A Terra cria a verdadeira riqueza de que dependem a vida e o bem-estar dos seres humanos. Nós a convertemos para nosso uso e a consumimos. Durante o século XX, aperfeiçoamos tecnologias poderosas para acelerar a taxa dessa conversão em várias ordens de magnitude. Acreditamos dominar os segredos da criação ilimitada de riquezas. Na realidade, não incrementávamos a criação de riqueza, mas aumentávamos seu consumo, sugando a riqueza natural e o capital vivo do planeta. Do mesmo modo, nos recusamos a reconhecer a insustentabilidade dos estilos de vida extravagantes da classe consumidora, tomados como medida de nossa engenhosidade econômica e tecnológica, mas que melhor serviriam como medida de nossa míope capacidade de iludir a nós mesmos. Estamos agora no limiar de um significativo ataque de realidade.

O jornalista James Howard Kunstler esmiúça seus detalhes em *The Long Emergency*.[19] Praticamente todas as características da vida moderna se servem hoje da disponibilidade de petróleo barato, incluindo automóveis, computadores, fibras sintéticas, plásticos, processos construtivos e fabris, aquecimento central e ar-condicionado, viagens aéreas, a agricultura industrial, o comércio internacional, a vida nos subúrbios e o aparato moderno de guerra. Sem petróleo, boa parte da infraestrutura básica subjacente à vida moderna torna-se um ativo inútil, incluindo a infraestrutura dos subúrbios e os sistemas de comércio internacional e de produção, processamento e distribuição de alimentos.[20]

Deslocamentos causados por mudanças climáticas e as rupturas provocadas por ataques terroristas cometidos por pessoas desesperadas exacerbarão enormemente as consequências da retração do subsídio do petróleo. Os incentivos econômicos se direcionarão, de forma dramática, em favor da redução de escala e da produção local, passando o foco da mobilidade para a ideia de uma vida no entorno do local em que se mora. Modelos de negócios baseados em linhas de abastecimento de 20 mil quilômetros ficarão cada vez mais caros, perdendo para as vantagens da produção local de alimentos e demandas básicas, mais eficiente em termos energéticos e de pequena escala.[21] A preferência recairá sobre comunidades compactas e autossuficientes, que deixem as pessoas mais próximas do local de trabalho, comércio e recreação; tenham como fontes primárias de energia a solar, a eólica e minicentrais hidrelétricas; e utilizem as terras férteis para o cultivo de alimentos e fibras com métodos agrícolas de baixo uso de insumos.

Em todos os aspectos, não será uma transição fácil. O ajuste pode se desenrolar à maneira do Império, como uma competição por vantagens individuais, de forma violenta e autodestrutiva, até que reste um homem apenas; ou pode se desdobrar ao modo da Comunidade da Terra, como um esforço cooperativo para reconstruir a comunidade, aprender as artes da autossuficiência, do compartilhamento e da resolução pacífica de conflitos, e para controlar nossa criatividade, fazendo germinar o potencial produtivo do todo. O processo depende da possibilidade de encontrarmos a coragem e a visão para abraçar a transição como uma oportunidade.

Alienados demais da realidade para reconhecer as tensões que minam os alicerces das sociedades que lideram, os Guardiães das Nuvens* do planeta Terra respondem no estilo imperial clássico: buscam desviar a atenção das tensões criadas por ameaças reais à segurança declarando guerra a inimigos reais ou imaginários — aparentemente inconscientes de que as cambiantes circunstâncias humanas tornaram a própria guerra um ato fútil e irracional de autodestruição.

GUERRAS DE AUTODESTRUIÇÃO

As batalhas militares no Império Romano eram travadas com espadas, lanças e flechas. Nossas guerras são feitas com bombardeiros, tanques, mísseis, bombas de fragmentação, minas terrestres, bombas nucleares, explosivos sofisticados, laser, computadores e munição contendo urânio empobrecido. Esse inflado potencial de morte de cada guerreiro fez do século XX o mais sangrento da história. À medida que segue crescendo a eficiência letal dos modernos armamentos, produzem-se consequências ainda mais devastadoras, não apenas para aqueles que são alvos, mas também para aqueles que os utilizam.

Armas de autodestruição

A Organização Mundial de Saúde estima que, durante o século XX, 72 milhões de pessoas morreram em consequência de guerras e outros 52 milhões em função de genocídios. Outras estimativas elevam este total combinado a até 203 milhões.[22] Para cada pessoa morta, outras três ficaram feridas, o que em muitos casos significa que ficaram aleijados pelo resto da vida.[23] Outros tantos milhões conseguiram evitar cicatrizes físicas, mas sofreram danos mentais permanentes. Cidades inteiras foram reduzidas a escombros, economias desmanteladas, bens culturais de valor incalculável destruídos, milhões ficaram desabrigados, e as riquezas da Terra foram consumidas para a destruição da vida e não para nutri-la. E o pior é que muitas das armas modernas continuam matando mesmo depois de cessarem as hostilidades, e tornam inabitáveis vastas regiões de um planeta já superpopuloso.

Uma mina enterrada pode continuar ativa por mais de cinquenta anos. As Nações Unidas estimavam, em 1996, que mais de 110 milhões de minas ativas jaziam à espera de vítimas desafortunadas em setenta países. Elas matam ou aleijam 24 mil pessoas a cada ano — na maior parte civis ou

---

* Título de um dos episódios da terceira temporada da série *Jornada nas Estrelas*. (N.E.)

crianças.[24] O urânio empobrecido, usado para incrementar o poder de fogo das munições modernas, de forma a permitir o rompimento de blindagens, se pulveriza com o impacto na forma de um pó fino que lentamente mata e aleija amigos e inimigos, deforma os filhos que eles geram e criam e torna inabitáveis vastas porções de terra.[25] Em 1996, uma resolução das Nações Unidas classificou as munições construídas com urânio empobrecido como uma arma ilegal de destruição em massa. Os Estados Unidos e outros países continuam a usá-las em grandes quantidades.

Dos 696.778 americanos que serviram durante a Guerra do Golfo, no Iraque, em 1991, somente 760 foram mortos ou feridos em ação ou como resultado de acidentes. Em maio de 2002, o US Veterans Administration (órgão responsável pelos veteranos de guerra) já reconhecera 168.011 pessoas que serviram naquele conflito como "veteranos incapacitados" em função de ferimentos ou enfermidades relacionados aos combates, e relatava 8.306 mortes devidas ao serviço na guerra. Isso eleva a taxa de casualidades da primeira Guerra do Golfo a impressionantes 25,4% — e os números seguem crescendo. O ex-coronel do exército Doug Rokke, encarregado da limpeza ambiental feita pelas forças armadas após a guerra, assim como outros especialistas, atribui a maioria dessas mortes à exposição ao urânio empobrecido. Os porta-vozes do Pentágono negam as acusações. Qualquer que seja a causa, os custos para os quadros militares foram terríveis, sem contar o ônus para os civis iraquianos que vivem em áreas contaminadas.[26]

O prejuízo aos combatentes não é meramente físico. Quando um país envia seus filhos para a guerra, eles primeiro são mandados a campos de treinamento não só para aprender as artes da morte, mas também para que se quebre sua natural resistência moral a matar outros seres humanos. Os que sobrevivem aos horrores do campo de batalha regressam a suas famílias e comunidades treinados e escolados na resolução de disputas por meios violentos e com a mente povoada de imagens de morte. Um estudo com soldados egressos da segunda Guerra do Golfo estimou que um em cada seis sofria de depressão severa, ansiedade generalizada ou transtorno de stress pós-traumático.[27] Grandes armas num mundo pequeno transformaram o ato da guerra numa estratégia de autodestruição em massa.

Armas nucleares versus estiletes

Os exércitos mais poderosos não são capazes de fazer frente a redes de terroristas pequenas porém totalmente leais a sua causa, nem a movimentos populares de resistência, numa época de acesso tão fácil a explosivos sofisticados, armas de fogo automáticas, bazucas, materiais nucleares, agentes biológicos letais, telefones celulares, mensagens instantâneas e à internet. Essas armas dotam os movimentos de resistência de meios para tornar uma ocupação prolongada por um exército estrangeiro praticamente impossível, colocando ainda a segurança do território dessa força invasora em significativo risco. Não importa a denominação dada à resistência armada — terroristas, guerrilhas, ativistas da liberdade ou milicianos —, a máquina militar mecanizada do Império é inútil contra uma população determinada e adepta dos métodos de terrorismo e guerra de guerrilha. A França encarou esta realidade na Argélia e no Vietnã, a União Soviética no Afeganistão, e depois a Rússia na Chechênia.

Os Estados Unidos têm a capacidade de liquidar nações inteiras, mas seu poder de fogo amedrontador tem pouca utilidade para desbaratar redes internacionais de terrorismo, ganhar a submissão pacífica dos povos de países ocupados ou garantir a segurança de populações civis contra ataques de terroristas radicais. Para o historiador econômico Immanuel Wallerstein, as forças armadas americanas enfrentaram três guerras graves entre 1945 e 2002: a Coreia, o Vietnã e a primeira Guerra do Golfo. Lutaram para um empate na Coreia e no Golfo e foram derrotadas no Vietnã. Nenhum dos três oponentes chegava perto de ser um poderio militar crível de classe mundial.[28] Por se recusarem a absorver as evidentes lições dessas experiências, os Estados Unidos se viram atolados em guerras extremamente caras e impossíveis de vencer no Afeganistão e no Iraque.

Os exércitos convencionais se organizam, são treinados e equipados para controlar território. Para as redes terroristas, que estão em toda parte e em lugar nenhum ao mesmo tempo, o controle do território não é uma questão. Responder a ataques terroristas com forças militares convencionais pode ter um custo devastador em vidas e propriedades, além de ser bastante contraproducente como réplica ao terrorismo. A única forma de derrotá-lo é eliminar as condições que o motivam.

A realidade contemporânea da guerra carrega um estranho paradoxo. Ainda que a moderna tecnologia tenha dotado as elites que governam o mundo de poder para tornar o planeta inabitável, ao mesmo tempo roubou-lhes a capacidade de impor sua vontade sobre os dominados pela força das armas.

Governantes desorientados ordenam buscas por armas de destruição em massa no Iraque e em outras partes, ignorando as armas desse mesmo tipo que estão entre nós. Aviões a jato, indústrias químicas, refinarias de petróleo, instalações nucleares, redes de energia, gasodutos e sistemas municipais de abastecimento de água podem facilmente se converter em instrumentos de morte e destruição nas mãos de um terrorista radical com poucos recursos, como demonstraram, de forma dramática, os ataques de 11 de setembro de 2001. Metaforicamente falando, numa disputa entre armas nucleares e estiletes, os estiletes detêm a vantagem estratégica.

Para o analista geopolítico Jonathan Schell, vivemos hoje num mundo que não pode ser conquistado.[29] A menos que aprendamos a viver em paz, eliminando as causas da violência, viveremos eternamente com medo e inseguros. Os líderes do planeta Terra, no entanto, em vez de atacar a raiz das causas da violência, respondem com o aumento de forças de segurança e a tentativa de elevar sua cidade até as nuvens para uma órbita ainda mais elevada e afastada da devastação crescente na superfície do planeta.

RUMO A UMA ÓRBITA MAIS ELEVADA

Se os benefícios do incremento em seis vezes da produção econômica global logrado desde 1950 tivessem sido distribuídos de forma equitativa entre os habitantes do planeta, a pobreza já seria hoje apenas um fato histórico, a democracia estaria assegurada e a guerra não seria mais que uma memória distante. Orientadas pelos imperativos de um poder dominador, entretanto, as instituições do Império alocaram mais de 80% dos benefícios desse crescimento extraordinário para os 20% mais afortunados da população mundial.

O hiato crescente

Durante a década de 1990, a renda per capita decresceu em 54 dos países mais pobres do globo; índices de pobreza já elevados aumentaram em 37 de 67 países pesquisados. Hoje, mais de 1,2 bilhão de pessoas luta para sobreviver com menos de um dólar por dia. Cerca de 2,8 bilhões, quase metade da população mundial, vivem com menos de dois dólares por dia.[30]

Na outra ponta, o número de bilionários subiu de 274, em 1991, para 691, em 2005, com um patrimônio líquido combinado de 2,2 trilhões de dólares.[31] Estima-se que 1,7 bilhão de pessoas — 27% de toda a humanidade — desfrute hoje a afluência material da sociedade de consumo.[32] As demandas dessa classe continuam a crescer, na medida em que suas preferências pedem carros e casas cada vez maiores. Seriam necessários mais três ou quatro planetas para sustentar as populações excluídas ao redor do mundo no nível de consumo praticado hoje na Europa. As Nações Unidas preveem que a população mundial continuará a crescer, passando dos atuais 6,4 bilhões para 8,9 bilhões em 2050,[33] demandando recursos de mais um ou dois planetas para manter todos pelo padrão europeu. A espécie humana está, bem literalmente, consumindo o futuro de seus filhos, relegando bilhões de pessoas a uma vida de desespero e colocando em jogo a sobrevivência da espécie humana.

É um cálculo impiedoso. De sua órbita, a resposta dos habitantes de Stratos é empurrar ainda mais a carga tributária sobre os ombros da classe trabalhadora, aumentar o arrocho salarial e aliviar as restrições para a especulação financeira e sobre lucros advindos do poder de monopólios, e liberando as corporações, além disso, do ônus dos custos sociais e ambientais de suas ações. Os que questionam esse sistema são demonizados como defensores da luta de classes e instruídos a concentrar-se em trazer para cima quem está na base dando mais liberdade aos que estão no topo para criar novas riquezas, em vez de tentar levar quem está no topo para baixo.

A persistente alegação dos Guardiães das Nuvens no comando, segundo a qual a ascensão dos que já estão no topo acabará trazendo para cima os que estão na base, por meio da expansão do bolo total da riqueza, é um engano cruel. A justiça e a sustentabilidade são impossíveis num sistema inerentemente injusto e insustentável.

A grande ilusão

A chave do engano é o dinheiro. Para entender seu funcionamento, é preciso esclarecer a diferença entre riqueza verdadeira e riqueza financeira.

A riqueza real consiste de coisas que têm de fato valor utilitário ou artístico: comida, terra, energia, conhecimento, tecnologia, florestas, beleza e muito mais. Os sistemas naturais do planeta são a fundação de toda a riqueza real, pois dependemos deles para nossa própria vida. Sem esses sistemas naturais, nenhuma das outras formas de riqueza, incluindo o trabalho humano e a tecnologia, poderia existir.

O dinheiro, em contraste, não tem nenhum valor utilitário ou artístico intrínseco. É simplesmente um número em um pedaço de papel ou um vestígio eletrônico em um arquivo de computador; um truque de contabilidade, cujo valor deriva simplesmente de uma convenção social, pela qual as pessoas o aceitam em troca de coisas com valor real. Não obstante, o dinheiro traz enorme poder e vantagem àqueles com o poder de criá-lo e alocá-lo em sociedades nas quais o acesso a quase tudo com valor real depende dele.

Os Guardiães das Nuvens desfrutaram um rápido crescimento em seus ativos financeiros ao longo do período de maior declínio ambiental, reivindicando para si, dessa forma, uma porção crescente da riqueza real do planeta e da sociedade, e criando a ilusão de que estamos todos ficando mais ricos, quando na verdade é o oposto que está ocorrendo. Tomemos somente um indicador-chave: a capitalização combinada de mercado — o valor dos ativos financeiros — das ações comercializadas nas maiores bolsas do mundo cresceu de 0,8 trilhão, em 1977, para 22,6 trilhões, em 2003.[34] Isso representa um enorme aumento no poder de compra da classe dominante em relação ao resto da sociedade. Aparentemente as políticas econômicas estariam incrementando a riqueza real da sociedade, mas de fato a estão erodindo.

É preciso lembrar que nos Estados Unidos apenas 50% dos domicílios possuem algum tipo de ação em bolsa. O 1% de domicílios mais ricos detém 42,1% do valor de todas as ações, mais que o total em poder dos 95% de domicílios menos privilegiados.[35] Ainda que números mais específicos não estejam disponíveis, é seguro estimar que bem menos de 1% dos domicílios, em termos globais, possua alguma participação acionária significativa.

Infelizmente, a maioria das pessoas não capta as reais implicações dessa disparidade porque temos o hábito de pensar no dinheiro como riqueza. Na verdade, ainda que a distinção entre dinheiro e riqueza seja essencial para compreender a alocação de poder na sociedade, o linguajar das finanças não propicia uma maneira simples de expressar essa diferença. Os termos capital, ativos, recursos e riqueza referem-se indistintamente à riqueza financeira e à riqueza real.

Se as pessoas entendessem a diferença, saberiam que, quando uma autoridade em finanças anuncia entusiasmada que o mercado de ações em alta está "criando riqueza", isso significa que os domicílios mais ricos estão estendendo ainda mais suas garras sobre a riqueza real que pertence ao restante das pessoas. Talvez assim nos sintamos menos inclinados a compartilhar desse entusiasmo todo.

Vivendo em alto estilo com dinheiro emprestado

Mesmerizados pela bolha econômica dos anos 1990, os iludidos especialistas de plantão da classe dos Guardiães das Nuvens declararam o fim da lei da gravidade econômica. Segundo sua matemática, os ciclos econômicos haviam se tornado uma relíquia do passado distante, já não significavam nada os desequilíbrios comercial e financeiro dos Estados Unidos em relação ao resto do mundo, e os limites ambientais haviam sido transcendidos. Os realistas que mostravam preocupação com a possibilidade de uma bolha financeira eram desprezados como pessimistas ignorantes, alheios aos milagres logrados pela nova economia da informação. O verdadeiro valor agregado, assim argumentavam os iludidos, estava no mercado financeiro, no marketing, no entretenimento, na tecnologia da informação e nos direitos de propriedade intelectual. Concluíram que a estratégia econômica mais lucrativa era importar bens industrializados produzidos com trabalho barato não sindicalizado dos países mais pobres, em vez de importar matéria-prima para fabricação nacional por trabalhadores que esperam uma renda familiar.

O déficit comercial americano, que em 2004 estava em 665 bilhões de dólares e crescendo, era coberto a partir de empréstimos externos ao ritmo de 2,6 bilhões de dólares por dia útil.[36] Isso provocou uma queda significativa do dólar americano, iniciada no princípio de 2002. Ao final de 2004, o dólar já perdera aproximadamente um terço de seu valor.[37] Em *After the Empire*, *best-seller* europeu de 2002, o demógrafo francês Emmanuel Todd caracteriza os Estados Unidos como uma "espécie de buraco negro — absorvendo mercadorias e capital, mas incapaz de fornecer os mesmos bens em retorno".[38]

Como foi evidenciado pela onda de escândalos corporativos do início do século XXI, o suposto milagre econômico americano da década de 1990 constituiu-se basicamente de uma bolha no mercado de ações construída sobre fraudes contábeis e expectativas sem fundamento. O crescente déficit comercial americano demonstrou que um sistema aberto de comércio manipulado pelas corporações para maximizar lucros de curto prazo resulta em desequilíbrios perigosamente instáveis para o sistema global. Entretanto, longe de se preocuparem, os Guardiães das Nuvens intensificaram seus esforços para restaurar a bolha e acelerar a exportação de empregos e da capacidade industrial relacionada. Logo estavam exportando também capacidade tecnológica, inclusive em pesquisa avançada e desenvolvimento, o que reforça o acentuado e contínuo aumento do déficit comercial americano e da dívida internacional, à medida que ficamos ainda mais dependentes de fábricas, trabalhadores e tecnologias estrangeiras.

Em meados da década de 1990, os Estados Unidos ainda produziam 90% do que consumiam, mas já no final de 2004 produziam apenas 75%,[39] num declínio cada vez mais veloz.[40] As exportações americanas de computadores caíram de 45 bilhões de dólares em 2000 para 28 bilhões em 2004. As empresas americanas investiam pouquíssimo em ampliação da capacidade produtiva doméstica, os quadros da engenharia encolhiam.[41] Os jovens americanos que planejavam sua carreira captaram rapidamente a mensagem. As inscrições para cursos de bacharelado em ciência da computação e engenharia de sistemas caíram quase 30% em dois anos, revertendo a tendência anterior de crescimento. A Índia e a China hoje superam os Estados Unidos em número de graduados em ciência da computação.[42]

Os superávits comerciais americanos atuais dizem respeito basicamente a *commodities* como petróleo, sementes, grãos, ferro, celulose, papel e couro cru. O principal item importado da China pelos Estados Unidos são componentes de computadores. A principal exportação dos Estados Unidos para a China é a soja.[43] O perfil comercial americano é, cada vez mais, o de um país de Terceiro Mundo, exportando *commodities* e importando bens industrializados.[44]

Na visão econômica míope dos Guardiães das Nuvens americanos, o papel adequado para os Estados Unidos na economia global é a especialização no consumo dos produtos e tecnologias produzidos pelo trabalho em condições sub-humanas em outros países, pago com dinheiro emprestado e contribuindo para a manutenção dos lucros, do desemprego e dos baixos salários americanos, enquanto a conta é deixada para as gerações futuras. Parafraseando o economista Kenneth Boulding, qualquer um que acredite que essa é uma estratégia econômica bem-sucedida a longo prazo é ou um lunático ou um economista neoliberal.

A tempestade econômica perfeita

As nuvens em formação da tempestade econômica perfeita têm o potencial de desequilibrar severamente a economia corporativa global e forçar uma reestruturação em favor da produção local e da autossuficiência. Quatro condições se combinam para produzir uma ameaça sem precedentes ao *status quo*:

1. A iminente chegada ao ápice e ao início do inexorável declínio na produção de petróleo eliminará os subsídios energéticos de que depende a maior parte da infraestrutura básica da economia corporativa global.
2. Eventos meteorológicos severos e as mudanças climáticas associadas ao aquecimento global levarão a um colapso na produção de alimentos e nas cadeias produtivas globais.
3. Um colapso no valor do câmbio do dólar americano forçará os Estados Unidos a reestruturar sua economia para viver com seus próprios meios; os países que tenham orientado a economia para a exportação aos Estados Unidos terão de redirecionar seus esforços para a produção voltada ao mercado nacional.

4. Os termos cambiantes da guerra porão um fim à capacidade das nações militarmente poderosas de sugar impunemente os recursos dos países mais fracos.

Essas condições reorientarão os incentivos econômicos, deixando de atender linhas de abastecimento globais em favor da produção local e da independência. Esses ajustes ficarão ainda mais complexos por uma crescente escassez de água doce, pela diminuição das florestas e dos estoques pesqueiros, a impermeabilização de terras cultiváveis, a perda de solo e sua declinante fertilidade, tudo somado ao crescimento populacional ininterrupto. A transição será particularmente difícil para países como os Estados Unidos, que se acostumaram a viver muito além de seus próprios meios e a depender de trabalho, recursos e crédito estrangeiros.

A forma como decidirmos lidar com essas circunstâncias cambiantes determinará se a situação vai se degenerar em guerras constantes pelo que resta das dádivas da Terra ou se será inaugurada uma nova era de cooperação fundada numa ética de compartilhamento equitativo, de modo a atender às necessidades de todos. Quando o colapso econômico atingiu a Argentina, no final de 2001, a população se juntou como uma comunidade para fazer essa escolha. É uma história inspiradora contada nos documentários *Argentina: Hope in Hard Times* e *The Take*.[45]

A história sugere que os Guardiães das Nuvens estão aferrados demais aos vícios do Império para responder de outra maneira que não em seu padrão característico de competição pelo controle dos últimos resquícios dos recursos do planeta. Suas ilusões estão bem resumidas no livro escrito em 2005 por Peter Humber, do Manhattan Institute, e Mark Mills, do Digital Power Capital, intitulado *The Bottomless Well: The Twilight of Fuel, the Virtue of Waste, and Why We Will Never Run Out of Energy*. Numa ode à consciência mágica, eles concluem que "quanto mais energia extraímos e utilizamos, mais competentes nos tornamos para encontrar e extrair ainda mais".

É mais provável que a liderança para criar um mundo que funcione para todos surja entre aqueles que vivem no mundo real e, consequentemente, conhecem de perto a injustiça, a violência e a falência ambiental forjada pelo Império.

A GRANDE OBRA

A tentativa de preservar o privilégio imperial não é uma escolha racional. Podemos escolher, por inércia, deixar que o colapso siga seu curso natural de uma mortalidade maciça na população humana e da decadência rumo a um mundo fragmentado de feudos imperiais locais que lembra a queda do Império Romano. De forma alternativa, podemos reconhecer as mudanças irreversíveis na circunstância humana que criam um imperativo para que todos se unam como um só povo no planeta, de modo a inaugurar uma nova era, a da Comunidade da Terra, estruturada em famílias e comunidades fortes e zelozas, a verdadeira fundação da prosperidade, segurança e sentido.

O teólogo Thomas Berry chama essa escolha afirmativa de "a grande obra". Ela demanda alguns compromissos:

- Equilibrar nosso consumo material coletivo com a Terra, de forma a permitir a cura e a regeneração da biosfera, o que exige
- um realinhamento de nossas prioridades econômicas, deixando de gerar dinheiro para os ricos para, em vez disso, assegurar que todas as pessoas tenham acesso a meios adequados e significativos de sobrevivência. Tendo em vista que a equidade é condição essencial de uma sociedade saudável e sustentável num mundo populoso, devemos
- democratizar as instituições humanas, incluindo as instituições econômicas, para que o poder passe a se ancorar nas pessoas e nas comunidades, substituindo a cultura dominante de ganância, competição, materialismo e amor ao dinheiro por culturas baseadas nos valores afirmativos da vida de cooperação, cuidado, do espírito e do amor à vida. Porque o reconhecimento da unidade espiritual essencial de toda a Criação é o fundamento essencial do profundo respeito pelos direitos e necessidades de todos os seres vivos, de que depende o cumprimento desta plataforma. Por isso se faz necessário que, coletiva e individualmente,
- despertemos para a relação integral entre os aspectos material e espiritual de nosso ser, de modo que nos tornemos plenamente humanos.

A revolução tecnológica do século XX alterou fundamentalmente a relação dos humanos com o planeta e entre si, criou uma dependência econômica insustentável do esgotamento de recursos finitos e da capacidade regenerativa do planeta, e colocou a espécie humana sob um risco crescente de se destruir com as próprias mãos. No entanto, as circunstâncias de vida dos regentes privilegiados do Império os isolam de tal maneira das consequências negativas dessa mudança na condição humana, que os torna incapazes de ao menos compreender o significado do que se passa. Com isso, o exercício de uma liderança apropriada evidentemente não tem como acontecer.

A esperança para o futuro humano reside no fato de que o Império criou as condições para a emergência, de baixo para cima, de uma nova liderança do todo. A mesma revolução tecnológica que traz o imperativo da mudança também facilita um despertar cultural e espiritual global para a interdependência da vida, para as possibilidades não preenchidas de nossa natureza humana e para a oportunidade, agora diante de nós, de concretizar, como uma escolha coletiva consciente, uma transformação cultural, econômica e política. Este é o trabalho de Ricardo e da Hacienda Santa Teresa em escala planetária. Milhões de pessoas pelo mundo afora já estão se engajando nele.

Alguns podem falar de um novo despertar da sabedoria espiritual de nosso passado distante. Outros podem compará-lo à sensação de espanto diante da maravilha e beleza da vida que comumente sucede a uma experiência de quase morte. Não importa como decidamos caracterizá-lo. Esse despertar está abrindo o caminho para um salto evolutivo em direção a um novo nível de possibilidades sociais, intelectuais e espirituais para os seres humanos. Agora nos voltaremos para as evidências de que uma oportunidade única e épica se encontra diante de nós.

CAPÍTULO 4

A oportunidade

À raça de pele clara será dada uma escolha entre duas estradas. Se escolher a estrada correta, o sétimo fogo acenderá o oitavo fogo, a chama final (eterna) da paz, do amor e da fraternidade. Se fizer a escolha errada, a destruição que trouxer consigo recairá sobre si própria, causando grande sofrimento, morte e destruição.[1]

Profecia dos sete fogos do povo ojibwe

Experimentamos hoje um momento cujo significado vai muito além daquilo que qualquer um de nós pode imaginar [...] O sonho distorcido de um paraíso industrial tecnológico está sendo substituído pelo sonho mais viável da presença humana para o crescimento mútuo no interior de uma Comunidade da Terra de base orgânica e em constante renovação.[2]

Thomas Berry

Possivelmente a metáfora mais poderosa da natureza para a Grande Virada seja a história da metamorfose da lagarta monarca na borboleta monarca, popularizada pela bióloga evolutiva Elisabet Sahtouris. A lagarta é uma consumidora voraz que dedica sua vida a se fartar das dádivas da natureza. Concluído o banquete, ela se prende a um galho acessível e se encerra em uma crisálida. Uma vez aconchegada em seu interior, passa por um momento decisivo à medida que as estruturas de seu tecido celular começam a se dissolver numa sopa orgânica.

Entretanto, guiadas por algum tipo de sabedoria interna profunda, várias *células organizadoras* começam a se movimentar, congregando outras células para formar *discos imaginais*, estruturas multicelulares a princípio independentes, que iniciam a conformação dos órgãos de uma nova criatura.[3] Detectando corretamente uma ameaça à antiga ordem, mas identificando equivocadamente sua fonte, o sistema imunológico ainda intacto da lagarta atribui a ameaça aos discos imaginais e os ataca como se fossem estranhos invasores.

Conectando-se uns aos outros num esforço cooperativo que faz surgir um novo ser de grande beleza, incríveis possibilidades e pouca semelhança identificável em relação a seu progenitor, os discos imaginais saem vitoriosos. Em seu renascimento, a borboleta monarca vive suavemente na Terra, serve à regeneração da vida como polinizadora e migra milhares de quilômetros para experimentar as possibilidades da vida por caminhos que a terrena lagarta nem sequer poderia imaginar.

À medida que os marcos culturais e institucionais familiares do Império se desintegram à nossa volta, os seres humanos se encontram no limiar de um renascimento não menos dramático que o da lagarta monarca. A transformação da lagarta é física; a transformação humana, institucional e cultural. Enquanto a lagarta encara um resultado predeterminado vivido por incontáveis gerações antes dela, os seres humanos são pioneiros, abrindo estradas em território não mapeado. O renascimento não é nenhuma ilusão otimista. Ele já está acontecendo, impulsionado pela convergência dos imperativos descritos no capítulo anterior e por um despertar cultural e espiritual das ordens mais elevadas da consciência humana que se propaga rapidamente.

As condições do renascimento humano serão possivelmente traumáticas e carregadas de uma sensação de perda, sobretudo para aqueles que desfrutaram os prazeres dos excessos imperiais. Nosso sofrimento, entretanto, empalidece quando comparado ao desnecessário e desmedido sofrimento suportado, durante cinco milênios, por aqueles que tiveram sua humanidade e direito à vida cruelmente negados pelo Império. Se nós, os privilegiados, abraçarmos o momento, em vez de lutar contra ele, poderemos converter a tragédia em uma oportunidade para afirmar nossa humanidade e a verdadeira prosperidade, segurança e senso de comunidade.

O despertar cultural e espiritual subjacente à metamorfose humana possível é conduzido pelos encontros com a diversidade cultural humana e com os limites do ecossistema planetário. Um aumento veloz na frequência e profundidade do intercâmbio intercultural desperta a espécie para a ideia da cultura como um constructo humano sujeito à escolha intencional. A falência crescente dos sistemas naturais, por sua vez, vem criando uma consciência em relação à interconectividade de toda a vida.

Esses encontros fazem surgir as ordens mais elevadas e democráticas da consciência humana, expandindo nossa noção das possibilidades da espécie e auxiliando a formação de poderosos movimentos sociais globais dedicados a engendrar uma nova era de Comunidade da Terra. Para compreender a natureza e o significado desse despertar, é preciso primeiro entender a natureza e a função da cultura.

CONSCIÊNCIA CULTURAL

Uma das funções mais importantes do cérebro reside em traduzir uma grande quantidade de dados sensoriais em informação significativa para a sobrevivência do organismo, alertando-o, por exemplo, para a presença de alimento, de perigo ou de um possível parceiro sexual. O cérebro humano precisa selecionar e traduzir os dados de nossos sentidos não apenas em informação útil para nossa sobrevivência, mas também em complexas abstrações de ideias, valores e compreensão espiritual, essenciais para nossa criatividade, coerência social e noção de propósito.

Ao traduzir dados sensoriais em informação relevante, o cérebro necessariamente separa o que é significativo daquilo que é irrelevante, de modo a chamar a atenção da mente consciente para o que seus mecanismos de filtragem julgam mais importante. Assim, a informação apresentada à mente consciente é em parte determinada pelos dados sensoriais brutos e em parte por esses mecanismos, que por sua vez são moldados por uma combinação de genética, aprendizado individual e cultura de grupo.

A cultura é o sistema de crenças, valores, percepções e relações sociais habituais que codifica o aprendizado comum de um grupo humano em particular, essencial a sua função social ordenada. Quanto maiores os componentes de aprendizado individual e cultural dos mecanismos interpretativos do cérebro, em comparação com o componente genético, mais significativa a capacidade da espécie de se adaptar rapidamente a novas circunstâncias.

No caso humano, os componentes de aprendizado individual e cultural são substanciais, o que nos dota de uma capacidade inigualável para adaptação e inovação por meio do aprendizado individual e comum. Quanto maior nossa capacidade para nos comunicarmos uns com os outros, e quanto maior nossa percepção consciente da cultura como um constructo social, sujeito ao exame crítico e à escolha intencional, maior será nossa capacidade para escolher o futuro.

Construção social

É basicamente no nível inconsciente que a cultura molda nossas percepções. Raramente nos ocorre questionar se a realidade percebida através da lente da cultura em que crescemos é a "verdadeira" realidade. Como observa a bióloga evolutiva Elisabet Sahtouris,

> até a última metade de século anterior ao novo milênio, não ocorria às pessoas que pudessem influenciar a criação de sua própria visão de mundo. Ao longo de toda a história, as pessoas acreditaram que o mun-

do de fato existia da forma como o viam — em outras palavras, tomavam sua visão de mundo como a visão do mundo real e todas as outras como equivocadas e portanto não verdadeiras.[4]

Em nossos primeiros encontros com pessoas de culturas diferentes, é comum que as consideremos estranhas, difíceis de entender e possivelmente perigosas. Com o aprofundamento da experiência intercultural, entretanto, acabamos enxergando a verdade mais profunda da cultura como um constructo organizador que define uma visão de mundo compartilhada essencial à coesão social. A compreensão da natureza da cultura é o nó central da crítica transição social entre a consciência socializada e a consciência cultural descritas no capítulo 2.

O despertar cada vez maior da consciência cultural é de particular importância nesta época de mudanças aceleradas na condição humana. É fundamental para nossa capacidade de viver em um planeta pequeno, estabelecendo relações pacíficas e mutuamente benéficas com povos de culturas distintas da nossa, bem como para identificar e mudar os aspectos ativamente autodestrutivos da cultura humana; e finalmente para trazer, de forma consciente, uma nova cultura de Comunidade da Terra.

Por 5 mil anos, o êxito dos mandatários imperiais deveu-se a seu reconhecimento intuitivo de que seu poder residia na capacidade de engendrar uma cultura desvirtuada que desperta medo, alienação, uma impotência adquirida e a dependência do indivíduo em relação ao poder imperial de um grande líder. A cultura desvirtuada induz uma espécie de transe cultural, no qual nos condicionamos a negar a inerente capacidade humana de autogestão responsável, compartilhamento e cooperação, os principais fundamentos da autogestão democrática. O transe cria uma ligação emocional com o líder, nos indispõe uns com os outros e com a Terra viva, erode relações de ajuda mútua e nos reduz a um estado de dependência resignada, semelhante àquele encontrado por Ricardo entre os *sabaneros* da Hacienda Santa Teresa quando assumiu seu gerenciamento.

Despertar cultural

Nos Estados Unidos, um importante passo no despertar para o papel da cultura como um constructo social surgiu com o movimento dos direitos civis nos anos 1950 e 1960. A participação naquele movimento abriu os olhos de muitas pessoas para a verdade de que as relações entre as raças são definidas por códigos culturais que têm pouco a ver com a realidade. Aprender a reconhecer a diferença entre a realidade e um sistema de crenças não questionado no que diz respeito às relações entre raças tornou mais fácil detectar distorções semelhantes nos códigos culturais que definem as relações entre homens e mulheres, entre as pessoas e o meio ambiente, entre heterossexuais e homossexuais e entre as pessoas e as corporações.[5] Assim, o movimento de direitos civis preparou o terreno para os movimentos sociais que se seguiram.

Em termos globais, um rápido aumento nas viagens, no intercâmbio e na comunicação internacionais expôs milhões de pessoas a interações enriquecedoras, ainda que por vezes inquietantes, com culturas diferentes da sua. Essa experiência lançou, para muitos, novas luzes sobre a visão de sua própria cultura e de um mundo mais amplo. A experiência do despertar cultural se tornou um processo contagiante e libertador, em escala global, envolvendo centenas de milhões de pessoas e transcendendo barreiras de raça, classe e religião.

Cada uma das muitas culturas do mundo captura alguns elementos de uma verdade mais profunda, mas ainda assim representa apenas um dos muitos caminhos possíveis para a interpretação dos dados gerados pelos sentidos humanos. A experiência intercultural prolongada pode romper com o transe cultural e despertar um nova consciência e apreciação da variedade da experiência humana e do potencial da espécie. Minha história de vida, conforme esboçada no prólogo, envolvendo a mudança da ilha cultural da minha infância para a vida de um cidadão global itinerante, oferece um exemplo de como a revolução nas comunicações da última metade do século XX criou condições que levaram a uma libertação acelerada da consciência humana.

Uma consciência cultural desperta é relativamente imune ao distorcido condicionamento cultural promovido pela mídia corporativa, pela publicidade e por demagogos políticos. Racismo, sexismo, homofobia e consumismo passam a ser mais facilmente vistos pelo que são — uma justificativa para a dominação, exploração e violência contra a vida — e como uma barreira para a concretização das possibilidades da Comunidade da Terra. Uma premissa cultural implícita e subjacente a todos os grandes movimentos progressistas de nossa época é a de que um mundo de parceria é possível.

CONSCIÊNCIA ESPIRITUAL

O mesmo encolhimento do espaço geográfico que acelera o despertar da consciência cultural também impulsiona a jornada em direção à consciência espiritual. Quem viaja o mundo, envolvendo-se na vida das pessoas e lugares visitados, vivencia tanto a vitalidade da diversidade cultural da Terra quanto a beleza da teia planetária da vida. A simbólica imagem do planeta Terra visto do espaço propicia expressão visual à realidade profunda de que os habitantes do mundo são um único povo compartilhando um destino comum numa espaçonave viva e isolada, solitária na vasta escuridão do espaço.

Com o reconhecimento da interligação da vida, resta apenas um pequeno passo para o encontro com a verdade ainda mais profunda de que toda a vida tem como origem a mesma fonte espiritual, e de que a guerra do Império contra a vida é uma guerra contra nós mesmos. Esse despertar de uma consciência espiritual tem profundas implicações práticas na medida em que representa a base da mudança cultural:

- Da crença de que a Terra pertence aos seres humanos para que a consumamos ao sabor de nossos caprichos, a uma compreensão de que a Terra é nossa morada sagrada, sendo responsabilidade nossa nos tornar parceiros respeitosos;
- da crença de que somos por natureza incapazes de autogestão responsável para a compreensão de que nossa natureza incorpora muitas possibilidades, incluindo o potencial para a autogestão responsável e para a cidadania democrática;
- da crença de que o diferente representa uma ameaça à nossa segurança e modo de vida para a compreensão de que todas as pessoas nascem do mesmo espírito sagrado, com igual direito ao respeito e à busca da felicidade, e de que a diversidade cultural e racial é uma fonte de aprendizado e potencial criativo;
- da crença autojustificável de que aqueles que se alinham conosco representam o bem, enquanto os que se opõem a nós seriam inimigos maléficos, para a compreensão de que somos todos vítimas e perpetradores da violência inerente às estruturas do Império.

UM FENÔMENO GLOBAL

A evidência de um despertar cada vez maior da consciência cultural e espiritual provém de fontes variadas, incluindo o trabalho do pesquisador de valores Paul Ray e da autora feminista Sherry Anderson. Ambos citam dados de levantamentos de valores nos Estados Unidos que mostram um crescente segmento da população adulta americana abraçando uma nova cultura, que valoriza a inclusão social, o cuidado ambiental e a prática espiritual. Os portadores dessa nova cultura são chamados pelos autores de criadores culturais, estimando-se que havia, no final da década de 1990,

50 milhões deles nos Estados Unidos, aproximadamente 26% dos americanos adultos — contra menos de 5% no início dos anos 1960. Eles estimam que ainda existam outros 80 a 90 milhões de criadores culturais na União Europeia.[6] Basicamente, os que Ray e Anderson chamam de criadores culturais são pessoas que parecem, de acordo com suas respostas nas pesquisas, ter atingido uma consciência cultural. Muitos chegaram até a uma consciência espiritual. Nos capítulos subsequentes, utilizarei vez ou outra o termo "criadores culturais" para me referir a pessoas que atingiram uma consciência cultural.

Dados de estudos internacionais sugerem que outras centenas de milhões de criadores culturais encontram-se espalhadas pelo mundo. Uma pesquisa de 1993 do Gallup International intitulada "Health of the Planet Survey", cobrindo 24 países, atesta uma substancial preocupação com o meio ambiente, tanto nos países industrializados quanto naqueles em desenvolvimento. A maioria concorda que a proteção do meio ambiente é mais importante que o crescimento econômico.[7]

A World Values Survey, pesquisa que compilou dados longitudinais de 43 países entre 1970 e 1994, concluiu que residentes de países que atingem uma segurança econômica significativa demonstram forte inclinação para desafiar figuras tradicionais de autoridade, incluindo governos, a ciência e a religião organizada, em favor de maior liberdade de expressão e de uma escolha mais pessoal de valores. Os dados da World Values Survey revelam uma aceitação cada vez maior de direitos iguais para as mulheres, um interesse ascendente na qualidade de vida, em comparação com a busca de ganho material, e um crescente senso da importância da vida familiar para o bem-estar individual e comunitário. Apesar de a pesquisa registrar uma queda generalizada no comparecimento a igrejas, constata-se também um aumento na porcentagem de pessoas que relatam pensar com frequência a respeito do propósito e do sentido da vida.[8] Todas essas conclusões são coerentes com uma ampliação do despertar da consciência cultural e espiritual.

Ray e Anderson estimam que cerca de metade de todos os criadores culturais combina um profundo comprometimento com valores sociais e ambientais e alguma forma de prática espiritual — aceitando uma espiritualidade integral que os liga ao todo da Criação, tanto em suas manifestações interiores quanto exteriores. Conforme a estrutura delineada no capítulo 2, estes são os criadores espirituais, que alcançaram a consciência espiritual. Ray e Anderson os denominam criadores culturais essenciais. Afirmando a importância de um despertar espiritual para a Grande Virada, concluem com base em sua pesquisa que praticamente todos os líderes de movimentos sociais progressistas nos Estados Unidos são criadores culturais nodais. Minha própria experiência com centenas de lideranças de movimentos sugere a validade quase total dessa avaliação, tanto em termos domésticos quanto internacionais.

Segundo Ray e Anderson, criadores culturais surgem em todas as raças, religiões, classes e partidos políticos. O único determinante demográfico que sobressai é o gênero. Cerca de 60% de todos os criadores culturais e de 67% dos criadores espirituais são mulheres.

Os criadores espirituais não só encabeçam a crescente resistência contra a violência global e a injustiça econômica do Império, mas também o trabalho proativo de nutrição dos discos imaginais da Comunidade da Terra. A liderança nos movimentos pró-democracia, pela paz, pelo meio ambiente, pelos direitos humanos e civis, pela justiça econômica, pela igualdade dos gêneros, pela saúde holística, pelos direitos dos homossexuais, pela agricultura orgânica e de simplicidade voluntária, emerge das fileiras dos criadores espirituais. Juntos, eles estão criando uma nova política de parceria, centrada numa afirmação espiritualmente baseada na paz, na justiça, na democracia e na vida. Ainda que muitos desses líderes não possuam filiação religiosa e que poucos falem abertamente de sua orientação espiritual, uma proporção significativa deles é profundamente espiritualizada e aborda seu trabalho como uma forma de prática espiritual.

MEIOS INSTITUCIONAIS E TECNOLÓGICOS

Concomitantemente, à medida que a espécie experimenta o necessário despertar cultural e espiritual para a mudança cultural, ela adquire também os meios institucionais e tecnológicos para traduzir este avanço na virada econômica e política que a mudança cultural torna possível. Para reconhecer a natureza épica desses desdobramentos, devemos colocá-los em perspectiva histórica.

Instituições internacionais

A primeira organização internacional voltada à promoção da cooperação entre nações, a União Telegráfica Internacional, foi estabelecida somente em 1865. A ela seguiu-se a União Postal Universal, em 1874. Parece notável que essas duas instituições pioneiras lidassem com a expansão da capacidade para a comunicação internacional.

Logo em seguida, a Conferência Internacional da Paz, sediada em Haia, em 1899, empreendeu um esforço inicial para a abolição do uso da guerra como um instrumento de política nacional. Foi então adotada a Convenção sobre a Resolução Pacífica de Disputas Internacionais, que estabeleceu a Corte Permanente de Arbitragem para proporcionar um meio para a busca dessas soluções pacíficas. O Tratado de Versalhes, de 1919, criou a Organização Internacional do Trabalho e a Liga das Nações, que teve curta duração.

Foi somente em 1945, apenas sessenta anos antes desses escritos, que as Nações Unidas foram fundadas como a primeira organização internacional a congregar todas as nações do mundo em permanente assembleia, de forma a abordar todo o espectro de necessidades humanas. De origem ainda mais recente é a capacidade de comunicação eletrônica, que praticamente eliminou as barreiras geográficas à comunicação humana para uma parcela substancial da população, e que impele a espécie rumo à capacidade para tomar decisões coletivas instruídas.

Tecnologia de comunicações

Boa parte do poder do Império deriva da capacidade das elites dominantes para controlar o fluxo e o conteúdo da informação com a qual os povos sujeitados definem a si próprios e às suas condições. Até tempos bem recentes, as pessoas comuns não tinham nenhum outro meio para se comunicar que não a solitária palavra falada. Era raro que as pessoas tivessem contato com alguém para além de seus arredores.

Os modernos humanos, *Homo sapiens*, estão por aqui há cerca de 200 mil anos. O serviço postal público se tornou acessível a pessoas comuns só duzentos anos atrás aproximadamente. Telefones só se generalizaram em meados do século XX, e o custo de chamadas de longa distância as tornava um item de luxo até a década de 1980. A primeira linha área comercial sobre o Atlântico foi estabelecida nos anos 1930. O crescimento explosivo de viagens internacionais começou apenas com o primeiro serviço transatlântico comercial a jato, em 1958. Foi somente na década de 1990 que a capacidade para conversações globais interativas e instantâneas entre vários participantes ficou disponível por meio da Internet via satélite e de tecnologias de teleconferência e videoconferência. O desenvolvimento da rede mundial de computadores principiou nos anos 1990. O primeiro navegador de Internet para uso popular, o Mosaic, foi lançado em março de 1993.

Apesar da permanência de um sério fosso digital, essas tecnologias ligam hoje as pessoas do mundo numa rede interativa de comunicação. Milhões as utilizam neste momento para criar um organismo social dinâmico e auto-gerido que transcende as fronteiras de raça, classe, religião e nacionalidade, funcionando como uma consciência compartilhada da espécie. A revolução computacional da comunicação ocorreu num espaço de pouco mais de dez anos. Trata-se de algo tão novo que a maioria de seus participantes está apenas vagamente consciente do profundo significado da transformação de que toma parte.

A revolução computacional da comunicação transforma a própria natureza das notícias e da mídia de opinião por meio de um processo de democratização sem precedentes. Grupos de interesse público se preocupam, com todo o direito, com o fato de que um pequeno número de sociedades anônimas tenha monopolizado a imprensa convencional, o rádio e estações de televisão, servindo a interesses puramente comerciais. A revolução na tecnologia de comunicação computacional, entretanto, possibilita que sejam driblados os esforços corporativos em torno do monopólio e da centralização do acesso à mente das pessoas. Cada pessoa no mundo, provida de um computador e conexão à Internet, tem acesso a praticamente todas as fontes relevantes no mundo de notícias impressas, faladas ou em vídeo, bem como a capacidade para criar um boletim eletrônico de notícias ou sua própria estação de televisão ou rádio, livre de qualquer exigência de autorização ou de controles monopolizados. Blogueiros (aportuguesamento do inglês *bloggers*, abreviação de *web loggers*) com frequência passam à frente de noticiários profissionais, dando furos em grandes matérias. Muitos deles, além disso, postam versões de áudio de seus noticiários e colunas para *download* instantâneo em aparelhos portáteis de reprodução.

A expansão do acesso à Internet cria a possibilidade de uma rede democrática de mídia, onde cada voz tem seu palanque potencial e onde as pessoas têm à sua escolha uma variedade quase infinita de fontes de notícia e opinião — turvando a distinção entre comunicação individual e de massas. Por meio de um processo auto-organizador, ganha forma um sistema no qual histórias e opiniões adentram a rede de comunicação a partir de milhões de fontes independentes, para então ser classificadas e agregadas por sites que funcionam como portais de confiança para certos grupos de interesse. Esta democratização radical da mídia faz ser cada vez mais difícil para qualquer pessoa ou grupo monopolizar os canais da regeneração cultural, de forma a controlar a sociedade por meio do desvirtuamento da cultura.

O problema da qualidade e da confiabilidade continuará a ser solucionado por meio da mesma dinâmica de retorno e avaliação pelos usuários usada hoje para julgar a integridade e a confiabilidade de comerciantes individuais na Internet. Com um número praticamente ilimitado de canais de difusão e publicação, a monopolização da mídia e a supressão de notícias ou opiniões estão ficando impossíveis.

DA CONSCIENTIZAÇÃO À AÇÃO

Estão dadas as condições para que a espécie dê um passo essencial, para além das crenças culturais e históricas limitantes que nos dividem, em direção a uma compreensão dos valores mais profundos e das origens espirituais da vida a nos unir.

Você não está louco — você é humano

O educador Parker Palmer resumiu o processo pelo qual a experiência individual do despertar para uma consciência cultural se traduz em comprometimento individual e, finalmente, em uma força irresistível para a transformação.[9] Ele principia quando uma pessoa que funciona no nível da consciência socializada desperta do transe induzido pela cultura reinante. Este despertar com frequência leva a uma profunda disjunção entre as realidades da família, do trabalho e da vida em comunidade, enraizadas nos valores antigos e não questionados, e os valores refletidos e autênticos de uma consciência em amadurecimento. Essa disjunção confronta o indivíduo com a escolha muitas vezes dolorosa entre conformidade e autenticidade.

Palmer nota que aqueles que decidem alinhar sua vida a seus valores autênticos experimentam uma sensação de isolamento em relação a membros da família, amigos e colegas, cujas visões se definem pelos códigos da velha cultura. As pessoas que passam por essa transição podem, por vezes, se sentir como criaturas alienígenas em meio a uma reunião de família ou a um encontro de turma. Com o tempo, entretanto, acabam descobrindo outros, até na família imediata, ou entre amigos e colegas, que enfrentam uma sensação semelhante de tensão e isolamento. Juntam-se então para criar aquilo que Palmer chama de comunidade de congruência. O grupo pode começar com apenas dois ou três com quem se compartilha uma conversa ou refeição ocasional. Juntos, eles se ajudam a descobrir que a loucura não está neles, mas sim naquilo que muitas instituições decretaram como "normal".

Uma vez formado o núcleo de uma comunidade desse tipo, outros são atraídos e ela pode se formalizar como um clube de leitura, um grupo de estudos, um retiro espiritual, um grupo de debates ou como um encontro de amigas para bordar uma mesma colcha, em que pessoas que compartilham a batalha de reconciliar a vida com uma consciência desperta se juntam para apoio mútuo. No movimento dos direitos civis, essas comunidades de congruência muito comumente se formavam no interior de igrejas afro-americanas.

Comunidades assim se formam aos milhões ao redor do mundo. Para usar a metáfora da borboleta, podemos visualizá-las como os discos imaginais da nova cultura. Com o tempo, comunidades individuais de congruência saem em busca de alianças com outras comunidades, criando espaços culturais mais amplos, como um mercado de produtores rurais ou uma cooperativa de alimentação. Estes, por sua vez, criam os discos imaginais de uma nova economia e permitem aos participantes viver de forma mais autêntica e plena. Gradualmente, constrói-se o poder para transformar ou desalojar as instituições da cultura dominante.

Um número significativo de comunidades e alianças desse tipo se formou durante a última metade do século XX, originando importantes movimentos sociais de independência nacional, de direitos humanos e civis, de direitos das mulheres, pela paz, pela proteção ambiental e por justiça econômica. Ao longo de meros cinquenta anos, esses movimentos desmantelaram o sistema de Impérios coloniais europeus, inscreveram os direitos humanos na lei internacional, reescreveram os códigos legais de nações e redefiniram os códigos culturais vigentes no que diz respeito às relações entre homens e mulheres, entre as raças, as nações e as espécies. Essas alianças agora se conectam para formar o mais poderoso movimento social verdadeiramente global ao longo de toda a experiência humana.

O nascimento da sociedade civil global

O processo de construção de alianças que originou esse metamovimento global ficou visível só em 1992, no Rio de Janeiro, durante a Conferência das Nações Unidas sobre Meio Ambiente e Desenvolvimento (CNUMAD), durante a qual os chefes de Estado do mundo todo se reuniram para a Cúpula da Terra. A conferência se revelaria um marco na experiência humana.

Seu significado não provém dos resultados das reuniões oficiais, cuja eficácia foi limitada, em função da intervenção organizada de corporações globais, agindo sob as bandeiras do Business Council on Sustainable Development e da Câmara Internacional de Comércio, de modo a assegurar que essas negociações não produzissem desdobramentos contrários aos interesses corporativos. Do outro lado da cidade, entretanto, um encontro de 18 mil cidadãos de todas as raças, religiões, classes sociais e nacionalidades fazia história, com a elaboração, pelos participantes, de tratados informais de cidadania, delineando plataformas para a ação cooperativa voluntária.

Tive o privilégio de participar do fórum da sociedade civil. Foi uma experiência transformadora. Ali, muitos milhares de líderes daquilo que só mais tarde se tornaria conhecido como a sociedade civil global descobriram que, subjacente a nossas diferenças, há o sonho comum de um mundo que se estruture guiado pela integralidade da vida. Ali nos comprometemos a torná-lo real.

As deliberações dos cidadãos, que conclamavam uma transformação radical das culturas e instituições humanas, demonstraram que os povos do planeta compartilham uma visão do mundo em que querem viver. Os elementos-chave desse consenso encontram-se resumidos na Declaração do Povo da Terra: uma plataforma proativa para o futuro, que termina com o seguinte compromisso:

> Nós, os povos do mundo, mobilizaremos as forças da sociedade civil transnacional, a partir de uma plataforma amplamente partilhada, que vincula os nossos muitos movimentos sociais em busca de sociedades humanas justas, sustentáveis e participativas. Assim, estamos forjando nossos próprios instrumentos e processos para redefinir a natureza e o significado do progresso humano e para transformar aquelas instituições que não atendem mais às nossas necessidades. Acolhemos para a nossa causa todos os povos que partilhem do nosso compromisso de mudança pacífica e democrática, no interesse do planeta vivo e das sociedades humanas que ele sustenta.[10]

Desde esse modesto começo, a sociedade civil global cresceu de maneira significativa em poder e sofisticação, tornando-se uma força moral cada vez mais influente na transformação global.

O processo de registro de um emergente consenso global prosseguiu, após a Cúpula da Terra, com a redação da Carta da Terra. Com frequência citada como uma declaração de interdependência, a Carta da Terra reflete um consenso global, formado por meio de debates interculturais, iniciados no Rio e conduzidos ao longo de uma década em todo o mundo, sobre objetivos comuns e valores partilhados. Sua elaboração envolveu milhares de pessoas e centenas de organizações de todas as regiões do planeta num processo aberto e participativo de consulta.[11]

Por se tratar de uma carta de cidadãos, e não de governos, a Carta da Terra não tem nenhum valor legal. Em vez de apresentar um lista de prescrições ou demandas, ela aponta os valores da era emergente, articulando uma visão integral de um mundo voltado para o respeito e o cuidado com a vida, para a democracia profunda, os direitos humanos, a justiça econômica e a paz. A carta afirma que "quando as necessidades básicas forem atendidas, o desenvolvimento humano se voltará principalmente para ser mais, e não para ter mais". Ela reconhece ainda que, longe de estarem em contradição, liberdade individual, comunidades fortes e respeito pela Terra são coisas inseparáveis. Seus princípios morais estão em sintonia com a sabedoria subjacente aos ensinamentos de todas as grandes religiões do mundo.

A segunda superpotência

A sociedade civil global estabeleceu inicialmente sua identidade como força política significativa em 1999, quando 50 mil manifestantes do mundo todo se juntaram em Seattle e organizaram um protesto monumental que conseguiu interromper a Terceira Conferência Ministerial da Organização Mundial do Comércio. Essa demonstração derrubou o mito da invencibilidade das forças do poder corporativo. Dali em diante, onde quer que as elites se reunissem em importantes conferências a portas fechadas para fazer avançar os interesses do Império corporativo, grandes protestos internacionais, alguns envolvendo centenas de milhares de pessoas, as confrontavam com uma mensagem poderosa: os cidadãos do mundo estão atentos e não consentirão mais em silêncio aos seus ataques à democracia, à justiça e ao planeta.

Em 2001, a sociedade civil global começou a organizar seus próprios fóruns em grande escala, sob a bandeira do Fórum Social Mundial e o tema "Um outro mundo é possível". O fórum de 2001 atraiu 20 mil participantes a Porto Alegre, no Brasil. Em seu terceiro ano, trouxe mais de 100 mil pessoas. O quarto Fórum Social Mundial, realizado em Mumbai, na Índia, juntou 80 mil pessoas de 132 países, com representação e uma liderança especialmente forte da comunidade *dalit* indiana — antes conhecida como "os intocáveis". Em 2005, em sua quinta edição, o fórum retornou a Porto Alegre e atraiu 150 mil participantes.

O processo do Fórum Social Mundial inspirou a criação de fóruns sociais regionais e nacionais ao redor do mundo. O chamado partiu do Fórum Social Europeu, em novembro de 2002, e em seguida do Fórum Social Mundial, em janeiro de 2003, levando, em 15 de fevereiro de 2003, mais de 10 milhões de pessoas às ruas das metrópoles, cidades e vilarejos do mundo, numa manifestação pela paz diante da articulação crescente para a invasão do Iraque pelos americanos.[12] Ao comentar as manifestações e seu impacto, o *New York Times* observou que "pode ser que ainda haja duas superpotências no planeta: os Estados Unidos e a opinião pública mundial".[13]

É um comentário perspicaz. Trata-se, entretanto, neste caso, de um enfrentamento de duas superpotências não comparável a nenhum outro na história humana. Em vez da clássica competição entre Estados pelo domínio, é uma batalha entre duas globalizações enraizadas em visões agudamente contrastantes das possibilidades humanas — uma imperial e outra democrática. O conflito opõe uma aliança entre Estado e poder corporativo, voltada à visão de um Império global, a uma aliança do poder cidadão, focada na visão de uma Comunidade da Terra. O poder institucional é a grande força do Império; o poder moral dos valores culturais autênticos de uma consciência madura é a força da Comunidade da Terra.

Em vez de se mobilizar ao redor de uma ideologia ou de um líder carismático, a aliança do poder cidadão da sociedade civil global se mobiliza em torno de um consenso emergente de valores. Longe, entretanto, de não possuir líderes, trata-se de um movimento cheio de lideranças organizado por milhares de líderes por meio de uma rede integrada de comunicação eletrônica. Tem as características de um organismo social emergente inteiramente novo na experiência humana, com uma capacidade para a autogestão democrática enraizada em valores humanos afirmativos da vida. Esses valores transcendem raça, gênero, nacionalidade, etnia e religião. Sua capacidade crescente para o aprendizado mútuo, a formação de consensos e a coerência global permite entrever as possibilidades humanas à nossa frente.

De menor alarde, e portanto menos visíveis, são os milhões de participantes que formam alianças locais voltadas à reconstrução de instituições comunitárias e à participação democrática de baixo para cima. Esta é, portanto, a tarefa mais importante — o esforço de dar vida às culturas e instituições da nova era.

As instituições do poder imperial reagiram a este desafio à maneira do sistema imunológico da lagarta em dissolução: com um esforço bem organizado para reafirmar seu domínio, mesmo diante do fortalecimento da sociedade civil global. Se a violência organizada do Império será substituída pela paz e justiça de uma nova era de Comunidade da Terra ou pela violência caótica da ruptura social e por uma guerra de feudos é ainda uma pergunta sem resposta. De qualquer forma, o padrão estabelecido do poder imperial global atingiu seu limite e não tem como resistir. Um planeta exaurido e cidadãos politicamente conscientes não o tolerarão mais.

Uma nova era humana está em gestação. As escolhas que fizermos nas próximas décadas determinarão se seu nascimento terá êxito. Parafraseando a milenar sabedoria oriental, "o caminho se faz caminhando".

Os seres humanos modernos estão por aqui há cerca de 200 mil anos. Só nos últimos 5 mil anos, entretanto, um impulso para o poder dominador gerou a era do Império e seu desperdício temerário de vidas, recursos e possibilidades humanas para sustentar o privilégio e extravagância de poucos.[14]

Os seres humanos sempre enfrentaram sofrimento e privação advindos de ações da natureza sobre as quais não tinham controle. A escravidão e a pobreza, no entanto, não são ações da natureza, e sim constructos sociais que criam uma condição intencional e generalizada de exclusão. Em 5 mil anos, nenhuma classe dominante cumpriu a promessa de eliminação da pobreza, da escravidão e seus equivalentes, pois fazê-lo significaria pôr um fim no privilégio da elite. Não há elite sem servos. A manutenção de um sistema dominador depende da violência ou da ameaça de violência, de forma a perpetuar a divisão estanque de classes.

Hoje, por meio de um despertar global da consciência cultural e espiritual, pessoas comuns se apresentam aos milhões para dizer que 5 mil anos já são o bastante. Os agentes do Império, entretanto, não abrirão mão do poder com facilidade. Uma compreensão das raízes profundas do Império e de suas lições históricas pode clarear a magnitude do desafio que teremos pela frente à medida que nos lançarmos à tarefa de deixar seus vícios no passado.

PARTE II
Os Pesares do Império

Todo Império de que se tem notícia na história humana sucumbiu a essa idolatria do poder.[1]

Cornel West

Segundo os relatos de historiadores do Império, a civilização, a história e o progresso humano começaram com a consolidação do poder dominador nos primeiros grandes Impérios. Muito se fala dos feitos gloriosos e batalhas heroicas da ascensão e queda das civilizações imperiais que se seguiram. Pouco se fala da brutalidade com os escravos que construíam grandes monumentos, do racismo, da opressão das mulheres, da conversão de agricultores livres em servos ou trabalhadores sem terra, da carnificina das batalhas e das esperanças e vidas destruídas por sucessivas ondas de invasões, pilhagem e esmagamento gratuito dos derrotados. Esses são alguns dos pesares do Império.

Vários dos mais admiráveis e duradouros feitos intelectuais e culturais humanos surgiram antes do Império, quando as sociedades eram mais igualitárias e as mulheres tinham importantes papéis de liderança. Emergiram também durante breves intervalos da violência despótica e da opressão que definem a era imperial, ou ainda nos últimos duzentos anos de reformas democráticas. A verdade humana mais profunda é o fato de que o Império significou um desvio destrutivo e limitante no caminho para a concretização de nossa natureza humana.

Para nos livrarmos dos limitadores-padrão de dominação do Império, precisamos compreender sua dinâmica, reconhecer suas consequências destrutivas e abraçar a verdade das possibilidades humanas há muito negadas pelo Império. Devemos ainda reconhecer as limitações da experiência democrática contemporânea e o processo pelo qual as instituições dos Estados imperiais se metamorfosearam nas instituições das corporações imperiais, de forma a ostentar uma aparência mais benigna, deixando ao mesmo tempo intactas as estruturas subjacentes de dominação.

Este breve levantamento histórico tem como propósito lembrar o quanto o Império tem sido brutalmente destrutivo para todos — exceto às elites favorecidas, que dirigem tudo do alto do pedestal —, aprofundando ainda nosso entendimento da natureza, dos dilemas e das possibilidades das democracias maduras da Comunidade da Terra. Essa retrospectiva é também um lembrete útil da grande dificuldade que é libertar-se do Império uma vez estabelecida sua dinâmica de jogar ou morrer.

CAPÍTULO 5

Quando Deus era mulher

> *A arte neolítica, e mais ainda a desenvolvida arte minoica, parece expressar uma visão em que a função principal dos misteriosos poderes que governam o universo não é exigir obediência, punir e destruir, mas sim doar.*[1]
>
> Riane Eisler

O aprendizado humano antigo se centrava em três desafios: desenvolver a arte do discurso complexo, de modo a facilitar a comunicação, descobrir tecnologias que aprofundassem as capacidades da mente e do corpo humanos e dominar o segredo da vida em unidades de organização social cada vez mais amplas, de forma a acomodar o crescimento populacional. Os primeiros seres humanos aprenderam a usar o fogo, a domesticar plantas e animais e a construir casas de madeira, pedra, peles e adobe. Criaram línguas complexas e códigos sociais. Empreenderam migrações continentais e transcontinentais, povoando o planeta e adaptando-se a relevos e climas bastante diferentes à medida que avançavam. Ao longo do caminho, fizeram a transição do nomadismo em bandos de caçadores-coletores[2] para a vida sedentária como agricultores, em aldeias, vilas e cidades. Estabeleceram a fundação intelectual, tecnológica e social sobre a qual se assenta até hoje a civilização humana. A cada passo se distanciaram mais da vida partilhada com os animais da selva, dos campos e das matas, a caminho de se tornarem distintamente humanos.

Hoje em dia, encaramos esses feitos de modo tão natural que ignoramos o extraordinário processo de aprendizagem e transmissão envolvido. Desconsideramos ou negamos, além do mais, a evidência arqueológica de que tudo isso ocorreu em um período anterior à era do Império, em tempos de deusas e altas sacerdotisas, aos quais os historiadores não dão grande atenção.

UM SEGREDO BEM GUARDADO

Conforme observado pela historiadora cultural Riane Eisler, "um dos segredos históricos mais bem guardados é o fato de que praticamente todas as tecnologias materiais e sociais fundamentais à civilização foram desenvolvidas antes da imposição de uma sociedade dominadora".[3] A domesticação de plantas e animais, a produção e o armazenamento de comida, a construção de casas e a confecção de roupas são todas descobertas e invenções daquilo que ela caracteriza como as grandes sociedades de parceria, nas quais as mulheres com frequência tinham papéis de liderança no desenvolvimento e aplicação das tecnologias de base.[4] Essas sociedades desenvolveram as instituições da lei, do governo e da religião, fundaram a complexa organização social e cultivaram as artes da dança, cerâmica, cestaria, tecelagem, trabalho em couro, metalurgia, drama ritual, arquitetura, planejamento urbano, construção de barcos e de estradas e literatura oral.

É também notável que quando de fato citem as realizações dos primeiros humanos, os historiadores raramente mencionem a natureza relativamente igualitária de suas estruturas sociais, e que até bastante recentemente tendessem a utilizar uma linguagem que poderia levar o leitor a acreditar que as sociedades mais antigas eram formadas apenas por homens. Um respeitado texto universitário de história, por exemplo, publicado em 1958, oferece esta observação a respeito dos humanos pré-imperiais:

> Enquanto os homens de antanho eram meros caçadores-coletores, o homem neolítico era um produtor de alimentos. Arar o solo e cuidar de rebanhos propiciavam a ele fontes de comida muito mais confiáveis e, em alguns momentos, um excedente.[5]

Tal afirmação presumir-se-ia impensável em um texto contemporâneo de história, não apenas pela linguagem sexista, mas também porque desconsidera os gêneros como uma dimensão crítica da experiência humana e as contribuições seminais das mulheres para muitos dos mais importantes entre nossos primeiros avanços. Reconhecendo o papel pronunciado das mulheres na humanização inicial da espécie, podemos mais facilmente compreender o enorme custo para nossa humanidade de 5 mil anos de repressão imperial sobre elas, bem como a importância do equilíbrio entre os gêneros e o papel essencial das lideranças femininas no nascimento da Comunidade da Terra.

De direito, o crédito pela denúncia das consequências de uma visão intransigentemente machista da história deve ser primariamente atribuído a mulheres como Eisler, que examinaram a evidência arqueológica através da lente de gênero, de forma a proporcionar um entendimento mais completo da experiência e possibilidades humanas. Eisler apresentou o resultado de sua investigação em 1987, no pioneiro clássico feminista, *The Chalice and the Blade*, que justapõe o cálice como símbolo do poder de gerar e nutrir a vida comumente associado ao feminino — o supremo poder criativo — contra a lâmina, como símbolo do poder para dominar e extinguir a vida comumente associado ao masculino — o supremo poder destrutivo.

Não havia evidentemente linguagem escrita durante esse período antigo. Desta forma, conhecemos seus indivíduos unicamente pelo que sobra de seus artefatos, pelas histórias e lendas eventualmente registradas pelos primeiros escribas e por meio de práticas de culturas isoladas da Idade da Pedra que sobreviveram como um testemunho vivo. Podemos apenas inferir, a partir dos fragmentos de dados disponíveis, o que se passava nas mentes desses povos primevos, seus valores, crenças espirituais e a variedade de seus modos de viver. Há, entretanto, forte evidência sugerindo que, durante os dias cruciais pré-Império, os humanos viviam em unidades sociais relativamente igualitárias, venerando os poderes regeneradores da Deusa e dependendo das mulheres para a liderança em muitos dos aspectos da vida comunitária e familiar.

Tendo em vista a ambiguidade dos dados e a variedade da experiência humana, é inevitável que interpretações modernas da vida pré-escrita divirjam significativamente, e que todas as interpretações possam ser questionadas. Minha intenção neste capítulo não é fornecer provas ou sanar os contrastes entre as interpretações, mas simplesmente contextualizar, de forma mais ampla, na longa trajetória do desenvolvimento humano, a vigente era do Império em seus 5 mil anos.

NO COMEÇO

A evidência fóssil disponível sugere que os primeiros humanoides surgiram na África há cerca de quatro ou 5 milhões de anos, e que os primeiros humanos modernos, *Homo sapiens*, apareceram naquele continente em algum momento entre 100 mil e 200 mil anos atrás, emigrando em seguida, de forma a povoar o planeta.[6]

Os contornos mais gerais da vida desses povos primitivos são relativamente claros. Até cerca de 11000 a.C., quando findou a Era do Gelo, a maioria dos humanos se organizava em bandos de cinco a dez machos e fêmeas adultas, além de sua prole. Eram coletores, e não produtores de comida, e sobreviviam coletando frutas e raízes silvestres, da caça de animais selvagens e da pesca nos cursos d'água. As mulheres repovoavam a tribo gestando filhos, cuidando das crianças e coletando alimentos. Os homens eram, em geral, maiores e mais fortes que as mulheres e, por isso, mais naturalmente aptos aos papéis de caçadores e guerreiros. Os membros do bando compartilhavam a comida disponível e os benefícios da vida em comunidade.[7]

Devido ao estilo de vida de caçadores-coletores permitir sustentar somente baixas densidades populacionais, na maioria dos casos alguns bandos tinham que migrar periodicamente, à medida que a população aumentava, à procura de frutas, raízes, grãos selvagens e animais. Seguindo possivelmente os movimentos sazonais da fauna, caçavam para obter carne e peles.

Alguns deles se beneficiaram das novas oportunidades, à medida que os glaciares se retraíam e subia o nível da água, para criar novos hábitats que permitiram surgir em abundância peixes, moluscos e aves aquáticas. As temperaturas ascendentes estimularam o aparecimento de uma exuberante variedade de frutas e outros vegetais comestíveis para serem coletados. Com o crescimento, as comunidades aprenderam a fomentar essa abundância da natureza, participando ativamente de seus processos regenerativos — colhendo e plantando as sementes das plantas comestíveis. O estabelecimento de assentamentos permanentes também permitiu processos de acumulação de riqueza antes inacessíveis a caçadores-coletores itinerantes.

Outros grupos, que se sustentavam acompanhando as migrações da fauna, reduziram a incerteza da caça aprendendo a domesticar animais e formando rebanhos que podiam ser controlados. Tornaram-se assim povos pastoris nômades, guiando esses rebanhos de cabras, ovelhas, gado e cavalos e cruzando paisagens em busca de pastagens viçosas. Movendo-se cotidianamente junto com seus animais, esses pastores nômades só conseguiam acumular a riqueza que podiam transportar. Por isso, mediam-na prioritariamente pelo tamanho de seus rebanhos.

CIVILIZAÇÕES DE DEUSAS

Por volta de 7000 a.C., centros estabelecidos de agricultura começaram a surgir em regiões propícias da Eurásia, África Subsaariana e nas Américas. Muitos dos mais importantes localizavam-se no Oriente Médio e Próximo, nos atuais territórios da Turquia, Grécia, Iraque, Irã e Síria, através do Mediterrâneo, e até em áreas mais ao norte, como na Inglaterra. A antiga civilização Egeia, centrada em Creta e nas ilhas menores do Mar Egeu, entre os Estados contemporâneos da Grécia e da Turquia, foi um dos primeiros e mais duradouros desses centros.[8]

Sedentarização da agricultura

A agricultura sedentarizada sem dúvida surgiu a partir do incrível acúmulo de conhecimento botânico que os modernos etnobiólogos demonstram ser característico dos povos caçadores-coletores — representando o aprendizado partilhado de incontáveis pessoas ao longo de gerações que cobrem muitos milhares de anos. Absorvendo esse conhecimento, alguns dentre aqueles responsáveis pela coleta experimentaram selecionar e cultivar as sementes de espécies particularmente úteis. Como a coleta era responsabilidade predominantemente feminina, é provável que as mulheres tenham liderado o desenvolvimento inicial da arte da agricultura.

Pelo fato de que permitia maiores densidades populacionais, a agricultura estabelecida acelerou a inovação tecnológica, criando uma demanda por formas mais complexas de organização, à medida que as primeiras cidades de tamanho considerável apareciam. Por gerar excedentes, a atividade agrícola também permitiu sua expropriação por alguns poucos para seu uso pessoal exclusivo.[9]

Até onde sabemos, os primeiros humanos se diferenciavam muito pouco em termos de ocupação, status ou poder. A sorte das pessoas ia e vinha com a sorte de seu bando ou tribo. No centro da vida comunitária, encontrava-se o poder gerador, manifestado na capacidade para a reprodução, para a cura, a coleta de alimentos e para ganhar a boa vontade do espírito do animal para uma boa caçada. Símbolos e rituais que reconhecem e honram o poder de Criação em sua forma feminina estão entre as primeiras expressões de uma consciência humana distintiva.

Um dos poucos papéis especializados nas sociedades pré-agrícolas era o do xamã, fosse mulher ou homem, que carregava o poder da cura por meio da comunicação com o mundo espiritual. Esta possivelmente tenha sido a primeira especialização ocupacional. Ainda que naquele tempo, a violência e a competição fossem comuns, em geral prevalecia um comprometimento cultural com a força coletiva do bando ou da tribo. O poder gerador do Espírito era a fundação da organização social. A busca cooperativa pelo poder gerador via de regra se sobrepunha como princípio organizador.

Templos da Deusa

À medida que os humanos se reuniam em unidades sociais mais amplas, as funções do xamã solitário passaram a ser exercidas por um corpo organizado de sacerdotisas e sacerdotes. Surgia o templo como um dos primeiros centros de poder institucional, responsável por administrar assuntos que afetassem a comunidade inteira. Entre suas muitas funções, figuravam a alocação de terras, a mediação de disputas e adivinhar o tempo mais auspicioso para o plantio.

Eisler aponta a ausência generalizada de fortificações pesadas e armas de destruição no registro arqueológico das grandes civilizações agrícolas neolíticas pré-Império como evidência de que seus povos eram pacíficos e relativamente igualitários. Há escassa evidência de danos causados por guerras. As práticas funerárias e o tamanho e o desenho geralmente uniformes das casas sugerem também sociedades amplamente igualitárias com pouco da diferenciação de classe, raça e gênero característica das sociedades que se seguiram. O variado artesanato dessas civilizações neolíticas sustenta conclusão similar. Não se veem cenas de batalhas, imagens de nobres guerreiros e deuses cheio de ira, nem retratos de conquistadores a arrastar cativos acorrentados.

Há, em contraste, abundância de figuras femininas e símbolos da natureza associados à veneração da Deusa. Uma imagem religiosa central desses tempos antigos aparenta ser uma mulher que pare, cria e nutre a vida, tal como a Terra. Segundo Eisler, "aqueles lugares onde os primeiros grandes saltos em termos tecnológicos materiais e sociais ocorreram tinham uma característica em comum: a veneração da Deusa". Simbolismo semelhante relacionado a um Deus feminino pode ser encontrado em cada um dos três centros principais onde a agricultura primeiro se desenvolveu: a Ásia Menor e sudeste da Europa, a Tailândia e a América Central.[10]

Em *When God was a Woman*, a artista e historiadora Merlin Stone identifica relatos de deusas do Sol nas terras de Canãa, Anatólia, Arábia e Austrália; e entre esquimós, japoneses e os kasis, da Índia. Há ainda testemunhos da Suméria, da Babilônia, do Egito, da África, Austrália e China de deidades femininas que teriam gerado não apenas as primeiras pessoas, mas também toda a Terra e o céu sobre nossa cabeça.[11] Eisler, Stone e outros concluem que a cosmologia das religiões mais antigas, tanto das sociedades de caçadores-coletores, como agrícolas, se centrava numa deidade da Grande Mãe, fonte de vida e proteção contra as forças ameaçadoras da natureza.

Por um período de cerca de 6 mil anos, anterior à emergência do Império, a ênfase das sociedades da Deusa se localizava no desenvolvimento e aplicação de tecnologias fertilizadoras da vida.[12] Esperava-se dos humanos uma parceria com os processos produtivos da natureza, atividade com a qual, presumia-se, as mulheres — provedoras da vida na espécie humana — possuíam especial afinidade.[13]

Eisler argumenta que a evidência de que as sociedades veneradoras da Deusa eram matrilineares — determinando a descendência através da mulher —, não necessariamente significando que fossem matriarcais, no sentido de que houvesse uma submissão dos homens. Explica ela:

Pois ali, tanto homens quanto mulheres eram os filhos e filhas da Deusa, da mesma maneira que filhas e filhos das mulheres que encabeçavam as famílias e clãs. E ainda que isso certamente dotasse as mulheres de uma grande quantidade de poder, numa analogia com nossas relações de hoje entre mãe e filhas e filhos, pode-se dizer que esse parece ter sido um poder mais composto de responsabilidade e amor, do que de opressão, privilégio e medo.[14]

Outros autores, incluindo algumas historiadoras feministas, questionam as conclusões de Eisler por sua generalização, ao retratar todas as sociedades que veneravam a Deusa como pacíficas e igualitárias. Merlin Stone reafirma que ao menos algumas das sociedades das Deusas eram não apenas matrilineares, mas também matriarcais, rebaixando os homens a uma posição inferior e de sujeição. Ela aponta indícios que sugerem que, por meio de seu controle do templo, as sacerdotisas controlavam a determinação da descendência, "as atividades urbanas dos artesãos, os comerciantes e o emprego rural dos agricultores, pastores, criadores de aves, pescadores e fruticultores",[15] além da compra, venda e arrendamento de terras.[16]

Stone menciona a evidência de que, em algumas sociedades, as mulheres podiam dispor livremente de diferentes amantes, muitas vezes no contexto de rituais religiosos. Elas asseguravam, desta forma, sua própria liberdade sexual, encobriam a paternidade de seus filhos e, por esta senda, criavam uma situação em que a linha sucessória só podia ser determinada através delas.[17] Histórias posteriores das regiões da Líbia, Anatólia, Bulgária, Grécia, Armênia e Rússia também descrevem a Deusa como uma brava guerreira e líder de exércitos.[18]

Um milênio após a substituição da parceria pela dominação, quarenta e nove anos antes do nascimento de Jesus, Diodorus Siculus (Deodoro da Sicília) escreveu sobre suas viagens ao norte da África e ao Oriente Próximo. Entre suas histórias, há relatos de mulheres na Etiópia que carregavam armas e praticavam uma forma de casamento comunal em que as crianças eram criadas de forma tão comunitária que mesmo as próprias mulheres se confundiam em relação a quem era a mãe biológica de uma determinada filha ou filho. Ele relata ainda sobre mulheres guerreiras na Líbia que formavam exércitos e invadiam países vizinhos.[19]

A questão não é concluir se sociedades lideradas por mulheres são sempre mais pacíficas e igualitárias ou não, mas simplesmente chamar atenção para a evidência da rica variedade da experiência humana mais antiga, que incluiu sociedades de paz, igualdade e plenas de realizações consideráveis, nas quais as mulheres tinham fortes papéis de liderança.

A MUDANÇA PARA O IMPÉRIO: UMA PERSPECTIVA DE GÊNERO

Segundo Eisler, os caminhos divergentes tomados pelos povos pastores nômades e pelos agricultores sedentários resultaram em visões de mundo e estruturas sociais divergentes. As sociedades agrícolas estabelecidas se organizavam em torno do poder da parceria geradora, que entendemos como feminino, veneravam deusas da vida, honravam líderes femininos, tanto quanto masculinos, e direcionavam suas energias criativas para a descoberta e desenvolvimento de tecnologias que sustentassem e fomentassem a vida. Alguns historiadores creem que a história bíblica do Jardim do Éden, onde mulheres e homens viviam idilicamente, seja baseada na memória coletiva de tais tempos longínquos.[20]

As tribos pastoris nômades, em contraste, tendiam à veneração das sociedades do poder dominador, associado ao masculino. Sua trilha levava-os a idolatrar violentos deuses masculinos, a honrar o guerreiro, a tratar as mulheres como propriedade do homem e a devotar substancial energia criadora à fabricação de armas ainda mais eficazes. Conforme observado por Eisler, buscavam melhorar sua condição "não pelo desenvolvimento de tecnologias de produção, mas de tecnologias de destruição cada vez mais eficazes". Esta opção os colocou em vantagem nos combates subsequentes com as prósperas sociedades agrícolas, de cujas terras e mão de obra, com a vitória, por fim se apropriaram.[21]

A rejeição do feminino

Ao final, as civilizações agrárias que veneravam a Deusa tombaram com as invasões de tribos pastoras nômades veneradoras do Deus. Iniciadas de fato por volta de 4300 a.C., tais invasões prosseguiram, em uma sucessão de ondas, até 2800 a.C. À medida que adentravam as primeiras grandes civilizações agrícolas, que habitavam o coração das terras férteis nas margens dos lagos e nos bancos de rios, os invasores matavam os homens, escravizavam as mulheres e substituíam suas religiões, culturas e instituições relativamente equitativas, centradas na vida e orientadas pela parceria por deuses masculinos raivosos, culturas guerreiras, instituições de dominação e tecnologias de destruição. A Deusa da Terra cedeu lugar ao Deus do céu.

Começava assim aquilo que Eisler chama de "um sangrento desvio de dominação de 5 mil anos". Da mesma forma que as sociedades pré-Império honravam o poder de conceder a vida, as sociedades posteriores honravam o poder de tirá-la. Reis e imperadores sustentavam suas demandas por obediência com alegações de divindade pessoal ou designação divina.[22] Irados deuses masculinos, representando o poder dominador substituíram os deuses femininos e masculinos representantes do poder gerador. As sacerdotisas foram gradualmente destituídas de poder e trocadas por sacerdotes. As esposas se tornaram propriedade de seus maridos; os pobres, servos dos ricos. O poder regenerador do Espírito cedeu lugar ao poder dominador da espada. Os humanos acabaram confundindo potência com subjugação, a dominação substituiu a parceria como princípio organizador da sociedade, e nasceu então a era do Império.

Segundo Eisler, as invasões tipicamente traziam períodos de retrocesso e estagnação cultural. Cidades e vilas se desintegraram. A magnífica cerâmica decorada, os relicários, os afrescos e esculturas das civilizações da Deusa foram abandonados ou destruídos. O uso primordial do metal na ornamentação e em ferramentas cedeu lugar ao seu uso principal na fabricação de armas.[23] Artefatos dessa época retratam deuses masculinos e guerreiros fortemente armados. Túmulos do período de subjugação por vezes contêm um esqueleto masculino excepcionalmente alto e de ossos grandes e uma variedade de armas, juntamente com os esqueletos de mulheres sacrificadas, que eram as esposas, concubinas ou escravas do homem morto. À medida que as estruturas sociais se tornavam mais autoritárias e hierárquicas, os fisicamente mais fortes, e presumivelmente os mais impiedosos e brutais, tornavam-se os mais propensos a ascender aos pináculos do poder. As mulheres foram reduzidas cultural e institucionalmente a "tecnologias de produção e reprodução controladas pelos machos".[24]

Com o tempo, as sociedades conquistadas adentraram um novo período de produção material e acumulação, mas com uma mudança gritante no padrão de distribuição. Enquanto a prioridade anterior focava as obras públicas e um melhor padrão de vida para todos, agora os homens no topo se apropriavam do grosso da riqueza e do poder. Aos seus súditos restava se contentar com as sobras. Os que galgaram suas posições de poder por meio da destruição e apropriação da riqueza dos povos derrotados deram sequência a seu padrão estabelecido de usurpação, distribuindo o espólio entre seus servidores fiéis — um padrão que segue familiar ainda nos dias de hoje.[25]

A domesticação de pessoas

Com o crescimento da capacidade para a produção de excedentes, os mandatários compreenderam que, da mesma forma que os pastores tinham aprendido a domesticar animais, também eles podiam domesticar outros humanos. Em vez de matar seus prisioneiros, passaram a designá-los para trabalho forçado no cuidado aos rebanhos e lavouras, ficando livres para empreitas menos árduas. Nascia assim a instituição da escravidão como uma nova ferramenta de produção, que também servia para humilhar e punir inimigos estrangeiros derrotados. À medida que cresciam e se tornavam mais lucrativos os mercados urbanos para produtos agrícolas, aumentava concomitantemente a demanda por escravos e servos.

Ao se darem conta dos benefícios da escravidão, os mandatários passaram a destituir de cidadania os criminosos em seus próprios grupos culturais e a condená-los ao trabalho forçado, abandonando a morte ou o aprisionamento como formas privilegiadas de punição de crimes. A instituição do endividamento gerou sua própria leva de escravos. O último recurso dos desesperadamente pobres passava a ser um empréstimo, com a penhora de sua força de trabalho e daquela de seus filhos e filhas. Um devedor que ficasse inadimplente se tornava escravo. Outros enfrentavam pobreza tão desesperada que escolhiam a escravidão "voluntariamente" para não passar fome, quase da mesma forma que os desesperadamente pobres hoje se entregam, de forma "voluntária", ao trabalho desumano e semiescravo ou se alistam no serviço militar. A demanda por trabalho forçado tornou o tráfico de escravos, adquiridos por meio de sequestros e da pirataria, uma das primeiras e mais lucrativas formas de comércio.[26]

A MUDANÇA PARA O IMPÉRIO: UMA PERSPECTIVA DE ESCALA

Em contraste com a análise de Eisler, Jared Diamond, em *Guns, Germs, and Steel*, encara a transição para o Império simplesmente como uma resposta à necessidade prática de organizar grande número de pessoas não relacionadas em unidades sociais coerentes e pacíficas.

O pequeno é mais justo

Nos dias antigos de caçadores-coletores, a sobrevivência do bando tipicamente demandava que membros fisicamente aptos contribuíssem para a busca de alimento, o que, em grande medida, impedia a estratificação social. A terra e outros recursos eram partilhados de forma comum. De forma similar, nos primeiros assentamentos agrícolas, que envolviam unidades tribais de várias centenas de pessoas, fazia-se necessário que toda pessoa fisicamente capaz compartilhasse do trabalho corporal de arar e colher, bem como, quando necessário, do trabalho de defesa da comunidade. Atividades artesanais, tais como a confecção de cestas e roupas, a cerâmica, a carpintaria e a metalurgia simples eram uma parte rotineira da vida de praticamente todos os domicílios. O compartilhamento dos ativos produtivos e o trabalho comum, combinado com a inexistência de excedentes para além das necessidades diárias imediatas, abriam pouco espaço para que qualquer pessoa se tornasse desproporcionalmente rica.

A unidade social da vila tribal era ainda pequena o suficiente para que a maior parte das pessoas se conhecesse pelo nome e grau de relacionamento, o que tornava mais simples a tarefa de mediar essas relações, sem a necessidade de recorrer a sistemas legais formais e de exigência e fiscalização de seu cumprimento. Mecanismos de governança eram caracteristicamente informais e altamente igualitários. As decisões importantes emergiam normalmente de reuniões com a participação de todos os membros adultos, conduzidas sem um líder evidente, e onde toda a informação era pública e livremente partilhada. Não havia profissões especializadas, todos dividiam o trabalho, e não havia escravos nem tampouco papéis especificamente servis. Quem visita hoje assembleias tribais contemporâneas não raro se impressiona com a prática dessa forma mais pura de democracia.

Para além das relações de parentesco

Confiança e identidade grupal há muito representam questões importantes para os seres humanos pela simples razão de que nossa natureza incorpora uma ampla gama de possibilidades, da violência letal ao autossacrifício em nome do amor. Quando concentrações populacionais próximas se tornavam grandes demais para que todos os membros pudessem estar relacionados de forma sanguínea, por meio do casamento ou para conhecerem uns aos outros pelo nome, emergiu um novo problema. Como determinar as intenções de estranhos e minimizar o potencial para a violência?

A solução, segundo Diamond, foi a criação da função formal hereditária do chefe, uma autoridade centralizada permanente que tomava todas as decisões significativas, detinha o monopólio do uso da força, controlava importante informação no tocante à relação com vizinhos e às promessas dos deuses para as colheitas futuras, paramentava-se com símbolos de distinção e carregava a expectativa de respeito subserviente daqueles de patente inferior.

O chefe, por sua vez, era auxiliado por um ou dois níveis de burocracia compostos de colaboradores não especializados, que conduziam funções como a cobrança de tributos, gerenciamento da irrigação e a organização do trabalho para projetos de obras públicas, recebendo uma parcela dos tributos em pagamento a seus serviços. De forma comum, a função de chefia ou combinava as funções de líder político e religioso, ou amparava sacerdotes que reafirmavam a natureza divina da provisão da chefia, de modo a legitimar a cobrança de tributos. Sacerdotes especializados também recebiam uma parcela desses tributos em retribuição a seus serviços.

Os perigos do poder coercitivo

O recurso a um governante poderoso para manter a ordem faz emergir um dilema que segue confundindo a espécie humana desde o dia em que o tamanho da população excedeu os limites possíveis da organização baseada em relações de afinidade. Para cumprir sua função, o governante deve ter o direito e os meios para impor sua vontade e para cobrar tributos através da coerção, o que, por sua vez, requer um séquito de soldados e coletores. Ele precisa também investir em símbolos de autoridade e em profissionais da cultura que mantenham o povo enfeitiçado com histórias sobre seus poderes divinos e sua correção. Os que carregam essas funções, por sua vez, têm que ser sustentados com os excedentes produzidos pelos agricultores, artesãos, comerciantes e outros, dedicados ao trabalho produtivo de fato.

Os governantes precisam ser versados na arte da política para assegurar a lealdade de seus colaboradores, a aquiescência dos governados e um monopólio do poder coercitivo, ao mesmo tempo que mantêm afastados competidores em potencial pelo trono, assim como os exércitos de Estados vizinhos. Quanto maior o Estado, mais alto o custo de manutenção das funções públicas indispensáveis, incluindo a segurança, e maior a necessidade de tributação para sustentar tais funções, o que, por sua vez, depende do exercício do poder coercitivo. Por outro lado, quanto maior o poder de coerção do governante e de seus colaboradores, maior a tentação de abusar dele em busca de ganhos pessoais.

Conforme apontado por Diamond, a distinção entre a arte do bom governo e a cleptocracia reside essencialmente na forma pela qual os excedentes, apropriados na forma de taxas ou tributos, são divididos entre a serventia a propósitos públicos e o sustento do desfrute da elite dominante.

O direito ao uso do poder de coerção, tendo em vista a manutenção da ordem e a cobrança de tributos, cria uma tentação quase irresistível para o abuso.

PEQUENO E EQUILIBRADO

Tanto Diamond quanto Eisler oferecem importantes revelações a respeito da realidade cultural e institucional da experiência humana. Diamond propicia uma perspectiva de escala; Eisler, um ponto de vista de gênero. Nenhum dos dois é completo por si só. O foco na escala direciona a atenção para a complexidade do desafio organizacional trazido por densidades populacionais crescentes num mundo interdependente, sem levar em consideração as questões de gênero. A perspectiva de gênero, por sua vez, aponta para a profunda verdade de que responder ao desafio organizacional, de forma consistente com as demandas da vida e o potencial da espécie, requer equilíbrio entre os princípios masculino e feminino.

A segurança a serviço da vida

A sociedade que honra apenas o princípio masculino se coloca na armadilha de um ciclo destrutivo de competição predatória e violenta. Aquela que honra somente o princípio feminino atrai a predação por sociedades exclusivamente organizadas sob a égide do masculino. Uma sociedade viável deve ser capaz de defender sua integridade contra predadores de origem tanto doméstica quanto externa.

Sociedades que equilibram de forma bem-sucedida os princípios masculino e feminino, voltando-se ao fomento da vida, são mais prósperas e geram mais avanços tecnológicos adequados à melhoria do bem-estar humano, do que aquelas que suprimem o feminino e priorizam a destruição e a dominação da vida. A busca deste equilíbrio é um desafio fundamental da mudança cultural.

Identidade espiritual

A perspectiva de gênero também nos traz revelações importantes em relação à expressão espiritual humana, sublinhando a centralidade do espírito e do gênero para nossa identidade e senso de propósito, para nossa política contemporânea e para as escolhas com que nos confrontamos enquanto espécie. Nós, humanos, nascemos com uma capacidade distintiva entre as espécies terrestres para refletir sobre nossa própria mortalidade, ponderar o significado da Criação e perguntar "por quê?". Por meio de nossas respostas, nos definimos, assim como as nossas possibilidades e nosso lugar no cosmos.

Em nossos esforços para entender e comunicar o incompreensível, necessariamente recorremos a metáforas familiares para descrever aquilo que está além da possibilidade de descrição. Qualquer que seja a metáfora usada, a imagem do sagrado invocada nunca revela mais que um pequeno fragmento do infinito. Sua escolha, entretanto, fala muito de nossa orientação política e maturidade espiritual.

Quando detinham poder significativo, as mulheres escolhiam deidades femininas, representadas por imagens da concepção e nutrição da vida associadas ao feminino. Quando os homens as subjugaram, também subordinaram essas deidades doadoras de vida a violentas deidades masculinas. Reduzir o divino a algo exclusivamente masculino ou feminino encolhe a realidade do espírito, que transcende os gêneros.

Tanto o matriarcado quanto o patriarcado, fazem parte do escopo de possibilidades humanas. Nenhum dos dois é a condição natural de nossa sociedade. O desafio para o futuro, conforme sugere Eisler, reside em superarmos matriarcado, patriarcado, monarquia e outros de seus equivalentes de dominação, rumo a uma sociedade de igualdade entre os gêneros. Tal compreensão é fundamental para o nosso esforço por nos tornarmos seres humanos integrais e para criarmos sociedades humanas íntegras e equilibradas, que reflitam as possibilidades de uma plena consciência espiritual.

HISTÓRIA DOS HOMENS

Nós, humanos, nos definimos pelas histórias que explicam nossas origens e nossa natureza. A história escrita pelos historiadores do sexo masculino pode ser considerada, de forma bastante literal, a história dos homens — o heroico relato de guerreiros, reis, presidentes e líderes religiosos homens, e igualmente de filósofos e artistas do sexo masculino. Aqui e ali, a história dos homens pode até mencionar uma rainha, uma imperadora, uma Joana d'Arc, uma escritora, poetisa ou artista, retratadas como aberrantes desvios do curso normal dos eventos. Educados com a história dos homens, crescemos tomando como natural que eles mandem e as mulheres obedeçam.

De forma similar, a história dos homens é majoritariamente composta por relatos de um governante imperial derrotando outro, ou de uma facção da elite se sobrepondo a outra, numa competição pelo poder. Acabamos aceitando, desta forma, que competição, ganância e violência são simplesmente a ordem natural das coisas e as indispensáveis forças condutoras do progresso tecnológico e social, não importando o quão destrutivas. O poder "masculino" para dominar e destruir é bom e justo; o poder feminino de criar a vida, perigoso e enganoso, um caminho para o pecado e a autodestruição. Venerar um Deus masculino é considerado "virtuoso"; venerar um Deus feminino, "pagão".

Estudiosas feministas contemporâneas nos desafiam com algumas questões ousadas. Por que deveria o poder de tirar a vida situar-se acima do poder de gerá-la? Por que assumimos que a veneração de um Deus masculino é superior à de um Deus feminino?

Muito do que aceitamos como definitivo a respeito de nós mesmos são escolhas, e não um destino inelutável. Se a perspectiva de gênero oferecida por Eisler está minuciosamente correta ou se se aplica a todas as sociedades mais antigas são questões menos relevantes do que a compreensão mais profunda da amplidão de possibilidades da experiência humana que tal análise nos propicia.

A perspectiva de gênero nos convida a abrir a mente à possibilidade de que a maior participação das mulheres em posições de liderança seja não apenas justa, mas essencial ao processo de nossa libertação como espécie do cruel e limitador cálculo organizacional do Império. De qualquer modo, é um primeiro e essencial passo na grande tarefa de nosso tempo abrirmo-nos à realidade de que a Era do Império significa apenas um soluço de 5 mil anos, no arco de 4 milhões a 5 milhões de anos de aprendizado humano a respeito de nós mesmos e de nossas possibilidades.

A experiência humana mais antiga oferece um testemunho poderoso de que somos uma espécie complexa com um extraordinário escopo de possibilidades. Um dos segredos mais bem guardados da história é a evidência de que os avanços mais significativos no caminho da realização de nossa distintiva humanidade ocorreram em um período em que as relações dos humanos entre si e com a Terra estavam em relativo equilíbrio, e quando as pessoas veneravam o poder provedor da Deusa. A mudança em direção ao Império foi, em parte, uma resposta prática à necessidade de ordenar as relações entre estranhos diante do crescimento populacional. Esta é a perspectiva de escala. Num nível mais profundo, foi uma consequência da supressão do poder gerador do feminino pelo poder dominador do masculino. Esta é a perspectiva de gênero.

A perspectiva de escala e a de gênero apontam, cada uma, importantes lições para nossa época. O foco na escala evidencia a realidade de que a equidade e a tomada de decisões por consenso emergem de maneira essencialmente natural em comunidades locais autossuficientes, onde as pessoas têm relações duradouras de confiança e cuidado mútuo, e onde controlam a base de recursos de que sua vida depende. A enganosa mudança para as relações de dominação do Império, como solução para a necessidade de ordenamento, em face do aumento da população, minou as relações de confiança e cuidado essenciais à concretização de nossa humanidade plena, transferindo o controle dos recursos a uma classe dominante.

A perspectiva de gênero, por sua vez, descortina a realidade de que o funcionamento saudável e dinâmico da sociedade humana depende de um equilíbrio entre o poder gerador e provedor da Deusa, associado ao feminino, e o poder dominador mais assertivo associado ao masculino. A Era do Império não apenas perturbou este equilíbrio, mas depreciou e negou o feminino, gerando um violento ataque humano contra a própria vida.

O Império é uma patologia social de cerca de 5 mil anos que segue em curso. Para substituir as culturas e instituições imperiais destruidoras da vida pelas culturas e instituições da Comunidade da Terra a serviço da vida, devemos reconhecer a presença do Império sob a fachada das instituições democráticas contemporâneas, seus custos e a dinâmica de dominação por meio da qual se cria a profecia autorrealizável de uma possibilidade humana restrita. Precisamos conhecer nossa história.

CAPÍTULO 6

O Império antigo

> *Os líderes espirituais do mundo todo sabiam que esse tempo se aproximava — um tempo em que tudo o que fosse feminino seria explorado, esmagado e destruído, incluindo todas as culturas com base na Mãe Terra, a espiritualidade de base feminina e as mulheres [...] Diz-se que somente quando os humanos abrirem suficientemente seu coração haverá uma reconexão que permita um partilhamento de fato dos ensinamentos sagrados e secretos.*[1]
>
> Ilarion Merculief

O mito largamente aceito de que a hegemonia imperial traz paz, estabilidade e serviços públicos eficientes é mais ou menos apenas isso: um mito. É verdade que este tipo de prosperidade já existiu: Roma teve cinco imperadores sucessivos relativamente sábios e benevolentes, num período de 84 anos. Os exemplos ao longo da história, entretanto, são tão raros a ponto de se poderem considerar essencialmente aberrações curiosas. A benevolência sábia é uma qualidade rara entre aqueles que galgam a posições de poder absoluto. O Império cria sua própria violência com a supressão do desacordo, suas intrigas internas na disputa pelo poder e as incessantes guerras para estender seu domínio.

Mesmo tendo inventado as tecnologias para construir grandes obras, o Império também inventou as tecnologias para destruí-las de forma ainda mais rápida e completa. Ainda mais problemática é a propensão do Império à imposição de um contexto cultural que impede o desenvolvimento da maturidade da consciência humana.

As contribuições positivas duradouras ao avanço humano dos 5 mil anos de Império empalidecem em significado diante das contribuições de sociedades pré-imperiais e dos progressos tecnológicos trazidos à medida que as reformas democráticas do século XX libertaram o potencial criativo de uma parcela substancial da população humana. Em resumo, os benefícios do Império têm sido superdimensionados na mesma proporção em que seus custos têm sido subestimados. Sob o mito imperial cuidadosamente construído do progresso generoso se esconde a sombria verdade de 5 mil anos de um progresso humano atrofiado.

A Ásia, a África e a América do Sul e Central, todas tiveram seus Impérios antigos. Cada um deles ruiu, quase sem deixar vestígios. O foco de nossa atenção recai sobre os Impérios antigos que os sucederam no Oriente Médio e no Mediterrâneo e sobre os Impérios modernos da Europa Ocidental e da América do Norte, pois são estes os que forjaram a moderna experiência humana e trouxeram a espécie à beira da autodestruição.

A breve retrospectiva histórica que se segue deriva essencialmente de textos e referências tradicionais da História, de forma a sublinhar fatos sobre o Império normalmente obscurecidos pelos incansáveis relatos históricos de gloriosas batalhas, grande reis, bravos guerreiros e feitos imperiais.[2] São revisitadas a ascensão e a queda dos primeiros dos grandes Impérios em cidades-estado da Mesopotâmia e no Egito, por propiciarem exemplos típicos da estrutura e dinâmica cultural, econômica e das instituições políticas imperiais. A retrospectiva aborda ainda, de forma breve, a ascensão e queda do Império Romano, que elitistas de nosso tempo veem como um modelo para os Estados Unidos. Por fim, se debruça sobre o descenso subsequente em direção ao feudalismo e conflitos religiosos da Europa medieval, que nosso próprio futuro pode reproduzir, se deixarmos as escolhas à nossa frente nas mãos daqueles que tomam o Império Romano como seu modelo de governança.

MESOPOTÂMIA

Em meados do século 40 a.C., os povos dos vales dos rios Tigre e Eufrates se organizavam em doze cidades-estado, cada uma cercada pelas vilas a que oferecia proteção e das quais extraía os excedentes de alimentos essenciais a seu sustento. Cada cidade venerava sua própria deidade, cujo templo representava sua estrutura central.

Os historiadores acreditam que inicialmente os habitantes de cada uma das doze cidades partilhassem o poder de forma mais ou menos equitativa, e que as mulheres podem ter ocupado papéis importantes nos assuntos dos templos, que eram centros tanto de poder administrativo e econômico, quanto religioso. Para sobreviver em tempos mais difíceis, proprietários rurais livres contraíam dívidas com o templo, o que gradualmente levou a uma transferência de terras para estes e, por fim, para as cidades-estado. Com o tempo, os templos se tornaram proprietários de vastas parcelas das melhores terras agricultáveis e ganharam um papel proeminente no comércio local e externo — uma manifestação precoce do princípio de que, em tempos difíceis, os agiotas se dão bem.

A região tinha solos férteis e seus rios propiciavam um suprimento abundante e confiável de água. Qualquer carência de chuvas durante a principal época de cultivo, entretanto, tornava necessária a irrigação em larga escala, o que levava a uma centralização ainda maior da administração. A falta de recursos naturais básicos, incluindo rochas, minerais e mesmo árvores, fazia do comércio de longa distância uma necessidade e criava a demanda por um exército organizado, de forma a proporcionar segurança às rotas de comércio, ligando cidades rivais que competiam por recursos distantes. A necessidade de manter tanto a irrigação, quanto as forças armadas organizadas criava outra necessidade — a de aumentar a cobrança de taxas de fazendeiros livres e artesãos locais, o que, ao mesmo tempo, os expunha à competição de importações subsidiadas. Essa dinâmica contribuiu para a gradual consolidação do poder sob reis fortes e a uma substituição do feminino pelo masculino.

O comércio e a administração impunham a necessidade de registros escritos, o que levou à invenção da escrita cuneiforme e às primeiras escolas — localizadas nas instalações dos templos —, onde futuros escribas eram ensinados a ler e escrever. Isso centralizou o poder e concedeu especial vantagem àqueles escolados nessa poderosa tecnologia.

Uma gradual evolução nas crenças religiosas relacionadas à natureza e ao poder dos deuses espelhava mudanças nas relações definidoras da própria sociedade. No período mais antigo, quando as pessoas tinham uma relação mais íntima com a natureza, veneravam-se deusas que representavam as forças naturais do Sol, da chuva, do vento e da fertilidade. Ishtar, a deusa da natureza, dos elementos e do amor sexual, reinava entre elas. Com o avanço da civilização urbana e da supremacia de reis homens, deuses masculinos com qualidades mais humanas — incluindo a capacidade de fazer tanto o bem, quanto o mal — ganharam proeminência. À medida que os reis da terra se tornavam mais poderosos, os deuses mesopotâmicos ganharam características políticas, e a ideia de um Deus onipotente regendo todos os outros assumiu o proscênio.[3]

Com a consolidação de seu poder, os reis de cidades-estado rivais começaram a competir por domínio. A região se unificou sob um único rei por volta de 2800 a.C., mas a luta pelo poder prosseguiu, deixando-a dividida e vulnerável a conquistadores externos. Ao longo dos séculos, sucessivas dinastias imperiais subiram ao poder e caíram — algumas delas, criações de invasores estrangeiros, outras, de revoltas locais. Os maiores regentes desse período estabeleceram novos padrões de ostentação e impiedosa brutalidade, à medida que sucessivas ondas de invasão, revolta e conquista construíam grande cidades, destruíam-nas e as reconstruíam a um enorme custo de vidas e recursos.

Os assírios, que se haviam instalado no extremo norte da Mesopotâmia, consolidaram seu domínio sobre a região em 1225 a.C. com a queda da Babilônia. Para evitar o surgimento de uma classe próspera e educada que pudesse desafiar o arbitrário poder do rei, decretaram que somente os estrangeiros podiam se engajar em atividades comerciais. Impuseram também a completa subjugação das mulheres. As esposas eram consideradas propriedade dos maridos, a quem era permitido desposar quantas mulheres quisessem, detendo ainda o poder unilateral do divórcio. As mulheres casadas só podiam ser vistas em público com o rosto coberto.[4] A supressão do feminino era absoluta. Sabe-se pouco sobre a vida dos escravos nesse período, exceto que existiam, não possuíam qualquer direito e eram sujeitados a mutilações cruéis como punição para pequenos delitos.[5]

A mitologia da glória e das realizações imperiais possui um fundamento real. Os assírios são corretamente elogiados por suas excepcionais capacidades artísticas, intelectuais, botânicas e de engenharia, tendo empreendido magníficas obras, impressionantes mesmo para padrões contemporâneos. Durante o reinado de Senaqueribe (705-681 a.C.), construíram a cidade de Nínive, nas margens do alto rio Tigre. Suas grandes muralhas tinham uma circunferência de 12 quilômetros, circundando templos soberbos e um palácio real de 71 aposentos. As áreas exteriores contíguas abrigavam pomares com árvores raras e zoológicos com animais exóticos trazidos de terras distantes. Um grande aqueduto carregava água fresca das montanhas até a cidade, cobrindo uma distância de 80 quilômetros. A biblioteca de Nínive era o repositório de todo o aprendizado e literatura da região.

A lendária imponência dessas antigas cidades-estado imperiais teve curta duração e o preço de uma brutalidade igualmente lendária. O que o Império construía, o Império também destruía. Quando em 689 a.C., sufocou uma rebelião na rival Babilônia, outra cidade cujo esplendor é contado em fábulas, Senaqueribe vangloriou-se: "Tornei a destruição da Babilônia mais completa que a de uma inundação."[6]

A assustadora brutalidade das campanhas militares assírias visava instilar um terror humilhante no coração dos inimigos, uma versão antiga da tática militar de "choque e espanto" implementada com bombas e foguetes pelas forças armadas americanas em sua invasão de 2003 àquelas mesmas terras anciãs. Segundo seus próprios registros que nos chegaram, os assírios arrancavam a pele de seus inimigos vivos, empalavam-nos, cortavam orelhas, nariz e órgãos sexuais, e exibiam as vítimas mutiladas em cidades que ainda não se haviam rendido. Os assírios lograram seu objetivo de incitar terror, mas ao preço da criação de um ódio incansável, que levou a uma resistência persistente e, ao fim, vencedora.[7] A mutilação de inocentes causada por armamentos modernos não é menos brutal e, conforme demonstrado pelos desdobramentos do ataque de "choque e espanto" a Bagdá, provoca a mesma resposta. Como demoramos para aprender!

Para ganhar prestígio, o filho de Senaqueribe reconstruiu Babilônia pouco depois de seu pai destruí-la. Em 651 a.C., aquela cidade já se tornara novamente um centro de rebelião. O neto de Senaqueribe forçou sua rendição em 648 a.C., novamente destruindo a cidade e massacrando seus habitantes. Ecoando o avô, gabou-se de ter cortado os cadáveres em pequenos pedaços e com eles alimentado os cães, porcos e abutres. Mais uma vez, o terror alimentou o ódio e a resistência.[8]

Odiado por todos à sua volta, o brutal regime militar assírio durou menos de um século. O povo do sul da Mesopotâmia formou aliança com uma tribo indo-europeia que reinava no Irã. Em 612 a.C., a aliança tomou Nínive e arrasou-a, massacrando seus moradores, pondo um fim ao Império assírio e fazendo surgir um novo Império babilônico. Esse padrão de ondas sucessivas de criação e destruição do potencial natural e humano definiria a Era do Império pelos milênios que se seguiram.

As realizações positivas da civilização mesopotâmica incluíram a construção de grandes obras de irrigação, a invenção das primeiras formas de escrita, do transporte sobre rodas e do calendário. Em períodos posteriores, a região fez significativas contribuições à matemática e à astronomia — mapeando e predizendo o movimento das estrelas e dos planetas.

No entanto, as antigas civilizações imperiais do Crescente Fértil e do Mediterrâneo Oriental não lograram manter sua vantagem inicial porque, nas palavras de Jared Diamond, "cometeram suicídio ecológico ao destruírem sua própria base de recursos", desmatando suas florestas em busca de madeira e para a abertura de áreas agrícolas. Uma combinação de sobrepastoreio e perda da cobertura florestal levou à erosão do solo e ao assoreamento dos vales de rios. A dependência da irrigação para tornar produtivas terras ressecadas levou à salinização dos solos. A partir do momento em que esses solos não mais puderam sustentar grandes concentrações populacionais, a região entrou num declínio de que nunca se recuperou.[9] Trata-se de uma versão antiga do suicídio ecológico que a espécie humana hoje comete em escala global pela mesma razão: a falha em considerar as consequências de longo prazo de ganhos no curto prazo.

O poder dominador do Império alimenta uma presunção de invencibilidade que contém o germe de sua própria destruição. Ele atrai corrupção, a rebelião de povos subjugados e a devastação ambiental. Podemos apenas especular em relação às possíveis realizações dos povos das antigas civilizações mesopotâmicas, caso não tivessem sucumbido à influência do Império e houvessem cuidado da Terra, renunciando à violência de uns contra os outros, e focando ainda sua considerável energia intelectual, arquitetural e criativa em acrescentar algo às realizações de seus vizinhos e antecessores, em vez de tentar obliterá-las. Se falharmos em negociar a transição para a Comunidade da Terra em nosso tempo, gerações futuras de humanos poderão se perguntar por que nós também nos encontrávamos tão cegos.

EGITO

Anterior ao domínio imperial dos faraós, a deusa Ísis, provedora e protetora da vida, governava suprema no vale do Nilo. Por volta de 3000 a.C., Menés uniu os povos do vale e estabeleceu sua capital em Mênfis, próxima do Cairo moderno. Alguns historiadores acreditam que o desenvolvimento do sistema de escrita conhecido como hieroglífico tornou possível essa unificação, e que a necessidade de um fluxo desimpedido de comércio subindo e descendo o Nilo tornou-a essencial.

Por um período de cerca de 900 anos, o Egito viveu sob paz e prosperidade num Estado unificado fundamentado mais sobre a necessidade de cooperação do que sobre a exploração. Por algum tempo, Ísis continuou a reinar. As mulheres desfrutavam de alto status legal e liberdade social, a propriedade era transferida pela linhagem feminina, e abundantes terras férteis ilhadas entre dois desertos isolavam o país de qualquer competição com seus vizinhos. Durante a regência de sucessivos faraós, entretanto, Osíris, marido da deusa Ísis, ganhou proeminência, ao lado de Rá, o grande deus do Sol. No final das contas, os egípcios acabaram por acreditar que Rá tornava seu reino imortal e que o faraó era seu representante vivo.

À deificação do faraó e a uma preocupação cada vez maior com a vida após a morte juntou-se um crescente narcisismo entre os mandatários egípcios e o emprego de uma parcela cada vez maior da riqueza disponível na construção de monumentos pretensiosos de autoglorificação, como as grande pirâmides, para facilitar a passagem confortável de regentes falecidos para o lado de lá. O Estado unificado não logrou sobreviver a uma série de quebras de safras causadas por desastres climáticos, e, a partir de 2200 a.C., o Egito decaiu em um período de banditismo, caótica competição entre nobres locais rivais e invasões por tribos do deserto.

Seguiu-se um período relativamente mais democrático de duzentos anos (1990-1786 a.C.), geralmente conhecido como a Era de Ouro do Egito. Nessa época, a ordem foi restabelecida por uma aliança entre proprietários rurais, mercadores, oficiais e artesãos, que mantiveram os nobres em cheque, apoiando obras públicas, como irrigação e drenagem — que beneficiavam toda a população — e prenunciaram um período de relativa justiça social, realização intelectual e prosperidade. Alguns estudiosos referem-se a esse como o primeiro reinado democrático da história.[10]

Uma invasão pelos hyksos da Ásia Ocidental provocou uma rebelião de duzentos anos que fez emergir uma forte unidade nacional, a criação de uma vigorosa força militar e a instalação de uma nova série de poderosos faraós. Quando os governantes hyksos foram derrubados, entretanto, a cultura egípcia de pacifismo e isolamento fora substituída pela cultura dominadora de agressivo imperialismo e expansão militar. O Egito se lançou no estabelecimento de um domínio sobre o território que viria a se estender do Eufrates às paisagens do sul do Nilo.

Com o desvio da força humana para as operações militares nas linhas de frente, houve um aumento significativo na demanda por escravos, de forma a propiciar mão de obra para a economia doméstica, o que criou divisões sociais cada vez mais fundas e levou à corrupção das classes dominantes. Foi nesse cenário que os egípcios escravizaram os hebreus que viviam entre eles. Pode-se imaginar isso como uma versão antiga do uso da terceirização e do trabalho imigrante para diminuir os salários domésticos e forçar as classes trabalhadoras a aceitarem o serviço militar como principal alternativa à perda de seu lugar.

Por fim, o território do Império Egípcio se expandiu para além da capacidade de seus regentes de geri-lo. Revoltas constantes na periferia, a entrada de riquezas oriundas de povos vencidos e um sistema de autoridade baseado somente no poderio militar instilaram a corrupção, enfraqueceram o tecido nacional e deixaram o Egito suscetível à invasão e ao domínio estrangeiros. Os líbios vieram ao redor de 950 a.C., seguidos pelos núbios vindos do sul, pelos assírios, pelos persas (525 a.C.) e finalmente por gregos e romanos.

A corrupção do Estado que acompanhou a expansão imperial do Egito, sucedendo sua era de ouro, levou à corrupção de uma classe de sacerdotes cada vez mais consumida por sua própria ganância. A fundação ética da religião egípcia cedeu lugar à comercialização da redenção após a morte, à medida que amuletos mágicos vendidos pelo aparato religioso substituíam a benevolência como principal garantia de ingresso no reino de Rá.[11]

Séculos mais tarde, a venda, por uma corrupta Igreja Católica, de indulgências para assegurar a passagem ao céu provocaria a rebelião de um padre dissidente chamado Martinho Lutero. Mais tarde ainda, os calvinistas trariam consigo para a América do Norte uma crença de que somente a fé e o pagamento do dízimo, e não o trabalho, asseguravam a ida para o reino do céu.

O Império Egípcio exemplifica o padrão imperial de expropriação e desperdício de recursos e energia vital para a construção de monumentos à vaidade de governantes brutais, para o sustento de guerras de conquista e dos luxuosos estilos de vida das elites religiosas e políticas presunçosas e corruptas. As culturas e instituições voltadas à vida e à parceria cederam lugar às culturas e instituições da dominação e da morte. Os detalhes variam um pouco, mas esses padrões, após estabelecidos, permaneceram notavelmente consistentes entre os Impérios que se seguiram.

Após a Mesopotâmia e o Egito, o próximo grande Império foi fundado por Ciro, o Grande, da Pérsia (Irã), que ascendeu ao poder em 559 a.C., tendo, à época de sua morte, conquistado e consolidado, como áreas de seu Império, a maior parte dos territórios que compõem o atual Irã, o Afeganistão, o Paquistão, o Iraque, a Síria, o Líbano, Israel e a Turquia. Em 529 a.C., Cambisses, seu filho, conquistara e submetera ao domínio persa todo o Egito.

Filipe da Macedônia assumiu o trono de um território de língua grega ao norte da Grécia em 359 a.C., e rapidamente construiu um exército profissional que conquistou e consolidou seu domínio sobre toda a Grécia. Quando foi assassinado, o governo passou às mãos de seu filho Alexandre, então com 21 anos, que condenou à morte cada um de seus rivais em potencial pelo trono e se lançou na tomada de todas as terras do antigo Império Persa.

Inspirado por Alexandre, um aventureiro indiano chamado Chandragupta Maurya estabeleceu o primeiro Império Hindu no final do quarto século a.C., construindo uma força militar de 600 mil soldados de infantaria, 30 mil cavaleiros, 9 mil elefantes e um exército de espiões sustentando por um tributo sobre a terra equivalente a algo entre um quarto e metade das colheitas em áreas por ele controladas.[12] Uma civilização urbana ainda mais antiga, fundada sobre a guerra e o poder imperial, já surgira na China no segundo milênio a.C. Há ainda evidências de civilizações imperiais em partes da África (primeiro milênio a.C.) e das Américas (entre o segundo e o primeiro milênio a.C). Os testemunhos arqueológicos relacionados a suas estruturas sociais, entretanto, permanecem incompletos.

ROMA

Para os defensores do Império, a Roma Antiga é o símbolo definidor dos gloriosos benefícios e realizações do poder imperial. Para os defensores da Comunidade da Terra, trata-se do símbolo definidor da corrupção imperial opressiva, destrutiva e ceifadora de vidas.[13] Quando elitistas americanos contemporâneos invocam referências admiradas ao poderio romano, é instrutivo ter uma clara imagem mental da realidade por trás do mito.

A República

Fundada em 753 a.C., Roma foi inicialmente governada por reis, cuja responsabilidade primária era a manutenção da ordem e da eficiência militar, numa época em que as várias cidades-estado da península italiana viviam em guerra quase constante umas com as outras. Os primeiros romanos eram um povo orgulhoso e agressivo, e seu célere crescimento populacional criou uma verdadeira fome por terras. Operando sob um conceito muito parecido com aquele subjacente ao fascismo italiano da Segunda Guerra Mundial, o Estado era considerado soberano absoluto, sendo tarefa do indivíduo servi-lo.

Por volta de 500 a.C., o senado romano, um corpo deliberativo com pequeno poder, envolvendo representantes da aristocracia, tomou para si a tarefa de fundar a República Romana. O senado reivindicou controle sobre os recursos públicos e o poder de eleger os cônsules, cujos poderes eram essencialmente os mesmos dos reis que os haviam antecedido, podendo entretanto serem depostos pelo senado.

A responsabilidade primordial do cônsul era liderar o exército nas guerras contra as cidades vizinhas. A preocupação do senado estava em refrear os abusos mais extremados de poder, e não em democratizá-lo ou em assegurar a liberdade do indivíduo.

Os patrícios reinavam. Os plebeus, pequenos produtores rurais, comerciantes e mesmo algumas das famílias ricas de origem estrangeira recente não tinham quaisquer direitos definidos. Os plebeus eram obrigados a servir ao exército, mas não podiam ocupar funções públicas. Na ausência de leis escritas, os patrícios tinham liberdade em processos judiciais para interpretar as regras em seu próprio benefício.

A guerra contínua alimentava um espírito crescentemente marcial, à medida que as vitórias de Roma expandiam o território sob seu controle. Em 265 a.C., Roma estabelecera seu domínio sobre toda a península italiana e se dedicava a contestar o controle da Sicília por Cartago, um grande império marítimo na costa norte da África, estruturado sobre o comércio e a exploração dos recursos setentrionais daquele continente. Em 146 a.C., Roma deflagrou um ataque a Cartago. Com a vitória, os soldados romanos foram de casa em casa massacrando os cidadãos cartagineses. A cidade outrora magnífica foi reduzida a escombros. Venderam-se como escravos 59 mil sobreviventes e sal foi jogado sobre a terra, de forma a torná-la improdutiva e incapaz de sustentar ocupação humana. Dali, Roma seguiu para estabelecer seu domínio sobre todos os territórios ao redor do Mediterrâneo, incluindo a maior parte da Europa e do Oriente Médio.[14]

Nos primeiros tempos da república, a maior parte dos romanos era composta por produtores rurais; muito poucos se engajavam no comércio ou no artesanato. Recrutados para lutar em infindáveis guerras, muitos agricultores não conseguiam cuidar de seus campos, se endividavam e perdiam suas terras para credores que as consolidavam em amplas propriedades mantidas por escravos adquiridos em conquistas. Os credores também tinham o direito de vender seus desafortunados devedores como escravos, de forma a recuperar seu dinheiro — uma forma particularmente infame de se beneficiar com a guerra às expensas dos alistados que lembra relatos contemporâneos de credores arrestando bens de soldados americanos incapazes de saldar suas dívidas enquanto lutavam no Iraque.

Por volta de 150 a.C., os escravos abundavam nas áreas rurais da república, enquanto nas cidades pululavam agricultores desempregados dependendo da assistência do Estado e lutando para sobreviver. No final do segundo século a.C., a população escrava na Itália chegava a 1 milhão de pessoas, "tornando Roma uma das economias mais fortemente baseadas na escravidão que se conhece na história".[15] As pressões sociais resultantes se desdobraram na demanda pelo senado de ainda mais conquistas, de forma a arrecadar novas áreas onde se pudessem instalar cidadãos romanos desalojados de suas terras e desempregados em função do endividamento e dos escravos.

Em Roma, a crescente entrada de riquezas e escravos oriundos de territórios conquistados minaram a autoridade tradicional e a disciplina no seio da aristocracia. Privilegiada e mimada, a elite dominante abraçou estilos de vida extravagantemente autoindulgentes e exageradamente hedonistas, devotando ainda suas energias cívicas à sonegação de impostos e a assegurar que seus filhos não fossem recrutados pelo serviço militar.

A intriga, na luta pelo poder, entre os nobres era lugar-comum, incluindo assassinatos, o massacre por atacado a oponentes políticos e mesmo batalhas entre os exércitos de generais rivais. Em alguns momentos, grandes revoltas de escravos ameaçaram a segurança do Estado. Numa destas revoltas, que durou dois anos e tomou boa parte do sul da Itália, foram crucificados 6 mil cativos ao longo de um trecho de 240 quilômetros de estrada entre Cápua e Roma. Milhares de espectadores se juntavam no Coliseu e outros anfiteatros para se divertirem com o massacre em lutas de gladiadores e com o sacrifício de pessoas por animais selvagens. Com o tempo, o que fora um dia uma república de agricultores tornou-se uma sociedade complexa e diferenciada, corroída pela intriga, pela brutalidade e rebelião, e profundamente dividida entre ricos, cada vez mais abastados e em menor número, e pobres desprovidos, mais numerosos e desesperados.

O mito da paz romana

O Império Romano é muitas vezes celebrado por aquilo que se conhece como a "Pax Romana", ou a Paz Romana, um período de mais de duzentos anos, que se estende do começo do reinado de Otávio Augusto (27 a.C. a 14 d.C.) até a morte do imperador Marco Aurélio, em 180 d.C. Os ingleses posteriormente reivindicariam a Pax Romana como modelo para seu próprio Império, da mesma forma que os militaristas neoconservadores, que ocuparam importantes posições na política externa e militar durante a administração de George W. Bush, abertamente advogando a imposição de uma Pax Americana sobre o mundo. Não ocorreram batalhas navais durantes esses duzentos anos na parte do planeta dominada por Roma, mas, exceto por isso, a Pax Romana teve pouco de pacífica.

Otávio Augusto começou seu reinado com fracassadas expedições militares para a conquista da Etiópia e da Arábia. Teve sucesso, porém, na tomada da atual Suíça, da Áustria, da Bulgária e da Alemanha até o Elba.[16] Tibério concluiu seu governo num ataque paranoico de tortura e execuções ferozes, incluindo as de seus próprios generais e membros do senado. Caio César Augusto Germanico (37-41), mais infamemente conhecido como Calígula, tornou-se lendário por sua crueldade, extravagância, devassidão e despotismo. De modo geral, considera-se que tenha sido clinicamente louco. Ele executou seus próprios comandantes militares e colaboradores mais próximos e confiscou a propriedade de nobres para sustentar seu estilo de vida esbanjador.

O Imperador Cláudio (41-54), alvo de inúmeras rebeliões e tentativas de assassinato, somou a Grã-Bretanha ao Império por meio da invasão no ano 43, conquistou mais territórios no norte da África e na Ásia Menor, e, por algum tempo, expulsou os judeus de Roma. Nero (54-68) foi mal afamado, em função de sua devassidão, extravagância, pela perseguição aos cristãos e pela execução de sua mãe e da primeira esposa. Padrões similares predominaram durante os reinados de Vespasiano (69-79), Tito Flávio (79-81) e Domiciano (81-96).[17] Tudo isso e muito mais ocorreu durante a celebrada Pax Romana. Acima de tudo, trata-se de uma ideia curiosa de paz.

Somente na última parte da Pax Romana, durante o reinado daqueles a quem os historiadores se referem como os "Cinco Bons Imperadores" (96 a 180) pôde o Império Romano ser considerado, segundo qualquer padrão razoável, um modelo de paz e boa governança. Nerva (96-98), o primeiro entre os cinco, reconheceu as limitações de seu próprio filho e iniciou a prática pela qual ele e seus sucessores escolheram e adotaram um jovem destinado a se tornar seu sucessor, em vez de confiar o processo à fortuna da hereditariedade. Assim, por cinco administrações, cada imperador tomou para si a tarefa de selecionar e tutelar, para suceder-lhe, um dos homens mais talentosos e notáveis do Império.

Nerva foi sucedido por Trajano (98-117), Adriano (117-138), Antonino Pio (138-161) e Marco Aurélio (161-180). Comparados àqueles que os antecederam, esses homens foram modelos de sabedoria, virtude, sanidade e humilde benevolência, responsáveis por muitas realizações positivas na administração, infraestrutura, justiça e para o bem-estar dos pobres. Além disso, tratavam o senado com certo respeito. Cada um deles, não obstante, governou como ditador. As rebeliões, conquistas, intrigas palacianas e execuções prosseguiram, mas com menor frequência e menos brutalidade gratuita. A expansão do Império foi refreada, e se deu muita atenção à boa governança e à manutenção de fronteiras relativamente estáveis.

A linha sucessória baseada em nomeações funcionou relativamente bem até que Marco Aurélio falhasse em reconhecer a perversa incompetência de seu filho Cômodo (180-192) e o nomeasse seu sucessor. Ele se revelou um retorno a Nero e Calígula. O reinado brutal, que findou com seu estrangulamento num golpe palaciano, marcou o início do declínio do Império Romano. A fome e a doença tornaram-se endêmicas. Por volta de 284, Roma estava à beira da ruína.[18]

Apesar de toda a violência e excessos, o Império Romano de fato teve importantes contribuições para o progresso humano. Para gerir seu vasto território, desenvolveu modernos sistemas de leis codificadas e de administração normatizada. Foi pioneiro no transporte de alta velocidade para suporte ao comércio, à agricultura e a movimentações militares, que se tornaram modelos para aqueles que se seguiram. Teve também importantes contribuições para o planejamento urbano e a infraestrutura — particularmente em relação a sistemas de encanamento, disposição de esgotos, barragens e aquedutos, que estabeleceram novos padrões em termos de saneamento público.

Aqueles que o apontam como modelo para a paz mundial e a governança, entretanto, sustentam-se sobre solo movediço. Suas realizações cobraram um custo em vidas, liberdade e corrupção, pode-se dizer, ainda não superado na experiência humana. Seus feitos mais positivos restringem-se, de modo geral, à boa sorte de um reinado de 84 anos com cinco imperadores fortes e lúcidos que propiciaram um breve respiro em centenas de anos de governos conduzidos por brutos e insanos.

Ironia histórica

Uma das viradas mais irônicas da história ocorreu no período do declínio de Roma, quando o Imperador Constantino (312-337) se tornou cristão, dando ao cristianismo seu suporte oficial e construindo igrejas cristãs por todo o Império. O Império cujos soldados haviam crucificado um profeta hebreu chamado Jesus, considerado inimigo do Estado, agora o abraçava como seu.

Durante sua vida, Jesus renunciara à violência, pregara o amor incondicional, ficara ao lado dos pobres e oprimidos e ensinara seus seguidores a viverem segundo valores antitéticos em relação ao caminho do Império. Por advogar uma vida de não participação na corrupção da alma levada a cabo pelo Império, representava um desafio moral prático à sua ordem secular e religiosa estabelecida.

Seguindo-se à sua execução ordenada por Pôncio Pilatos, o governador romano da província da Judeia, os discípulos de Jesus levaram sua mensagem adiante. Com o tempo, o número de seguidores aumentou, ainda que antes da conversão de Constantino nunca tenham chegado a ser numerosos o suficiente para se constituírem numa ameaça à autoridade romana. Subsequentemente, uma corrupta Igreja Romana substituiria as corruptas instituições seculares do Império como a força institucional central na unificação da Europa.

Quando abraçou Jesus, Constantino redefiniu o significado da vida e dos ensinamentos de Cristo, de forma a reivindicar para si e para o Império a autoridade moral do profeta da justiça, paz e amor. Nas palavras do escritor cristão Walter Wink:

> Quando o cristianismo se tornou a religião do Império [...] seu êxito passou a estar ligado ao êxito do Império, e a *preservação do Império passou a ser o critério decisivo do comportamento ético* [...] A Igreja não

mais via o demoníaco incorporado no Império, mas em seus inimigos. A expiação tornou-se uma transação altamente individual entre aquele que crê e Deus. A sociedade passou a ser vista como cristã, de modo que a ideia de uma radical crítica social, como parte essencial do trabalho de Cristo, foi largamente abandonada.[19] [grifo do original]

Ainda nos dias de hoje, o cristianismo segue dividido entre aqueles que abraçam os ensinamentos de Jesus sobre o amor e o perdão como a fundação da moral cristã, e aqueles que invocam seu nome na busca de vingança justificada, conquistas imperiais e mando autoritário.

FEUDOS MEDIEVAIS

Por volta do ano 700 d.C., o Império Romano unificado, que há um tempo cercara o Mar Mediterrâneo, fora substituído pela rivalidade entre o Império Bizantino, Impérios Islâmicos e o Império Cristão Ocidental. Começava assim aquilo que os historiadores denominam Idade Média, o período da história europeia entre o Império Romano e a ascensão dos modernos estados-nação, durante o qual nenhum governante ou nação individual conseguiu restabelecer domínio sobre o todo.

A primeira Idade Média europeia (600-1050), à qual frequentemente nos referimos como Idades das Trevas, foi uma época de clássico feudalismo. O poder se encontrava fragmentando entre feudos rivais. As estradas, sistemas de abastecimento de água e outras infraestruturas públicas criadas pelo Império Romano, assim como sua vida cultural, entraram em declínio. A Igreja de Roma, com sua vasta burocracia e influência sobre a vida espiritual, passou a articular alianças políticas com governantes seculares, tornando-se a única força unificadora entre aqueles territórios europeus anteriormente unidos sob o mando secular de Roma.

A vida nesse período era dura. A fome e a doença grassavam. Não há feitos intelectuais e artísticos dignos de nota. Reiteradas invasões por vikings, húngaros e muçulmanos aconteciam. Em contraste, o período de governo romano secular fora uma época de relativa estabilidade, segurança e prosperidade.

Na Alta Idade Média (1050-1300), a dificuldade da vida foi gradualmente aliviada. Métodos agrícolas aperfeiçoados e o uso da força da água e dos animais permitiu o sustento da população crescente, transformando a Europa de uma civilização primariamente agrícola em uma sociedade crescentemente urbana, e melhorando substancialmente o padrão de vida da nobreza. As monarquias nacionais começaram a asseverar sua autoridade sobre os feudos rivais, ainda que se dessem conta com frequência de que a lealdade de seus súditos à autoridade da coroa dependesse da lealdade desta para com a autoridade da Igreja Romana.

Na luta pelo poder imperial, a corrupção seguia desenfreada tanto no interior do aparato político, quanto do religioso. Foi este o período das Cruzadas amplamente desastrosas, levadas a cabo como iniciativas não articuladas entre vários príncipes e brigadas independentes em resposta ao chamado do Papa. Desprovidas de uma base política segura e de liderança coesa, foram essencialmente uma violenta forma de aventura, sem capacidade para capturar e incorporar novos territórios a uma estrutura imperial.

O fim da Idade Média (1300-1500) foi uma época de aguda escassez, em função do esgotamento de terras agrícolas e de clima desfavorável, da epidemia da peste negra e da guerra persistente entre reis, príncipes e pequenos nobres rivais na disputa por domínio, independência e enriquecimento pessoal com os espólios das batalhas. As taxas de mortalidade disparavam e as fortunas trocavam de mão todo o tempo. Este período marca também, entretanto, o início da Renascença Europeia, que trouxe um florescimento da arte, da cultura e da filosofia, principiando na Itália. Com o tempo, o Renascimento fez emergir um crescente questionamento da autoridade, tanto secular, como eclesiástica, como fonte de verdade absoluta.

Em 31 de outubro de 1517, o ato de um padre católico dissidente deflagrou uma rebelião contra o monopólio religioso da Igreja Católica Romana, iniciando a Reforma Protestante, e acrescentando um novo elemento de instabilidade e cisão à política europeia. Martinho Lutero afixou suas Noventa e Cinco Teses na porta da Igreja do Castelo em Wittenberg, Alemanha, em protesto contra uma corrupta Igreja Católica que, acusava ele, perdera sua autoridade moral e tornara-se, por si só, um poder imperial autoindulgente. Ele professava que a derradeira autoridade espiritual era a autoridade da consciência, e não aquela da Igreja. O período de cem anos entre 1560 e 1660 abrigou explosões periódicas de massacres religiosos de protestantes por católicos e vice-versa, frequentemente encorajados ou apoiados por governantes, cujos interesses políticos se alinhavam a um lado ou a outro. Foi uma época de guerras destrutivas, vorazes cobradores de impostos e soldados saqueadores.[20]

De forma gradual, as nações da Europa Ocidental resolveriam o caos da competição e da intriga entre senhores feudais e entre servidores religiosos em disputa, por meio da consolidação dos poderes da monarquia nas instituições dos modernos estados-nação que, para a maioria, propiciaram um bem-vindo alívio para a desordem do feudalismo.

Os que viveram na Idade Média devem ter sentido justificada saudade da relativa ordem e confortos do Império Romano, sobretudo durante o breve interlúdio dos Cinco Bons Imperadores. Não obstante, aqueles que hoje louvam o Império Romano, na época de ideais democráticos, deveriam rememorar a violência, injustiça e devassidão que foram os grandes marcos do seu domínio. A Mesopotâmia, o Egito e Roma foram três dos mais celebrados Impérios da história. Cada um deles teve seus momentos de grandeza, mas a um enorme custo em termos de vidas, riqueza natural e possibilidade humana, à medida que governantes violentos e presunçosos encenavam o inexorável drama imperial na lógica do jogar ou morrer, mandar ou obedecer, matar ou ser morto.

A patologia social tornou-se norma com a substituição da deusa da vida pelo deus da morte e com o domínio do poder da espada sobre o poder do cálice. A energia criativa da espécie foi redirecionada da nutrição do poder gerador do todo para o progresso dos instrumentos tecnológicos da guerra e dos instrumentos sociais da dominação. O Império construiu grandes civilizações, mas em seguida as varreu do mapa em sucessivas ondas de violência e destruição, sempre que vencedores invejosos buscavam apagar a memória dos derrotados.

O sagrado tornou-se servo do profano. Terras férteis foram convertidas em desertos de forma intencional ou por meio de predatória negligência. O mando pelo terror alimentava ressentimentos que asseguravam repetidos ciclos de violentas vinganças. A guerra, o comércio e as dívidas serviam como armas a poucos para a expropriação dos meios de vida de muitos e para reduzi-los à escravidão ou à servidão. Os desequilíbrios resultantes do poder nutriam a ilusória presunção e excessos de governantes psicopatas, que se achavam imbuídos de privilégios divinos e poderes de outro mundo. A atenção se desviou da concretização das possibilidades da vida neste mundo para a busca da garantia de um lugar privilegiado no além.

As elites reinantes mantiveram o controle cultural por meio das instituições religiosas, o controle econômico, através das instituições de crédito e comércio, e o controle político com as instituições legislativas e as forças militares organizadas. Ainda que facções dessa elite pudessem entrar em impiedosa competição entre si, de modo geral elas se alinhavam na causa comum, de modo a garantir a continuidade das instituições de seu privilégio coletivo, com frequência lançando mão dos casamentos como mecanismo de construção de alianças.

Se muitos dos padrões associados ao reis antigos, faraós e imperadores soam estranhamente familiares em nosso próprio tempo de ideais democráticos, apesar da democracia ter posto um fim à monarquia em sua forma histórica, isso se deve ao fato de que as culturas e instituições dominadoras do Império simplesmente se metamorfosearam face ao desafio democrático. Para nos livrarmos das garras mortais do Império, devemos compreender não apenas suas raízes históricas, mas também sua expressão contemporânea. Desta forma, abordaremos agora, de forma breve, a formação dos Impérios coloniais dos modernos estados-nação europeus e sua transformação nas instituições dos Impérios corporativos globais do final do século XX, com a costura, pela elite, de um desvio ao redor do desafio democrático moderno a seu poder e privilégio.

CAPÍTULO 7

O Império moderno

Ninguém pode estar a serviço de dois senhores, pois ou odeia um e ama o outro, ou agradará a um e desprezará o outro. Não podeis estar a serviço de Deus e do dinheiro.

Mateus 6:24

Quando nos aprofundamos na busca da alma do capitalismo, descobrimos que, nos termos da existência humana ordinária, ele não parece tê-la. Na esfera econômica, a eficiência se sobrepõe à comunidade. A maximização dos lucros se antepõe à família e à lealdade pessoal. Aquilo que se reputa inestimável em um âmbito, pode ser livremente desperdiçado ou mesmo destruído no outro.[1]

William Greider

Segundo o entendimento dos historiadores ocidentais, a era moderna começou em 1500. O caos de infindáveis guerras sem sentido, em que facções rivais da nobreza se enfrentavam à exaustão por motivos essencialmente pessoais, criara uma predisposição ao bom recebimento de uma restauração do domínio monárquico, com o poder de imposição da ordem.

Antes de 1500, os Impérios haviam se estruturado essencialmente na expansão de fronteiras por meio da conquista armada, de forma a incorporar novos territórios sob o controle centralizado militar e administrativo de uma cidade-estado regida por um rei ou imperador. O centro e a periferia eram contíguos em termos territoriais e as fronteiras entre os dois frequentemente careciam de definição precisa. A terra e o comércio eram os pilares da riqueza, e as instituições da monarquia, via de regra, lucravam com seu controle sobre o poder de tributá-los e alocar direitos sobre eles. Empreendimentos comerciais independentes eram individualmente muito pequenos para representarem um desafio à soberania do rei.

O modelo imperial da era moderna substituiu as cidades-estado por estados-nação, delineados por fronteiras territoriais precisas sob uma administração central bem definida. Em vez de se exaurirem enfrentando-se em campanhas militares para redefinir a partição territorial de seu continente, os reis europeus da era moderna satisfizeram suas ambições imperiais de expansão projetando seu poder para fora em longas rotas marítimas para além de suas fronteiras domésticas seguras e estabelecidas, ganhando domínio sobre terras, povos e recursos de distantes colônias. Pela lógica do Império, tiveram enorme êxito. Apesar de representarem apenas uma pequena fração da população mundial, pessoas de ascendência europeia dominavam, em 1878, 67% da superfície terrestre do planeta.[2]

A transição entre as cidades-estado e os estados-nação representou um desafio crescente para as instituições da monarquia. Uma demanda cada vez maior por transparência das instituições do Estado, gradualmente destituiu a monarquia de seu poder absoluto. Sucumbiu a monarquia, mas o Império, entretanto, manteve seu domínio sob uma nova forma.

SENHORES E SINDICATOS DO CRIME

As forças armadas nacionais e as administrações coloniais continuaram importantes para o novo modelo imperial, mas, em sua maioria, os reis europeus da era moderna projetavam seu poder comissionando aventureiros de sua predileção, bandoleiros e corporações, que trabalhavam por conta própria, tendo em vista o recebimento de uma parcela dos espólios. Desta forma, iniciou-se a transição entre o domínio de monarcas imperiais e o das corporações imperiais. Aqui reside a história de como o dinheiro viria a governar o mundo.

Aventureiros

A maioria de nós conhece o período de expansão colonial europeia essencialmente por meio dos nomes de grandes aventureiros, comissionados e financiados por seus soberanos para o empreendimento de grandes viagens de descoberta, saque e massacre. À procura de uma rota ocidental para as riquezas da Ásia, Cristóvão Colombo (1451-1506) atracou na Ilha Hispaniola (atual Haiti e República Dominicana), nas Índias Ocidentais, em 1492, reivindicando-a para a Espanha. Hernando de Soto (1496-1542) estabeleceu sua marca inicial comerciando escravos na América Central. Posteriormente, aliou-se a Francisco Pizarro para tomar o controle do Império inca, no Peru, em 1532, o mesmo ano em que os portugueses estabeleceram seu primeiro assentamento no Brasil. De Soto regressou à Espanha como um dos homens mais ricos de seu tempo, ainda que sua parcela do butim fosse apenas metade daquela que coube a Pizarro.[3] Por volta de 1521, Hernán Cortés reivindicara o Império Mexicano de Montezuma para a Espanha.

No final das contas, a Espanha extraiu tanto ouro das Américas do Sul e Central que arruinou sua própria economia e alimentou a inflação em toda a Europa. Com tanto ouro disponível para a aquisição de bens produzidos por outros, a capacidade produtiva espanhola se atrofiou, à medida que o país se tornava cada vez mais dependente da importação. O resultado foi um declínio econômico doméstico, do qual o país nunca se recuperou — um padrão perturbadoramente similar àquele da atual economia americana, tão dependente da produção estrangeira, com a diferença essencial de que as importações americanas não são financiadas com ouro roubado, mas por meio de crédito internacional.

Ainda que com autorização da coroa, esses celebrados aventureiros agiam com a independência e falta de escrúpulos típicos de senhores do crime, competindo ou cooperando uns com os outros, segundo ditavam as circunstâncias de ganho pessoal e glória. Sua missão era extrair as riquezas físicas de terras e povos estrangeiros, não importando os meios — incluindo a execução de governantes e o massacre e escravização dos povos nativos —, e dividir uma parcela dos espólios com seus soberanos. Assegurar terras para colonização se tornaria importante mais tarde, mas não tinha qualquer significado nessas primeiras aventuras.

Apoiados em avanços nos instrumentos de navegação, Portugal e Espanha abriram caminho inicialmente. Em meados do século XVI, a Espanha estabelecera controle sobre quase toda a América Central e a do Sul. Altamente lucrativas para os dois países, essas conquistas se deram a um preço exorbitante para os povos dos territórios colonizados. Os lucros das conquistas espanholas nas Américas inspiraram os esforços imperiais dos ingleses, holandeses e franceses, que rapidamente dividiram a África, a Ásia e a América do Norte em colônias que poderiam ser saqueadas e de onde se poderiam extrair ganhos comerciais em benefício do estado-mãe.

Corso — pirataria nos mares

A competição pelos espólios internacionais entre as potências europeias levou à elevação da ancestral prática do corso — essencialmente pirataria legalizada — à categoria de importante instrumento de política de Estado e de privilegiado investimento, tanto de soberanos, como de ricos mercadores. Por que empreender o árduo esforço de expropriar as riquezas de terras estrangeiras por meio da conquista e do comércio, se era muito mais fácil atacar e pilhar os navios que transportavam os espólios rumo a portos europeus?

Os monarcas, com frequência, consideravam vantajoso comissionar embarcações privadas para se engajarem nesse negócio lucrativo. Esses corsários ofereciam vantagens importantes a soberanos empobrecidos: arrecadação sem a necessidade de desembolsar dinheiro. Além disso, qualquer responsabilidade oficial podia ser mais facilmente negada do que se as caravelas da coroa houvessem pilhado tais embarcações. A tripulação, o capitão, os investidores privados e o rei partilhavam os lucros do butim, ao mesmo tempo que a licença real emprestava uma pátina de legalidade aos atos de pilhagem e ainda porto seguro às embarcações. Uma nova era se encontrava em gestação.

Os ingleses, holandeses e franceses, todos tinham seus corsários comissionados com autorização para pilhar navios, terras e tesouros de seus competidores coloniais primários, especialmente da Espanha. Os primeiros corsários ingleses caçaram suas fortunas no Novo Mundo durante o reinado de Elizabeth I (1558-1603), por meio do ataque a navios espanhóis no Caribe. Elizabeth, preocupada com a conquista da Irlanda, abandonou os corsários ingleses, de modo geral, à sua própria sorte, sem suporte ou supervisão.[4]

Famosos corsários ingleses incluem *Sir* John Hawkins (1532-1595), *Sir* Francis Drake (1540-1596) e *Sir* Henry Morgan (1635-1688).[5] Não se tratava apenas de uma vocação honrada, conforme sugerem seus títulos, mas também lucrativa. O economista britânico John Maynard Keynes se referia aos lucros de Drake em suas três grandes expedições como "a fonte e origem do investimento estrangeiro britânico". Os registros tributários de 1790 indicam que quatro dos maiores contribuintes de Boston naquele ano obtiveram sua renda parcialmente de investimentos no corso — incluindo John Hancock, famoso por sua exagerada assinatura na Declaração da Independência.[6]

Alguns corsários operavam poderosas forças navais. Em 1670, Morgan lançou um ataque à Cidade do Panamá com 36 embarcações e quase 2 mil bucaneiros, derrotando uma ampla força espanhola e saqueando a cidade enquanto ela queimava até o chão.[7]

Em 1856, as grandes potências europeias, à exceção da Espanha, assinaram a Declaração de Paris, que tornou ilegal a prática do corso. Os Estados Unidos, que dependiam fortemente de corsários como sua força naval primária e como importante fonte de lucros comerciais em seus primeiros tempos, declinaram da assinatura do tratado, com o argumento de que não dispunham de uma marinha adequada para se defenderem em caso de guerra. Os Estados Unidos, que ainda hoje com frequência decidem não honrar tratados voltados a assegurar o Império internacional da lei, só deixaram de comissionar corsários no final do século XIX.[8]

Corporações licenciadas

Com o tempo, a preferência dos monarcas passou dos aventureiros fanfarrões e corsários alugados ao provisionamento de corporações como instrumento de expansão colonial, administração e pilhagem. É instrutivo notar que na Inglaterra essa transição foi parcialmente motivada pela transição à democracia.

Por volta do começo do século XVII, o Parlamento inglês, um dos primeiros esforços modernos para limitar o arbitrário poder monárquico, ganhara a autoridade para supervisionar a cobrança e aplicação da arrecadação tributária doméstica. Debatendo-se contra essa restrição, soberanos como Elizabeth I, Jaime I e Carlos I descobriram que por meio da concessão de provisões conferindo direitos de monopólio e outros privilégios a investidores preferenciais, podiam estabelecer uma fonte permanente e controlada de arrecadação através de impostos e taxas, que driblava a supervisão parlamentar. Esses monarcas com frequência possuíam pessoalmente parte das companhias a que concediam tais privilégios.[9]

Além disso, corporações provisionadas por vezes assumiam responsabilidade direta por despesas que, de outro modo, recairiam sobre o Estado, incluindo o custo de manutenção de embaixadas, fortificações e outras instalações navais, militares e de comércio. As corporações inglesas chegavam a ter, em alguns casos, jurisdição sobre cidadãos britânicos residentes em um determinado território.[10]

Vários dos primeiros assentamentos coloniais onde depois viria a ser os Estados Unidos foram estabelecidos por corporações provisionadas pela Coroa Britânica. Tais assentamentos foram amplamente colonizados por trabalhadores endividados — muitos trazidos de forma involuntária da Inglaterra — para servir em propriedades de corporações. Em seguida, viria a importação de escravos da África.

A Companhia Britânica das Índias Orientais (provisionada em 1600) foi o instrumento primordial da colonização inglesa na Índia, país que governou até 1784, essencialmente como se fosse propriedade privada. A Companhia prosseguiu administrando a Índia sob supervisão britânica até 1858, quando o governo inglês assumiu controle direto.[11]

No começo do século XIX, a Companhia Britânica das Índias Orientais estabeleceu um vigoroso negócio com a exportação de chá da China pago com ópio ilegal. A China retrucou à crise social e econômica resultante com o confisco do ópio armazenado no Cantão por mercadores ingleses, o que precipitou a Guerra do Ópio, entre 1839 e 1842, vencida pela Grã-Bretanha.

Como tributo, os vitoriosos britânicos pressionaram a China por um acordo que demandava o pagamento de uma polpuda indenização à Inglaterra, concedia aos ingleses livre acesso a cinco portos chineses para comércio e assegurava aos cidadãos britânicos acusados de crimes na China o direito de julgamento em cortes inglesas.[12] Esse acordo foi um precursor dos modernos tratados de "livre comércio" impostos pelas nações fortes àquelas mais fracas, de forma a garantir os direitos das corporações globais para agirem sem consideração pelos interesses locais.

A Companhia Holandesa das Índias Orientais (provisionada em 1602) ganhou soberania sobre aquilo que é hoje a Indonésia, e lançou os habitantes locais na pobreza, desalojando-os de suas terras para utilizá-las na produção de especiarias que eram exportadas para a Europa, uma prática predecessora da expulsão de pequenos agricultores pelas corporações globais contemporâneas, de forma a consolidar suas terras em grandes propriedades sob controle internacional voltadas à produção de bens exportáveis. A Companhia Francesa das Índias Orientais (1664) controlava o comércio com territórios franceses na Índia, África, Índias Orientais e outras ilhas e territórios no Oceano Índico.

A Companhia da Baía de Hudson, fundada em 1670 para estabelecer o controle britânico sobre o comércio de peles na bacia da Baía de Hudson, na América do Norte, foi um importante ator na colonização inglesa do que é hoje o Canadá. Confrontos armados com a rival Northwest Company eram comuns até que, em 1821, o governo britânico forçasse sua fusão em uma única companhia com o monopólio sobre o comércio de peles em boa parte da América do Norte, incluindo os territórios do Noroeste. A British South Sea Company, inicialmente provisionada para a venda de escravos africanos para as colônias espanholas nas Américas, tornou-se a peça central da "Bolhas dos Mares do Sul", um dos golpes financeiros mais famosos da história.[13]

O novo formato corporativo, a companhia de sociedade de ações, criada para preencher as funções acima, combinava duas ideias medievais: a venda de ações em mercados públicos e a proteção dos proprietários em relação a qualquer responsabilidade pessoal pelas obrigações da corporação. Essas duas características tornaram possível agregar capital financeiro virtualmente ilimitado em uma única firma, assegurando sua continuidade mesmo com a morte de seus fundadores e isentando seus donos de responderem pelas perdas ou más ações da empresa para além de sua fração do capital.

Mais ainda, o afastamento dos proprietários da gestão cotidiana permitia uma direção central unificada, algo difícil ou mesmo impossível com o controle dividido entre um número amplo de sócios. A nova forma de empreendimento tornou possível consolidar o poder financeiro, de forma perene e virtualmente sem limites, sob uma autoridade central que agia em prol dos interesses econômicos de proprietários que não arcavam com a responsabilidade pelas consequências das ações dessa autoridade e que, via de regra, não tomavam parte na gestão.

Não é exagerado caracterizar esses predecessores das corporações contemporâneas de capital aberto e responsabilidade restrita como, na verdade, sindicatos do crime legalmente sancionados e protegidos, com marinhas e exércitos privados cobertos por um mandato do governo de seus países para extorquir tributos, expropriar terras e outras riquezas, monopolizar mercados, comercializar escravos, negociar drogas e lucrar com golpes financeiros. Uma das instituições definidoras da era moderna, as sociedades anônimas de grande escala operam hoje, mesmo nos países que autorizam seu funcionamento, sob relativa imunidade em relação à responsabilidade legal e ao dever de prestar contas.

Sociopatas institucionais

As sociedades anônimas são uma entidade artificial que responde legalmente a seus proprietários, cujos interesses financeiros, seus diretores e trabalhadores são contratados para defender, a despeito de interesses públicos e de seus próprios valores. Uma vez que os proprietários dessas corporações raramente têm conhecimento pessoal a respeito de sua empresa ou envolvimento em suas operações, não há mecanismo efetivo para expressarem seus valores através de sua participação acionária, mesmo que desejem fazê-lo. Acionistas comprometidos com investimentos socialmente responsáveis que tentam expressar seus pontos de vista a respeito dessas questões em reuniões formais de acionistas são rotineiramente ignorados, mesmo quando representam blocos significativos de capital.

É comum ver professores de direito e administração ensinando a seus alunos que a ideia de levar considerações éticas à tomada de decisão das corporações é, na verdade, antiético, pois poderia comprometer o princípio básico de funcionamento das empresas e privar injustamente seus acionistas do devido retorno. Trata-se de uma lógica moral um tanto perversa, uma vez que, conforme aponta Marjorie Kelly em *The Divine Right of Capital*, entre os atores envolvidos, os acionistas são os que menos contribuem no sucesso da empreitada corporativa.[14]

O princípio de que a obrigação ética e legal da gestão empresarial seja colocar o lucro dos acionistas acima de quaisquer outros interesses não se encontra explicitado em nenhuma legislação. Apesar disso, ele se tornou profundamente enraizado na cultura legal e na jurisprudência dos Estados Unidos, espalhando-se para os sistemas legais de outros países. É um caso evidente de juízes legislando com base nos argumentos dos advogados de interesses corporativos.

Consequentemente, sob as leis americanas, é hoje vedado às sociedades anônimas o exercício da sensibilidade ética e de responsabilidade moral normalmente esperados de um ser humano adulto e emocionalmente maduro. Uma pessoa real nessas condições — não um construto legal artificial — seria diagnosticada como sociopata. A menos que sejam limitadas por regras estabelecidas e fiscalizadas por um organismo público que funcione como uma espécie de substituto paterno, as sociedades anônimas funcionam dentro de um vácuo ético.[15]

As corporações gastam bilhões de dólares em advogados, lobistas e profissionais de relações públicas, cujo trabalho é ampliar a liberdade corporativa em relação a tais regras por meio da manipulação dos processos políticos. Presidentes de empresas já sugeriram, apenas parcialmente brincando, que, em seu mundo ideal, os quartéis generais de suas corporações se localizariam em ilhas privadas, fora da jurisdição de qualquer governo, e suas fábricas em barcaças que seriam deslocadas ao sabor do momento rumo à mão de obra mais barata, aos subsídios públicos e impostos mais generosos e a regulamentações menos restritivas.

O DESAFIO DEMOCRÁTICO

O absolutismo, a crença no direito absoluto dos reis, já fora aposentado na Inglaterra em 1689. Não obstante, a monarquia subsistiu e os nobres e outros homens de propriedades, que haviam mantido para si o direito do voto, não mostravam qualquer entusiasmo para ampliar as franquias democráticas em termos domésticos ou para pôr um fim ao domínio colonial no exterior. A monarquia absolutista continuou forte na maior parte do restante da Europa, sobretudo na França, por mais cem anos. Sua erosão, entretanto, começara.

O fim da monarquia

Assim como a Revolução Americana de 1776 desafiou a ideia do domínio estrangeiro, a Revolução Francesa de 1789 foi um desafio direto à instituição da monarquia. Ela começou como uma revolta da classe média francesa contra o poder dos nobres e dos clérigos. Nas províncias, uma crescente rebelião camponesa assustou esses nobres e clérigos o suficiente para que se juntassem a membros relativamente conservadores da classe média mercantil — a burguesia, na terminologia atual — para elaborar uma Declaração de Direitos e uma nova constituição que os destituía de seus poderes e privilégios especiais. A perda do controle, pela Espanha e Portugal, sobre suas colônias latino-americanas se seguiu às Guerras Napoleônicas, no início do século XIX. Mirando o exemplo dos Estados Unidos, essas colônias se tornaram Estados independentes governados por descendentes de seus ocupadores europeus.

O temor de outros monarcas europeus de que a Revolução Francesa pudesse inspirar outras rebeliões mostrou-se fundamentado. A Europa experimentaria uma onda de revoluções democráticas. Os espanhóis se rebelaram contra José Bonaparte em 1808. Insurreições se seguiram na Grécia, Itália, Espanha, França, Bélgica e Polônia, entre 1820 e 1831, e, em 1848, na França, Áustria e Hungria, Alemanha e Itália. Um florescimento da democracia no século XX foi acompanhado de extraordinários avanços tecnológicos e econômicos que levaram cerca de 20% da população mundial a um nível de conforto material que causaria inveja a nobres de gerações anteriores.

O fim do colonialismo

Os desdobramentos do fim da Segunda Guerra Mundial trouxeram outra onda de dramáticos progressos na democratização das culturas e instituições humanas, à medida que o espírito da liberdade varria o mundo. Na Índia um homem modesto e diminuto chamado Gandhi mobilizou uma nação num movimento de independência que confrontou o poderio militar britânico com o princípio da não-violência na causa pelo direito universal à autogestão.

A inspiração da vitória de Gandhi energizou povos oprimidos no mundo todo para se somarem à luta pela libertação humana da dominação imperial europeia. Movimentos de independência em todos os territórios coloniais europeus geraram um impulso incontrolável com o apoio de movimentos de direitos humanos organizados em solidariedade por cidadãos das próprias potências coloniais.

A instituição da corporação permaneceu viva e saudável durante esse período de reformas democráticas, mas emergiu da Segunda Guerra Mundial restringida pela supervisão governamental, pelo poder equilibrador de sindicatos de trabalhadores fortes e por um contrato social que dava sustentação a um partilhamento equitativo de riquezas e poder e a relações de trabalho cooperativas entre governos, operariado e empresas.

Vários movimentos sociais lutaram com sucesso por uma proteção mais forte aos consumidores, aos trabalhadores e ao meio ambiente. Parecia, por algum tempo, que a besta corporativa fora domada a serviço do interesse público.

No final do segundo milênio, as instituições da democracia política haviam substituído as instituições da monarquia na maior parte do mundo, e o colonialismo clássico chegara a um fim absolutamente merecido. O Império Soviético desintegrara, e a China, ainda que longe de democrática, abrira sua economia às forças do mercado. Os sábios declararam o triunfo da democracia e do livre mercado.

A democracia, entretanto, era mais uma democracia do dinheiro que de pessoas, e os mercados realmente livres apenas para as corporações e grandes investidores. Em sua expressão verdadeira, a liberdade de mercado significa que as corporações são livres para fazerem o que bem entendem. As pessoas são livres para comprar ou para se virar na ausência de produtos e empregos que as corporações decidem oferecer-lhes nos termos das suas escolhas.

O CONTRA-ATAQUE IMPERIAL

A extrema e crescente desigualdade que se tornou a grande marca da economia corporativa global não aconteceu por acaso. Ela resulta do trabalho de planejadores hábeis que desenharam a moldura institucional da economia global pós-Segunda Guerra com o intuito de assegurar a dominação política e econômica global americana fundamentada sobre testados princípios do poder imperial.

O plano mestre

A Grã-Bretanha adentrou a Segunda Guerra Mundial como a grande potência colonial e tencionava manter essa posição com a sua conclusão. Documentos britânicos secretos de planejamento de 1945 e mais além esboçam planos para fortalecer o acesso inglês a matérias-primas na África e para desenvolver o Oriente Médio, conforme as palavras de Ernest Bevin, o chanceler britânico do pós-guerra, "como uma próspera área produtiva para apoiar a economia britânica e substituir a Índia como importante mercado para nossos bens". Com essa finalidade, a Inglaterra utilizaria a ajuda para o desenvolvimento, de forma a influenciar as decisões internas de outros países, protegendo e avançando os interesses econômicos e políticos britânicos.[16]

Para os Estados Unidos, a Segunda Guerra foi uma oportunidade de se resgatarem da depressão econômica e de fortalecerem sua base industrial, enquanto as economias europeias eram devastadas pelo conflito. Os americanos, ao final da guerra, tinham uma visão semelhante à dos britânicos, porém mais ampla e ousada, em que os Estados Unidos, e não a Inglaterra, dominariam a economia global pós-guerra. A intenção americana era usar em sua vantagem um princípio já demonstrado pelos britânicos antes da guerra: o de que um sistema econômico global aberto beneficia sempre o lado mais forte.

O plano, discutido mais detalhadamente no capítulo 11, "A vitória do Império", se centrava na abertura das economias nacionais a um acesso irrestrito pelas corporações e instituições financeiras americanas, àquele tempo indiscutivelmente as mais poderosas no planeta. A peça-chave na implementação da estratégia americana seria um conjunto de três instituições internacionais formadas pela iniciativa dos Estados Unidos e conhecidas coletivamente como as instituições de Bretton Woods — o Banco Mundial, o Fundo Monetário Internacional e o Acordo Geral de Tarifas e Comércio (posteriormente substituído pela Organização Mundial do Comércio).

Crédito fácil

As instituições de Bretton Woods desempenharam bem seus papéis. À medida que um país após o outro emergia do colonialismo, o Banco Mundial os encorajava a impelir seu crescimento econômico por meio de empréstimos internacionais que financiassem a compra de bens e serviços das nações industrializadas. Em pouco tempo, os novos países se viram amarrados por dívidas exatamente às mesmas nações de quem supostamente se haviam tornado independentes.[17]

Governantes corruptos, para quem os empréstimos eram uma proposta em que sairiam ganhando de qualquer maneira, avidamente se juntaram à negociata. Esses mandatários auferiram capital político com os projetos pagos pelo dinheiro emprestado e lucraram diretamente com as propinas relacionadas a esses negócios. Generosos períodos de carência sobre os juros e para o pagamento do principal asseguravam que o ônus da dívida recaísse sobre seus desafortunados sucessores.

As antigas colônias se endividaram não apenas para financiar projetos de desenvolvimento, mas também para conseguir a moeda estrangeira necessária à importação de bens de luxo para as elites reinantes e de armas para a repressão de qualquer dissensão. Mais tarde, usariam novos empréstimos para financiar o pagamento do serviço da dívida de empréstimos anteriores que finalmente venceram com o tempo. Essa pirâmide de endividamento acelerou-se dramaticamente no final da década de 1970, em função de aumentos significativos no custo da energia.

O ajuste para os pobres

Em 1982, tornou-se evidente que muitos países pobres nunca conseguiriam saldar seus débitos internacionais acumulados. O medo de que a inadimplência pudesse levar a um colapso do sistema financeiro global espalhou pânico nos círculos financeiros internacionais. Entraram em cena o Fundo Monetário Internacional (FMI) e o Banco Mundial no papel de cobradores, impondo um pacote padronizado de "reformas" econômicas conhecido como ajuste estrutural.

Tanto o FMI como o Banco Mundial têm sede em Washington, D.C., e operam sob a influência e íntima supervisão do Departamento do Tesouro americano, que tradicionalmente serve como representante no governo dos Estados Unidos dos bancos e casas de investimento de Wall Street. Não foi surpresa, dessa forma, que as prescrições políticas impostas como exigências para novos empréstimos servissem aos interesses das finanças globais, a um preço aprofundado para as pessoas em nome de quem líderes corruptos se haviam endividado. O "ajuste estrutural" padrão demandava:

- A remoção de normas que beneficiassem trabalhadores e protegessem a saúde pública e o meio ambiente, gerando custos para os negócios;
- a eliminação de restrições a importações, ao controle estrangeiro de empresas, aos fluxos financeiros internacionais, à exportação de recursos naturais e às atividades de bancos e casas financeiras estrangeiras, de forma a que as corporações globais pudessem mover bens e dinheiro, conforme sua vontade, através das fronteiras;
- a privatização de ativos e serviços públicos, incluindo os setores de comunicação, energia e água, oferecendo-os a preços de barganha a investidores privados;
- o corte de gastos públicos em saúde e educação, de forma a liberar fundos para o pagamento dos empréstimos internacionais;
- a destinação de incentivos fiscais e subsídios para investidores estrangeiros.

Essas medidas atraíram investimento externo e aumentaram as exportações, de forma a gerar divisas internacionais para o pagamento de dívidas polpudas a credores estrangeiros — começando pelo Banco Mundial e o FMI.

Elas também propiciaram às corporações e financeiras globais acesso irrestrito às economias nacionais para extraírem o máximo de riqueza com um investimento mínimo de tempo e dinheiro.

Ainda mais endividados

A implementação rigorosa das políticas exigidas tornavam um governo elegível para ainda mais empréstimos. O endividamento internacional continuou a crescer, dessa forma atrelado a um controle internacional cada vez maior das economias dos países — repetindo essencialmente o mesmo cenário em que os credores de tempos antigos consolidavam seu controle sobre as terras de agricultores um dia independentes, reduzindo-os à servidão. O novo colonialismo tinha uma face mais amigável, mas as consequências em termos de controle estrangeiro e expropriação eram praticamente as mesmas.

Na década de 1990, os plutocratas corporativos se voltaram a acordos internacionais de comércio como seu instrumento privilegiado de redefinição de leis nacionais para a implementação de sua plataforma pró-corporação de desregulação, fronteiras abertas e privatização. Um único acordo internacional de comércio podia, em uma canetada, desmontar centenas de leis inconvenientes para os interesses corporativos internacionais em cada um dos países signatários virtualmente sem debate público. Era muito mais fácil do que driblar o processo democrático país por país, e funcionava tanto para nações ricas como para as pobres.

Cada novo acordo restringia ainda mais a capacidade dos governos para responsabilizar as corporações internacionais pelas consequências de suas ações, fazendo assim progredir a transição entre o reinado de uma elite por meio de monarcas invulneráveis e o reinado através de corporações e mercados financeiros inatingíveis.[18] Era uma guerra não declarada, que prossegue ainda hoje sem trégua, dos donos e diretores do grande capital contra a democracia e aqueles que verdadeiramente produzem a riqueza. A arma de escolha é um sistema monetário que, de forma silenciosa e invisível, transfere um porção cada vez maior da riqueza real do mundo para o controle de uma pequena classe dominante.

O DINHEIRO REINA

Nas modernas sociedades, onde o acesso a quase tudo de que se precisa para sobreviver depende dele, o dinheiro se tornou o ingresso de entrada para a própria vida. Por meio de uma espécie de transferência psicológica, o instintivo amor humano se converte num amor pelo dinheiro. O dinheiro se torna objeto de idolatria. Isso dota de poder quase absoluto aqueles que detêm os meios para criá-lo e alocá-lo, silenciosamente comandando de seus templos celestes aqueles que devem servi-los em busca do dinheiro de que suas próprias vidas dependem. O reinado do dinheiro funciona da melhor maneira possível para os plutocratas corporativos porque a maioria das pessoas não tem qualquer consciência em relação às formas pelas quais os princípios organizacionais do Império se tornaram enraizados no sistema monetário.

A Trapaça Final

Devemos nos lembrar da observação, no capítulo 3, de que o dinheiro é meramente um truque contábil criado do nada, sem substância ou valor intrínseco. Somente porque acreditamos nisso e o aceitamos em troca de coisas com valor real, ele tem algum valor. Nos modernos sistemas financeiros, os bancos criam dinheiro quando concedem um empréstimo. O banco abre uma conta em nome do tomador e digita um número que representa a quantia do empréstimo. Em essência, o banco aluga ao tomador dinheiro criado do nada às taxas de juros que o mercado sustenta. A casa, fazenda ou outra propriedade real do tomador pode ser empenhada como garantia. Se ele ou ela não consegue pagar, o banco fica com a propriedade.

Esta é a parte mais evidente e amplamente compreendida da moderna trapaça do dinheiro. A parte mais complexa se relaciona à capacidade das corporações, bancos e mercados financeiros frouxamente regulados para conduzirem a inflação artificial do valor de mercado dos ativos financeiros — incluindo ações e imóveis — por meio de fraudes contábeis, pirâmides de empréstimos, bolhas financeiras e outras formas de especulação e manipulação.

Esses jogos financeiros não contribuem com nada de valor para a sociedade de forma mais ampla. Eles incrementam, entretanto, de forma significativa o poder de compra das elites reinantes e sua apropriação da riqueza real da sociedade em comparação com aquilo que é destinado às pessoas que contribuem para a criação dessa riqueza, produzindo bens reais e prestando serviços de verdade. Este é o mais bem-sucedido dos golpes financeiros porque seus mecanismos são invisíveis e os trapaceados — objetos do golpe — raramente se dão conta de que o foram. E mesmo que percebam a trapaça, não há nada que possam fazer porque ela é legal e culturalmente aceita.[19]

Dinheiro gerado de dinheiro

Por meio dos mecanismos do sistema financeiro, o controle dos ativos reais inexoravelmente passa das mãos daqueles que criam a riqueza de verdade, por meio do trabalho real, para as mãos da classe proprietária, que vive do retorno do próprio dinheiro. Na onda da desregulação bancária, corporações não financeiras nos Estados Unidos vêm criando seus próprios bancos, de forma a atrair depósitos com garantia governamental que permitem a eles emprestar dinheiro a si mesmos a taxas substancialmente mais baixas do que conseguiriam em outros bancos. Esse dinheiro emprestado é reciclado em depósitos em seus próprios bancos para criar novas reservas, a partir das quais geram ainda mais empréstimos a si mesmos e a outros.[20] É um tipo de pirâmide financeira com garantia governamental que produz belíssimos lucros a um investimento inicial mínimo — mais um tipo de jogo de espelhos e cortina de fumaça, em que o sistema monetário dá as cartas e joga ao mesmo tempo.

O ideal do capitalismo financeiro é fazer dinheiro simplesmente pela extração de rendas de monopólio ou por meio da especulação em bolhas financeiras e pirâmides de empréstimos sem o inconveniente de se ter que produzir qualquer coisa de real valor no processo — um ideal exemplificado pela Enron até sua queda em desgraça no marcante escândalo financeiro inaugural do século XXI.

O viés perverso

O viés do sistema financeiro em favor da classe dominante é tão entranhado e amplamente aceito como a ordem natural das coisas a ponto de passar geralmente sem ser notado. Por exemplo, pela lógica da cultura monetária prevalecente, cada escolha econômica privada ou pública se encontra devidamente baseada numa avaliação de quais entre as opções disponíveis produzirão os retornos mais altos pelo dinheiro, o que geralmente acaba significando retornos mais altos para as pessoas com dinheiro.

Outra fonte desse viés deriva dos bancos centrais, cuja função reconhecidamente pública reside em gerir os mercados financeiros de economias supostamente de "livre mercado", de forma a manter pressão do alto sobre o preço da mão de obra. Se o pleno emprego dá sinais de pressão ascendente sobre os salários, os bancos centrais sobem os juros, de modo a desacelerar a economia e reduzir pressões inflacionárias. O efeito não mencionado é a garantia de que os benefícios dos ganhos na produtividade do trabalho sejam direcionados para os lucros e os donos do capital, e não para os trabalhadores.

A gradual transição da monarquia para a democracia política, durante a última metade do segundo milênio, estimulou uma transição correspondente do reinado imperial pelo poder da espada para o reinado imperial por meio do poder do dinheiro. Os novos mandatários ostentam ternos em vez de vestes imperiais e abraçaram táticas mais sutis para contornar de forma hábil o desafio democrático a seu poder e privilégio.

A transição começou com a ascensão dos estados-nação europeus nos desdobramentos do fim da Idade Média. Passamos do foco na expansão de seu domínio imperial, ao mesmo tempo que se minimizava o potencial de confrontação militar direta com os vizinhos poderosos, para uma projeção das ambições expansionistas desses estados em direção aos confins distantes do planeta para a subjugação de países mais fracos. Em vez de se voltarem a generais leais como agentes de conquista imperial, passaram a comissionar aventureiros fanfarrões, piratas legalizados e corporações que funcionavam como sindicatos do crime oficialmente sancionados e trabalhavam por conta própria sob a franquia imperial. Os reis britânicos emitiam provisões a corporações essencialmente como forma de criar fluxos de arrecadação não sujeitos à supervisão democrática dos nobres do Parlamento Britânico antigo. As sociedades contemporâneas de capital aberto levam adiante esse manto das corporações reais de outrora. As maiores delas detêm hoje mais poder econômico e político do que a maioria dos estados-nação contemporâneos, e continua a servir como veículo institucional da classe proprietária para driblar as instituições de transparência democrática.

O sistema monetário, entretanto, é uma arma ainda mais poderosa e bem-sucedida que a corporação na guerra da classe dominante contra as classes média e baixa que trabalham. Controlando a criação e alocação do dinheiro, a classe dominante mantém controle quase absoluto sobre a vida das pessoas comuns e os recursos do planeta.

O Império, sob o disfarce da democracia, segue vivo e saudável. A democracia real continua um ideal essencial, porém ilusório. Para confrontar a realidade do legado imperial, teremos também que encarar as limitações do experimento democrático. Com esse intuito, abordaremos agora um esforço antigo para a libertação da lógica imperial de jogar ou morrer.

CAPÍTULO 8

A experiência ateniense

> *Para salvarmos a democracia que acreditamos ter, devemos levá-la para onde ela nunca foi.*[1]
>
> Frances Moore Lappé

Entre a época dos Impérios mesopotâmico e egípcio e a época da Revolução Americana, a Era do Império foi marcada por dois celebrados encontros humanos com a grandeza da igualdade. O primeiro deles foi a Era de Ouro do Egito (1990-1786 a.C.). O segundo, e mais conhecido, centrou-se na Atenas antiga, uma cidade-estado grega reputada pela graciosa beleza de sua arte e arquitetura, sua crença na nobreza dos feitos humanos e sua devoção à liberdade. Nossa palavra *democracia* vem da palavra grega *demokratiã* — literalmente "poder do povo". Os dois capítulos precedentes tentaram iluminar os desafios da Grande Virada, olhando a experiência de 5 mil anos de Império. Este capítulo tenta fazê-lo a partir do experimento ateniense de democracia popular e das reflexões de seus três filósofos mais lendários.

Da mesma forma que a violência e dominação do Império manifestam as ordens inferiores da possibilidade humana, o cuidado mútuo e a parceria da democracia madura da Comunidade da Terra evidenciam suas ordens mais elevadas. A realização do potencial democrático de uma sociedade caminha de mãos dadas com a realização do potencial de cada cidadão. Juntas, a política prática da experiência ateniense e as reflexões filosóficas de Sócrates, Platão e Aristóteles iluminam a importância e as implicações dessa relação e propiciam, dessa maneira, um quadro de referência para uma compreensão aprofundada da tarefa de fazer fruir de maneira plena a limitada democracia de nossa época.

A DEMOCRACIA ATENIENSE

Possivelmente, a proximidade de Atenas com a Ilha de Creta, centro da sociedade egeia — que se acredita ter sido a última e mais pacífica e equitativa das sociedades da Deusa —, tenha desempenhado um papel no despertar da mente grega para as possibilidades de uma forma igualitária de governo. Remanescentes da civilização egeia sobreviveram até o século XI a.C., e mantiveram sua presença nos templos das cidades-estado gregas, onde as sacerdotisas ainda retinham uma função central. É também notável que Atenas nunca houvesse sido objeto de invasão armada e que jamais uma elite militar tivesse ali imposto seu poder.

Atenas foi governada como uma monarquia até cerca de 750 a.C., quando os nobres começaram a tomar o poder real para instituir uma aristocracia hereditária que durou até cerca de 600 a.C. Ricos depósitos minerais e portos esplêndidos tornavam o comércio uma das fundações da vida econômica e de uma vibrante cultura urbana. A frota mercantil ateniense singrava o Mediterrâneo sob o poder de veleiros e galeras de até duzentos remadores escravos, adquirindo barganhas em um local e vendendo-as a altos preços em outros.[2] Aristocratas rurais, que tinham os recursos para sustentar vinhedos e olivais pelos cinco anos necessários para torná-los lavouras lucrativas, prosperavam na pedregosa zona rural de Atenas e expandiam suas terras adquirindo as propriedades de produtores falidos de grãos.

Agricultores menos afortunados que só podiam bancar a produção de grãos enfrentavam a sorte cambiante das colheitas e a competição de importados baratos de regiões mais adequadas a esse tipo de produção. Forçados a contrair empréstimos por meio do penhor de suas terras a exorbitantes taxas de juros, de forma a sobreviver nos anos ruins, eram expulsos de suas propriedades em grande número. Arrendatários que trabalhavam em terras de propriedade alheia, mediante um sexto do resultado da colheita, encaravam os anos maus contraindo empréstimos com o empenho de seu trabalho futuro e de suas famílias. A inadimplência quase inevitável resultava em sua venda como escravos. As tensões sociais resultantes fizeram emergir uma crescente crise política.

Ascensão e queda

As tensões políticas atingiram seu ápice em 594 a.C. com ameaças revolucionárias no ar. A classe média urbana se alinhava aos camponeses na demanda por liberalização política e por uma radical redistribuição da riqueza. De forma a evitar uma revolução potencialmente violenta, todos os lados concordaram em indicar Sólon, um respeitado estadista ateniense, membro do conselho do Areópago, poeta e comerciante, como magistrado com poder absoluto para conduzir reformas.

Sólon cancelou dívidas não liquidadas, livrou todos os devedores de sua sujeição aos credores, tornou ilegal escravizar pessoas inadimplentes, limitou a quantidade de terras que uma pessoa podia deter, proporcionou empréstimos em termos favoráveis a pequenos proprietários rurais para apoiar sua conversão à produção de uvas e olivas e expandiu as franquias políticas a todos, com exceção das mulheres, residentes filhos de estrangeiros e escravos. Ninguém ficou absolutamente satisfeito. A aristocracia ressentia-se da perda de privilégios, as classes média e baixa sentiam que ela continuava a deter muito poder.

A democracia política ateniense só ganhou impulso real de fato quando Clístenes, um aristocrata de visão liberal, buscou o suporte das massas para ascender ao posto de arconte-rei ou alto magistrado (525-524 a.C). Ele ficou conhecido como o pai da democracia ateniense ao conceder direitos plenos de cidadania a todos os homens livres residentes no território de Atenas àquela época e ao estabelecer o Conselho dos Quinhentos como órgão principal do governo. Esse conselho, cujos membros eram escolhidos por sorteio entre candidatos homens de mais de 30 anos apresentados pelos vários distritos, tinha autoridade suprema sobre funções administrativas e executivas e o poder de preparar e submeter propostas legislativas à Assembleia.

Todos os cidadãos, 30 mil homens adultos à época, tinham o direito de participar da Assembleia, cujo quórum mínimo era de 6 mil pessoas.[3] A Assembleia tinha o poder de debater e rejeitar ou aprovar propostas do Conselho. Detinha também o poder de declarar guerra, destinar dinheiro e auditar as contas de magistrados em fim de mandato.

O ápice da democracia ateniense se deu no mandato de 30 anos de Péricles (461-429 a.C.) como estratego-chefe, ou presidente, do Conselho de Generais, um organismo comparável ao Gabinete Britânico, cujos membros eram escolhidos pela Assembleia para mandatos de um ano com possibilidade infinita de reeleição. Durante esse período, a Assembleia adquiriu a autoridade para propor legislação sem a recomendação prévia do Conselho dos Quinhentos.[4]

Nesse momento, assegurando o direito de cada cidadão (ainda que uma parcela pequena da população) à participação direta no processo político, Atenas foi a sociedade que mais se aproximou da prática da democracia direta em todos os tempos. Mesmo assim, ficou muito distante do ideal democrático do sufrágio universal, na medida em que os direitos de cidadania eram negados às mulheres, aos escravos e àqueles nascidos de pais estrangeiros.[5] Na verdade, segundo alguns relatos, o tratamento das mulheres, e mais ainda aquele dado aos escravos, era tão malévolo quanto o das civilizações antigas mais brutais.[6]

Houve outros problemas, como o julgamento de Sócrates, condenado à morte pelo Conselho por insubmissão. Ao final, a democracia ateniense tornou-se vítima de suas próprias ambições imperialistas. Lançando-se a dominar seus vizinhos por meio da força militar, Atenas provocou uma guerra com Esparta, em 431 a.C., que terminou com sua própria derrota em 404 a.C. A guerra se fez acompanhar de corrupção, traição e crescente brutalidade. A derrota representou um golpe significativo para o comércio e a democracia. Atenas continuou forte por algum tempo e os democratas recuperaram o controle até sua subjugação por Filipe da Macedônia, na batalha de Queroneia em 338 a.C.

Lições

Possivelmente a lição mais realista, porém essencial, da experiência ateniense diz respeito a seu aspecto único, a sua limitada escala e duração relativamente curta. A democracia de Atenas, com todas as suas falhas sérias, durou somente 250 anos, entre a nomeação de Sólon e início das reformas democráticas, em 594 a.C., e a derrota final da cidade e sua subjugação a Filipe da Macedônia. Em seu pico, a população da Península Ática, a que definia as fronteiras de Atenas como cidade-estado, foi de 315 mil pessoas. Destas, 43 mil eram cidadãos com direitos e 155 mil, escravos.[7]

Consideremos as implicações estarrecedoras. Com a exceção da Era de Ouro do Egito, os historiadores ocidentais não apontam qualquer outro grupo humano comparável, onde as pessoas desfrutassem de direitos políticos e liberdade equivalentes, no período de quase 3 mil anos entre a queda da antiga civilização egeia da Deusa e o nascimento dos Estados Unidos, em 1776. Outros exemplos se restringem essencialmente a pequenas tribos de povos indígenas.

Liberdade e democracia não são presentes divinos; são conquistadas e mantidas por uma cidadania vigilante, atenta e madura, através da luta permanente. Uma vez perdidas, não são facilmente recuperadas. Ambições imperiais são sua morte quase certa. Lições de realidade para nossa própria época.

A escolha de Sólon em responder ao estresse da crescente injustiça econômica com reformas políticas e econômicas internas que diminuíram a cizânia foi uma característica distintiva da experiência ateniense. Ela contrasta de forma violenta com a resposta imperial mais comum de deixar o fosso econômico cada vez maior simplesmente sem solução, enquanto se busca aliviar a tensão por meio da conquista militar de novas terras para reassentamentos e da escravização de populações estrangeiras. A resposta convencional reafirma a cultura e instituições do Império. A escolha de Sólon, ainda que apenas parcial, criou a necessária fundação econômica para a democracia ateniense.

Infelizmente, o desafio às instituições e culturas imperiais clássicas representado por Atenas foi tão temporário quanto parcial. Somente aqueles escravizados em função de suas dívidas foram libertados com Sólon. A escravidão continuou uma instituição importante. As mulheres nunca obtiveram direitos políticos, e Atenas, quando necessário, sucumbiu às tentações das guerras de conquista. No final das contas, a natureza parcial das reformas econômicas e a falha em desenvolver uma cultura democrática madura e inclusiva, dedicada a assegurar os mesmo direitos para todas as pessoas, lançaram as sementes para que se desmanchasse a experiência ateniense de democracia popular.

Uma sociedade dividida entre pessoas com e sem direitos precisa criar uma justificativa moral para a negação da humanidade e direito de participação, ressaltando as virtudes daqueles que têm direitos e os defeitos dos que não os possuem. O racismo, sexismo e o preconceito de classe que se seguem impedem o desenvolvimento de uma cultura democrática madura reconhecedora dos direitos naturais de cada pessoa pelo simples fato de seu nascimento. Se a cultura define alguns como inerentemente menos importantes que outros, a única questão passa a ser como a divisão da sociedade entre pessoas livres e escravos será decidida. As fundações culturais e institucionais subjacentes do Império seguem intactas.

A experiência ateniense chama a atenção para a distinção entre formas democráticas mais e menos maduras. As menos maduras se concentram na garantia dos direitos individuais de membros de uma categoria específica privilegiada de pessoas em relação às instituições do Estado. Uma democracia mais madura, por sua vez, busca assegurar os direitos, afirmar as responsabilidades e apoiar o pleno desenvolvimento humano de todas as pessoas, por meio de seu amplo e ativo engajamento na vida cívica, de forma a criar aquilo a que três celebrados filósofos atenienses se referiam como "a boa sociedade".

FILOSOFIA POLÍTICA

Os mais celebrados filósofos atenienses — Sócrates, Platão e Aristóteles, o trio lendário — eram homens de excepcional poder intelectual e curiosidade. Suas investigações sobre a natureza da boa sociedade nos admoestam em relação ao propósito mais profundo da governança democrática e às barreiras que tornam tão desafiador atingir esse propósito.

A boa sociedade

O trio lendário acreditava que a verdade existe, podendo ser descoberta por meio da investigação intelectual disciplinada e representa a base adequada para a boa sociedade. Subjacente a todo o seu trabalho, havia uma crença na bondade da Criação e na capacidade humana para ir além do poder competitivo e da ganância, em busca da boa sociedade.

De forma similar à maioria das democracias contemporâneas, a democracia ateniense daqueles dias se preocupava, antes de mais nada, com a proteção dos direitos do indivíduo. O trio lendário partiu de um ponto diferente. Eram sua meta, uma política virtuosa e uma boa sociedade. Esta, conforme sua definição, é aquela que fomenta o pleno desenvolvimento das qualidades que nos tornam distintamente humanos. Tal diferenciação incorpora uma importante conclusão central para os estudos contemporâneos sobre a maturidade humana: a de que o conceito de direitos e responsabilidades individuais tem um significado muito diferente para aqueles que operam nas ordens mais inferiores e autocentradas da consciência humana, em relação àqueles que já atingiram a perspectiva inclusiva das ordens mais elevadas da consciência. Sócrates, Platão e Aristóteles acreditavam que a boa sociedade demanda o tipo de liderança que só surge com a disciplina e sabedoria de uma consciência madura. Eles, desta forma, preocupavam-se menos com a garantia dos direitos individuais do que em resolver o quebra-cabeça dos caminhos pelos quais uma sociedade pode melhor identificar e indicar líderes com uma consciência moral madura, para guiar a sociedade rumo à realização de suas possibilidades mais elevadas.

Sócrates (470-399 a.C.) assentou o alicerce com sua convicção na capacidade do homem para descobrir princípios duradouros de direito e justiça, como guias para a vida virtuosa, independentemente do desejo egoísta. Ele igualava a verdadeira felicidade ao bem e ensinava que a obrigação mais elevada do estadista é cuidar da saúde e desenvolvimento espiritual dos cidadãos. A ideia de que aqueles que compreendem a verdadeira felicidade reconhecem que a busca de riqueza ilimitada e poder leva, em última instância, à miséria e à perda de nossa própria humanidade era basilar para sua filosofia política. Pode-se presumir que Thomas Jefferson tivesse a definição socrática de felicidade em mente quando proclamou, na Declaração Americana de Independência, que a sua busca é um direito inalienável.

Sócrates era um crítico aberto da democracia ateniense por entender como equivocado colocar as decisões de governança nas mãos de homens a quem faltava discernimento de fato e tratar as visões de todos os cidadãos como iguais em termos de moralidade e justiça. Ele articulou então um dos dilemas básicos da democracia: todos nascem iguais aos olhos de Deus, mas muitos não logram atingir a madura compreensão e a capacidade para o julgamento moral, essenciais à prática da cidadania madura que enxerga para além da vantagem individual, em direção ao bem-estar do todo.

A República

Platão (428-348 a.C.), o discípulo mais eminente de Sócrates, ensinava que a fundação ética para os assuntos humanos deve ser buscada num universo ordenado, que é tanto espiritual, quanto pleno de propósito. Em sua procura por um Estado ideal, liberto da turbulência da competição política autocentrada entre indivíduos e classes, Platão propõe um plano em *A República* para uma sociedade dividida em três classes: a classe trabalhadora, a classe militar e uma classe regente especialmente preparada para governar por meio de rigoroso treinamento intelectual. Um sistema de monitoramento educacional selecionaria os candidatos, de forma a assegurar que os homens que governassem, por sua aptidão e caráter moral, fossem os mais inclinados a servir ao interesse de todos.

Platão favorecia aquilo que chamava de uma aristocracia verdadeira ou o governo dos melhores. Ele distinguia a verdadeira aristocracia, tanto da oligarquia, que ele definia como o governo de príncipes mercadores, como da democracia, desconsiderada por sujeitar o Estado à irresponsável vontade das massas. Em resumo, Platão aceitava a hierarquia de dominação do Império como princípio organizador, mas buscava reformas que reduzissem muitos dos aspectos mais destrutivos da competição política, por meio da concessão das posições de poder a pessoas de elevada sensibilidade moral.

Ainda que Sólon, Clístenes e o reinado de 84 anos dos Cinco Bons Imperadores da antiga Roma se aproximassem do ideal platônico de *A República*, em 5 mil anos de história, a norma imperial resultou, com mais frequência, no mando de psicopatas brutais e arrogantes do que naquele de sábios iluminados e abnegados. A lógica do governo por santos sábios é de difícil questionamento, mas cria um problema: quem julgará as qualidades dos candidatos disponíveis? E quem poderá garantir a integridade e sabedoria dos que julgam?

RESOLVENDO O DILEMA DA LIDERANÇA

Atenas lidou com o dilema da liderança limitando o voto àqueles considerados dignos — que acabavam sendo aqueles suficientemente organizados para exigir representação. Esta solução tem uma consequência profundamente perniciosa.

Conforme anteriormente notado, uma sociedade dividida entre pessoas com e sem direitos precisa criar uma justificativa moral para a dominação de um grupo pelo outro. Isso traz abuso de poder na forma de racismo, sexismo e preconceito de classe, o que mina a ética de direitos iguais. Ainda assim, uma ética de direitos equivalentes é a fundação essencial da democracia e de uma sociedade voltada a apoiar todos os indivíduos na realização da verdadeira felicidade, por meio do pleno desenvolvimento e expressão de seus talentos. Negar a classes inteiras aquilo que é a sagrada obrigação da sociedade alimentar é ao mesmo tempo ilógico e imoral.

A sociedade civil

Aristóteles (384-322 a.C.), que por sua vez foi o mais eminente discípulo de Platão, partilhava com ele e com Sócrates a crença de que a ética não diz respeito à adesão a absolutos morais. Diferentemente, o comportamento ético deriva de uma escolha madura e ponderada pela verdadeira felicidade, lograda através de uma vida virtuosa de contemplação intelectual e de uma disposição equilibrada, livre dos extremos dos excessos e da deficiência moral. Aristóteles ensinava que uma adequada educação moral não pode inculcar regras específicas de comportamento, mas deve sim ajudar o estudante a reconhecer as razões para a virtude e a experimentar o prazer inerente a um agir virtuoso.

Aristóteles cria que, ainda que toda pessoa nasça com capacidade tanto para a virtude e contemplação intelectual como para a concupiscência, brutalidade e glutonice selvagens, é a primeira destas capacidades que nos torna distintamente humanos e que devemos lutar para cultivar. Ele acreditava na inseparabilidade entre ética e política porque o mais elevado desenvolvimento do indivíduo, que tomava como medida o desenvolvimento moral de uma sociedade, é inseparável dos problemas da associação política.

Aristóteles concebia o Estado como uma comunidade de cidadãos politicamente engajados que partilham um conjunto comum de normas e valores cultivados por meio de um rigoroso processo de educação devotado ao desenvolvimento de uma capacidade altamente refinada de raciocínio. Ele denominava este estado como "sociedade política", o termo grego posteriormente traduzido para o latim como *societas civilis*, ou sociedade civil. Segundo os cientistas políticos Jean Cohen e Andrew Arato, o ideal aristotélico era um Estado cujos cidadãos fossem suficientemente unidos por seus objetivos e estilos de vida para conseguir funcionar como "um corpo singular homogêneo, solidário e organizado capaz de ação totalmente unificada".[8]

Sabedoria coletiva

Debatendo-se com o problema da melhor escolha de líderes judiciosos pela boa sociedade, Aritstóteles chegou à conclusão pragmática de que o governo mais adequado a apoiar o homem, no desenvolvimento de sua natureza mais elevada, seria controlado por uma classe média forte, numerosa e educada, em um Estado não oprimido pelos extremos da riqueza e da pobreza. Ele argumentava que, mesmo que os membros individuais de uma unidade política não sejam os melhores, estariam mais propensos a coletivamente chegarem a um julgamento razoável na sua escolha de um líder, do que os membros de um grupo menor, ainda que os que o componham sejam individualmente mais sensatos. Aristóteles chegou assim a uma solução democrática para o dilema da liderança baseada não em uma teoria de direitos individuais, mas numa teoria da sabedoria coletiva.

Aristóteles é também um daqueles grandes filósofos políticos, como Thomas Jefferson, que reconheciam a instituição da propriedade privada como uma fundação essencial de uma sociedade de classe média forte e democrática. Ele também reconhecia, da mesma forma que Jefferson, a essencial necessidade da intervenção governamental para prevenir uma concentração da propriedade por qualquer pessoa para além do necessário ao sustento de um conforto modesto. Neste sentido, pregava ainda a necessidade de assistência governamental para que os pobres se tornassem proprietários, ajudando-os a comprar terra ou ainda a se estabelecerem como comerciantes ou profissionais autônomos. Aristóteles tomava tais medidas como indispensáveis à prosperidade e respeito próprio de cada cidadão, aspectos basilares, por sua vez, da participação política responsável. Seu sábio conselho, excluídas algumas evidentes imperfeições, tem considerável relevância para a circunstância humana atual.

Para homens como eu

A despeito de sua sabedoria e da importância de suas contribuições para a teoria política, a visão de Aristóteles, não obstante, incluía uma falha crucial: a defesa da escravidão e da dominação das mulheres pelos homens.

> Mandar e obedecer são condições não somente inevitáveis mas também convenientes. Alguns seres, com efeito, desde a hora de seu nascimento são marcados para ser mandados ou para mandar [...] — Também, o macho é, por natureza, superior, e a fêmea, inferior; este domina, aquela é dominada. O mesmo princípio se aplica necessariamente a todo o gênero humano [...] — É claro, portanto, que há casos de pessoas livres

e escravas por natureza, e para estas últimas a escravidão é uma institui-ção conveniente e justa.*[9]

Com efeito, a visão aristotélica da boa sociedade erguia-se, em parte, sobre uma fantasia elitista autocentrada em que as mulheres e uma classe escrava permanente labutavam para atender a uma classe masculina de filósofos na boa vida de refinado lazer e contemplação reflexiva. Aristóteles, Platão e Sócrates compartilhavam desse chauvinismo hipócrita que, no final das contas, foi a semente da queda da democracia ateniense — assim como ine-vitavelmente de qualquer democracia que persista em condições similares.

Outra imperfeição considerável na visão de Aristóteles, que não se en-caixa na boa sociedade, é seu ideal da sociedade civil como "homogênea". A diversidade é essencial à vitalidade de uma sociedade, assim como para a vitalidade de todos os sistemas vivos.

Princípios duradouros

Deixando de lado por um momento os vícios de seu chauvinismo elitista, os grandes filósofos atenienses definiram um conjunto de princípios du-radouros e enobrecedores de considerável relevância em nossos próprios tempos.

- Os humanos têm a capacidade tanto para o bem quanto para o mal. Nutrir a primeira é uma tarefa essencial da boa sociedade.
- O Estado é uma força unificadora essencial à vida civilizada, em fun-ção da necessidade de alimentarmos nossa natureza positiva, restrin-gindo nossos impulsos destrutivos. A prioridade é nutrir o positivo.
- Líderes judiciosos, que compreendam a natureza da boa sociedade e o papel adequado do Estado no suporte à sua concretização, são ne-cessários para conduzir o Estado em suas responsabilidades.
- A democracia econômica, baseada numa justa distribuição do direito de propriedade, é uma fundação essencial da democracia política.
- A solução mais promissora para o desafio de nos certificarmos que aqueles levados a posições de poder atinjam um padrão mínimo de maturidade e sabedoria é confiar o poder de escolha a uma classe mé-dia forte, dotada de conforto material e bem-educada, tornando ainda

---

* Conforme a tradução de Mário da Gama Kury, in Aristóteles, *Política*. Brasília: Editora UnB, 3ª ed., 1997, pp. 18-19. (N.T.)

uma prioridade do Estado o desenvolvimento e manutenção daquilo que essencialmente seria uma sociedade sem classes.

Pensando bem, soa quase axiomático dizer que, se uma sociedade deve ser regida pelos bons e capazes, o Estado deve priorizar o fomento a um contexto institucional e cultural que alimente a bondade e a sabedoria de seus cidadãos. Encaremos como a experiência de Ricardo na Hacienda Santa Teresa em escala ampliada.

Isto evidentemente coloca um enigma clássico: se o Estado sensato é produto de uma cidadania sensata, e uma cidadania sensata resulta de um Estado sensato, o que vem primeiro? Possivelmente, nem o Estado sensato, nem a cidadania sensata, mas sim uma visão dos benefícios e possibilidades de um mundo inclusivo e igualitário regido por cidadãos sensatos e maduros que partilham o poder e revezam-se em papéis de comando, de forma a criar uma liderança dinâmica e democrática do todo. Esta visão então se torna um modelo em torno do qual as pessoas de uma sociedade civil organizada se unem para torná-lo real.

A democracia e a maturidade política devem se desenvolver juntas, por meio do engajamento de todos nas responsabilidades que vêm com a cidadania. Uma educação adequada e uma forte cultura cívica são importantes. Ao fim e ao cabo, entretanto, a cidadania democrática é uma prática, e a experiência de vivê-la, nossa maior professora.

Os filósofos políticos Cohen e Arato observam que, para a democracia funcionar, todos os cidadãos — não apenas as elites — devem ser fomentados no desenvolvimento prático de uma consciência política e sensibilidade que incorporem as necessidades e o bem-estar do todo.

> Pois é através da experiência política que desenvolvemos um conceito de virtude cívica, aprendemos a tolerar a diversidade, a refrear o fundamentalismo e o egoísmo e que nos tornamos capazes de e dispostos a transigir. Daí a insistência de que sem espaços públicos para a ativa participação dos cidadãos, liderando e sendo liderados, e sem um decisivo estreitamento do fosso entre líderes e liderados, até o ponto de sua abolição, os processos de governo serão democráticos apenas no nome.[10]

O fenômeno contemporâneo de uma sociedade civil global pode representar uma manifestação inicial da capacidade humana para realizar, numa escala mundial, o ideal aristotélico de uma sociedade capaz de atingir coesão essencialmente através de uma auto-organização não hierárquica. Em agudo contraste com a homogeneidade social limitante do ideal de Aristóteles, entretanto, a sociedade civil global inclui uma diversidade de raças, religiões, classes, línguas, gêneros e nacionalidades que o filósofo dificilmente poderia ter imaginado. A sociedade civil global exibe uma liderança integral ao redor da visão unificadora de um mundo possível, fundado em valores humanos universais de justiça, sustentabilidade e compaixão.

O ILUMINISMO

O Iluminismo, próximo período significativo de questionamento sobre a natureza e o potencial do gênero humano e do Estado democrático, emergiu 2 mil anos após a morte de Aristóteles. Representando um poderoso desafio ao absolutismo tanto do Estado, como da Igreja, surgiu na Inglaterra, por volta de 1680, espalhando-se rapidamente para a maioria dos países do norte da Europa, e estabelecendo na França seu ponto central. John Locke (1632-1704) e Jean-Jacques Rousseau (1712-1778) foram dois dos mais influentes filósofos políticos iluministas.

Locke articulou os ideais do liberalismo, que davam primazia à proteção dos direitos naturais do indivíduo (definidos de maneira ampla por ele com a inclusão da vida, da liberdade e da propriedade) como absolutos e inalienáveis. Ele argumentava que, para garantir uma proteção adequada de seus direitos, as pessoas, em última instância, acordam estabelecer um governo para o qual abrem mão de certos poderes. Pela razão de que um governo só exerce de fato a autoridade expressamente concedida a ele pelo povo, este mesmo povo pode destituí-lo, se ele se excede ou abusa de sua autoridade. Pelo foco nos direitos individuais como fundação da liberdade e por descartarem a ideia de que o propósito do governo pudesse ser servir a algum bem maior, as classes abonadas abraçaram os conceitos de Locke de liberdade e responsabilidades governamentais com particular entusiasmo, pois emprestavam uma aparência de legitimidade democrática a seus privilégios.[11]

Essencialmente como Locke, Rousseau ancorava sua teoria política num conceito de soberania popular e no "contrato social", por meio do qual o povo cria uma sociedade civil com leis e deveres moralmente obrigatórios e mutuamente acordados. Rousseau entendia que leis obrigatórias demandam tanto um corpo legislativo para elaborá-las, como um organismo executivo para colocá-las em prática. O poder de fazer e de fiscalizar o cumprimento das leis necessariamente passa para esses organismos legislativo e executivo, criados pelo contrato social, e consequentemente para aqueles que o povo indica para ocupar essas posições e para agir em nome da vontade popular. As pessoas, assim, estão moralmente comprometidas a se comportarem de acordo com a lei, conforme estabelecida e supervisionada pelos escolhidos, até que o povo decida substituí-los ou mudar a forma de governo — direitos inalienáveis seus. A concepção de Rousseau era mais inclusiva e revolucionária que a de Locke e representava um grande desafio ao privilégio das elites.

Mais de dois milênios se passaram entre o fim do experimento democrático da antiga Atenas, em 338 a.C., e o experimento democrático seguinte na cultura ocidental, que começou com a Declaração de Independência dos Estados Unidos, em 1776. Esse longo vazio é um lembrete realista em relação ao desafio que enfrentam aqueles comprometidos a levar adiante o experimento democrático a um novo nível de maturidade.

A mudança de Atenas em direção à democracia se iniciou com um líder forte e sábio, que respondeu à tensão social da desigualdade crescente com reformas econômicas domésticas que fortaleceram a justiça econômica, em vez de dissipar essas tensões por meio de guerras de conquista. Ainda que apenas parciais, tais reformas foram um passo satisfatório na direção da democratização econômica, de forma a propiciar um alicerce para as reformas políticas que se seguiram.

Infelizmente, a democracia ateniense nunca amadureceu. Mesmo em seu ápice, preocupava-se em assegurar os direitos individuais de uma minoria privilegiada. A maioria — mulheres, escravos e filhos de estrangeiros — era excluída, numa negação do princípio democrático essencial de que cada pessoa goza de certos direitos inalienáveis pelo simples fato de seu nascimento.

Os grandes filósofos políticos atenienses — Sócrates, Platão e Aristóteles — partiram não da preocupação com direitos individuais, mas da definição da natureza da boa sociedade, como aquela que fomenta o pleno desenvolvimento das qualidades mais elevadas da mente de cada pessoa, por meio de uma combinação de educação, reflexão disciplinada e engajamento cívico. Tal sociedade requer uma liderança judiciosa e madura, o que, por sua vez, traz a seguinte questão: quem decidirá quem é satisfatoriamente maduro e judicioso para liderar?

Aristóteles acreditava que a escolha dos líderes é melhor solucionada quando confiada à sabedoria coletiva do grupo mais amplo possível de cidadãos bem-educados e engajados. Por isso, articulou um conceito de uma liderança do todo baseada no ativo engajamento cívico em todas as esferas da vida comunitária. Essa visão — deixados de lado o sexismo, racismo e o ostensivo preconceito de classe de Aristóteles — representa um ideal democrático maduro. Tal distinção entre as formas mais e menos maduras de democracia é importante para nossa compreensão dos desafios hoje enfrentados pelas nações que adentraram o primeiro estágio, mesmo que parcial, do experimento democrático da era moderna.

As ideias dos filósofos iluministas fizeram despertar novamente paixões democráticas e contribuíram, de maneira fundamental, para moldar as instituições políticas da moderna democracia. Em contraste com os filósofos políticos atenienses, entretanto, Locke e Rousseau preocupavam-se essencialmente com a limitação do papel do governo à manutenção da ordem e proteção dos direitos individuais. Sua visão é menos abrangente no que diz respeito à possibilidade de aperfeiçoamento humano, à boa sociedade, à participação cívica e ao papel do Estado no suporte para que cada indivíduo atinja as qualidades de discernimento e julgamento moral basilares para a democracia mais madura e robusta da Comunidade da Terra. Essa visão trouxe seus reveses para o moderno experimento democrático.

PARTE III
Estados Unidos, o Projeto Inconcluso

De todas as nações do mundo, poucas enfrentam um desafio maior para lidar com os imperativos da Grande Virada que os Estados Unidos. Poucas nações se habituaram por tanto tempo a viver tão acima de seus meios. Poucas padecem sob o peso de maior desigualdade ou de um fosso mais amplo entre a autoimagem idealizada e sua problemática realidade histórica. Só poderemos atingir a democracia madura, que é condição definidora da Comunidade da Terra, se aceitarmos que, como a da antiga Atenas, nossa democracia é parcial e imatura.

Vemo-nos como uma nação de superadores de dificuldades. Mas, para superar uma dificuldade, é preciso, antes de tudo, reconhecer sua existência. Tendo isso em vista, os próximos capítulos encaram de frente a realidade e as implicações do legado imperial de nossa nação, as imperfeições de nossa democracia, nossa temerária relação com o meio ambiente e as inspiradoras batalhas verdadeiras de negros, mulheres e trabalhadores pela justiça que lhes é negada há tanto tempo.

A democracia não é nem um presente nem uma licença. É uma possibilidade lograda por meio da prática, enraizada em um profundo comprometimento com a verdade e a aceitação da responsabilidade de buscar justiça para todos.

CAPÍTULO 9

Um começo infausto

> *Consideramos estas verdades como evidentes por si mesmas, que todos os homens foram criados iguais, foram dotados pelo Criador de certos direitos inalienáveis, que entre estes estão a vida, a liberdade e a busca da felicidade. Que a fim de assegurar esses direitos, governos são instituídos entre os homens, derivando seus justos poderes do consentimento dos governados; que, sempre que qualquer forma de governo se torne destrutiva de tais fins, cabe ao povo o direito de alterá-la ou aboli-la e instituir novo governo, baseando-o em tais princípios e organizando-lhe os poderes pela forma que lhe pareça mais conveniente para realizar-lhe a segurança e a felicidade.*
>
> Declaração de Independência dos Estados Unidos,
> 4 de julho de 1776

> *Nós, o povo dos Estados Unidos, a fim de formar uma União mais perfeita, estabelecer a justiça, assegurar a tranquilidade interna, prover a defesa comum, promover o bem-estar geral, e garantir para nós e para os nossos descendentes os benefícios da Liberdade, promulgamos e estabelecemos esta Constituição para os Estados Unidos.*
>
> Preâmbulo da Constituição dos Estados Unidos,
> março de 1789

A história dos Estados Unidos evidencia a crua verdade de que uma declaração de liberdade e uma nova constituição prometendo tranquilidade, liberdade e prosperidade para todos simplesmente não apagam o legado institucional e cultural de 5 mil anos de Império. No caso dos Estados Unidos, esse legado inclui extremos de plutocracia, teocracia, genocídio, escravidão, racismo e sexismo. Tal fato é crucial para a compreensão da política americana atual e do desafio que a Grande Virada traz para a nação que por muito tempo se orgulhou de ser o farol da liberdade deste mundo.

Esquecemo-nos com demasiada facilidade do quão infaustas eram as perspectivas para a fundação de uma nação democrática em 4 de julho de 1776, quando os representantes de treze colônias inglesas na América do Norte proferiram sua declaração de independência em relação à nação mais poderosa daquele tempo. Aqueles de mente sensata devem justificadamente ter concluído que os rebeldes tinham perdido o juízo. O exército amador e maltrapilho de voluntários do General Washington encarava uma força britânica muito maior de disciplinados soldados profissionais. Legalistas britânicos controlavam a maior parte das instituições de governo, e quase um terço da população era composta por monarquistas que permaneciam leais à coroa inglesa e às instituições do governo hereditário. Quanto à perspectiva de garantia dos direitos de todos os homens, mesmo que fossem capazes de superar o exército britânico, as condições sociais das colônias não podiam estar mais distantes do ideal aristotélico de "um corpo único, homogêneo, organizado e solidário de cidadãos capaz de ação totalmente unificada".

Nos primeiros séculos que se seguiram à descoberta do Novo Mundo, a classe regente europeia o encarava como uma terra hostil que interessava somente pelo que podia render em escravos, ouro e outras formas de riqueza natural para dar suporte a seu poder e conforto. Os reis o viam como uma forma de arrecadação de tributos, e os investidores, como fonte de lucro. Posteriormente, reis o enxergariam como repositório de seus refugos humanos, de forma a amenizar a criminalidade e a apaziguar pressões revolucionárias pela redistribuição de riqueza e poder em suas próprias terras natais.

À época da Revolução Americana, as fileiras de colonos alinhados à causa revolucionária incluíam pretensiosos aristocratas escravocratas, abolicionistas, agricultores empobrecidos dos rincões, milicianos rebeldes, corsários, contrabandistas, trapaceiros, escravos alforriados e trabalhadores amarrados a dívidas, comerciantes aproveitadores, pensadores iluministas e religiosos teocratas desejosos de açoitar, aprisionar ou enforcar todos aqueles que não comungassem de sua fé específica. A maioria dos envolvidos tinha pouca ou nenhuma educação, conhecia apenas condições de servidão e privação extremas e não carregava qualquer senso de identidade nacional, algo que só emergiria com a guerra revolucionária já bastante adiantada. As razões dos que se somaram à rebelião eram tão diversas quanto suas circunstâncias.

Mais ainda, a asserção na Declaração de Independência, inspirada pelos filósofos iluministas e escrita num momento de fervor revolucionário, de que todos os homens são criados iguais e de que os justos poderes dos governos derivam do consentimento dos governados, desafiava a evidência de 5 mil anos de história. Contrariava também a realidade de genocídio, escravidão, exploração e intolerância religiosa — traços definidores da experiência colonial norte-americana. A ideia de se criar uma nação democrática com direitos iguais para todos não encontrava guarida no pensamento dos plutocratas econômicos e religiosos teocratas que fundaram os primeiros assentamentos. O reconhecimento dessas circunstâncias iniciais é essencial para a compreensão do quanto avançamos como nação e do quanto ainda nos falta para concretizar os ideais da Declaração de Independência.

PLUTOCRACIA

Pressagiando o poder corporativo de nossa própria época, os assentamentos coloniais foram criados como jurisdições econômicas, mais que políticas — eram essencialmente patrimônio de companhias, estabelecido por meio de provisões a corporações concedidas pela Coroa e destinadas a serem geridas para o lucro de seus detentores. Começando em 1584, com a permissão de Elizabeth I, Walter Raleigh fez várias tentativas fracassadas de estabelecer a primeira colônia inglesa nas Américas, na forma de um investimento privado na ilha Roanoke, próxima da costa da Carolina do Norte.[1] Empreendedores privados e companhias de capital aberto estabeleceram uma dúzia de colônias inglesas permanentes em outro locais ao longo da costa americana durante os reinados de Jaime I (1603-1625) e Carlos I (1625-1649).

A tecnologia da época restringia a comunicação a cartas e ao boca-a-boca através das pequenas embarcações a vela, o que significava que a administração e as finanças recaíam necessariamente nas mãos dos que detinham as provisões, virtualmente sem qualquer supervisão governamental. Uns poucos assentamentos empobrecidos, lutando para subsistir, eram de escasso interesse para o governo, que se contentava em deixá-los, como principados semifeudais, sob os cuidados de seus proprietários. Dentro dos limites de suas circunstâncias, os primeiros assentamentos via de regra reproduziam a bem definida estratificação social europeia. Com o tempo, a maioria deles desenvolveu corpos de governo compostos pelos proprietários brancos mais ricos.

Nos primeiros anos, o isolamento das colônias entre si era ainda maior que em relação à Inglaterra. Os colonos não passariam a se ver como pertencendo a uma terra com suas características distintivas, destino e interesses antes do século XVIII.

TEOCRACIA

Da mesma forma que em seus países de origem, as autoridades secular e religiosa encontravam-se profundamente imbricadas, conforme demonstram os primeiros códigos legais de cada colônia. A provisão oficial que estabeleceu a primeira colônia na Virgínia, em 1609, afirmava que um de seus propósitos era converter as "pessoas daquelas partes para a verdadeira devoção a Deus e à religião cristã", conforme praticada pela Igreja Anglicana da Inglaterra. O anglicanismo era também a religião oficial do Estado em Maryland e nas Carolinas.

A natureza teocrática do governo colonial se revela nos tipos de crime sujeitos à pena de morte em *The General Laws and Liberties of New Hampshire*, publicadas em 1680. Esses incluíam a devoção a qualquer deus, que não o Nosso Senhor, pronunciar o nome de Deus em vão, bruxaria, intercurso sexual com animais, sodomia e amaldiçoar ou rebelar-se contra os próprios pais. A realização de trabalho ou viagem desnecessárias no dia do Senhor podiam ser punidas com multa ou açoitamento. *The Laws and Liberties of Massachusetts* (1647), *The Capital Lawes of Connecticut* (1642) e os *Articles, Laws, and Orders, Divine, Politic, and Martial for the Colony in Virginia* (1610-1611) continham previsões similares. Na Virgínia, a pena de morte se aplicava ainda ao falso testemunho e à tripla reincidência no desrespeito ao sabá.[2]

Uma vez que as colônias sulinas eram devotas do Deus anglicano, enquanto as colônias do norte veneravam o Deus calvinista, a prática religiosa exigida por lei em uma colônia sob pena de morte, era uma heresia a ser punida com a morte em outra. Isso não apenas restringia a liberdade de prática religiosa, mas também prejudicava as relações entre as colônias. Os calvinistas puritanos eram especialmente claros em seus desígnios teocráticos.

Uma retidão única

Os puritanos, dissidentes da fé anglicana, chegaram à América do Norte em busca da liberdade para estabelecer uma teocracia baseada nos ensinamentos de João Calvino, o que significava usar a autoridade do governo para negar a outros a mesma liberdade religiosa que motivara sua própria vinda às Américas.[3] A filiação à igreja era voluntária, mas todos, membros ou não, eram legalmente obrigados a comparecer ao serviço do Sabá e a contribuir com o sustento dos clérigos.[4]

John Winthrop, um advogado e proprietário de terras puritano, zeloso e rígido, embarcou na Inglaterra, em 1603, para servir como primeiro governador da recém-provisionada Companhia da Baía de Massachusetts. Naquela jornada, Winthrop declarou a seus companheiros de embarcação que seria sua missão realizar uma profecia bíblica para criar a Nova Jerusalém, o reino milenar, a cidade virtuosa do povo escolhido por Deus, em uma colina.[5] Os puritanos colonizaram Massachusetts, Connecticut e New

Hampshire. Quando chegaram, estabeleceram igrejas congregacionais em toda parte das colônias do norte e tornaram o calvinismo sua fé oficialmente obrigatória, banindo ainda quaisquer outras práticas religiosas.[6]

O influente pregador puritano John Cotton afirmava, sem evasivas, que o governo teocrático, não a democracia, representava a vontade de Deus.

> Não concebo que Deus, algum dia, tenha determinado a democracia como um governo adequado, nem para a Igreja, nem para a comunidade. Se o povo governa, quem será governado? A monarquia e a aristocracia, por sua vez, são claramente aprovadas e abordadas nas escrituras, ainda que Ele reserve a soberania para Si, colocando a Teocracia acima de ambas, como a melhor forma de governo para a comunidade, assim como para a Igreja.[7]

Os calvinistas definiam a liberdade religiosa como a libertação das heresias do anglicanismo, do catolicismo e de todas as outras formas decaídas de fé. A única liberdade religiosa concedida aos dissidentes do calvinismo era a liberdade de escolher entre o silêncio, o exílio voluntário, o banimento ou a execução, se insistissem em retornar.

Mary Dyer foi uma franca pregadora quacre por duas vezes forçada ao exílio em Massachusetts, com a admoestação de que, se retornasse por uma terceira vez seria executada. Ela o fez e tornou-se um dos quatro quacres enforcados naquela colônia entre 1659 e 1661 por se recusar a abandonar a pregação de sua fé.[8]

As colônias da Nova Inglaterra, naqueles tempos iniciais, se dividiam em paróquias, cada uma com uma igreja que servia como centro da vida cívica e da administração. Qualquer influência religiosa que competisse era suprimida, e nenhum pregador de fora podia cruzar os limites da paróquia sem permissão. Os primeiros encontros comunitários, pelos quais a Nova Inglaterra se tornou falada, eram essencialmente reuniões de congregação na igreja paroquial.

Apesar de considerarem heréticos uns aos outros, calvinistas e anglicanos compartilhavam a crença de que a ordem moral da sociedade depende da uniformidade religiosa e de um único padrão moral religiosamente estabelecido e fiscalizado pela administração civil. Ambos os grupos consideravam a liberdade religiosa equivocada e como uma ameaça à ordem pública. Dos quase 500 mil primeiros colonizadores, 85% viviam em colônias onde a Igreja da Inglaterra ou a Igreja Congregacional gozava de monopólios religiosos oficialmente sancionados. Os dois grupos tinham uma visão obtusa dos quacres, que se assentavam na Pensilvânia e outros Estados centrais, e para quem o pluralismo religioso era um princípio básico da fé.

Este é o pano de fundo histórico da prescrição de uma estrita separação entre igreja e Estado na Constituição dos Estados Unidos. O propósito era o de se precaver contra o uso do poder secular do Estado para a imposição das crenças de uma fé em particular. Teria sido de outra forma impossível estabelecer a União.

Deus ama os plutocratas

É com razão que o sociólogo e economista alemão Max Weber aponta, em *The Protestant Ethic and the Spirit of Capitalism*, uma natural afinidade entre o calvinismo e o capitalismo. Poucas vezes uma doutrina religiosa se encaixou de forma mais perfeita à causa da plutocracia, do capitalismo e do Império. Ela não apenas serviu para emprestar legitimidade moral à concentração de riqueza e à subserviência de mortais inferiores a homens de dinheiro e poder, mas também dotou o capitalismo de uma força motora.

Os ensinamentos do calvinismo enfatizam a depravação da condição humana e sustentam que, por sua natureza pecaminosa, o homem não tem como desempenhar um papel na sua própria salvação, concedida aos escolhidos de Deus simplesmente como um milagre da graça divina. Abraçando uma crença na predestinação, o calvinismo ensina que Deus já resolvera o problema da salvação ou condenação individual no princípio dos tempos. Consequentemente, o indivíduo é impotente para influenciar suas circunstâncias após a morte por meio do esforço honesto nesta vida. Somente com a morte conhecerá ele sua verdadeira condição.

Segundo o calvinismo, a predisposição a um comportamento reto é evidência de que a pessoa pode estar entre os escolhidos. Trabalho duro, uma vida íntegra e prosperidade material não trazem qualquer garantia de salvação, mas são vistos como sinais favoráveis. A riqueza e o poder são os sintomas mais seguros de que se está entre os que se salvarão, pois é autoevidente que aqueles que recebem tais bênçãos se encontram entre os escolhidos de Deus, já que Ele os favorece de forma clara. Serem tratados com deferência é portanto seu direito natural.

Em contraste, a pobreza, a embriaguez, a propensão a questionar a autoridade e outros maus hábitos são sinais de que a pessoa não conta com a benevolência divina, devendo portanto encontrar-se condenada ao inferno desde o princípio dos tempos. Nesta linha de raciocínio, os pobres não são vítimas de um sistema econômico falido, mas sim os condenados, instrumentos do demônio. Nenhuma sorte é demasiadamente cruel para eles.

A crença calvinista na depravação humana reafirma a premissa desumanizadora subjacente à economia neoliberal de que os humanos são, por natureza, capazes unicamente de atos egoístas. Esta convicção, somada à crença na superior honradez daqueles abençoados com riqueza e poder, propicia a base para uma aliança indolor entre religiosos teocratas contemporâneos e plutocratas corporativos. Aqueles endossam a retidão moral destes, que, por sua vez, fornecem mídia e fundos a políticos comprometidos com a restritiva plataforma social dos teocratas.

GENOCÍDIO

Quando Cristóvão Colombo aportou em uma ilha caribenha para "descobrir" a América, em 1492, generosos povos nativos o receberam, de forma calorosa, com comida, água e outros presentes. Era o primeiro encontro deles com o Império. Colombo registrou em seu diário:

> Eles [...] nos trouxeram papagaios e bolas de algodão e lanças e muitas outras coisas, que trocaram pelas contas de vidro e bugigangas. De boa vontade, eles trocavam tudo o que possuíam [...] Tinham boa compleição, corpos fortes e traços bonitos [...] Não portam armas e não as conhecem, pois a eles mostrei uma espada e a empunharam pelo gume, cortando-se em função de sua ignorância. Não conhecem o ferro. Suas lanças são feitas de caniços [...] Dariam bons serviçais [...] Com cinquenta homens, poderíamos subjugá-los todos e submetê-los à nossa vontade [...] São tão ingênuos e tão desapegados de seus bens que alguém que não os haja visto com os próprios olhos não acreditaria. Quando se pede algo que têm, eles nunca dizem não. Ao contrário, se oferecem para compartilhá-lo com quem quer que seja [...] Assim que cheguei às Índias, na primeira ilha que encontrei, peguei alguns nativos à força, de forma a que aprendessem e pudessem me dar informação de tudo o que há nestas partes.[9]

Relatos semelhantes dos primeiros visitantes e colonizadores europeus a respeito da generosidade e igualitarismo dos nativos da América do Norte eram lugar comum.[10] Colombo retribuiu carregando todo o ouro que conseguiu encontrar, matando os nativos que o desagradaram e raptando outros como amostras dos escravos que depois prometeria entregar à Coroa espanhola em retribuição a mais assistência.

À luz da discussão sobre civilizações pré-Império no capítulo 5, é instrutivo pensar que, nesse encontro inicial entre os homens "civilizados" da Europa e os "selvagens" das tribos pré-imperiais do Novo Mundo, o primeiro impulso destes tenha sido o de compartilhar sua abundância, enquanto os europeus simplesmente pensavam em subjugar e escravizar os inocentes, tomando seu ouro pela força das armas.

Segundo o historiador Howard Zinn, Colombo chegou a um mundo que, em certos lugares, "era tão densamente povoado quanto a própria Europa, onde a cultura era complexa, onde as relações humanas eram mais igualitárias que na Europa, e onde as relações entre homens, mulheres, crianças e a natureza eram mais graciosamente estabelecidas do que possivelmente em qualquer outra parte do mundo".[11] Em muitas tribos, os sistemas de governo eram mais democráticos que qualquer outro encontrado nos 5 mil anos de experiência dos Impérios que os historiadores identificam com a civilização. Há evidência de que os fundadores das Américas teriam se valido da experiência nativa para desenhar as instituições democráticas da nova nação.[12]

Colombo não se impressionou. Desprezando os nativos como primitivos e selvagens, estabeleceu o padrão para o genocídio que dizimaria populações em todo o Novo Mundo. Como observado por Zinn, "o que Colombo fez aos arawaks das Bahamas, Cortés fez com os astecas no México, Pizarro, com os incas no Peru, e os colonizadores ingleses da Virgínia e de Massachusetts fizeram aos powhatans e pequots".[13] O genocídio prosseguiu durante todo o período de expansão para o Oeste naquilo que mais tarde se tornaria os Estados Unidos.

Os historiadores estimam que, à chegada de Colombo, em 1492, cerca de 250 mil indígenas viviam em Hispaniola, população esta reduzida a cerca de 400 pessoas em 1538. Durante os primeiros cem anos de domínio espanhol, a população muito maior do México foi reduzida em aproximadamente 70%.[14] A população nativa que vivia ao norte daquilo que se tornaria o México seria, no final das contas, reduzida de cerca de 10 milhões para 1 milhão de pessoas, em função de doenças, violência física e do desespero,[15] à medida que as ondas de imigrantes invasores europeus eliminavam os habitantes nativos com a mesma ausência de restrições morais com que eliminavam as árvores da terra.

ESCRAVIDÃO

Utilizo o termo "escravidão" em sentido amplo, de forma a incluir todos os membros da classe trabalhadora que partilhavam da ausência de liberdade para negociar os termos de trabalho ou para abandonar seus senhores. Isso inclui os escravos, assim definidos em termos legais, a servidão por dívidas e as esposas tomadas como propriedade de seus maridos.

Um censo de 1708 na Carolina do Sul "contabilizou 3.900 brancos livres, 4.100 escravos africanos, 1.400 escravos indígenas e 120 brancos endividados".[16] Em 1770, 20% da população das colônias vivia em escravidão. Quando a Declaração de Independência foi proclamada, 75% das pessoas nos territórios da Pensilvânia, Maryland e Virgínia eram ou haviam sido escravos ou servos por dívidas.[17]

Conscritos involuntários

A escravidão, em suas muitas formas, era fundamental para as economias coloniais, que as elites governantes procuravam preencher com a mão de obra mais barata e subserviente disponível. A atual pressão para exportar postos de trabalho dos Estados Unidos para países com salários baixos e para recrutar trabalhadores sem documentos para aqueles empregos que não possam ser exportados vem se somar a este bem estabelecido precedente histórico.

Investidores que buscavam se beneficiar da riqueza física da nova terra por meio do comércio, extração de recursos e da agricultura demandavam trabalho barato para realizar seus sonhos. Conseguir colonos que voluntariamente viessem para a América do Norte era difícil. A jornada da Europa em pequenos veleiros de madeira era longa, perigosa e, para a maioria, se dava em meio a inimaginável superlotação, sujeira e fome. Muitos pereciam a meio caminho. As duras condições não cessavam com a chegada à nova terra, mesmo para brancos livres. O solo era fértil, mas novos colonizadores precisavam construir seu próprio abrigo e cultivar a terra com as ferramentas mais rudes em climas pouco familiares. Muitos pereciam antes de se completar um ano de seu desembarque.

O fornecimento a investidores de escravos africanos e de servos por dívidas europeus, de forma a satisfazer a demanda por mão de obra barata, tornou-se um grande negócio por si só para comerciantes empreendedores que esquematizavam a coleta, embarque e venda dos desafortunados que eles adquiriam, tanto na Europa quanto na África. Os governantes encaravam a emigração forçada de prisioneiros como uma forma de reduzir despesas carcerárias. Respondendo à demanda do mercado, gangues de capangas perambulavam pelas ruas afastadas e favelas de Londres à procura de miseráveis para raptar e vender como escravos, com a bênção tácita das autoridades, que encaravam como um serviço público livrar as ruas de suas vizinhanças de indigentes, órfãos e outros seres indesejáveis.

As economias dos assentamentos litorâneos evoluíam em sintonia com as diferenças de solos e climas. O solo fértil, as estações favoráveis de cultivo e a topografia plana do sul eram propícios a vastas plantações mantidas por escravos para a produção de tabaco e algodão para a exportação. O solo pedregoso, os climas severos e planícies costeiras estreitas do norte levavam a fazendas menores e cultivos mais variados, demandando a habilidade e determinação de experientes agricultores livres. Em busca de ocupações mais agradáveis que o cultivo sob condições tão duras, as classes privilegiadas do norte voltaram-se para a indústria e para o mar. A construção de navios, a caça de baleias, a pesca, o comércio, o tráfico de escravos e o corso se tornaram suas atividades preferenciais.

"Voluntários" desesperados

Alguns brancos vinham voluntariamente da Europa para juntar-se às fileiras de trabalhadores endividados, mas somente como um último recurso. A terra na Europa era escassa e sua posse concentrada. O excedente de trabalhadores mantinha os salários baixos e o desemprego elevado. Histórias sobre as vastas terras férteis das Américas e suas grandes riquezas à disposição de qualquer um mexiam com a imaginação de europeus de todas as classes, mas sobretudo pobres e famintos, a quem a pátria-mãe não propiciava nem terra nem emprego.

Os que não conseguiam pagar pela travessia concordavam em se submeter a um período de serviço devido a quem se dispusesse, no desembarque, a pagar sua dívida com o capitão da embarcação que fornecera a passagem. Muitas mulheres jovens vinham para voluntariamente se tornarem esposas de qualquer homem que custeasse o preço do capitão. Uma vez casada, uma mulher e tudo o que a ela pertencesse, que ela adquirisse ou produzisse, passavam a ser propriedade de seu marido. Esposas fujonas eram tratadas essencialmente da mesma maneira que escravos fugitivos.[18] Basicamente, a condição de um servo se diferenciava da de um escravo pleno pela promessa de uma data de libertação.

O trunfo racial

A penúria e a servidão generalizadas criavam significativa tensão social e levavam a rebeliões periódicas contra as elites governantes do momento. A mais famosa delas foi a Rebelião de Bacon, em 1676, que resultou na quase completa destruição de Jamestown, na Virgínia, congregando uma ampla aliança de agricultores brancos e negros livres, escravos negros e indígenas, servos por dívida brancos e membros da classe trabalhadora livre sedentos por fazerem vingança contra a brutal e arrogante classe proprietária dominante de Jamestown. Mesmo o governador da Virgínia, que se vira forçado a bater em retirada em meio à cidade em chamas, admitiu que a maior parte do povo da colônia apoiara a rebelião. Ao fim e ao cabo, as tropas britânicas restabeleceram a ordem, mas a rebelião deixou uma profunda impressão nas classes dominantes pelas colônias afora.[19]

Especificamente, a experiência despertou as classes proprietárias para a importância de manter as classes trabalhadoras divididas umas contra as outras, segundo linhas de raça, gênero e ramo de atividade. Sua estratégia de escolha centrou-se numa mudança do foco na divisão de classes para uma separação por raças. A instituição da escravidão negra foi inscrita nas leis de muitas das colônias, retirando dos negros os poucos direitos e liberdades de que tinham previamente desfrutado. Lançavam-nos assim, de forma permanente, ao degrau mais baixo da escada social. Os calvinistas, por exemplo, apoiavam tal injustiça declarando que os negros não possuíam alma. Desta forma, por não serem plenamente humanos, não tinham como reivindicar direitos humanos — o mesmo argumento utilizado através de eras para justificar a escravização de mulheres.

Isso dava aos brancos pobres um nível de decadência abaixo do qual não submergiam, e um alvo humano contra o qual direcionar as frustrações de seus predicados, encorajando-os a definir sua identidade pela cor de sua pele, e não por sua classe social. Esta revelou-se uma das peças mais nefastas e bem-sucedidas de engenharia social da história. Concomitantemente, os membros da elite se adiantavam para assegurar suas próprias reivindicações de um status proeminente, por meio do cultivo das virtudes sociais e intelectuais de seus filhos, proporcionando-lhes escravos e tutores pessoais, e enviando-os à Inglaterra para um acabamento em universidades de elite.[20]

As condições da escravidão de base racial se tornaram particularmente severas. A Virgínia e outras colônias britânicas não concediam a escravos nem mesmo direitos básicos, como segurança pessoal, casamento ou ainda a paternidade de seus próprios filhos. Na Virgínia, a morte de um escravo por seu senhor não representava um crime. A partir de 1721, tornou-se crime, entretanto, libertar um escravo, a não ser em raras circunstâncias.[21] Rebeliões individuais ou coletivas de escravos eram lugar-comum, e o medo do vulcão representado pela raiva em ebulição dos negros deixava os brancos desesperados para manter controle por meio de um reinado de terror, que incluía tortura, mutilação e linchamento.

À época da fundação da nova nação, uma clara divisão geográfica de funções se estabelecera. Enquanto o sul detinha e gerenciava escravos para o trabalho em suas vastas plantações, o norte os granjeava na África e os transportava em navios mercantes para venda aos donos das plantações sulinas.

A realidade da vida nas colônias inglesas da costa atlântica daquilo que se tornaria os Estados Unidos não era auspiciosa para a fundação de uma nova nação baseada na premissa de que todos os homens são criados em igualdade com um direito inalienável à vida, à liberdade e à busca da felicidade. Os primeiros assentamentos eram mantidos como patrimônio privado de companhias, geridos por seus supervisores. As paróquias eram governadas como teocracias por pregadores que acreditavam que a democracia era contrária à vontade de Deus. As economias coloniais dependiam de escravos e do trabalho por dívidas, e a estrutura familiar relegava as mulheres a uma condição de servidão devida. As terras ocupadas pelas colônias haviam sido arrecadadas por meio do genocídio e suas estruturas sociais incorporavam profundas divisões raciais e de classe.

Esta história evidencia as raízes culturais e institucionais profundas dos desafios que nós, cidadãos dos Estados Unidos, hoje encaramos para fazer nascer a democracia madura da Comunidade da Terra. Antes de nos voltarmos à maneira pela qual esses desafios se desenrolam em nossa época, entretanto, há ainda muito a ser aprendido com nossa história — incluindo o relato sobre um grupo de patriotas que despertou para possibilidades há muito negadas, mobilizou-se para abandonar seu rei e, desta forma, criou uma nova realidade política.

CAPÍTULO 10

A rebelião de poder do povo

> *A Grã-Bretanha não foi forçada a dar, conferir ou conceder nossa independência, mas a reconhecê-la, em termos tão claros quanto possível em nossa língua, e sob selo e juramento.*[1]
>
> John Adams

As colônias americanas eram produto da expansão imperial, e reproduziam as estruturas sociais imperiais da plutocracia e teocracia das nações europeias que as criaram. Desde o princípio, entretanto, funcionaram como importantes forças contrárias, fomentando um espírito rebelde, favorecendo o pluralismo religioso e preparando a senda para que um povo se afastasse de seu rei, descobrisse sua identidade comum e formasse uma nova nação banhada pela retórica da liberdade e justiça para todos.

FORÇAS DO PLURALISMO

Houve exceções precoces ao estreito e brutal sectarismo calvinista e episcopaliano. Alguns colonizadores, especialmente os quacres, vieram para os Estados Unidos com uma consciência verdadeiramente democrática, tolerante da diversidade religiosa, ao menos dentro dos limites da fé protestante, e com uma preocupação em relação aos direitos de todos.

William Penn, fundador da Pensilvânia, foi um quacre que cumprira tempo de prisão na Inglaterra por suas crenças religiosas. Ele ocupou as áreas a ele concedidas por provisão real, apelando a dissidentes religiosos em toda a Europa com a promessa de terra e liberdade de culto. Foram atraídos quacres e batistas da Inglaterra, huguenotes franceses, e pietistas e grupos reformistas que não contavam com a boa vontade de príncipes luteranos ou católicos da Alemanha. A Pensilvânia e Nova Jersey, ambas predominantemente quacres, recebiam de braços abertos qualquer pessoa de fé protestante, mas excluíam ateus e não cristãos — uma categoria que, segundo seu raciocínio, incluía os católicos.

Roger Williams, um ministro puritano de Salem, defensor ardoroso da separação entre poder espiritual e civil, argumentava que todas as pessoas respondem somente a Deus por suas crenças religiosas, e não ao Estado. Banido de Massachusetts por seu questionamento tanto da autoridade civil quanto religiosa, fundou uma nova colônia em Rhode Island que recebia a todos os protestantes.

Ainda que o anglicanismo fosse a religião oficial na Geórgia e em Nova York, era muito mais fraco nesses Estados que na Virgínia, em Maryland e nas Carolinas. Tanto a Geórgia como Nova York asseguravam tolerância a dissidentes. A Geórgia recebia colonizadores de todas as fés, incluindo judeus.

Não obstante, o confronto entre teocratas e pluralistas religiosos também acabou se desenrolando na Pensilvânia, com as facções de calvinistas, anglicanos e outros reclamando que os quacres restringiam sua liberdade religiosa, não permitindo que seu credo se tornasse a religião oficial a ser imposta sobre todos pela força da lei. No fim das contas, os quacres, que dominavam as casas legislativas, acabaram se dividindo em duas facções, uma delas permanecendo comprometida com o pluralismo religioso e outra demandando que o quacrerismo se tornasse a fé oficial.

Com o crescimento populacional e a inevitabilidade do intercâmbio entre colônias e paróquias, a diversidade de crenças tornava cada vez mais difícil manter a uniformidade. Em 1684, a Coroa revogou a provisão original da Colônia da Baía de Massachusetts, em parte devido à sua discriminação contra anglicanos, emitindo uma nova provisão que garantia liberdade religiosa a todos os protestantes.

As igrejas paroquiais individuais eram fortes o suficiente para lograr manter sua situação por algum tempo, mas por volta da década de 1740, a pressão de uma crescente população imigrante e um fluxo ascendente de comércio começaram a roer as fronteiras religiosas estabelecidas. Pregadores evangélicos itinerantes viajavam de paróquia em paróquia afirmando que a salvação era uma questão de consciência individual, e não de doutrina religiosa.

As denominações se fragmentavam e igrejas de fés diversas começaram a pulular em toda parte — congregacionais, batistas, anabatistas, quacres, anglicanas, metodistas, presbiterianas, huguenotes e, em alguns locais, até mesmo católicas e judaicas. No espaço de pouco mais que uma geração, a nação passara do consenso de que uma uniformidade imposta de visão religiosa seria essencial à ordem social e moral para um consenso em torno da ideia de que a ordem social e moral se encontrava melhor servida pela garantia de liberdade de consciência a todas as pessoas.

Na época em que os patronos fundadores declararam a formação de uma nova nação independente da soberania inglesa, estava claro que a unificação seria impossível, a menos que as leis da nova nação proibissem o estabelecimento de qualquer das seitas protestantes rivais como religião oficial. Desta forma, o artigo VI da Constituição dos Estados Unidos estabeleceu que "nenhum requisito religioso poderá ser erigido como condição para a nomeação para cargo público",* e a Primeira Emenda determina que "o Congresso não legislará no sentido de estabelecer uma religião".** Numa reviravolta histórica, de importância épica, o pluralismo da Comunidade da Terra prevaleceu sobre a hegemonia teocrática do Império.

UM ESPÍRITO REBELDE E ITINERANTE

Em outra das grandes ironias da história, os processos imperiais, por meio dos quais se criaram as colônias americanas, produziram uma população inclinada a um espírito rebelde. Os escravos e servos por dívidas que para cá vieram à força ou impelidos pelos desespero tinham pouco em jogo no sistema reinante de autoridade. Os que chegavam movidos pelo desacordo em relação à autoridade religiosa estabelecida carregavam um histórico de se afastarem de constrangimentos desagradáveis. Membros da nova classe de Guardiães das Nuvens no continente se haviam acostumado a gerir seus feudos essencialmente livres da supervisão e tributos ingleses e se ressentiam da arrogância das elites europeias, que os tratavam como primos menos respeitáveis do interior.

A passagem do tempo também trouxe importantes mudanças. As condições de vida se tornaram menos severas, e as comunidades menos dependentes de uma liderança forte e da homogeneidade cultural para que se mantivesse sua coesão. Aqueles que haviam chegado como trabalhadores em dívida acabaram ganhando liberdade para si e para seus filhos. Mesmo alguns escravos conquistaram liberdade. Os filhos dos que haviam desembarcado com visões de "uma cidade sobre uma colina" duramente governada pela lei bíblica paulatinamente se cansaram das restrições sobre sua própria liberdade de consciência. Tais desdobramentos alimentaram o ressentimento com a prolongada injustiça da profunda divisão entre aqueles que desfrutavam vida de privilégios e exagerado luxo e os agricultores livres, trabalhadores e artesãos, que pelejavam em comparativa privação nas margens da sociedade — para não mencionar a crescente amargura dos escravos, condenados à perpétua servidão.

Aqueles que haviam voluntariamente chegado aos Estados Unidos em busca de fortuna ou liberdade demonstravam com esse ato um espírito re-

---

* Conforme tradução oficial da Embaixada Americana no Brasil. (N.T.)
** Idem. (N.T.)

belde e itinerante pronto a desfazer amarras e a seguir em frente quando as coisas não funcionavam, um espírito que embalou um movimento contínuo em direção ao oeste. A fronteira prometia oportunidade e liberdade em relação à tirania de classes, em retribuição à severa realidade de uma vida em que cada homem dependia, para a sobrevivência, de sua própria sagacidade e trabalho. Os audaciosos pioneiros eram uma turma particularmente embrutecida, com inclinação pouco favorável em relação a impostos ou a qualquer tentativa de limitar sua liberdade individual. Eram também hábeis no uso de armas de fogo para caçar e proteger a terra que ocupavam.

Antecessores dos libertários e milicianos dos Estados Unidos de hoje viviam segundo a máxima de que "um idiota consegue vestir seu próprio casaco melhor que qualquer sábio poderia fazê-lo por ele".[2] A vida desses individualistas autoconfiantes ostentava um agudo contraste em relação à vida nas comunidades fortes, porém socialmente estratificadas, dos assentamentos costeiros regidos por governadores indicados, corporações, pela pequena nobreza ali desembarcada e por mercadores ricos. Os pioneiros da fronteira e os colonos costeiros, entretanto, comungavam de uma profunda hostilidade para com as normas e impostos de um rei distante e de um parlamento onde não tinham representação. Conjuntamente, essas condições ergueram o palco para uma aliança entre elementos largamente diferentes em um grito por liberdade em relação à Coroa.

ABANDONANDO O REI

Nas décadas de 1750 e 1760, o governo britânico passou a exercer maior autoridade sobre suas colônias americanas que, a essa altura, haviam desenvolvido economias de suficiente significado para atrair atenção como fonte de impostos e lucros comerciais. A Grã-Bretanha começou a exercer uma autoridade administrativa mais forte e a impor novos tributos sobre um povo crescentemente rebelde e livre de pensamento acostumado à benigna negligência da Coroa e pouco inclinado a aceitar tal intrusão. Sua resposta foi, com efeito, abandonar o rei. Aqui reside uma profunda lição de democracia.

Mandatários imperiais, não importando seu título, dependem da obediência dos comandados. Se as pessoas decidem em massa ignorar a determinação do rei para servirem em seu exército, ele fica impotente. O poder do rei, e por extensão o poder do Império, reside, em última instância, no povo. Está ao alcance do povo retê-lo para si.

Os esforços iniciais da Coroa para aumentar a arrecadação de impostos através de taxações sobre importações foram, em larga medida, fracassados.

A classe mercantil da Nova Inglaterra, dedicada ao tráfico de escravos e à pirataria, não teve qualquer reserva quanto a acrescentar o contrabando a seu portfólio de negócios, escapando com facilidade do olhar dos cobradores de impostos de um rei distante. A Coroa se voltou para medidas cada vez mais intrusivas. O povo respondeu com crescente rebeldia.

A revolta dos impostos

O fim da Guerra dos Sete Anos entre as grandes potências europeias, em 1763, deixou o tesouro britânico profundamente endividado. Muitos na Grã-Bretanha consideravam que as colônias haviam sido as grandes beneficiárias da guerra, que fortalecera a posição britânica na América do Norte, e que seria portanto correto e adequado que as colônias pagassem seu quinhão. Com esse propósito, o Parlamento Britânico criou um selo tributário em 1765 sobre todos os documentos comerciais e legais, jornais, panfletos e almanaques das colônias.

Os colonos pensavam de maneira diferente. Sob a bandeira de Filhos de Netuno, trabalhadores marítimos organizaram uma ampla revolta contra os impostos que incluiu demonstrações públicas, a recusa à utilização dos selos tributários e ataques a propriedades de oficiais britânicos. Alguns comerciantes abastados apoiavam os protestos nos bastidores, mas ficaram cada vez mais preocupados quando a raiva começou a se espalhar na forma de um ressentimento generalizado contra os ricos. O Parlamento Britânico cedeu e, em março de 1766, revogou o selo tributário, simplesmente para substituí-lo pela lei tributária de 1767, que impôs tarifas sobre um conjunto de produtos importados, incluindo chumbo, vidro, papel e chá.

Os impostos criados pela Lei Tributária foram revogados em 1770. A única exceção foi a do imposto sobre o chá. Posteriormente, o Parlamento aprovou a Lei do Chá, de 1773, de forma a beneficiar a Companhia Britânica das Índias Orientais, de que o rei e membros proeminentes do Parlamento detinham ações, e que enfrentava problemas financeiros. A Lei concedeu à Companhia uma isenção especial em relação ao imposto do chá e lhe devolveu os tributos já pagos sobre grandes quantidades de chá estocadas. Isso permitiu à Companhia sobrepujar os preços de seus competidores menores, tirá-los do negócio e estabelecer um monopólio.

A indignação com a Lei do Chá foi aos poucos crescendo e, em 16 de dezembro de 1774, um grupo de revoltosos em Boston organizou a Festa do Chá de Boston. Vestidos de índios, abordaram três navios britânicos ancorados no porto, romperam fardos de chá e os atiraram ao mar. Festas do chá similares aconteceram em outros portos. Em Annapolis, um navio de chá foi incendiado. Alguns estudiosos da Revolução Americana consideram o episódio como uma revolta contra impostos. Mais que isso, entretanto, tratou-se de um protesto contra o abuso legalmente sancionado do poder do monopólio corporativo.[3]

Os ingleses responderam a esses atos de rebelião com o fechamento do porto de Boston e exigindo compensação pelo chá, dissolvendo o governo da Colônia da Baía, proibindo reuniões públicas sem permissão explícita do governador britânico, aumentando as fortificações militares e a presença de tropas, e determinando que os colonos abrigassem tropas britânicas em suas casas. As chamas da rebelião foram ainda mais insufladas. Colonos por toda Massachusetts responderam com a criação de milícias locais, estocando armas e realizando reuniões comunitárias em desafio às ordens britânicas.

Democracia participativa

Os oponentes dos esforços da Coroa para endurecer a administração colonial e a arrecadação de tributos formaram grupos locais de resistência, com nomes tais como Filhos da Liberdade, Reguladores, Comparsas e Garotos da Liberdade, para se engajar em atos de não-cooperação, como recusar-se a adquirir e usar os selos tributários da Coroa, boicotar produtos britânicos e sujeitar comerciantes que não honravam o boicote à humilhação pública. Artesãos e trabalhadores recusaram-se a participar na construção de fortificações militares para os ingleses. Quando a Coroa Britânica decidiu afirmar sua autoridade sobre a Corte Suprema de Massachusetts, pagando seus juízes diretamente do tesouro real, o povo respondeu se recusando a participar de júris sob a presidência desses juízes.

Os colonos também empreenderam iniciativas para ganhar o controle da vida econômica por meio da produção local. As mulheres tiveram um papel particularmente crucial organizando os comitês das Filhas da Liberdade para produzir substitutos a artigos importados.

Outros formaram Comitês de Correspondência, grupos de cidadãos engajados no compartilhamento de ideias e informações, através de trocas regulares de cartas levadas por navios e cavalos. Esses comitês conectavam elementos de movimentos diversos de cidadania em uma causa comum, exercendo uma função similar à da Internet em nossos dias. O primeiro desses comitês foi formado em Boston, em 1764. Outro foi agregado no ano seguinte em Nova York e tomou a frente, reunindo representantes de nove colônias, na forma do Congresso da Lei do Selo Tributário, em Nova York, em outubro de 1765, para formular uma resposta unificada às determinações da Lei do Selo. Em 1774, todas as casas legislativas coloniais haviam respondido à proposta do poder legislativo da Virgínia para que cada uma delas indicasse uma comissão responsável pela correspondência intercolonial, o que levou à convocação do Primeiro Congresso Colonial, na Filadélfia, em setembro de 1774.

O Congresso era composto por aristocratas brancos da classe proprietária educados nas ideias do Iluminismo, desejosos de serem reconhecidos como iguais em relação à aristocracia britânica e obter maior liberdade para gerir seus próprios assuntos e aqueles da colônia. A ideia de um país independente ainda estava distante da mente dos delegados que se reuniram em Filadélfia. Sua preocupação residia em garantir seus direitos diante de um distante rei britânico e de um parlamento onde não estavam representados.

Com essa finalidade, o Congresso Colonial adotou a Declaração dos Direitos Coloniais, em 14 de outubro de 1774, que reivindicava para o povo das colônias inglesas o direito à vida, à liberdade, à propriedade, à assembleia e ao julgamento por um júri. A Declaração denunciava ainda a tributação sem que as colônias tivessem representação no parlamento e a manutenção de tropas britânicas nas colônias americanas sem consentimento local; convocava também um boicote a todos os artigos britânicos e um embargo na exportação de produtos americanos à Grã-Bretanha, caso o rei não aceitasse suas reivindicações.[4] Esses eventos despertaram uma nova consciência política em todas as colônias.

Enxergamos nessas ações dois ramos de atividade em última instância rivais, que seguem atuando na política dos Estados Unidos até hoje. Um deles foi um levante popular espontâneo que criou a infraestrutura social e institucional de um coeso movimento de resistência de baixo para cima, não violento e radicalmente democrático, similar em sua dinâmica subjacente ao movimento global de paz e justiça de nossa própria época. O outro envolveu uma aliança de cima para baixo das elites reinantes de colônias até então insulares, de forma a fortalecerem sua posição frente ao rei, regulamentar a competição entre si e proteger seu privilégio diante daquilo que tomavam como governo da plebe. Esses dois ramos criaram uma nova realidade e propiciaram experiência em duas formas bastante diferentes de prática democrática — uma radicalmente popular e a outra fundamentalmente elitista — que prosseguem em oposição dinâmica até hoje.

Criando uma nova realidade

John Adams, uma das figuras definidoras da fundação, lançou em sua correspondência, já próximo do fim da vida, a tese de que a história da fundação dos Estados Unidos não deveria ser confundida com a Guerra Revolucionária. Segundo sua versão, a guerra não buscava a independência das treze colônias; representava, na verdade, a defesa militar de um sistema de governo independente estabelecida contra uma tentativa de um poder estrangeiro de forçar o que efetivamente era uma nação independente de volta ao invólucro da dominação imperial.[5] Neste mesmo espírito, o historiador Roger Wilkins sugere que a década antecedendo a Declaração de Independência pode ter sido a mais importante na história dos Estados Unidos.

> As impressionantes realizações do período entre 1765 e 1775 foram não somente exemplos de resistência a ações vis do governo britânico, mas também estágios-chave no desenvolvimento de uma consciência revolucionária continental e de um impulso em direção à autogestão, assim como na criação dos instrumentos rudimentares para levar adiante tais propósitos [...].
>
> Todos os métodos e artes da política foram empregados naquela década fecunda. Os colonos dedicavam cuidadosa atenção aos assuntos públicos e tempo solitário aprofundando e burilando suas opiniões acerca de temas importantes, por meio da leitura histórica e filosófica, assim como da correspondência mais recente, de notícias e tratados políticos. Refletiam muito sobre o que ocorria e consultavam-se uns aos outros para se informar e afinar suas visões. Eles se envolviam na política local e colonial concorrendo a cargos públicos e apresentando propostas de ação. Quando a ocasião pedia, inventavam novos mecanismos — se, por exemplo, os poderes legislativos coloniais eram dissolvidos ou se novos instrumentos de protesto ou autogestão fossem necessários. Mas, acima de tudo, eles pensavam, conversavam, debatiam, escutavam uns aos outros, escreviam e criavam em círculos cada vez mais amplos. O tempo todo suas atividades se faziam acompanhar por grande risco pessoal, político e financeiro.[6]

Um povo diverso, preocupado com problemas de sua sobrevivência diária e dividido em muitos aspectos, encontrara tempo para criar uma nova realidade política por meio de atos de democracia participativa: engajando-se no diálogo, forjando novas alianças e criando instituições de comunidades democráticas. Uma vez que o povo tivesse expressado suas vontades por meio de suas ações, aos britânicos restava apenas a opção final do Império: o uso de tropas para forçar a submissão sob pena de morte.

A TOMADA PELA ELITE

A resistência colonial levara em algumas ocasiões à violência contra a propriedade, mas evitava a violência contra pessoas. Os britânicos mudaram a regra do jogo, iniciando o uso de força militar letal e confrontando os rebeldes, desta forma, com a clássica lógica do Império: lutar ou morrer. As tropas britânicas desembarcaram no Porto de Boston e o conflito armado irrompeu, em 19 de abril de 1775, quando tentaram destruir os suprimentos militares dos rebeldes americanos em Concord. A escalada se iniciava.

Nem mesmo os patriotas que organizavam a resistência se davam conta plenamente da nova realidade que já haviam criado. Mesmo com o início da luta armada, quase ninguém pensava em independência total. É especialmente significativo que o conflito armado entre milícias locais e tropas britânicas já se estivesse desenrolando, quando o Congresso Continental decidiu, em meados de junho de 1775, colocar ordem na rebelião, comissionando um exército e indicando George Washington para comandá-lo. As elites coloniais que controlavam o Congresso Continental respondiam à liderança exercida por milhares de pessoas comuns engajadas em uma viva expressão democrática. Se os delegados do Congresso não agissem para colocar a rebelião sob seu controle, teriam se reduzido a uma irrelevante associação de debates sem base política ou autoridade, que seria varrida do mapa pelos vitoriosos, fossem britânicos ou rebeldes.

Em um ano, o sentimento popular mudou e o burburinho da independência estava em toda parte. O Congresso Continental respondeu com a assinatura de uma declaração formal de independência em 4 de julho de 1776, expressando o que então se tornara um sentimento público onipresente. Era um documento revolucionário escrito por homens de posses e privilégios para chacoalhar as paixões das massas na luta pela liberdade em relação a um rei que lhes negava o respeito e a liberdade a que sentiam ter direito. O povo liderava e os líderes seguiam, exatamente como se supõe que a democracia deva funcionar.

Ao fim e ao cabo, George Washington e seu exército expulsaram os britânicos com a ajuda da França, da Espanha e da Holanda. A guerra terminou com o Tratado de Paris, assinado em 3 de setembro de 1783. Um povo rebelde inspirado por uma visão de liberdade fez nascer uma nova nação, uma contribuição notável à longa jornada humana para além da monarquia e da teocracia, mas somente o princípio da longa estrada em direção à democracia real.

A diversidade de circunstâncias, interesses, raças, valores, crenças religiosas e nacionalidades das pessoas que criaram a nova nação evidencia a magnitude da ambição de juntar as treze colônias em uma nova nação com uma visão democrática.

Acima de tudo, pouco mais que a valiosa antipatia comum para com os impostos e monopólios corporativos britânicos unia as pessoas da nova nação. Acostumadas a serem objeto do mando arbitrário daqueles em posição de poder, muitas não tinham qualquer experiência para além dos limites da consciência imperial, que iguala a liberdade pessoal a uma licença para abusar de outros. Elas não tinham nenhuma razão para considerar a lei como algo além de um meio pelo qual poucos exploram muitos.

Aristóteles não estaria só se considerasse tais condições como inauspiciosas para o começo da formação de uma nova nação democrática. Não obstante, com toda a sua diversidade e ausência de experiência com uma autogestão organizada, os rebeldes do povo que iniciaram e lideraram a revolução em suas primeiras manifestações demonstraram uma notável capacidade de expressão da vontade popular por meio de grupos e redes auto-organizados — desde sempre uma das mais expressivas e eficazes formas de expressão da democracia.

É também significativo que a Revolução Americana não tenha começado como uma rebelião armada, um sinal auspicioso de uma maior maturidade de pensamento do que se poderia esperar sob as circunstâncias. É axiomático: não se consegue democracia à bala. As armas em si afirmam o princípio imperial da dominação por uma força superior, que assevera as relações do Império. A violência contra a vida, por sua natureza, é antitética às relações da Comunidade da Terra.

Quando os ingleses mudaram as regras do jogo da não-violência para a violência, os rebeldes sentiram-se compelidos a responder na mesma moeda. Com a escalada da violência, criou-se uma situação que permitiu e levou as elites do Congresso Continental a asseverar sua autoridade por meio da formação de um exército que assumiu o controle da rebelião e restaurou a ordem imperial sob novo comando. As elites coloniais, que há muito aspiravam a um status equivalente ao de suas contrapartes europeias, se adiantaram para formar uma nova nação regida por uma rica aristocracia com sua própria plataforma de expansão imperial. Os britânicos perderam a guerra, mas o Império permaneceu robusto, reafirmando seu domínio na América do Norte, como uma plutocracia disfarçada sob o manto da democracia.

Resta-nos uma questão perturbadora, mas talvez sem resposta: a Revolução Americana, conforme amplamente se acredita, de fato trouxe democracia à América do Norte e à era moderna? Ou teria retardado em muitas gerações o avanço em direção ao sufrágio universal e ao governo cidadão, ao consolidar o poder de uma aristocracia específica dos Estados Unidos e fazer nascer uma nação imperial destinada a se tornar muito mais poderosa que qualquer Império que a precedera?

CAPÍTULO 11

A vitória do Império

> *Que multidão impressionante. Os que têm e os que têm ainda mais. Alguns chamam vocês de elite. Eu os chamo de minha base.*[1]
>
> George W. Bush

> *Ou teremos democracia neste país, ou teremos enorme riqueza concentrada nas mãos de poucos. Mas não podemos ter ambas as coisas.*
>
> Louis Brandeis, ministro da Suprema Corte dos Estados Unidos (1861-1939)

A extrema desigualdade é o indicador mais evidente de uma sociedade organizada segundo as relações de dominação do Império. Não é coincidência que os Estados Unidos tenham a distribuição de renda mais desigual do que qualquer grande nação industrial e que sejam a mais imperialista das nações modernas.

Em 1998, o 1% de domicílios americanos com maior renda detinha 47% de todos os ativos financeiros domiciliares, mais do que a parcela nas mãos dos 95% com menor renda. E o fosso segue crescendo. Na década entre 1989 e 1999, o número de bilionários americanos aumentou de 66 para 268. A quantidade de pessoas vivendo abaixo da vergonhosamente inadequada linha de pobreza oficial (cerca de 13 mil dólares para uma família de três pessoas em 1999) subiu de 31,5 milhões para 34,5 milhões. A proporção entre o salário de um presidente de empresa e o de um trabalhador médio cresceu de 141 para 1, em 1995, para 301 para 1, em 2003. O legado da destruição familiar e da negação de oportunidades pela escravidão para a acumulação de riqueza intergeracional entre americanos negros é revelado pelo fato de que a renda do domicílio médio de descendentes europeus é 5,5 vezes maior que a do domicílio afro-americano médio.[2]

Há mais de 30 anos, o professor de Ciência Política Thomas Dye documenta, numa série de estudos intitulada *Who's Running America?*, o quão pequena é a classe dominante nos Estados Unidos. Na edição de 2001, que documentou o reinado da elite sob a então recém-estabelecida administração de George W. Bush (Bush II), Dye identificou 7.314 pessoas, numa população de 288 milhões, que, por sua posição de poder e autoridade controlavam

> quase três quartos dos ativos industriais (não financeiros) da nação, cerca de dois terços de todos os ativos bancários, mais de três quartos de todos os ativos securitários, e [...] que dirigiam as maiores firmas de investimento do país. Eles comandavam mais da metade dos ativos das fundações privadas e universidades e controlavam as redes de televisão, a imprensa e as maiores cadeias de jornais; dominavam as principais firmas de advocacia do país e as mais prestigiosas associações cívicas e culturais, ocupando ainda cargos-chave no executivo, legislativo e judiciário federais, assim como os mais altos comandos militares.[3]

Estes são de fato os Guardiães das Nuvens nos Estados Unidos, membros de uma privilegiada elite que reina de um mundo separado de luxo e benesses muito acima dos mundanos. Viajando em jatos privados e limusines com motoristas, frequentando escolas de elite, morando em condomínios fechados e estâncias particulares, socializando-se em exclusivos clubes e obtendo suas notícias em publicações de elite e serviços de notícias que atendem a uma audiência exclusiva, são estes os que têm mais e vivem num mundo distanciado daqueles que simplesmente têm (para não mencionar os que não têm nada).

A corrida presidencial de 2004, entre George W. Bush e John Kerry, dois homens brancos de famílias abastadas, ambos graduados na Yale University e membros da Skull and Bones Society*, evidencia a estreiteza do caminho para as posições mais elevadas de poder político. Não se pode esquecer que os dois presidentes que antecederam Bush II, Bill Clinton e George H. W. Bush, também possuíam diplomas de Yale, e que Bush pai também fora membro da Skull and Bones.

Como demonstram a história e uma leitura atenta da Constituição dos Estados Unidos, a intenção dos arquitetos daquilo que enxergamos como a democracia americana não fora a de criar uma democracia, mas sim uma plutocracia, uma nação comandada por uma elite abastada. Tiveram enorme êxito. Seus esforços merecem um breve retrospecto, não somente para nos lembrarmos da realidade de nossa história, mas também para compre-

---

* A Skull and Bones Society (Sociedade da Caveira e Ossos) é uma sociedade secreta baseada na Universidade de Yale de que fizeram parte quatro presidentes americanos e muitas personalidades importantes. (N.T.)

endermos como crimes passados e a retórica política caluniosa conformaram um modelo para nossa própria época.

QUEM GOVERNARÁ? UMA NAÇÃO PARA, DE E POR HOMENS BRANCOS ABASTADOS

Os membros do Congresso Continental que haviam lançado a Declaração de Direitos Coloniais, em 1774, e a Declaração de Independência, em 1776, eram todos homens brancos proprietários nomeados como representantes no Congresso por poderes legislativos coloniais, que também eram formados por homens brancos de posses. Muitos, incluindo Jefferson, tinham escravos entre seus bens. O mesmo se deu na Convenção Constitucional. Os homens trabalhadores livres, que desfrutavam de direitos mínimos, e as mulheres, escravos, servos por dívidas e nativos americanos, que não possuíam direitos legais, formavam mais de 90% da população da nova nação, mas não tinham representantes em nenhuma das duas instituições.

Para assegurar a tranquilidade doméstica

A decisão de estabelecer um governo federal forte logo após a conclusão bem-sucedida da Revolução foi incitada em resposta à Rebelião de Shay, entre 1786 e 1787. Agricultores patriotas que haviam lutado ao lado da liberdade em troca de títulos inúteis do governo, haviam retornado a suas casas para, no clássico padrão do Império, se descobrirem falidos e vendo-se obrigados a enfrentar a execução de hipotecas de suas terras nas mãos de agentes financeiros, cujos patrióticos serviços durante a guerra se haviam limitado à especulação financeira.[4]

Seu ressentimento fez eclodir uma rebelião armada em desafio a ordens judiciais de execução de hipotecas. As autoridades demandaram à milícia local a defesa dos tribunais e da Lei da Terra. A milícia de cidadãos, entretanto, era formada majoritariamente por fazendeiros armados, que tomavam o partido de seus vizinhos. No final das contas, um grupo de abastados comerciantes de Boston patrocinou um exército para pôr fim ao levante.

Os defensores da soberania popular consideram a Rebelião de Shay um exemplo instigante de cidadania ativa e organizada face a um sistema abusivo em busca da reparação de injustiças — essencialmente da mesma maneira que os milicianos da Guerra da Independência se haviam apresentado em oposição à Coroa Britânica. A elite tomou a Rebelião de Shay como um exemplo perturbador dos perigos da oclocracia, e convocou uma Convenção Constitucional em 1787 para a criação de um governo federal forte com poder para formar um exército que pudesse garantir a ordem doméstica. O artigo I, seção 8, da Constituição dos Estados Unidos dá ao Congresso o poder de "regular a mobilização da guarda nacional para garantir o cumprimento das leis da União, reprimir insurreições e repelir invasões".* É revelador o fato de que "executar a lei" e "suprimir insurreições" venham antes de "reprimir invasões", na ordem de prioridades.

A audaciosa visão de liberdade e justiça para todos inscrita na Declaração de Direitos Coloniais e na subsequente Declaração de Independência, e assinada pelos membros do Congresso Continental num momento de fervor revolucionário, não estava evidente na Constituição original. Aqueles que a desenharam já não se preocupavam com a proteção dos seus direitos contra um rei distante, mas sim em assegurar seu poder na nova nação. Esta realidade pós-revolução fez emergir uma divisão nas fileiras dos delegados na Convenção Constitucional, personificada por dois homens: Thomas Jefferson e Alexander Hamilton.

A democracia de Jefferson contra a plutocracia de Hamilton

Jefferson, uma das maiores vozes na defesa da democracia, carregava uma fé duradoura na sabedoria das pessoas comuns e acreditava que a democracia com razão se assenta sobre o leito da democracia econômica e de uma classe média forte. Essencialmente como Aristóteles, advogava uma nação de agricultores familiares com posse de suas terras e de artesãos independentes também donos das terras e ferramentas essenciais a seus ofícios e seus modos de vida. O maior temor de Jefferson era o de que os Estados Unidos acabassem por reproduzir as profundas divisões europeias entre uma classe hereditária de aristocratas pretensiosos e improdutivos e uma classe hereditária dos desesperadamente pobres. Em seu ideal, todos os homens teriam propriedades. Jefferson certa vez disse: "Não me encontro entre aqueles que temem o povo. Eles, e não os ricos, são nossa segurança para uma liberdade continuada."[5]

Em sua menção àqueles que temem o povo, Jefferson sem dúvida tinha em mente Alexander Hamilton, o descarado defensor do reinado da elite, que uma vez afirmara que:

> Todas as comunidades se dividem entre os poucos e os muitos. Os primeiros são os ricos e bem-nascidos, os outros, a massa do povo. Diz-se que a voz do povo é a voz de Deus. Não importa o quão amplamente se

---

* Conforme tradução oficial da Embaixada Americana no Brasil. (N.T.)

tenha acreditado nesta máxima e o quanto ela tenha sido citada. Ela, na realidade, não é verdadeira. O povo é turbulento e cambiante. Raramente julga com correção. Dê-se assim aos primeiros um quinhão diferenciado e permanente no governo.[6]

Desconfiado em relação às massas, Hamilton igualava a democracia ao governo da plebe e acreditava que, para tornar-se uma nação forte, os Estados Unidos deveriam concentrar o poder numa classe de aristocratas abastados, capaz de organizar e liderar a nação rumo à grandeza imperial. Na Convenção Constitucional, Hamilton propôs a escolha de um presidente e de um senado vitalícios.[7]

Subjacente às diferenças entre Jefferson e Hamilton encontrava-se a verdade básica de que aqueles que não detêm propriedades vivem de forma subserviente em relação aos que as possuem. A Constituição dos Estados Unidos representou uma acomodação parcial entre os jeffersonianos e os hamiltonianos, mas estes acabaram em grande medida prevalecendo. Os Estados Unidos seriam uma plutocracia — ou, mais polidamente, uma república —, uma democracia das elites, onde as classes proprietárias estabelecem prioridades e plataformas, competindo entre si de tempos em tempos pela simpatia das classes inferiores. No final, a Constituição se revelou um habilidoso exercício para garantir os direitos e privilégios da propriedade, concedendo ao mesmo tempo liberdade suficiente ao homem comum, de forma a desencorajar a rebelião.

PLUTOCRACIA CONSTITUCIONAL

George Mason, um delegado da Virgínia, encabeçou a demanda para que a Constituição incluísse uma "carta de direitos". Ele perdeu a batalha na Convenção Constitucional. A liberdade em relação à Inglaterra fora conquistada. A maioria dos delegados agora sentia que as provisões constitucionais assegurando a escravidão, o livre comércio entre os Estados, os direitos dos credores e um sistema eleitoral que lhes garantisse o controle das instituições de governo propiciavam toda a proteção de que necessitavam. Não sentiam necessidade de uma carta de direitos.[8]

Garantias para escravidão, livre comércio e credores

A Convenção Constitucional foi fortemente influenciada por três conjuntos de interesses das classes proprietárias. Os industriais do norte desejavam um mercado único com regras uniformes estabelecidas em nível federal, e um sistema comum de tarifas externas, livre da interferência dos reguladores estaduais, de forma a que pudessem assegurar acesso irrestrito a um mercado unificado. Ganharam a cláusula de comércio interestadual da Constituição, que efetivamente garante um mercado nacional integrado para além do alcance de legisladores estaduais, de forma bastante similar ao modo pelo qual acordos contemporâneos de comércio asseguram às corporações globais acesso a economias nacionais, longe da interferência de legisladores e reguladores desses países.

Os agentes financeiros do Norte queriam assegurar seu direito à cobrança de débitos independentemente do Estado em que a obrigação fora contraída. Ganharam provisões dando ao governo federal o poder para proibir os Estados individuais de perdoarem proprietários rurais endividados, de emitirem suas próprias moedas, de possibilitarem o pagamento de débitos, que não em ouro ou prata, ou de fazer leis invalidando contratos, tais como hipotecas ou empréstimos.[9] Essas provisões garantiam os direitos dos credores e asseguravam o clássico padrão de transferência de riquezas das classes trabalhadoras para as classes proprietárias.

Os sulistas donos de plantações buscavam assegurar a instituição da escravidão. Conseguiram provisões que impediam o Congresso de proibir a importação de escravos antes de 1808 e vedando a qualquer Estado conceder asilo a um escravo ou servo por dívidas de outro.

Vagas abertas somente para Guardiães das Nuvens

O viés elitista também se evidencia em outras provisões da Constituição original. Os legislativos estaduais, por exemplo, que, conforme observado anteriormente, eram compostos por homens brancos de posses, indicariam os dois senadores de cada Estado. Um colégio eleitoral, formado por membros igualmente indicados pelos legislativos estaduais, escolheria o presidente.

A garantia suprema do privilégio da elite era a provisão constitucional de uma poderosa corte superior composta por ministros indicados vitaliciamente pelo presidente, com o poder de virtualmente derrubar qualquer ato dos poderes legislativo e executivo. Em termos práticos, as indicações para a Corte Suprema só incluem graduados das faculdades de direito de elite, que àquela época só se encontravam abertas aos filhos da classe proprietária. Conforme demonstrado na indicação pela Suprema Corte dos Estados Unidos de George W. Bush para a presidência em 2000, a lei acaba sendo aquilo que a maioria dos ministros em exercício decide que seja. Não há mecanismos para apelação ou discordância, não importando o quão arbitrária ou contrária às leis estabelecidas ou ao interesse público suas decisões sejam.

Concessões ao ultraje público

A Constituição proposta, conforme levada à ratificação pelos Estados, foi amplamente criticada por patriotas que, de forma bastante correta, a enxergavam como um projeto de plutocracia, e não de democracia. Os federalistas — gente rica e de autoridade que, em larga medida, se beneficiaria da Constituição que fora delineada — organizaram uma campanha bem financiada para conseguir sua ratificação o mais rápido possível. Em um padrão ainda hoje familiar, fizeram circular falsas histórias para desacreditar seus oponentes. Os anunciantes faziam pressão sobre os jornais que se opunham à ratificação.[10]

No final, a maioria dos Estados efetivamente a ratificou, mas apenas mediante a garantia de que uma Carta de Direitos seria acrescentada posteriormente. Com isso, a Constituição foi emendada em 15 de dezembro de 1791, mas passar-se-iam muitos anos e emendas antes que ela claramente estabelecesse que as garantias da Carta de Direitos se aplicavam a todas as pessoas, e não apenas a homens brancos de propriedades.[11]

A 13ª Emenda aboliu a escravidão em 1865. Em 1868, a 14ª Emenda declarou que todas as pessoas nascidas ou naturalizadas nos Estados Unidos e sob sua jurisdição eram cidadãos e portanto têm direito a igual proteção da lei. Em 1870, a 15ª Emenda estabeleceu que a nenhum cidadão poderia ser negado o direito ao voto em função de raça, cor ou de uma condição prévia de servidão. Foi somente em 1920, quase 150 anos após a fundação, que a 19ª Emenda reconheceu as mulheres como pessoas com todos os direitos de cidadania, proibindo a negação ou limitação do direito ao voto com base no sexo. De nossa perspectiva contemporânea, tais avanços soam dolorosamente lentos. Ainda assim, num contexto de 5 mil anos de Império, aconteceram de forma notavelmente veloz.

O PROGRAMA FEDERALISTA

As visões contrastantes da plutocracia hamiltoniana e da democracia jeffersoniana se desdobraram na divisão política subsequente entre o Partido Federalista de Hamilton, Washington e Adams, e o Partido Republicano-Democrático de Jefferson, Madison e Monroe. Comerciantes e agentes financeiros davam suporte aos federalistas. Os donos das fazendas, agricultores e artesãos apoiavam os Republicano-democráticos.[12]

Especuladores antes de patriotas

Alexander Hamilton, o advogado da plutocracia, serviu como primeiro Secretário do Tesouro dos Estados Unidos sob a presidência de George Washington (1789-1797). Quando a administração de George Washington assumiu, os custos da Guerra Revolucionária haviam deixado a nova nação numa crise financeira. Hamilton aproveitou o momento.

Sob o pretexto de assegurar a credibilidade financeira do governo, patrocinou um programa para a quitação de todos os débitos do período da guerra, tanto do Governo Federal, como dos estaduais, por seu valor de face — incluindo letras emitidas a soldados a título de pagamento. Propiciar a devida compensação a soldados e a outros que haviam suportado o ônus da guerra pareceria um ato nobre, exceto pelo fato de que os credores originais já haviam vendido a maioria dos débitos por pechinchas a especuladores. De fato, antes do anúncio público do plano de Hamilton, ricos partidários dos federalistas e membros do governo com informação privilegiada varreram o país em busca de títulos da dívida pública federal e dos Estados, comprando-os dos desavisados mediante grandes descontos para, em seguida, descontá-los pelo valor de face e alcançar lucros vultosos quando da implementação do plano.[13]

Somando insulto à injúria, Hamilton levantou os fundos para a quitação das dívidas estabelecendo uma taxa sobre a produção de uísque, o que lançava o ônus primordialmente sobre pequenos fazendeiros nas áreas distantes, muitos dos quais haviam sido os portadores originais das letras emitidas pelo serviço militar. A compreensível indignação deflagrou a Rebelião Armada do Uísque de 1794, no oeste da Pensilvânia. Já sem depender das milícias locais, o presidente Washington ordenou o envio de 13 mil soldados à área para debelá-la.

Lucro privado com crédito público

Hamilton também fundou o First Bank of the United States (1791-1811), instituição privada provisionada por vinte anos pelo Congresso para servir como repositório de fundos federais, para atuar como o agente fiscal dos Estados Unidos e para propiciar empréstimos para iniciativas, tanto governamentais como privadas. Alguns creem ter sido este um golpe de genialidade financeira, que montou o palco para que os Estados Unidos se tornassem uma potência econômica mundial. Outros o repudiam como uma enorme fraude contra o público.

A provisão do banco, emitida em 1790, estabelecia uma capitalização total de 10 milhões de dólares, dos quais dois viriam do governo e oito de investidores privados. O governo injetou sua contribuição. As ações privadas foram rapidamente compradas, mas muitos dos investidores deram apenas pequenas entradas e nunca quitaram o restante.[14] Ao que tudo indica, os investidores privados, que arriscaram pouco ou nada de seu próprio capital, extraíram lucros significativos como acionistas beneficiários de um empreendimento quase integralmente financiado com dinheiro e crédito públicos.

Quando chegou o momento de renovar a provisão do banco, o pedido foi rejeitado e ele encerrou suas atividades em 1811.[15] Seguiram-se o Second Bank of the United States (1816-1836) e finalmente o Sistema Federal de Reservas, criado em 1913, e igualmente gerido por banqueiros privados, sob o disfarce de uma instituição pública, para a consecução dos mesmos resultados: criar riqueza privada a partir de ativos e crédito públicos em processos mais sofisticados e menos transparentes.[16]

A criminalização do dissenso

Quando o federalista John Adams sucedeu ao federalista George Washington para se tornar o segundo presidente dos Estados Unidos (1797-1801), tendo o Republicano-Democrático Thomas Jefferson como seu vice, a nação passava por severa tensão política. Fundamentalistas religiosos haviam feito renascer os julgamentos de bruxas e vituperavam contra ateus — que, segundo seu raciocínio, incluíam deístas como Tom Paine, Thomas Jefferson e outros, que professavam uma crença em Deus, mas rejeitavam as reivindicações fundamentalistas de verdade exclusiva.

Adams persuadiu um Congresso federalista a aprovar as leis de Estrangeiros e da Sedição — um precursor do Patriot Act de Bush II — para suprimir o dissenso político e minar o apoio ao partido de Jefferson. A Lei da Sedição criminalizava a publicação de escritos falsos ou mal-intencionados contra o governo, além do incitamento à oposição a qualquer ato do Congresso ou do presidente. Ela foi utilizada para prender 25 homens, a maioria editores de jornais simpáticos a Jefferson, e para forçar o fechamento de seus veículos. Adams povoou ainda o judiciário federal de conservadores extremados — mais notadamente entre eles o presidente da Suprema Corte John Marshall, que durante seu período de serviço, entre 1801 e 1835, serviria firmemente à proteção dos interesses da propriedade.[17]

O PROGRAMA JEFFERSONIANO

Parcialmente como resposta à indignação pública diante das leis de Estrangeiros e da Sedição, Jefferson ganhou a presidência em 1800, a despeito dos avisos de opositores federalistas de que sua vitória invocaria a "justa vingança pelo insulto à Divina Providência", com "lares em chamas, cabelos grisalhos banhados em sangue, castidade feminina violada [...] crianças se contorcendo na ponta das baionetas".[18]

Na presidência, Jefferson deteve os excessos do regime de Adams, revogou as leis de Estrangeiros e da Sedição, e assinou a Lei de 1808, encerrando a importação de escravos.[19] Os Republicano-Democráticos, com amplo suporte de trabalhadores brancos, começaram a romper o domínio federalista sobre os governos estaduais e locais, aumentaram a proporção de cargos locais sujeitos a eleições diretas, passaram a cuidar da educação pública, puseram fim ao encarceramento por dívidas e deixaram de determinar o cumprimento de contratos de servidão devida para aprendizes de ofícios. Com exceção de três Estados, o partido de Jefferson teve êxito na conquista do direito de voto para todos os homens brancos independentemente de serem ou não proprietários. À exceção de dois Estados, todas as unidades da Federação passaram a escolher os delegados para a eleição presidencial pelo voto direto, em vez de incumbir o legislativo de sua escolha.[20]

Ao final, entretanto, o programa de Jefferson deu ao Império uma face mais democrática e amigável. Apesar de toda a tensão cáustica, e por vezes violenta, entre os partidos, a estrutura de poder subjacente e o viés pelo privilégio da elite permaneceram notavelmente estáveis. As políticas federais continuavam a permitir a escravidão, a favorecer grandes industriais e agentes financeiros e a promover a apropriação forçada de terras indígenas pelo exército dos Estados Unidos.[21]

O ato definidor da administração de Jefferson foi a negociação com a França para a compra da Louisiana, em 1803, dobrando com isso o tamanho dos Estados Unidos, propiciando uma válvula de escape para as reprimidas tensões do profundo conflito de classes dos Estados Unidos, e afastando potenciais competidores imperiais das fronteiras imediatas da nação. Numa das primeiras demonstrações do talento dos políticos americanos para o discurso orwelliano de duplo sentido, Jefferson apelidou a nação americana em expansão de "Um Império para a Liberdade".

EXPANSÃO PARA O OESTE

A fronteira recém-aberta atraía ousados pioneiros com a promessa da liberdade em relação a cobradores (*rent-collectors*) legalizados e outras instituições da servidão imperial. Mesmo assim, os predadores rapidamente apareciam e os fazendeiros livres, há pouco estabelecidos, em curto tempo já se viam novamente endividados, cedendo ao banco local sua porção anual de sangue — até que uma colheita ruim trazia a inadimplência e o banco reivindicava tudo. As paixões que, de outra maneira, poderiam ter se canalizado para uma revolta aberta eram dissipadas pela contínua promessa de ainda mais território virgem pouco além do horizonte. Os Estados Unidos tornaram-se uma nação de errantes incansáveis e sem raízes, as malas prontas e um pé sempre na estrada.[22]

Após a compra da Louisiana, seguiu-se a Guerra de 1812, que abriu caminho para a expansão rumo à Flórida, ao Canadá e a territórios indígenas ainda mais ocidentais.[23] Quando o México ganhou sua independência na guerra revolucionária contra a Espanha, seu território incluía os atuais Estados do Texas, Novo México, Utah, Nevada, Arizona, Califórnia e parte do Colorado. Ignorando a reivindicação mexicana, da mesma forma que se haviam ignorado as reivindicações dos povos indígenas, milhares de colonos vindos dos Estados Unidos invadiram o território do México com o apoio do governo americano. Durante a guerra mexicano-americana que se seguiu, os Estados Unidos anexaram por meio de brutal força armada metade de todo o território daquele país. A única provocação do governo mexicano foi a justa tentativa em proteger seu território de direito.[24]

A expansão rumo ao oeste seguia um padrão comum. O caminho era aberto por missionários, que ofereciam escolas, hospitais e salvação. Comerciantes, especuladores fundiários, prospectores de minérios e agricultores logo se seguiam. Subsequentemente, vinham a ferrovia, os bancos e corporações extrativistas, de forma a consolidar o controle sobre a terra e seus recursos. Quando os povos indígenas se mobilizavam em resistência, entravam os militares, quando necessário, de forma a assegurar as reivindicações de terras e recursos estabelecidas pelos missionários, colonos e corporações.

CORPORAÇÕES IMPERIAIS

Com a memória dos abusos dos monopólios corporativos ainda fresca na mente, o sentimento público nos primeiros tempos da nova nação exigia severas limitações às permissões das corporações. Consequentemente, os legislativos estaduais emitiam tais provisões somente por períodos determinados e para servir a propósitos especificamente explicitados, supervisionando ainda de forma próxima suas operações e retendo para si o direito de revogar tais licenças unilateralmente. Também era comum que se estabelecessem limites específicos para o crédito a corporações, à propriedade de terras por elas e mesmo a seus lucros. Os proprietários eram legalmente responsáveis por todos os débitos contraídos durante o período de sua participação, pequenos e grandes investidores compartilhavam direitos iguais de voto, uma mesma pessoa não podia participar da diretoria de duas corporações e vedava-se a uma corporação deter ações de outra. Poderosos interesses se ressentiam do estorvo de tais restrições.

A Guerra Civil Americana (1861-65) marca um momento de virada para as corporações dos Estados Unidos. O país se afogava no caos, dividido entre si. O Governo Federal tinha uma dívida de gratidão para com os fornecedores militares que equipavam as tropas nos campos de batalha. A corrupção política florescia à medida que os interesses industriais faziam uso de seus lucros desproporcionais em contratos militares para obter o favor de políticos, de forma a inflar ainda mais seus lucros. Consequentemente, incrementava-se sua capacidade para bancar novos favores políticos em sua campanha pela eliminação das restrições legais à liberdade de ação corporativa.

Poderosas corporações ferroviárias abriram o caminho, por meio da manipulação da opinião pública, dos poderes legislativos e dos tribunais. Em uma das primeiras vitórias dos interesses corporativos, o legislativo da Pensilvânia eliminou a restrição a que uma corporação detivesse ações de outra. Essa mudança aparentemente inócua aumentou enormemente a alavancagem financeira de corporações individuais, permitindo a aquisição do controle de outras companhias, sem a necessidade de empregar capital suficiente para comprá-las de uma vez.

De degrau em degrau, através dos tribunais e poderes legislativos — e dificilmente incluindo debate ou divulgação pública — as corporações eliminaram as restrições à sua liberdade de ação. No começo do século XX, as licenças corporativas já eram emitidas de forma automática, conforme a demanda, sem limites no prazo de duração, mobilidade ou propósito. Os proprietários haviam conquistado imunidade à sua responsabilização legal, e as corporações se tornado virtualmente insuscetíveis à revogação de suas permissões de funcionamento. As proteções a acionistas minoritários foram amplamente eliminadas, permitindo a consolidação do poder dos grandes acionistas.

Por meio de vitórias nos tribunais, as corporações reivindicaram com êxito personalidade jurídica sujeita às mesmas proteções constitucionais devidas a pessoas reais sob a Carta de Direitos. Em sua maioria, tais fatos transcorreram sem discussão pública e mesmo sem o voto de legisladores eleitos.[25]

GLOBALIZANDO-SE

Em 1823, com a corrida para o Oeste ainda em curso, o presidente James Monroe enunciou a Doutrina Monroe como pedra angular da política dos Estados Unidos. O interesse publicamente explicitado era o de proteger nações latino-americanas e caribenhas independentes dos esforços de potências europeias para as recolonizarem. A mensagem implícita era a de que os Estados Unidos reivindicavam hegemonia sobre o Hemisfério Ocidental.

Theodore Roosevelt levou a Doutrina Monroe um passo adiante durante sua presidência (1901-1909), anunciando que os Estados Unidos reclamavam o direito de intervir nos assuntos internos de qualquer nação que se engajasse em "flagrantes e crônicas transgressões". Futuras administrações americanas definiram isso como qualquer nação que contrariasse um interesse comercial ou de investimento dos Estados Unidos. Um relatório de 1962 do Departamento de Estado americano para o Congresso listava 103 intervenções militares dos Estados Unidos nos assuntos de outros países, entre 1798 e 1895, incluindo ações na Argentina, Japão, Uruguai, China, Angola, Havaí e Nicarágua. As razões eram com frequência obscuras, mas geralmente se relacionavam a investimentos de uma ou mais corporações americanas.[26]

Na Guerra Hispano-americana (1898), os Estados Unidos expulsaram a Espanha de Cuba e tomaram posse das Filipinas, alegando tratar-se de uma luta em prol da independência desse país. No tratado de paz subsequente, a Espanha cedeu Guam, Porto Rico e as Filipinas aos Estados Unidos. Seguiu-se uma prolongada e sangrenta guerra dos Estados Unidos contra a determinada resistência filipina.[27]

Visões de grandeza imperial passeavam pelas mentes de políticos, missionários e das Daughters of the American Revolution.* Um entusiástico partidário, que depois se tornaria senador americano, declarava: "Somos uma raça de conquistadores [...] A lei americana, a ordem americana, a civilização americana e a bandeira americana serão plantadas em costas até

---

* Filhas da Revolução Americana, associação civil, com representação nos cinquenta Estados americanos, cuja fundação remonta ao século XIX, e que se dedica à promoção de ações patrióticas, à preservação histórica e à educação. É formada somente por mulheres que podem provar descendência direta de participantes do movimento de independência americano. (N.T.)

aqui sangrentas e incivilizadas, mas que, pela ação de Deus, se tornarão doravante resplandecentes e brilhantes."[28]

Em 1893, cidadãos americanos que se haviam instalado no Havaí, como mal-agradecidos convidados do reino, organizaram uma rebelião para derrubar a rainha Liliuokalani. Um destacamento de soldados e fuzileiros navais foi despachado para "proteger propriedades e vidas americanas". Um governo provisório formado sob a supervisão dos Estados Unidos prontamente assinou uma acordo de anexação aos Estados Unidos.[29]

Na primeira metade do século XX, além da participação nas duas guerras mundiais, fuzileiros americanos invadiram e ocuparam Cuba, entre 1898 e 1902, o Panamá, entre 1903 e 1914, Honduras — por seis vezes — entre 1911 e 1925, a Nicarágua, em 1912 e novamente entre 1926 e 1933, o México, em 1914 e 1916, e o Haiti, entre 1915 e 1934.[30]

O padrão da expansão americana no exterior foi similar ao da expansão para o Oeste, exceto pelo fato de que o objetivo agora era o de expropriar terras agrícolas e recursos para a produção de bens a serem exportados de volta para os Estados Unidos. Em geral, tais recursos pertenciam aos povos indígenas. Os termos da expropriação serviram para enriquecer as elites locais e, desta forma, conquistar seu apoio. Os missionários abriam o caminho. Seguiam-se as corporações para organizar e gerir o extrativismo. As forças armadas dos Estados Unidos intervinham, quando necessário, para debelar a resistência e depor líderes que se recusavam a cooperar. Era uma oferta que a maioria das elites reinantes não tinha como recusar.

O papel dos missionários na expansão imperial era fortemente análogo ao do Cavalo de Troia, a oca construção de madeira presenteada a Troia pelos gregos, num ardil que colocou soldados gregos dentro das muralhas da cidade com a missão de abrir os portões para seu exército invasor. Os missionários ofereciam como presentes remédios, roupas, leituras e a salvação. Sua ajuda abria os portões da confiança. As corporações então invadiam para saquear as terras e as economias. No mundo do Império, há sabedoria na antiga admoestação: "Cuidado com estranhos que trazem presentes."

Após a Segunda Guerra Mundial, os presentes corrompidos passaram a vir não de missionários, mas de agências de assistência externa, mais especificamente de empréstimos do Banco Mundial e de bancos regionais operando à sua imagem e semelhança. Estas agências, de forma apropriada, se referem a seus escritórios e equipes de planejamento locais como "missões". Economistas batizados na religião da economia neoclássica assumiram o papel missionário da pregação sobre a salvação por meio da conversão a mercados sem regulação, fronteiras abertas e empréstimos externos.

Os prosélitos, entretanto, não se tornaram as almas salvas pelo cristianismo, mas devedores internacionais da igreja do capital global.

O IMPULSO RUMO À HEGEMONIA IMPERIAL

O único rival sério à hegemonia global dos Estados Unidos, após a Segunda Guerra Mundial, foi a União Soviética. Os desdobramentos após o fim da Guerra criaram o palco para uma grande confrontação entre as duas superpotências.

O plano para uma grande área

Mesmo antes do bombardeio japonês a Pearl Harbor, em dezembro de 1941, que levou os Estados Unidos para a Segunda Guerra Mundial, uma elite de política exterior já lançava as bases de iniciativas americanas pós-guerra. A ideia era capitalizar, a partir das consequências do conflito, criando uma economia global integrada dominada por interesses americanos. Assombrados pelo espectro da Grande Depressão, planejadores do Departamento de Estado acreditavam que, para conter os ciclos de ascensão e depressão do capitalismo, os Estados Unidos teriam que ou se encaminhar para uma espécie de socialismo, ou assegurar mercados adequados de exportação para absorver os bens excedentes à demanda doméstica. Acabaram escolhendo a última alternativa.

O Memorando E-B34, apresentado em 24 de julho de 1941, por um grupo conjunto de planejamento ao presidente e ao Departamento de Estado, delineava o conceito de uma "Grande Área": a área geográfica que os planejadores consideravam que os Estados Unidos precisariam dominar econômica e militarmente, de modo a garantir matérias-primas para suas indústrias com o mínimo de contratempos, "como excedentes de exportação ou severa escassez de bens de consumo", que pudessem levar à "desintegração econômica".[31]

A abrangência preferida da Grande Área envolvia todo o Hemisfério Ocidental, o Reino Unido, o que restava da Comunidade e Império Britânicos, as Índias Orientais Holandesas, a China e o Japão. A área poderia ser expandida pela agregação de outras regiões conforme permitissem as circunstâncias.

O conceito estratégico sugeria a integração econômica inicial da maior parte possível da área-núcleo proposta. Quanto mais amplamente a Grande Área pudesse ser aberta ao comércio e ao investimento estrangeiro irrestrito, mais rapidamente os interesses econômicos dos Estados Unidos, como o maior poderio econômico, seriam capazes de dominá-la.

A versão pública da estratégia da Grande Área, que buscava angariar o apoio daqueles que se tornariam os súditos imperiais, propunha a criação de uma comunidade livre e igualitária de nações, e fez nascer as Nações Unidas.

A verdadeira intenção dos Estados Unidos se encontrava articulada no Estudo de Planejamento de Políticas nº 23 do Departamento de Estado, um documento altamente secreto, escrito em 1948 por George Kennan, um proeminente arquiteto do pós-Segunda Guerra Mundial.

> Detemos cerca de 50% da riqueza mundial, mas somente 6,3% da população [...] Nessa situação, seremos seguramente objeto de inveja e ressentimento. Nossa verdadeira tarefa no período que se seguirá é delinear um padrão de relações que nos permita manter esta posição de disparidade [...] Para lográ-lo, devemos pôr de lado todo sentimentalismo e ilusão. A intenção deverá concentrar-se, em toda parte, sobre nossos objetivos nacionais imediatos [...] Devemos deixar de falar sobre objetivos vagos [...] e irreais, tais como direitos humanos, a melhoria dos padrões de vida e democratização. Não está distante o dia em que teremos que tratar destas coisas usando exclusivamente conceitos de poder. Neste momento, quanto menos turvados por *slogans* idealistas estivermos, melhor. [32]

Era esta a plataforma real, e as agências de sua implementação seriam as instituições de Bretton Woods: o Banco Mundial, o Fundo Monetário Internacional (FMI) e o Acordo Geral sobre Tarifas e Comércio (GATT),[33] substituído, em 1995, pela mais poderosa Organização Mundial de Comércio (OMC).

A diferença entre as visões pública e privada era semelhante à distinção entre os ideais professados na Declaração de Independência dos Estados Unidos, que buscavam mobilizar o apoio da população, e a realidade da Constituição Americana, que institucionalizou o poder e privilégio da plutocracia governante. As Nações Unidas foram dotadas essencialmente de uma autoridade moral simbólica, enquanto as instituições de Bretton Woods ganharam poder para estabelecer regras e apoiá-las com sanções econômicas.

Impérios rivais

A ameaça bastante real do poderio militar soviético propiciava uma lógica democrática para um incremento do poder militar dos Estados Unidos, para o fornecimento de assistência militar a aliados de confiança e para o posicionamento de bases militares ao redor do mundo. O propósito expresso era o de enfrentar a ameaça soviética e proteger as nações livres do mundo de serem engolidas pelo Império Soviético.

Não obstante, o poderio militar dos Estados Unidos raras vezes foi utilizado — ou mesmo nunca — para apoiar governos e movimentos democráticos que, por sua natureza, ameaçavam os interesses imperiais americanos. Ao contrário, quando os militares americanos intervieram no exterior, tratava-se, via de regra, da derrubada de movimentos populares de libertação, em busca do direito à autogestão democrática, e para instalar ou proteger ditadores simpáticos aos interesses dos Estados Unidos. Os ditadores favorecidos, tanto por administrações republicanas, como democratas, após a Segunda Guerra Mundial, incluem Pinochet, no Chile, Somoza, na Nicarágua, Marcos, nas Filipinas, Suharto, na Indonésia, o xá do Irã, a família real saudita, e — até a Guerra do Golfo, em 1991 — Saddam Hussein, no Iraque.

Com o crescimento do poder econômico e militar dos Estados Unidos no pós-guerra, a plataforma imperial se tornou mais expansiva. Inicialmente, o foco estava no acesso à terra e aos recursos naturais. A nova plataforma incluía a dominação de mercados, culturas, finanças e tecnologia.

O novo colonialismo

O final da Segunda Guerra Mundial desencadeou um processo de gradual eliminação do colonialismo tradicional, baseado na ocupação militar. Os Estados Unidos inauguraram o uso da assistência externa, investimento e comércio para dominar as culturas, economias e governos de Estados patrocinados, por meio de meios menos abertamente violentos, mas com a ameaça da intervenção militar sempre pairando como pano de fundo. A implementação inicial da estratégia tinha como base as corporações globais, o FMI e o Banco Mundial. Logo depois, acordos regionais de comércio e a OMC tornaram-se seus instrumentos de preferência. Ao mesmo tempo, os Estados Unidos usavam seu poderio militar para dar suporte a regimes simpáticos a seus interesses imperiais e para derrubar aqueles que não os favoreciam.[34]

No período pós-Segunda Guerra, os Estados Unidos forneceram mais de 200 bilhões de dólares em assistência militar a cerca de 80 países para o treinamento, equipamento e sustento de mais de 2,3 milhões de soldados e membros de forças internas de segurança. Da mesma forma que o presidente Washington utilizara as tropas federais para debelar a Rebelião do Uísque, a responsabilidade primária dessas forças de segurança residia em garantir os interesses de elites, incluindo aqueles das corporações americanas face a distúrbios domésticos.

Os beneficiários da ajuda militar incluíram regimes notoriamente repressivos na "Turquia, Zaire, Chade, Paquistão, Marrocos, Indonésia, Honduras, Peru, Colômbia, El Salvador, Haiti, Cuba, sob o governo Batista, Nicarágua, no governo Somoza, Irã, sob o regime do xá, as Filipinas, sob Marcos, e Portugal, no governo Salazar". Além disso, os Estados Unidos financiaram e auxiliaram golpes militares contra "governos reformistas democraticamente eleitos na Guatemala, Guiana, República Dominicana, Brasil, Chile, Uruguai, Síria, Indonésia — no governo Sukarno —, Grécia, Argentina, Bolívia e Haiti". Os Estados Unidos ainda "participaram em ações encobertas ou delegaram a representantes mercenários guerras contra governos revolucionários em Cuba, Angola, Moçambique, Etiópia, Portugal, Nicarágua, Cambodja, Timor Leste e no Saara Ocidental". Empreenderam também ações hostis "contra governos reformistas no Egito, Líbano, Peru, Irã, Síria, Zaire, Jamaica, no Iêmen do Sul e nas Ilhas Fiji".[35] Somente após 1961, os Estados Unidos já se envolveram em ações militares abertas no Vietnã (1961-1973), no Líbano (1982-1984), Granada (1983), Líbia (1986), Panamá (1989), Kuwait/Iraque (1990-1991), Somália (1992-1993), Haiti (1994), Bósnia (1995), Kosovo (1999), Afeganistão (2001-) e Iraque (2003-).[36]

Contrariamente às opiniões de comentaristas historicamente contestados, o ataque militar preventivo dos Estados Unidos ao Iraque em 2003 estava distante de representar a ocasião inaugural em que os Estados Unidos lançavam um primeiro ataque unilateral e uma invasão preventiva a outro país. Os Estados Unidos têm um longo histórico de serem os primeiros a atacar unilateralmente, e com finalidades questionáveis, pequenas nações de poder militar inferior. Algumas dessas guerras foram escaramuças menores. Outras, como a ocupação das Filipinas e a presente guerra no Iraque, representam invasões de grande escala e que cobraram altos custos em vidas e dinheiro. Muitas delas serviram para apoiar ditadores brutais; poucas vezes fizeram avançar uma causa democrática.

O endividamento externo: uma arma de destruição em massa

Conforme observado em capítulos anteriores, o endividamento há muito tem sido um dos instrumentos preferidos pelos quais os privilegiados utilizam seu controle do acesso ao dinheiro para apropriarem-se dos recursos dos crédulos e desesperados. Durante o período de sua expansão pós-Segunda Guerra, os Estados Unidos inauguraram a transformação da assistência ao desenvolvimento, por meio da concessão de crédito, em uma arma de destruição em massa para seduzir governantes corruptos, gerar lucros para corporações americanas e para deixar os países "assistidos" sob a mão de ferro dos credores internacionais. Esta história extraordinária encontra-se detalhada em *Confessions of an Economic Hit Man*,* de John Perkins. Economista-chefe de uma grande empresa internacional de consultoria econômica, sua tarefa era gerar e defender projeções econômicas grosseiramente infladas para justificar projetos megalomaníacos de infraestrutura financiados com empréstimos impossíveis de serem pagos do Banco Mundial e outros credores estrangeiros.[37]

Fazer empréstimos impagáveis a governos estrangeiros pode parecer coisa de idiota. O dinheiro, entretanto, fluía diretamente para as contas de bem relacionadas companhias americanas de construção e energia, como a Bechtel e a Halliburton, que erguiam a infraestrutura. O perpétuo endividamento dessas nações dava às instituições financeiras globais poder de controle sobre sua política e recursos econômicos. A inflacionada infraestrutura, por sua vez, subsidiava as operações de corporações internacionais de mineração, propriedades agrícolas e plantas fabris internacionais. Esses empréstimos e contratos criavam oportunidades de lucrativas propinas a ditadores corruptos que serviam aos interesses americanos, e alinhavam essas nações aos Estados Unidos em votações cruciais na ONU. As classes dominantes das nações devedoras, que se beneficiavam em termos políticos e financeiros, raramente levantavam qualquer objeção. O povo, que sofria as consequências — incluindo suas futuras gerações —, não tinha direito à voz. Os custos humanos e ambientais foram inimagináveis.

A maioria dos envolvidos cria na retórica ideológica que usavam para justificar tudo como uma missão sagrada. Outros, como Perkins, treinados e recompensados para fabricar e defender as mentiras que tornavam esses programas em armas de destruição em massa, sabiam exatamente a verdadeira natureza e propósito de seu trabalho, conforme deixa claro seu relato.

---

* *Confissões de um assassino econômico*, São Paulo, Cultrix, 2005. (N.T.)

A Constituição Americana deu início ao primeiro grande experimento moderno na substituição das monarquias hereditárias por líderes eleitos, assegurando ainda liberdade de culto e pensamento por meio da separação entre igreja e Estado. Essas conquistas representaram uma contribuição seminal para vergar o arco da história na direção da democracia e da Comunidade da Terra. Não obstante, a ideia de que os arquitetos da Constituição Americana criaram um governo que assegurava às pessoas comuns o ideal democrático da soberania popular é simplesmente uma grande vitória sobre a realidade de uma imagem construída para o público.

Uma vez conquistada a independência, as elites coloniais, que se haviam imiscuído para ganhar controle daquilo que fora um processo de rebelião auto-organizado, voltaram suas atenções para garantir seu domínio das instituições de governo. Foram postos de lado os direitos humanos, que haviam sido cuidadosamente delineados na anterior Declaração de Direitos Coloniais, e o princípio de que todos os homens nascem iguais e desfrutam de um natural direito à vida, à liberdade e à busca da felicidade, tão elegantemente articulado na Declaração de Independência. O foco mudou para que se garantissem os direitos dos industriais, banqueiros e escravocratas proprietários de plantações, e para assegurar que os poderes do governo permaneceriam nas mãos de homens brancos abastados. O Império se metamorfoseou mais uma vez, mas permaneceu fiel ao princípio organizacional essencial da dominação. O que os fundadores fizeram surgir pode ser melhor descrito como uma plutocracia constitucional com uma plataforma de expansão imperial.

Quase todo americano reconhece que os Estados Unidos são uma superpotência. Dar-se conta de que somos uma potência imperial soa menos confortável, pois contradiz nosso conceito a respeito de nós mesmos como uma nação democrática e como um farol global da liberdade. Os fatos de nossa história, entretanto, tornam dolorosamente claro que a expansão imperial para a dominação de outros povos e para nos apropriarmos de seus recursos foi parte fundamental, através da história, da política exterior e doméstica de nossa nação. Trata-se da clássica solução imperial para o problema das tensões domésticas resultantes da injustiça de uma divisão extrema da sociedade entre pessoas que têm e pessoas que trabalham.

Nossos predecessores, que colonizaram a estreita porção de terra ao longo da Costa Leste da América do Norte, tomaram-na por meio da força e do engodo de seus habitantes indígenas; importaram escravos raptados na África para trabalhar a terra; quando consideraram que ela era insuficiente para suas necessidades, embarcaram em uma expansão imperial para o Oeste para se apropriarem na marra de toda a terra dos nativos e de mexicanos dali até o Oceano Pacífico, desalojando ou matando seus habitantes originais à medida que avançavam.

Lançando-nos para além de nossas próprias fronteiras, convertemos ditaduras cooperativas em Estados patrocinados, dando às suas classes dominantes uma escolha entre alinharem-se a nossos interesses políticos e econômicos e dividirem o butim, ou serem eliminadas pela força militar. Após a Segunda Guerra Mundial, quando os formatos clássicos de colonialismo se tornaram inaceitáveis, voltamo-nos para o endividamento internacional e posteriormente aos acordos de comércio como nossos instrumentos preferidos para o controle imperial. Os acordos abriram as economias estrangeiras ao controle e posse direta das corporações transnacionais.

Conforme deixa claro nossa história, a democracia não é um presente concedido pelos benevolentes detentores do poder. Aqueles a quem ela é negada, só a conquistam por meio de organização e luta continuada.

CAPÍTULO 12

A luta por justiça

> *Tenho um sonho de que um dia esta nação se erguerá e tornará real o verdadeiro significado de seu credo: "Consideramos estas verdades como evidentes por si mesmas, que todos os homens foram criados iguais."*[1]
>
> Martin Luther King Jr.

Os humanos de forma muito comum confinam ao reino do inconsciente aqueles aspectos de sua personalidade que a mente consciente nega por desafiarem uma autoimagem que valorizamos. O psicanalista Carl Jung se referia a esses aspectos negados da personalidade como a "sombra". A efetivação do pleno potencial de nosso ser demanda a conscientização e cura da dor subjacente à negação.

O mesmo vale para nações e indivíduos. Nós, americanos, tendemos a confinar no inconsciente coletivo — por demasiado dolorosas e contrárias à nossa autoimagem nacional para as assimilarmos — tanto as histórias da expansão imperial dos Estados Unidos, como as histórias da repressão aos não-brancos, mulheres e membros da classe trabalhadora dentro de nossas próprias fronteiras. Não se trata apenas de uma negação da injustiça de que somos cúmplices, mas também da realidade do Império e da perturbadora verdade de que nossa nação não é — nem nunca foi — uma democracia. Para atingirmos a democracia que é parte central de nossa autoimagem nacional, devemos primeiro reconhecer que nunca a tivemos.

Fazemos lento progresso como nação rumo à conquista da liberdade e justiça para todos somente por meio das longas e difíceis lutas dos excluídos. Conhecê-las é reconhecer tanto o progresso logrado, como a magnitude do desafio que ainda resta.

PALAVRAS QUE SE RECUSAM A MORRER

A Constituição dos Estados Unidos ficou longe de garantir a todos a promessa dos direitos inalienáveis à vida, à liberdade e à busca da felicidade. Ainda assim, as audaciosas palavras da Declaração de Independência se recusaram a morrer e continuam ainda hoje a inspirar aqueles que desejam tornar a promessa uma realidade.

A declaração dizia: "Todos os homens são criados iguais." Não se falava apenas de homens brancos ou homens de posses. Se todos os homens, por que não todas as mulheres? Tais perguntas inspiraram uma série de lutas, cada uma delas dando contribuições históricas para impulsionar os Estados Unidos e o mundo na senda rumo à democracia madura da Comunidade da Terra — uma jornada que segue ainda hoje longe de se completar.

Abolindo a escravidão

Frederick Douglas, Sojourner Truth, Harriet Tubman, Nat Turner e David Walker foram alguns dos negros livres que se manifestaram abertamente, com risco de sua vida e liberdade, para mobilizar a resistência contra a instituição da escravidão.[2] Bravos aliados brancos de uma madura consciência democrática compartilhavam sua indignação e se juntaram à luta. Os quacres, em Germantown, Pensilvânia, condenavam a escravidão já em 1688. O puritano de Boston Samuel Sewall publicou o primeiro manifesto abolicionista dos Estados Unidos, *The Selling of Joseph*, em 1700. William Lloyd Garrison fundou *The Liberator*, em 1831, um jornal dedicado a angariar apoio público à abolição. *A Cabana do Pai Tomás*, de Harriet Beecher Stowe, publicado em 1851, foi um dos livros mais influentes da história.[3] No final, seria necessária a Guerra Civil para dar cabo à escravidão legalmente sancionada nos Estados Unidos e conceder aos homens negros plena cidadania e direito ao voto — um reconhecimento legal de sua humanidade, que continuaria a ser negada a mulheres de qualquer raça.

Os negros eram tecnicamente livres, mas os brancos eram donos da terra e controlavam os empregos de que os negros dependiam para sobreviver. Prosseguindo com o padrão imperial, os direitos do capital continuavam a prevalecer sobre os direitos do trabalho, com os agiotas adentrando a arena para o abate. Acordos de arrendamento de terras descaradamente injustos empurravam os negros para dívidas que se tornavam um instrumento de servidão, a um passo apenas do retorno de fato à escravidão.[4]

Opressão e terror prevaleceram até que o movimento dos direitos civis da segunda metade do século XX conquistasse uma transformação cultural importante, ainda que parcial, nas relações raciais, calçando-a com sanções legais contra aqueles que abertamente negassem aos afro-americanos seus direitos civis básicos.

Garantir os direitos civis para os não-brancos

O moderno movimento de direitos civis nasceu em Montgomery, Alabama, quando Rosa Parks, uma costureira de meia-idade e antiga líder ativista da National Association for the Advancement of Colored People (NAACP), foi presa em 1º de dezembro de 1955 por se recusar a ceder seu assento a um branco. O êxito do boicote subsequente aos ônibus, liderado pelo reverendo Martin Luther King Jr., fez emergir um senso de orgulho e possibilidade nas comunidades negras em todo o país, inspirando onda após onda de protestos — e por várias vezes represálias mortais dos brancos. À medida que a consciência da injustiça da segregação se espalhava, milhares de brancos animaram-se a unir-se aos negros em sua luta. A pressão política resultante levou à Lei dos Direitos Civis de 1964, que proibiu "discriminação com base em raça, cor, sexo, religião e origem nacional no registro eleitoral, em empregos, na educação pública e em acomodações públicas".[5]

O troco dos brancos se tornava crescentemente letal, levando a que muitos líderes negros questionassem se seria realmente possível, ou mesmo desejável, a integração pacífica à corrente principal da sociedade. O ódio dos negros encontrava expressão em rebeliões urbanas cada vez mais violentas, incluindo a Rebelião de Watts, em agosto de 1965, onde foram mortas 34 pessoas, feriram-se quase mil, e mais de 4 mil foram presas. Os corajosos apelos de King pela não violência encontravam ouvidos cada vez mais moucos. À época de seu assassinato, em 4 de abril de 1968, o movimento começava a perder força, à medida que o FBI se infiltrava, de forma cada vez mais agressiva, desestabilizando e desacreditando grandes grupos de direitos civis.[6]

Dentro dos amplos limites permitidos pelas instituições imperiais prevalecentes, o movimento dos direitos civis transformou a autoimagem dos afro-americanos, colocou a questão das relações raciais no centro da consciência nacional e removeu muitas das manifestações mais abertas de discriminação racial. Assim como na própria Revolução Americana, o ímpeto da mudança emergiu da asserção de direitos buscada pelos oprimidos.

Ainda que prossigamos distantes da realização do sonho de King, de uma sociedade multirracial igualitária e livre, as conquistas dos movimentos de direitos civis foram um passo fundamental na concretização desse ideal democrático. Mais ainda, elas inspiraram muitos movimentos democráticos que se seguiram, impulsionando uma mudança cultural ainda em curso rumo às relações de parceria da Comunidade da Terra.

Igualdade para as mulheres

O movimento pelos direitos iguais para as mulheres tem profundas raízes no movimento de abolição da escravidão racial. Rapidamente, um grupo de mulheres visionárias se deu conta de que a eliminação da escravidão racial era um necessário primeiro passo rumo à eliminação da escravidão com base em gênero. Desta forma, quando em janeiro de 1828, Angelina Grimké se tornou a primeira mulher a fazer uso da palavra diante de uma casa legislativa nos Estados Unidos, seu objetivo era apresentar à Corte Geral de Massachusetts uma petição antiescravidão assinada por 20 mil mulheres.[7]

Uma crítica inflexão no ativismo feminista ocorreu em 1840, quando a maioria masculina da Convenção Antiescravidão, em Londres, impediu a participação das mulheres nas discussões. As guerreiras feministas antiescravidão Lucretia Mott e Elizabeth Cady Stanton ficaram tão enfurecidas que decidiram voltar suas atenções a uma demanda direta pelos direitos das mulheres. Stanton organizou a primeira Convenção Americana dos Direitos das Mulheres, em Seneca Falls, Nova York, em julho de 1848, que emitiu sua própria Declaração de Independência, principiando com as palavras: "Consideramos estas verdades como evidentes por si mesmas, que todos os homens e mulheres foram criados iguais."[8]

Em 1920, a ratificação da 19ª Emenda finalmente assegurou o sufrágio feminino nos Estados Unidos. Infelizmente, entretanto, ela não dava às mulheres mais dignidade do que as emendas constitucionais anteriores já haviam garantido a homens negros.[9]

Uma segunda onda de feminismo emergiu na década de 1960, impulsionada pelo livro de Betty Friedan, *The Feminine Mystique*, e pela experiência de mulheres ativistas dos direitos civis e outros movimentos de libertação da época. Friedan despertou uma nova consciência em relação ao caráter social da construção pelos homens de limitados papéis femininos, de forma a assegurar sua posição de dominação, bem como por publicitários, engajados na criação de uma demanda por produtos frequentemente frívolos para uma economia em crescimento. O resultado da segunda onda de feminismo foi uma revolução cultural que segue transformando as relações entre homens e mulheres e desafiando, ao redor do mundo, as estruturas sociais subjacentes ao sexismo.

Cidadania para os cidadãos originais

Um dos mais sombrios dos sombrios capítulos da história imperial americana diz respeito à sorte dos povos nativos americanos, contra quem os colonizadores americanos de origem europeia empreenderam uma campanha de genocídio para expropriar suas terras e destruir suas culturas. Massivas ondas de imigração europeia alimentaram um explosivo crescimento populacional na nova nação, que cresceu de estimados 4 milhões de pessoas, em 1790, para 31 milhões, em 1860. A expansão territorial acompanhava a par e par. A nova nação ocupava um território de 1,4 milhão de quilômetros quadrados, em 1790. Quando se completou a expansão rumo ao Oeste, no Pacífico, em 1853, os Estados Unidos continentais abrangiam 4,8 milhões de quilômetros quadrados.[10] Aquilo que para os imigrantes europeus foi uma experiência de liberdade, expansão, prosperidade e oportunidade, para os nativos americanos que atravessaram seu caminho representou uma experiência de tirania, retração, pobreza e confinamento.

Inicialmente, os povos nativos americanos — versados nos valores e modos da Comunidade — buscaram uma acomodação junto àqueles que, a princípio, haviam recebido como seus convidados de honra. Versados nos valores e modos do Império, os convidados responderam com impiedosa enganação — a repetição sem fim da história do desembarque de Colombo.

À medida que os Estados Unidos usurpavam cada vez mais as terras indígenas na implacável marcha para o Oeste, a resistência dos nativos crescia. Ela foi ao cabo, entretanto, suplantada pela absoluta magnitude da imigração e pelo poder de fogo superior das forças armadas americanas. Reduzidos a um décimo de seu número, desde os dias do início da invasão, os povos nativos que sobraram foram confinados a reservas em fragmentos isolados de terras que os europeus consideravam de pouco ou nenhum valor. Mesmo então, prosseguia a pressão para a apropriação daquilo que restava de terras nativas e para a assimilação da população indígena remanescente à cultura europeia. No período entre 1946 e 1960, as tribos indígenas perderam mais 13,3 mil quilômetros quadrados em territórios.[11]

Muitas das culturas nativas americanas, que aqueles de ascensão europeia tentavam destruir, propiciaram expressão muito mais grandiosa aos ideais iluministas de liberdade, democracia e dignidade humana que qualquer cultura europeia até então e mesmo em nossos dias. Muitos povos nativos prosseguem ainda hoje como repositórios da sabedoria ancestral daqueles que viveram em Comunidade, retendo uma memória de possibilidades humanas negadas pelo Império. Aqueles cuja posição destacada se origina na impiedosa injustiça do Império têm boas razões para considerar essa memória como uma ameaça a seus privilégios.

Foi somente em 1924 que os nativos americanos conquistaram, por meio de suas lutas, uma lei federal concedendo-lhes plena e automática cidadania no território que um dia lhes pertencera. Em 1978, o Congresso Americano aprovou a Lei da Liberdade Religiosa Indígena Americana, assegurando aos povos indígenas o direito à prática de suas religiões tradicionais.[12] Finalmente, a cidadania fora restaurada aos cidadãos originais da América do Norte que, num mundo mais justo, deveriam ter decidido quem entre os visitantes europeus, e em que termos, poderia se qualificar como cidadão das primeiras nações já existentes no continente.

AS LUTAS DAS CLASSES MÉDIA E TRABALHADORA

Aristóteles, Thomas Jefferson e Adam Smith compartilhavam o reconhecimento imputado, para uma sociedade estável e democrática, a uma classe média forte, composta de proprietários rurais independentes e de artesãos que detivessem seus instrumentos de produção. Uma sociedade fundada numa classe média proprietária, onde as mesmas pessoas que detêm os ativos produtivos fornecem o trabalho que os faz produzir, é a antítese do Império e um pilar essencial da Comunidade da Terra.

Nos períodos imediatamente anterior e posterior à Revolução, a maior parte dos homens brancos livres vivia como proprietário rural independente, mercador e artesão de meios modestos, porém adequados. Eles abriram o caminho para a Revolução Americana, exigiram o acréscimo da Carta de Direitos à Constituição, e mantinham vigilância sobre a emissão de provisões corporativas. Com isso, representavam uma ameaça aos planos imperiais da classe regente doméstica, que se uniu para reduzir os novos ricos à servidão.

Erodindo a classe média

Com o crescimento da população e dos mercados, os capitalistas mercadores da Nova Inglaterra, que haviam construído suas frotas e fortunas por meio do corso, da escravização e da especulação na guerra, capitalizaram sobre a demanda crescente por bens manufaturados, importando produtos baratos da Inglaterra para sobrepujar os preços de artesãos locais independentes, levando-os à falência. Forçados ao assalariamento, esses artesãos não tinham outra escolha que não vender seu trabalho para os detentores de concentrações maiores de capital, conforme os termos que estes ofereciam.

Quantidades crescentes de agricultores brancos no Nordeste sofreram destino similar, inviabilizando-se sua agricultura familiar pela escassez de terras, por dívidas e pela competição com a agricultura do Meio-oeste. A expansão para o Oeste propiciou uma válvula de segurança para os destituídos até o fechamento da fronteira de terras no Oeste em 1860. Conforme observado no capítulo 11, entretanto, logo se seguiram os banqueiros, e os proprietários rurais se viram novamente cativos de um sistema que os levava a hipotecar suas terras, como forma de garantir empréstimos que não tinham como quitar.[13] A frustração resultante fez emergir rapidamente, nos anos 1890, um movimento agrário popular que combatia as causas estruturais mais profundas da injustiça econômica e que, por algum tempo, se tornou uma potente força no campo. Liderado essencialmente por famílias de agricultores proprietárias de terras, o movimento não foi capaz de superar a cisão entre brancos e negros ou entre famílias donas de terras e trabalhadores rurais sem terra. Seu Partido do Povo teve êxito curto, acabou absorvido pelo Partido Democrata, e o movimento desapareceu.[14]

Os destituídos que não se sentiam atraídos pelas concessões públicas de terras procuravam trabalho nas minas, fábricas e na construção, onde comumente se demandavam turnos de doze a catorze horas, seis dias por semana, com folgas dominicais para o comparecimento à igreja. Mulheres que não eram sustentadas por um marido se tornavam trabalhadoras domésticas ou em tecelagens. Trabalhadores domésticos praticamente não dispunham de tempo livre. Os trabalhadores de qualquer sexo não possuíam quase nenhum direito, e os patrões pressionavam constantemente por mais produção a remunerações ainda menores.[15] Quanto maior a monopolização dos ativos produtivos pelos endinheirados, menores as opções disponíveis ao operariado e maior a vantagem em termos de poder dos donos do capital, aprofundando assim as clássicas relações assimétricas de poder do Império.

O recurso disponível era o mesmo que se utilizara contra o mando britânico: a organização. Os primeiros a lográ-la foram artesãos brancos, aqueles que detinham mais recursos e opções e ainda mantinham um pé na classe média.

Em 1827, um conjunto de sindicatos de artesãos na Filadélfia formou a Mechanics' Union of Trade Associations. Federações semelhantes se formaram em 13 cidades, entre 1833 e 1836, coordenando seus esforços através da Federação Nacional de Associações de Trabalhadores, fundada em 1834. Elas patrocinavam jornais trabalhistas, apoiavam greves, organizavam outros trabalhadores e se articulavam politicamente em busca de reformas que incluíssem a melhoria da educação pública, a eliminação do serviço miliciano compulsório e a revogação de restrições legais à formação de sindicatos de trabalhadores. Sua causa principal era a demanda pela redução para 10 horas da jornada diária.[16]

Os empregadores responderam com a demissão e a criação de listas negras para líderes sindicais, e com processos judiciais contra os sindicatos sob a acusação de conspiração criminosa para a violação de seus direitos constitucionais. Em 1835, a Corte Suprema do Estado de Nova York considerou os sindicatos e as greves ilegais nos termos da legislação sobre conspiração. O tribunal, dessa forma, confirmou a legalidade da organização dos patrões para negarem aos trabalhadores direitos básicos, ao mesmo tempo que afirmava que a organização dos trabalhadores para a defesa de seus direitos incorria em uma conspiração ilegal para restringir os negócios e as benéficas forças do livre mercado.[17]

Os trabalhadores replicaram passando das greves a esforços em torno de petições para conquistar legisladores para sua causa e à mobilização de eleitores em apoio a candidatos simpáticos a suas reivindicações, que incluíam a jornada de 10 horas e a distribuição de terras públicas para assentamentos, de forma a reduzir o desemprego e a pressão sobre os salários. As casas legislativas rapidamente cederam às pressões de trabalhadores pela aprovação de leis em relação às jornadas de trabalho. Na mesma velocidade, entretanto, e frequentemente com o apoio de juízes simpáticos a seus interesses, os empregadores descobriram e passaram a explorar lacunas na lei para evitá-las.[18]

O crescente poder da propriedade

Com a expansão do país e das ferrovias, vastas porções da terra expropriada dos povos nativos americanos pelo governo por meio da força das armas foram doadas a corporações ferroviárias, como incentivo para a rápida extensão de suas redes em direção a terras recentemente abertas à colonização branca. As ferrovias, por sua vez, as vendiam a interesses empresariais florestais, do agronegócio e da mineração.

As corporações somaram esse golpe de sorte aos lucros advindos da especulação durante a Guerra Civil para criar grandes aglomerações de capital financeiro, numa época em que novas tecnologias energéticas se apresentavam para substituir a força exclusivamente muscular do trabalho pela dos combustíveis fósseis. A perda de empregos resultante dessa conversão, combinada com o rápido crescimento populacional, gerou um significativo excedente de trabalhadores e uma correspondente pressão de achatamento sobre os salários, que aumentou ainda mais os lucros e a influência de grandes industriais.

Em 1860, os Estados Unidos ocupavam o quarto lugar, atrás do Reino Unido, da França e da Alemanha, no valor de sua produção industrial. Em 1894, haviam galgado à primeira posição, com uma produção de bens manufaturados maior que o dobro da produção inglesa, seu rival mais próximo. À medida que as corporações industriais se tornavam ainda mais poderosas, a esperança de justiça econômica para a classe trabalhadora sofria um correspondente declínio.[19]

O poder das corporações sobre os operários aumentou ainda mais em função de uma recessão econômica que levou a amplo desemprego e fome. Os empregadores impuseram profundos cortes salariais que espalharam crescente ressentimento.

Em 1877, esse ressentimento culminou na grande greve ferroviária. Por todo o país, negros e brancos, mulheres e homens, se juntaram solidariamente para bloquear o transporte ferroviário e fechar portos, o trânsito de navios e fábricas, em algo que se aproximou de uma greve nacional. Os governos federal e estaduais sem hesitação se colocaram ao lado das corporações. Sob o comando das ferrovias, as milícias foram chamadas. Quando unidades de milícias estaduais se recusaram a atirar em seus vizinhos, tropas federais se apresentaram, disparando contra as multidões e efetuando prisões até que a plutocracia novamente afirmasse seu controle.[20] Mais uma vez, as tropas federais eram usadas para assegurar a tranquilidade doméstica, conforme definido pela classe proprietária.

Fiéis à intenção original, os tribunais, caso após caso, se colocaram ao lado da classe dominante. A Suprema Corte, de forma consistente, manteve decisões de cortes estaduais, anulando leis que limitavam as horas de trabalho de empregados, estabeleciam salários mínimos ou restringiam de outras maneiras os direitos dos empregadores.[21] Em virtualmente todos os setores, o poder do dinheiro prevaleceu sobre o poder do povo. Todas as forças formadoras de opinião — a imprensa, as escolas e igrejas — se alinhavam aos interesses do dinheiro.[22] Os barões da riqueza e da consciência imperial, calcados numa visão darwiniana do progresso humano, se enxergavam como instrumentos de uma grande missão religiosa ordenada por Deus. Priscilla Murolo e A. B. Chitty resumem a questão:

Andrew Carnegie, o magnata do aço, escreveu em 1889 que o "individualismo, a propriedade privada, a lei da acumulação de riqueza e a lei da competição" eram "o mais elevado resultado da experiência humana". John D. Rockefeller, o potentado do petróleo e da mineração, declarou, numa palestra a alunos de escola dominical, que "o crescimento de um grande negócio representa simplesmente a sobrevivência dos mais aptos [...] Esta não é uma tendência maléfica dos negócios [...] mas simplesmente o trabalho de uma lei da natureza e de uma lei de Deus". William Graham Summer, professor de Ciência Social e Política em Yale e um lacaio favorito dos ricos, opinou que "os milionários são produto da seleção natural, que age sobre toda a sociedade para escolher aqueles que atendem aos pré-requisitos".[23]

Os milionários construíam mansões e casas de verão ostentadoras espelhadas em castelos europeus, enquanto os menos afortunados acabavam sem lar e revirando o lixo em busca de migalhas. O desprezo dos poderosos pela classe trabalhadora era exemplificado pela famosa arrogância de Jay Gould, cujo Império incluía diversas linhas de vapores, a Western Union Telegraph Company e numerosas ferrovias: "Posso contratar metade da classe trabalhadora para matar a outra metade", proclamava ele.[24] Gould podia ter razão em relação à sua metade da força de trabalho, mas a outra metade, que ele não podia contratar, continuava se organizando com impressionante solidariedade entre homens, mulheres, brancos e negros, mesmo diante da violenta repressão pelos tribunais, forças privadas de segurança e tropas federais.

Da mesma forma que haviam respondido à Rebelião de Bacon, os empregadores utilizavam cada oportunidade para explorar as divisões entre homens e mulheres, e entre brancos e negros. O trabalho se provou mais forte quando logrou manter a solidariedade entre operários, independentemente da raça, do gênero e do ramo de ocupação.

Democratas do trabalho versus plutocratas do trabalho

A mais poderosa organização trabalhista do período pós-Guerra Civil foi a Cavaleiros do Trabalho, formada em 1869, na Filadélfia, como uma entidade secreta de trabalhadores em confecções. De convicções populares profundamente inclusivas, os Cavaleiros recebiam todas "as classes produtivas" em seus quadros, incluindo donas de casa, agricultores, clérigos, comerciantes e profissionais liberais; aceitava até mesmo empregadores, se houvessem se originado da classe assalariada e tratassem seus empregados com dignidade. Somente advogados de corporações, banqueiros, negociantes de ações, apostadores profissionais e comerciantes de bebidas eram sumariamente excluídos. Os Cavaleiros cresceram a ponto de se tornarem uma força significativa com uma abrangente plataforma de reformas voltadas à transformação do sistema, que incluíam um imposto salarial progressivo, a abolição do trabalho infantil, compensações trabalhistas, a jornada de oito horas e a propriedade pública das ferrovias. A entidade também abraçou um programa de democratização econômica, organizando minas e fábricas como cooperativas de trabalhadores.[25]

Com a deterioração ainda maior das condições econômicas do trabalho, as greves se tornavam mais frequentes e as confrontações, mais violentas. A polícia disparava contra os grevistas e prendia seus líderes. Quatro líderes trabalhistas foram enforcados com base em acusações que muitos creem terem sido forjadas. Ao fim e ao cabo, o poder de fogo militar e policial do Estado restabelecia a tranquilidade doméstica para os barões do crime corporativo. Com o desaparecimento dos Cavaleiros, a Federação Americana do Trabalho (AFL) surgiu para substituí-la.[26]

A AFL, menos abrangente em suas filiações e com um foco mais estreito em termos de objetivos, estava somente interessada em organizar trabalhadores mais qualificados, de forma a conquistar para eles uma fatia maior do bolo, por meio da negociação de contratos favoráveis; não tinha qualquer interesse em trabalhadores menos qualificados, mulheres, afro-americanos e novos imigrantes, ou ainda em questões de políticas públicas.[27]

Enquanto os Cavaleiros encarnavam mais as qualidades de um movimento social auto-organizado, a AFL criou uma superestrutura institucional de negociadores profissionais e organizadores com o clássico fosso imperial entre sua própria administração e os operários que professava defender. Funcionando essencialmente como uma corporação no negócio de fornecimento de trabalho por contrato a outras corporações, os líderes da AFL não sentiam desconforto diante do sistema estabelecido de poder, se moviam com facilidade pelos círculos da plutocracia e negociavam acordos de compadres com empregadores mediante propinas. Com um controle substancial do acesso a empregos para os trabalhadores, os quadros da AFL cresceram rapidamente nas décadas de 1890 e 1900, mesmo com as corporações continuando a minar o poder dos sindicatos e com a Suprema Corte firme ao lado dos patrões.

Em 1905, trabalhadores de inclinação política mais radical formaram a organização Trabalhadores Industriais do Mundo (IWW), como um contrapeso à AFL. Em contraste com esta, essencialmente alinhada à causa capitalista, a missão declarada da IWW era a de suplantar o sistema capitalista. Popularmente conhecida como "os Wobblies", a IWW esteve no centro do ativismo trabalhista no começo do século XX. Ela cuidava de afro-americanos, trabalhadores de baixa qualificação e novos imigrantes, perseguindo um amplo programa de reforma social e ameaçando o sistema. Seus membros odiavam a mais conservadora AFL quase tanto quanto o capitalismo.[28]

A agitação trabalhista dessa época evoluiu para uma maciça greve de mineradores, em 1913, contra a Colorado Fuel & Iron Company, que terminou com uma ampla derrota para os trabalhadores, quando guardas da companhia e milicianos estaduais dispararam contra os grevistas com metralhadoras e atearam fogo a seu acampamento. Quando voltaram ao trabalho, 69 mineradores e membros de suas famílias haviam sido assassinados.[29]

O excesso capitalista e a Grande Depressão

Na década de 1920, as administrações republicanas de Warren Harding, Calvin Coolidge e Herbert Hoover, apoiadas por um Congresso de maioria republicana, levaram a novos extremos, para aquela época, a influência corporativa sobre o governo. A presidência de Harding ficou famosa por subornos e corrupção, pela venda fraudulenta de propriedades públicas e pela pilhagem de bens de povos nativos americanos. Coolidge reduziu o imposto de renda dos ricos pela metade e cortou de forma significativa o imposto sobre heranças. Hoover deu suporte à expansão de corporações dos Estados Unidos para mercados estrangeiros. Essas administrações promoveram empréstimos a governos de outros países, de forma a criar mais mercados para corporações americanas e com frequência enviaram tropas para proteger investimentos internacionais corporativos na China, Haiti, Honduras e Nicarágua.[30]

A desigualdade cresceu rapidamente nos anos 1920. Grupos privilegiados, incluindo trabalhadores mais qualificados em setores sindicalizados, em geral progrediram. A maioria dos trabalhadores, entretanto, auferiu pouco ou nada da explosão de prosperidade e muitos enfrentavam salários cada vez mais achatados. A extorsão de trabalhadores se tornou comum nos setores ligados à construção, e a Máfia tomou o controle de alguns sindicatos locais para atacar suas reservas financeiras e vender "seguros contra greves" a empregadores.[31]

Os trabalhadores não ganhavam o suficiente para adquirir os bens produzidos por uma economia superaquecida. A fraude e a especulação cresciam desenfreadas nos mercados financeiros desregulados. Os excessos do materialismo, da corrupção política, da especulação e das fraudes financeiras não mais se sustentaram. A ilusão se evaporou e a nação foi atingida pelo colapso econômico de outubro de 1929, que fez emergir a Grande Depressão.

UM NOVO ACORDO

Eleito por uma avalanche de votos com uma plataforma reformista visionária, um patrício nova-iorquino chamado Franklin D. Roosevelt assumiu a presidência em 4 de março de 1933, no fundo do poço da Grande Depressão. Seu alardeado compromisso era o de salvar o capitalismo de si mesmo. Logo ao assumir ele começou a implementar um programa de reformas regulatórias para limitar os piores excessos do capitalismo e revitalizar a economia por meio do aumento do poder aquisitivo da classe trabalhadora. Roosevelt imediatamente apertou a regulação pública sobre os bancos e mercados financeiros, implementou programas de obras públicas para a geração de empregos, financiou programas de socorro que levaram assistência a um quinto da população nacional e aprovou legislação assegurando o direito dos trabalhadores para se organizarem e negociarem coletivamente.[32] As ações de Roosevelt energizaram o operariado e chocaram seus correligionários, que o denunciaram como um traidor da classe.

Nivelando o campo de jogo

Ainda que o Governo Federal acabasse se mostrando incapaz de fiscalizar o cumprimento de seus próprios direitos trabalhistas diante do desrespeito de plutocratas corporativos, Roosevelt, diferentemente de presidentes anteriores, se recusou a enviar tropas para lutar ao lado das corporações. Isso fez toda a diferença. A filiação aos sindicatos explodiu e em toda a parte os operários faziam greves por melhores salários e condições de trabalho.

As corporações responderam mobilizando o suporte de grupos de ódio como a Ku Klux Klan para "salvar os Estados Unidos dos radicais trabalhistas", contrataram gangues de capangas para atacar membros de sindicatos, iniciaram campanhas de relações públicas para denunciar como comunistas líderes trabalhistas, e convocaram polícias locais e unidades da guarda nacional para conter os grevistas. Os exageros dos industriais conseguiram levar a opinião pública para o lado dos trabalhadores, reforçando a base e decisão política de Roosevelt.

Em 1935, Roosevelt deu início ao segundo New Deal, calcado numa parceria com os trabalhadores. Ele incluía a previdência social, seguro desemprego nacional, substanciais aumentos de impostos para as corporações e pessoas ricas, e ações antitruste para romper monopólios corporativos. Reeleito em 1936 com forte apoio sindical concorrendo contra um republicano pró-empresariado, Roosevelt conquistou mais de 60% do voto popular, vencendo em todos os Estados, à exceção de Maine e Vermont. Agressivas campanhas organizativas aumentaram a filiação a sindicatos de 3,6 milhões de membros, em 1935, para 8,7 milhões, em 1940.

O sentimento direitista se reforçava entre os líderes empresariais no período entre 1938 e 1940. Muitos deles expressavam aberta simpatia pelo fascismo alemão e italiano. Henry Ford e James Watson, presidente da IBM, aceitaram condecorações nazistas. Grandes corporações formaram o America First Committee, para se opor à intervenção contra Hitler. Um antigo presidente da Associação Nacional de Fabricantes sugeriu que "os negócios americanos poderiam ser forçados a se voltarem a alguma forma de ditadura fascista disfarçada", e a associação distribuiu 2 milhões de cópias de um panfleto intitulado "Junte-se à CIO* e ajude a construir uma América Soviética".[33]

A ascensão da classe média

Em 7 de dezembro de 1941, os japoneses lançaram um ataque aéreo de surpresa sobre a frota americana, em Pearl Harbor, no Havaí. Uma nação subitamente unificada se mobilizou para derrotar um inimigo comum. Com o despejo de dinheiro sobre a indústria de defesa, foi criada a mais poderosa força militar e industrial que o mundo já vira, parcialmente custeada pelo aumento de alíquotas marginais de impostos sobre os ricos. A economia disparou, os lucros corporativos decolaram com os contratos governamentais baseados em taxas fixas de lucro sobre os custos de produção, e o desemprego generalizado foi substituído por crítica escassez de mão de obra.

Os sindicatos mantiveram sua promessa de não entrar em greve durante o período de guerra, mas continuaram a se organizar. Em 1945, sua filiação chegara a 14,3 milhões de membros, 35,5% da força de trabalho.[34] Após a guerra, as indústrias de defesa se reequiparam para a produção civil, com a reprimida demanda de consumo alimentando a economia.

Dando suporte a suas reivindicações com uma onda de greves, os trabalhadores fizeram pressão e ganharam grandes aumentos salariais, conquistando mais direitos e benefícios do que aqueles desfrutados em qualquer outro período da história dos Estados Unidos. Os sindicatos eram fortes. Seguro de saúde e aposentadoria se tornaram fatos da vida para trabalhadores. A renda de um assalariado típico era adequada para sustentar uma família e pais trabalhadores podiam voltar para casa para jantar com seus filhos. O número de residências próprias crescia e todos se apropriavam de uma porção dos ganhos da produção econômica ascendente, estreitando o fosso entre ricos e pobres e diminuindo o poder relativo da plutocracia.[35]

---

* Congress of Industrial Organizations, federação de sindicatos de trabalhadores americanos criada em 1932, de corte mais radical que a AFL. Existiu até 1955, quando as duas federações se fundiram. (N.T.)

Termos como "enxugamento de quadros" e "terceirização" ainda não haviam adentrado o vocabulário. O sonho americano de uma confortável afluência continuava a frustrar os negros, mas para a maioria dos americanos de ascendência europeia tornara-se uma realidade.

Os Estados Unidos tornaram-se objeto da inveja do mundo e um modelo que outros países buscavam emular, numa época em que, na maior parte do planeta, os grandes Impérios coloniais vinham sendo eliminados. Em toda parte, as pessoas reivindicavam o direito democrático de opinião, bem como o direito a um justo quinhão da riqueza que ajudavam a criar. Durante certo tempo, parecia que todo mundo poderia finalmente desfrutar de um nível de afluência comparável àquele da classe média americana.

A despeito dos ideais avançados pela inflamada retórica da Declaração de Independência, a fundação dos Estados Unidos e a elaboração e ratificação da Constituição americana não trouxeram democracia à América do Norte. Ao contrário, criaram um contexto para uma longa batalha para sobrepujar um legado cultural e institucional herdado em 5 mil anos de Império — uma luta violentamente fustigada pelas elites no poder. A realidade histórica do genocídio contra os povos nativos americanos, da escravização dos negros, da negação de direitos básicos e humanidade às mulheres, e da negação de uma justa parcela dos lucros para aqueles que labutam para tornar o capital produtivo, evidencia esse legado, sublinhando a magnitude do desafio e revelando o quanto ainda resta por ser feito.

Somente a partir de uma perspectiva histórica mais profunda, podemos avaliar as substanciais conquistas dessas lutas. A monarquia é hoje pouco mais que uma curiosidade histórica. Uma clara separação entre igreja e Estado garante a liberdade de consciência religiosa e de culto. Um sistema de freios e contrapesos há mais de dois séculos impede que qualquer facção da elite estabeleça controle permanente sobre as instituições do governo. O ativo genocídio contra os povos nativos americanos teve um fim e o genocídio contra qualquer grupo é hoje universalmente condenado. A escravidão já não é uma instituição com guarida legal e é também culturalmente inaceitável.

Índios, negros, pessoas sem posses e mulheres, todos têm hoje direito ao voto e de plena participação no processo político. Ainda que na prática permaneça difusa, a discriminação aberta para negar direitos políticos a qualquer grupo é culturalmente inaceitável.

O fato de hoje tomarmos essas conquistas como naturais evidencia o quão significativo foi nosso progresso, considerando que há pouco tempo teriam sido vistas como impensáveis. Cada uma dessas vitórias demandou sacrifício e o comprometimento prolongado de milhões de pessoas extraordinárias compromissadas com uma visão de um mundo que funcione para todos.

Muitos de nós, criados nos Estados Unidos no período pós-Segunda Guerra, acabamos tomando a democracia e a justiça econômica quase como um direito automático de nascimento. Haviam nos ensinado a acreditar que fôramos abençoados com a vida em uma sociedade sem classes com oportunidades para todos que se dispusessem a se dedicar com afinco e a seguir as regras do jogo.

A experiência da classe média naqueles anos parecia confirmar essa história. Aqueles de nós que faziam parte dela tendiam a desconsiderar quem invocasse questões de classe como descontentes que preferiam promover a guerra de classes a aceitar a responsabilidade de um dia honesto de trabalho. Com certeza, havíamos tido problemas no passado, mas graças à nossa capacidade intelectual e elevados ideais, nós, americanos, os solucionáramos e os tornáramos irrelevantes para nosso presente. Era agora nosso dever e responsabilidade deixar o resto do mundo mais parecido conosco. Eu hoje reconheço o quão equivocados estávamos.

Ainda assim, a ascensão da classe média nos anos após a Segunda Guerra fora de fato uma demonstração extraordinária das possibilidades de uma democracia enraizada na crença de que todos devem partilhar dos benefícios de uma sociedade funcional. Infelizmente, entretanto, isso se revelaria somente uma temporária vitória popular na guerra da classe dominante contra o resto — condição central do Império e elemento definidor da experiência americana desde o dia em que Colombo colocou pela primeira vez o pé numa ilha caribenha. Todas as discrepantes lutas populares de nossa história pela conquista da justiça para os trabalhadores, mulheres e negros, assim como o esforço pela paz e pelo meio ambiente, são subtextos de uma metaluta mais ampla contra a mentalidade e instituições do Império.

As classes proprietárias há muito se deram conta de que seus privilégios imperiais de classe são ameaçados pela união dos oprimidos. As reivindicações de uma política identitária baseada na raça, em gênero e na especialização ocupacional são toleráveis para o Império simplesmente porque enfatizam e perpetuam a divisão. Uma discussão de classe, entretanto, é vedada porque expõe interesses comuns e questões estruturais mais profundas com um potencial para levar a uma resistência unificada.

A duradoura divisão de classes se dá entre proprietários e trabalhadores — entre aqueles que vivem dos retornos do capital e aqueles que dependem do retorno de seu próprio trabalho. Jefferson tentou reduzir a cisão tornando cada trabalhador um proprietário. Hamilton buscou assegurar a posição de uma elite regente garantindo que a propriedade continuasse concentrada em suas mãos.

Conforme demonstro no próximo capítulo, no final do século XX e começo do século XXI, os herdeiros da visão hamiltoniana nos lembraram de sua presença e compromisso com as relações de dominação do Império, mesmo quando a cambiante condição humana torna sua visão a cada dia mais insustentável. Ainda considero difícil aceitar que, entre os líderes das mais poderosas instituições americanas, existam pessoas que tomam o Império como uma missão sagrada e que, como tal, estão prontas a usar todos os meios — de mentiras a assassinatos e guerras perenes — para bloquear o progresso rumo à justiça para todos e para retirar conquistas já logradas. Não posso mais negar, entretanto, que tais pessoas de fato existem, que elas com êxito manipularam a cultura de forma a conseguir numerosos seguidores, e que uma parte essencial do trabalho da Grande Virada reside em neutralizar seu poder, expondo suas mentiras, métodos e projetos imperiais.

CAPÍTULO 13

O chamado para o despertar

Os Estados Unidos estão dando uma guinada para a direita [...] Até os anos de 1960, não havia quase nenhuma organização relevante de direita nos Estados Unidos [...] Nos anos de 1970, a direita se transformara num movimento institucionalizado, disciplinado, bem organizado e bem financiado de afiliados frouxamente unidos [...] A rede da Nova Direita apoia quem quer que partilhe de seu desejo por radical mudança política e de seus ressentimentos em relação ao status quo. *Como tal, a Nova Direita é tudo menos conservadora.*[1]

Alan Crawford

O mal era muito grave: os republicanos, entrincheirados no poder, abusavam cinicamente dele. Eles subverteram a integridade do voto e da imprensa. Eles zombaram do espírito da Constituição, por meio de legislação sectária e reproduzindo as táticas de tiranos; usaram guerras no exterior para desviar a atenção de suas ações.[2]

José Martí, poeta cubano e herói da independência,
sobre a eleição americana de 1884

Logo após a Segunda Guerra Mundial, os Estados Unidos desenvolveram uma ampla classe média que os tornou objeto da cobiça mundial. Tal conquista demandou uma depressão devastadora, um presidente simpático à causa trabalhadora, que se recusou a enviar tropas federais para disparar contra trabalhadores em greve, e um movimento trabalhista forte e bem organizado. Esses elementos se combinaram para criar uma dinâmica que, por algum tempo, moderou os excessos do Império.

As reformas, entretanto, não questionaram as instituições e a cultura subjacentes do Império. A propriedade seguiu concentrada e o poder econômico instalado em poucas e grandes corporações. Os próprios sindicatos de trabalhadores foram organizados como hierarquias imperiais chefiadas por líderes trabalhistas tão ciosos de seu poder quanto qualquer presidente de corporação ou ocupante de cargo político. À maneira de uma democracia imatura, a cultura política focava os direitos individuais, com restrita noção da responsabilidade cívica exigida por uma democracia madura. Foi então que um desafio cultural mais profundo começou a emergir.

DESAFIOS CULTURAIS E ECONÔMICOS AO IMPÉRIO

A década de 1960 foi uma época de efervescência cultural. Uma nova geração dizia aos plutocratas corporativos: "Não compramos seu consumismo e suas guerras." Aos teocratas avisava que "Não vemos utilidade em sua estreita interpretação da autoridade bíblica e em seus rígidos padrões de moralidade sexual". Os afro-americanos e as mulheres de todas as raças diziam, tanto a plutocratas, quanto a teocratas: "Rejeitamos seus esforços para nos definirem como menos que plenamente humanos; exigimos o reconhecimento de nossa humanidade." As linhas tradicionais de autoridade, incluindo as da família tradicional, eram erodidas.

Havia também uma crescente consciência ambiental global que questionava a sabedoria convencional a respeito do crescimento econômico. O estudo do Clube de Roma, *Limits to Growth*, publicado em 1972, apontava que o peso humano sobre os ecossistemas se aproximava rapidamente dos limites que o planeta podia sustentar. Ainda que tenha sido desconsiderado pelos economistas como catastrofista, muitos dos cruciais sistemas naturais do planeta já se encontravam em declínio. Um agudo aumento nos preços do petróleo precipitado por medidas do cartel da OPEP chamou a atenção para os limites das reservas globais de petróleo e para a vulnerabilidade da dependência da economia americana em relação ao petróleo estrangeiro. O movimento ambientalista começava a ganhar força. Os valores fundantes de uma nova cultura da Comunidade da Terra encontravam aceitação crescente, representando um sério e crescente desafio às instituições do Império.

Ao mesmo tempo, os Estados Unidos enfrentavam sérios desafios econômicos vindos do exterior. Além da ameaça política e militar da União Soviética, várias nações asiáticas, incluindo o Japão, a Coreia do Sul, Hong Kong e Cingapura, desenvolviam fortes economias voltadas à exportação, que desafiavam as corporações americanas tanto em seu solo doméstico, quanto internacionalmente. Outras nações diziam aos plutocratas corporativos dos Estados Unidos: "Podemos jogar o jogo da competição global melhor que vocês, mesmo em seu território." Esses desdobramentos ameaçavam não somente a hegemonia das corporações americanas, mas também os empregos de trabalhadores americanos.

Plutocratas elitistas e teocratas sentiram a erosão das fundações de seu poder e seus privilégios. O Império estava ameaçado. O movimento pela escolha de um futuro humano mais democrático se encontrava em ascensão. A Comunidade da Terra estava em gestação. O Império se mobilizou para contra-atacar.

A televisão transformava o modo pelo qual as pessoas utilizavam seu tempo e se relacionavam com o mundo. Principiando por volta de 1960, formas passivas de participação na vida pública começaram a substituir formatos mais ativos. As pessoas frequentavam lanchonetes de fast-food, eventos esportivos profissionais e cassinos com regularidade cada vez maior. Declínios correspondentes se verificavam na participação eleitoral, na leitura de jornais, na filiação a associações de pais e mestres e a sindicatos, na frequência às refeições familiares, em doações filantrópicas e na percepção de moralidade e honestidade.[3] As relações entre as pessoas não estavam simplesmente mudando, mas sendo solapadas. Elas se sentiam cada vez mais vulneráveis e desconectadas. Havia uma sensação inquietante no ar, sobretudo entre aqueles que se identificavam como conservadores, de que a moral e as fundações da sociedade se estavam desintegrando. A incerteza e o ressentimento criaram solo fértil para os demagogos do Império.

Renovando a aliança histórica

Em termos históricos, a rejeição dos ideais democráticos nos Estados Unidos converge para dois tipos de fundamentalismo. Os plutocratas, herdeiros da visão de Alexander Hamilton, abraçam um fundamentalismo de mercado que legitima o domínio, sem obrigação de prestar contas, por aqueles que detêm os meios financeiros. Os teocratas, herdeiros da visão calvinista de John Winthrop, abraçam um fundamentalismo religioso, que celebra a riqueza e o poder como uma marca da predileção divina e legitima o domínio, sem obrigação de prestar contas, por membros de uma fé escolhida. Ainda que os plutocratas priorizem os valores materiais, enquanto os teocratas privilegiam os valores espirituais, seu impulso comum pelo poder dominador e sua aversão à democracia os tornam convenientes aliados.

No final da década de 1960, um pequeno grupo de plutocratas e teocratas formou uma aliança para evitar a queda do Império e fazer pender pronunciadamente para a direita o fiel da balança política americana. Foi uma poderosa soma de esforços. Os plutocratas forneceram o dinheiro, em quantia recorde, para campanhas políticas, *think tanks** e esforços de mídia. Os teocratas forneceram os votos, por meio da mobilização do ressentimento dos apavorados e alienados, que se sentiam sendo expulsos da classe

---

* Literalmente, "depósitos de ideias", termo usado para designar organizações sem fins lucrativos — ligadas a governos, empresas ou grupos de interesse — que produzem conhecimento e atuam como bancos de ideias no âmbito político, comercial, industrial, estratégico, científico, tecnológico e até militar. Algumas, para captar recursos, oferecem também serviços de pesquisa e consultoria. (N.E.)

média. Eles se autodenominaram a "Nova Direita", ainda que sua plataforma estivesse longe de ser nova. Unidos em sua antipatia pela democracia e sua ânsia de poder, trabalharam juntos para ganhar o controle do Partido Republicano e levar, tanto republicanos, como também o Partido Democrata, bastante para a direita, configurando um novo centro para a política americana.

Organizando-se para o domínio

As elites da plutocracia corporativa há muito têm se organizado em associações de classe e organizações guarda-chuva como as câmaras de comércio.[4] Possuem também um longo histórico de apoio a *think tanks* conservadores, tais como o Hoover Institute, fundado na Stanford University, em 1919. O Council on Foreign Relations, fundado em 1921 por um grupo de proeminentes empresários, banqueiros e advogados, desempenhou um papel fundamental na formatação do planejamento do Departamento de Estado dos Estados Unidos para a dominação global de recursos e mercados após a Segunda Guerra Mundial. O presidente Franklin Roosevelt criou o Business Advisory Council, em 1933, para fortalecer os laços entre o mundo corporativo e o Departamento de Comércio dos Estados Unidos. David Rockefeller fundou a Comissão Trilateral, em 1973, para fomentar a cooperação entre as elites da Europa, da América do Norte e do Japão, visando à promoção de políticas econômicas neoliberais e da globalização das corporações.

Apesar de sua influência, essas instituições via de regra funcionavam longe dos olhos do público, à maneira de comportados clubes de veteranos universitários. Uma mudança dramática ocorreu à medida que importantes plutocratas se mobilizaram para reafirmar seu controle da plataforma política nacional. Foi lançada uma campanha sofisticada e bem financiada para controlar a grande mídia, organizar novas alianças de pressão política, para mobilizar apoio comunitário e financiar intelectuais simpáticos à causa, *think tanks* e departamentos de universidades. Eles ofereciam cursos especiais e mordomias a juízes, estudantes de direito e a políticos amigáveis comprados, e faziam bom uso das mais avançadas ferramentas de propaganda corporativa e relações públicas, de forma a moldar a cultura e a plataforma política.

Em 1971, a Câmara de Comércio dos Estados Unidos procurou o aconselhamento de Lewis Powell, futuro membro da Suprema Corte e então advogado na Virgínia, em relação a algo que percebia como uma crescente ameaça doméstica ao capitalismo. Powell respondeu com um memorando intitulado "Ataque ao sistema americano de livre empresa". Nele, advertia a respeito de um ataque vindo de ambientalistas, ativistas de defesa do consumidor e outros que "propagandeiam contra o sistema, buscando de forma insidiosa e constante sabotá-lo". Ele convocava a Câmara a mobilizar "a sabedoria, o talento e os recursos dos negócios americanos [...] contra aqueles que o desejam destruir".[5] Seguindo sua recomendação, em 1973, a Câmara formou a Fundação Legal do Pacífico para defender as corporações contra os esforços de interesse público para o cumprimento das normas ambientais, a proteção dos direitos dos trabalhadores e para a tributação dos lucros corporativos.

William E. Simon, secretário do Tesouro sob as presidências de Nixon e Ford, deixou o Departamento do Tesouro, em 1977, para tornar-se presidente da Olin Foundation. Ali, ele mobilizou fundações conservadoras em torno de um esforço estratégico para alinhar o sistema judicial aos interesses corporativos e para construir uma rede de influentes *think tanks* conservadores. Simon serviu como conselheiro da John Templeton Foundation, ajudou a formatar o programa da Bradley Foundation e foi parte dos conselhos de diversos *think tanks* de direita financiados pela Olin Foundation, incluindo a Heritage Foundation e o Hoover Institute.

Em 1972, os presidentes de várias das maiores corporações dos Estados Unidos formaram a Business Roundtable, para fazer *lobby* no Congresso em prol das corporações americanas e de seus altos executivos. A Roundtable desempenhou um papel fundamental na eleição de Ronald Reagan à presidência em 1980, na aprovação de reduções de impostos para as empresas e para a conquista da maioria pelos republicanos no Congresso em 1984. Ela também teve papel de liderança na aprovação do Acordo de Livre Comércio da América do Norte e em outros acordos de comércio escritos por e para interesses corporativos.

Antes de 1970, poucas empresas na lista das 500 da revista *Fortune* tinham escritórios de relações públicas em Washington, D.C. Em 1980, mais de 80% delas os possuíam. O fluxo de fundos corporativos para cofres de campanhas políticas cresceu de forma correspondente. Organizações de fachada financiadas por corporações com nomes enganosos como "Mantenha a América Linda" se apresentavam como iniciativas comunitárias e cidadãs para mobilizar apoio a favor de plataformas políticas patrocinadas pelas empresas.

Novos recursos fluíam para *think tanks* de direita já existentes, incluindo o American Enterprise Institute (fundado em 1943), o Center for Strategic and International Studies (fundado em 1962), o Hudson Institute (fundado em 1961) e o Hoover Institute. Novos *think tanks* de direita incluíam a

Heritage Foundation (1973), que moldou grande parte da plataforma da administração Reagan, o Cato Institute (1977) e o Citizens for a Sound Economy (1984).

Construindo uma base eleitoral

Os esforços dos teocratas para a construção de uma base eleitoral conservadora leal se centraram na mobilização de cristãos brancos conservadores. Os primeiros estrategistas, ativos na fracassada campanha presidencial de Barry Goldwater, em 1964, formularam uma plataforma de "valores da família" e conceberam um movimento de massas de cristãos conservadores em torno da ideia da "Maioria da Moral". Com essa finalidade, formaram o Foco na Família, em 1977, e o Concerned Women for America, em 1979.[6] No fim da década de 1990, o Foco na Família controlava um Império de mídia impressa e rádio com um orçamento anual de 100 milhões de dólares, mais de 1.300 empregados, seu próprio código postal em Colorado Springs, Estado do Colorado, e um programa radiofônico de entrevistas distribuído e veiculado em 1.500 estações na América do Norte e mais de 3.400 rádios no mundo todo.[7] Em 1979, o movimento recrutou o televangelizador Jerry Falwell como homem de frente para arrebanhar igrejas de cristãos brancos e conservadores para o movimento.[8]

Encontros semanais da Religious Roundtable, fundada em 1979 em Washington, D.C., facilitavam a coordenação dos esforços políticos da Nova Direita. Em 1981, a Religious Roundtable tornou-se o Council on National Policy, de forma a propiciar um organismo mais formal para coordenar uma coalizão mais ampla de grupos seculares e religiosos.[9] A estratégia para a eleição presidencial de 1996 foi coordenada através de reuniões semanais convocadas por Grover Norquist, presidente da Americans for Tax Reform, juntando grupos como a Christian Coalition, a National Rifle Association, a Câmara de Comércio dos Estados Unidos, o American Farm Bureau e o National Right to Life.[10]

De fora, parece impressionante o sucesso da extrema direita em unificar sua base fracionária de interesses e valores conflituosos sob uma plataforma política comum. A chave para tanto reside no fato de que nas clássicas relações de dominação do Império, a coordenação de facções diversas e a resolução de diferenças acontecem no nível da liderança, onde objetivos comuns de poder em geral se sobrepõem a diferenças ideológicas por vezes agudas. Os líderes delineiam suas mensagens a suas bases e grupos de interesse individuais, de forma a angariar apoio para políticas e candidatos escolhidos de forma centralizada. Uma vez que a organização se dá a partir do topo, há pouca necessidade de comunicação entre grupos de interesse diferentes e de coordenação no nível local. Esse padrão contrasta com a dinâmica de organização mais complexa da sociedade civil global, que se dá através da comunicação entre grupos de interesse diferentes e da cooperação no nível da base — o modelo de parceria da Comunidade da Terra.

Após o fracasso de sua concorrência à nomeação como candidato presidencial republicano em 1988, o televangelizador Pat Robertson fundou a politicamente sofisticada Coalizão Cristã e embarcou em uma estratégia desenhada pelos espertalhões Ralph Reed e Guy Rogers, seus apoiadores-chefe, para ganhar o controle do Partido Republicano. Rogers detalhou a aritmética simples subjacente à sua estratégia eleitoral na primeira conferência nacional da Coalizão, em novembro de 1991.[11]

> Numa eleição presidencial, quando mais pessoas comparecem para votar que em qualquer outra eleição, somente 15% dos eleitores aptos definem de fato o resultado [...] De todos os adultos com mais de 18 anos aptos eleitoralmente, somente cerca de 60% estão registrados para votar [...] Daqueles registrados, num bom nível de comparecimento, somente metade vai às urnas. Isso significa que apenas 30% das pessoas aptas de fato votam. Desta forma, 15% determinam o resultado em uma eleição com alto comparecimento. Em eleições com baixo comparecimento [...] a porcentagem que determina quem vence pode ser de 6% ou 7% [...] Não temos que persuadir um grande número de americanos a concordar conosco [...] A maioria deles fica em casa e assiste à televisão.[12]

Enquanto Roberston construía a Coalizão Cristã para mobilizar as bases, outros estrategistas e financiadores de direita criavam duas redes de *think tanks* para replicar no nível dos Estados a infraestrutura política que fora o alicerce de seu sucesso em nível nacional. Uma das redes, compreendendo *think tanks* espelhados na Heritage Foundation, era coordenada pela Rede de Políticas Estaduais. A segunda, englobando Conselhos de Políticas Familiares desenvolvidos pela Foco na Família, era, de forma geral, inspirada no Conselho de Pesquisa Familiar, em Washington. Essas redes via de regra funcionavam como braços do Partido Republicano. Seu propósito primário era o de vender uma plataforma ideológica de propostas conservadoras de políticas socioeconômicas.[13]

POLÍTICA DISFARÇADA

A aliança encontrou uma difícil barreira para seu esforço de mobilização de uma base eleitoral. A plataforma plutocrata de subversão da democracia, por meio do encolhimento da classe média e do fabuloso enriquecimento e acúmulo de poder em poucos à custa do resto, naturalmente não atrai uma base popular de apoio ampla. Ela viola princípios morais básicos de justiça social e econômica e se contrapõe ao interesse de todos, exceto os muito ricos.

Os teocratas enfrentaram outros desafios próprios de sua fé. Em primeiro lugar, uma ampla parcela da base da direita cristã, na qual depositavam suas esperanças, crê no mundo terrestre como domínio do demônio, para além de qualquer possibilidade de salvação. Muitos também acreditam iminente o Arrebatamento, o tempo em que Cristo retornará para elevar corporalmente os crentes ao paraíso. Uma vez que tais crenças tornam sem sentido a ação política, a maioria dos grupos cristãos com tais convicções não tinha grande interesse por essas questões. Eles tinham que ser convencidos de seu dever cristão de se engajarem politicamente.

O segundo desafio para aqueles que buscavam mobilizar a direita cristã como uma base política era a profunda influência das ideias de R. J. Rushdoony, um paladino do Reconstrucionismo Cristão, cujo artigos eram regularmente publicados no jornal de Falwell. O jornalista Frederick Clarkson, especializado na cobertura da direita cristã, explica que

> de modo geral, o Reconstrucionismo pretende substituir a democracia por uma teocracia que governaria por meio da imposição de sua versão da "Lei Bíblica". Por mais inacreditável que pareça, instituições democráticas, como sindicatos de trabalhadores, leis de direitos civis e escolas públicas, estariam na lista de eliminação. As mulheres de modo geral seriam relegadas ao círculo familiar e ao lar. Homens considerados insuficientemente cristãos teriam negada a cidadania ou seriam possivelmente executados. Trata-se de uma teocracia tão severa que a pena capital seria estendida para além de crimes como sequestro, estupro e assassinato, incluindo, entre outras coisas, a blasfêmia, a heresia, o adultério e o homossexualismo.[14]

Em resumo, sua visão demanda a criação de um Estado teocrático com códigos legais similares àqueles das primeiras colônias calvinistas da Nova Inglaterra. Análoga ao programa de fundamentalistas islâmicos, que desejam criar estados muçulmanos, ela não encontra amplo respaldo popular. Para construir uma base eleitoral leal, plutocratas e também teocratas tiveram que se tornar hábeis na promoção de campanhas disfarçadas, que tocavam o ressentimento dos que vinham sendo expulsos da classe média, ao mesmo tempo que camuflavam sua real plataforma sob o manto de uma retórica e valores populistas.

Mobilizando o ressentimento

A aliança da Nova Direita se tornou especialmente eficaz na mobilização do ressentimento de pequenos empresários, proprietários rurais e trabalhadores assalariados cuja posição na classe média era ameaçada pelo próprio sistema que os mobilizava para sua promoção. Era uma estratégia diabolicamente eficiente. Uma vez que a real intenção residia no fomento a uma plataforma econômica neoliberal prejudicial à classe média, quanto maior o sucesso da Nova Direita, maiores a ansiedade e o ressentimento gerados. Através da escolha habilidosa de bodes expiatórios, o ressentimento da classe média era desviado das políticas econômicas, que representavam a verdadeira fonte de seus pesares, para voltar-se contra gays, negros, feministas, beneficiários da seguridade social, imigrantes, viciados em drogas, funcionários públicos, judeus e os liberais que os apoiavam.[15]

Durante todo esse tempo, os publicitários das corporações cultivavam uma cultura individualista de ganância e materialismo, usando o sexo e a violência para manter as pessoas coladas aos aparelhos de televisão, e alimentando assim a alienação social e uma sensação de declínio dos valores morais. Com os reformadores liberais focando sua atenção na expansão dos direitos e liberdades das mulheres, negros, crianças, gays e lésbicas, a Nova Direita os acusava de serem responsáveis pela derrocada da ordem moral das normas culturais tradicionais americanas — "a ética do trabalho, contenção sexual, autossuficiência, patriarcado, devoção cristã e patriotismo".[16] Foi particularmente fácil para a Nova Direita gerar ressentimento entre os sufocados contribuintes da classe trabalhadora contra os beneficiários da seguridade social.

A Nova Direita descobriu que temas estruturados em três níveis funcionavam de forma particularmente eficaz para mobilizar suas bases: os males sociais são resultado de um liberalismo permissivo de valores; o capitalismo de livre mercado é mais eficiente que os governos para gerar prosperidade; a ameaça externa do comunismo (e, depois, do terrorismo) exige uma defesa forte.[17] Esses temas, por sua vez, apoiaram cortes em programas sociais, a desregulamentação dos mercados e lucrativos contratos militares para seus patrocinadores corporativos. Conforme observado pela pesquisadora Jean Hardisty:

Em tempos confusos e assustadores, os grupos da direita cristã propiciam regras claras de conduta e respostas teologicamente ordenadas para os problemas da vida [...] A Nova Direita atraiu e mobilizou a difundida angústia social causada por rápidas mudanças econômicas e sociais. Ela não criou um sentimento de revolta a partir do nada. Eles já existiam, ao menos de forma latente, e os líderes da Nova Direta os ouviram, levaram-nos a sério e então os mobilizaram e manipularam.[18]

Os teocratas respondem a ataques a suas posições com a acusação de que os oponentes são motivados pelo ódio aos cristãos, aos Estados Unidos e à ordem moral. Essa tática camufla o fato de que promover o ódio e a intolerância — sobretudo contra os membros mais vulneráveis da sociedade — os contrapõe de maneira severa aos valores fundantes da Declaração de Independência, aos ensinamentos de Jesus, e às crenças da substancial maioria de cristãos. Sem dúvida, a maior parte dos cristãos, incluindo muitos que se identificam como fundamentalistas ou evangélicos, é compassiva, comprometida com os valores democráticos, e se sente profundamente ofendida pelos objetivos nada cristãos dos líderes da direita teocrática e suas distorções dos ensinamentos de Cristo. Hardisty e Clarkson reforçam a distinção essencial entre os seguidores da Nova Direita, que se debatem em meio a inquietações legítimas, e seus líderes, que manipulam essas inquietações para obter vantagem política.[19]

Explorando a desintegração da família

A Nova Direita teve estrondoso sucesso no restabelecimento do *status quo* imperial nas relações entre as classes proprietária e trabalhadora. Desde 1983, praticamente todos os ganhos do crescimento econômico foram apropriados pelos americanos mais ricos, ao mesmo tempo que a filiação a sindicatos declinou e os salários reais dos operários caíram.

À medida que os salários de um típico homem trabalhador caíam abaixo do mínimo exigido para sustentar uma família, as mulheres, que antes haviam começado a experimentar uma nova sensação de liberdade, deram-se conta de que a participação no ambiente de trabalho não era mais uma escolha, e sim uma necessidade. Muitas foram forçadas a aceitar empregos que pagavam menos que um salário mínimo. Já não tinham mais tempo para preparar refeições em casa ou para cuidar de suas próprias crianças.

Sem ninguém para supervisionar o lar, cresceu a demanda por alimentos processados e cadeias de fast-food operadas por corporações. A decadente nutrição gerou mais negócios para a indústria da saúde. As crianças, deixadas sob os cuidados dos aparelhos de televisão, eram programadas para seus papéis de consumidores. Cada um destes desdobramentos fez surgir novas oportunidades de negócios para as corporações e impulsionou o crescimento econômico, ao mesmo tempo que reforçava a desintegração familiar e das comunidades, a alienação e a angústia que propiciava terreno fértil para demagogos políticos.

Os homens que seguiam as regras do jogo se sentiram traídos pela perda do papel de provedor que fora até então o sustentáculo de sua identidade.[20] As mulheres, feministas e também antifeministas, se sentiram traídas quando os empregos que há um tempo haviam prometido maior liberdade se revelaram imperativos que limitavam esta liberdade. A vida familiar, essencial ao bem-estar de homens, mulheres e crianças fora substituída pelo mercado impessoal.

Quanto maior a decadência moral e a desintegração da família, maior o medo e o ressentimento a dotar a Nova Direita de seu poder. Culpem as feministas. Culpem os liberais. Culpem os negros. Culpem as mães mantidas pelos programas sociais. Só não culpem aqueles que estão desmontando as instituições da família, da comunidade e da democracia.

Aqueles na base da pirâmide social eram mais comumente pessoas de outras raças — sobretudo afro-americanos — que com frequência se tornavam os bodes expiatórios. Com poucas opções disponíveis, muitos se voltaram ao tráfico de drogas, como sua maior esperança de sucesso econômico. Isso levou a grandes aumentos nas condenações relacionadas a drogas e a um inchaço da população carcerária, o que, por sua vez, teve um impacto devastador sobre muitas famílias afro-americanas, drenando ainda fundos da educação e de outras necessidades públicas. Funcionou bem, entretanto, para as elites corporativas que lucraram com os contratos públicos para construir e operar presídios e com a possibilidade de utilizar o trabalho de presos por uma ninharia.[21]

Lutando para equilibrar as contas e manter algo da imagem do estilo de vida consumista, domicílios de renda média e baixa se endividaram ainda mais — obrigando-se assim a entregar uma porção cada vez maior de seus salários na forma de pagamento de juros a banqueiros. Aqueles que anteriormente haviam desfrutado de uma vida comparativamente tranquila de classe média foram forçados a trabalhar de forma ainda mais pesada para sustentar um padrão de vida declinante, ao mesmo tempo que aqueles no topo desfrutavam de restaurantes *gourmet*, férias exóticas, jatos particulares e casas ainda maiores e mais numerosas.

A PLUTOCRACIA COMO CAUSA BIPARTIDÁRIA

O primeiro grande triunfo da Nova Direita foi a eleição de Ronald Reagan à presidência em 1980. A administração Reagan (1981-1989) tomou a frente na implementação da plataforma econômica neoliberal nos Estados Unidos, ao mesmo tempo que a administração de Margaret Thatcher impulsionava a causa no Reino Unido. Além das medidas mencionadas acima, aumentaram-se os gastos militares e foi abandonado o cumprimento de medidas antitruste, permitindo fusões corporativas cada vez maiores. A Europa, o Canadá e o Japão foram pressionados a igualmente "modernizar" suas economias.

A crise da dívida no Terceiro Mundo, em 1982, criou o pretexto necessário para que o FMI e o Banco Mundial — operando sob a direção do Departamento do Tesouro dos Estados Unidos — impusessem a plataforma neoliberal a países de baixa renda endividados. Por meio de seus programas de ajuste estrutural, eles destituíram os governos, alguns democraticamente eleitos, de sua capacidade para estabelecer e fazer cumprir normas sociais, ambientais e de trabalho ou mesmo para dar preferência a empresas que contratassem mão de obra local ou trabalhadores sindicalizados.

Após o republicano Ronald Reagan, a presidência passou às mãos do republicano George H. W. Bush (1989-1993) e em seguida para o democrata Bill Clinton (1993-2001). Cada administração se diferenciava em seu estilo e prioridades, mas a plutocracia dos Estados Unidos seguia plenamente no controle, e sua plataforma pró-corporação avançava sem perturbações, independentemente de que partido estivesse no poder.

Clinton, ainda que membro do presumivelmente mais liberal Partido Democrata, deu grandes contribuições à plataforma da Nova Direita, cortando programas sociais, forçando a aprovação do Acordo de Livre Comércio da América do Norte e substituindo o GATT pela mais poderosa OMC. Sua administração também expandiu o número de crimes sujeitos à pena de morte e rejeitou esforços para diminuir as execuções. Diminuiu-se de 10 para quatro milhões o número de beneficiários de programas sociais. Clinton apoiou a redução da tributação dos ganhos de capital, viu durante seu governo um aumento no número das pessoas sem seguro de saúde, recusou-se a assinar o Tratado Internacional sobre Minas Terrestres, acelerou a extração de gás e petróleo em terras federais e se tornaria o primeiro presidente, desde Richard Nixon, a não elevar os padrões de eficiência dos automóveis no uso de combustível.[22]

Quando George W. Bush assumiu a presidência dos Estados Unidos, em janeiro de 2001, a Nova Direita já fizera progresso importante em fazer retroceder as conquistas de desafios anteriores ao Império. É significativo o fato de que o presidente republicano Richard Nixon (1969-1974), considerado em sua época um ultraconservador, seria pelos padrões de hoje visto como um paladino do trabalho e do meio ambiente, algo à esquerda da corrente principal atual do Partido Democrata. Em 1970, ele criou a Agência de Proteção Ambiental (EPA) e sancionou a Lei do Ar Limpo, estabelecendo prazos para a redução de emissões automobilísticas. Nixon assinou as leis das Espécies Ameaçadas de 1969 e 1973. Ainda em 1971, ele sancionou a lei que criou a Agência de Segurança e Saúde Ocupacional, que fiscaliza os padrões de segurança dos locais de trabalho.[23] Nixon abriu também o caminho para uma relação política pacífica entre os Estados Unidos e a China comunista.

CHAMADO PARA O DESPERTAR

A despeito de todas as suas pretensões populistas, a tomada do governo americano pela Nova Direita era algo distante de uma expressão espontânea da vontade popular. Na realidade, foi produto de uma campanha cuidadosamente urdida para manipular a cultura popular, de forma a servir aos interesses privados de uma elite imperial. Essa campanha envolveu uma aliança bem organizada e financiada de plutocratas corporativos e religiosos teocratas que colocaram dinheiro e votos numa aposta internacional para fazer caminhar para trás o relógio da democracia, das liberdades civis, dos avanços econômicos da classe média e do pluralismo religioso e cultural. Não obstante, a maioria dos americanos não se daria conta da seriedade da ameaça à democracia, à paz e ao poder global e prestígio dos Estados Unidos até que a mais extremista administração de que se tem notícia assumisse o poder na virada do século. Pelo alcance de sua plataforma extremista, essa administração expôs a realidade das intenções da Nova Direita, e também chamou a atenção para o viés elitista do sistema político americano e sua vulnerabilidade à tomada por extremistas políticos com uma profunda aversão à democracia.

Em sua campanha presidencial de 2000, Bush se apresentou como um compassivo conservador que trabalharia em prol das pessoas comuns, combateria o atraso letivo, protegeria o meio ambiente, seria fiscalmente responsável e que buscaria uma política externa pacífica, cooperativa e não beligerante, respeitosa dos direitos e interesses dos outros.

Em seu discurso de posse, em 20 de janeiro de 2001, Bush reiterou suas promessas, afiançando que sua administração encarnaria "um novo compromisso para com a concretização da promessa de nossa nação, por meio da civilidade, da coragem, compaixão e caráter". Ele desafiou ainda os americanos a se engajarem na vida cívica do país[24] e assegurou que, na política externa, os Estados Unidos "demonstrariam propósito sem arrogância [...] A civilidade não é uma tática ou um sentimento. Ela é a escolha determinada da confiança ao invés do cinismo, da comunidade ao invés do caos".[25]

Eram animadoras palavras fiéis aos ideais fundadores dos Estados Unidos. A maioria que votou em Bush acreditou em suas palavras. Conforme se revelaria, Bush e o pequeno grupo de ex-diretores corporativos e lobistas, falcões militares neoconservadores, fundamentalistas religiosos e membros do círculo de Washington instalados nos cargos mais elevados de sua administração, assumiram o poder com uma plataforma bem desenvolvida que contrastava de forma aguda com esses professados compromissos.

Uma vez que o Sr. Bush nunca antes se distinguira por suas habilidades como gestor, impressionou a velocidade com que o regime que ele trouxera ao poder assumiu o controle de todo o braço executivo do governo americano. Por trás dele, estava um bem disciplinado grupo de conspiradores, que vinha desenvolvendo sua relações e plataforma anos antes da Suprema Corte entregar ao sr. Bush as chaves da Casa Branca.

O novo regime não tardou a demonstrar que suas intenções eram menos que compassivas e mais que conservadoras. Poucos dias após assumir, o regime já suspendera o cumprimento de vários milhares de páginas de ordens executivas emitidas por Bill Clinton em seus últimos dias;[26] já negava ajuda a grupos internacionais que citavam o aborto como opção médica às mulheres, desenvolvera uma proposta de cortes de impostos de 1,6 trilhão de dólares para os super-ricos, e introduzira um programa educacional centrado em cupons e testes padronizados[27] de forma a minar a educação pública.

Em março de 2001, o regime anunciara que os Estados Unidos se retirariam do Protocolo de Kyoto sobre o aquecimento global[28] e emitira um fluxo de ordens aparentemente infindável afrouxando as restrições sobre a prospecção de gás e petróleo, mineração, exploração florestal e geração de energia através de carvão. Tornou-se logo claro que o objetivo maior da administração era o de anular esforços anteriores realizados em prol da democracia, da classe média e do meio ambiente, favorecendo o domínio global imperial de uma classe regente dinástica encabeçada pela Casa dos Bush.[29]

Num espaço de poucos meses após sua posse, Bush, que prometera uma política externa cooperativa e não beligerante, expulsara cinquenta diplomatas russos dos Estados Unidos sob acusações sem substância de espionagem, se afastara do engajamento nos processos de paz e reconciliação na Irlanda, no Oriente Médio e na península coreana, e retirara o país do Tratado de Mísseis Antibalísticos, de forma a implementar um escudo de defesa contra mísseis. Uma política externa americana crescentemente unilateral e beligerante gerava um alarme cada vez maior entre antigos aliados dos Estados Unidos na Europa.[30]

A VISÃO DA PAX AMERICANA

O ímpeto da política externa sob o novo regime, incluindo os planos para invadir o Iraque, fora cultivado anos antes da chegada à presidência. Em 1992, após a desintegração da União Soviética, Dick Cheney, então secretário de defesa da administração Bush I, designara um grupo coordenado por Paul Wolfowitz para preparar um documento sobre a estratégia de defesa pós-Guerra Fria para os Estados Unidos. O relatório, concluído em janeiro de 1993, pouco antes da posse de Bill Clinton, trazia uma clara mensagem: os Estados Unidos deveriam manter força militar suficiente para dominarem qualquer potência rival e estarem preparados para usar unilateralmente essa força, de forma a manter sua posição de domínio no mundo. O Irã e o Iraque eram mencionados como rivais pelo poder no Oriente Médio, ameaçando portanto o controle americano das reservas de petróleo da região. Os proeminentes neoconservadores Bill Kristol e Robert Kagan deram continuidade a ele com um artigo na revista *Foreign Affairs* que conclamava os Estados Unidos a estabelecerem uma "hegemonia global benevolente".

Em 1997, Kristol e Kagan se juntaram a um grupo virtual de notáveis do alto escalão da defesa e conselheiros das administrações Reagan e Bush I para formar o Project for a New American Century (PNAC). Seus membros fundadores incluíam Cheney, Wolfowitz, Donald Rumsfeld e Richard Perle, que compuseram a equipe de políticas de defesa de Bush II, além de Jeb Bush, seu irmão. Em setembro de 2000, o PNAC publicou um relatório intitulado "Reconstruindo as Defesas dos Estados Unidos: Estratégia, Forças e Recursos para um Novo Século". O relatório detalhava um plano para a dominação militar global dos Estados Unidos. Ele visualizava a imposição de uma "Pax Americana" sobre o mundo, à maneira da Pax Romana do antigo Império.[31] O relatório se tornou o protótipo para os planos militares e políticos do regime de Bush II.

Ele notava que a mobilização de apoio público para sua plataforma de dominação militar global seria difícil "exceto no caso da superveniência de algum evento catastrófico e catalisador — como um novo Pearl Harbor".[32] O ataque de 11 de setembro de 2001 de Osama Bin Laden proporcionou ao regime precisamente aquilo de que precisava. Bem preparado, ele se moveu rapidamente para abraçar aquilo que membros-chave do Conselho de Segurança Nacional, incluindo Bush, Rumsfeld e Condoleeza Rice, descreveram em suas reuniões como uma "grande oportunidade".[33] Jogando com a insegurança e o medo que se seguiram aos ataques, o regime velozmente aproveitou o momento para impor uma descarada plataforma imperial doméstica e internacionalmente.

O presente de Bin Laden para Bush

O apoio público à administração de Bush II, que vinha consistentemente caindo em meio a uma economia moribunda, subitamente se elevou às alturas logo após os ataques. A nação se unia em apoio a seu comandante-em-chefe, quando o regime invadiu o Afeganistão à procura de Osama Bin Laden, o mentor do ataque terrorista. A sociedade civil global, que contivera de forma significativa os esforços para fazer avançar políticas econômicas neoliberais globais, se viu petrificada em aquiescência temporária. Bush declarou guerra perpétua contra o terrorismo e anunciou uma doutrina militar que permitia ataques unilaterais preventivos, incluindo o possível uso de armas nucleares.

Em termos domésticos, Bush exigiu que o Congresso agisse imediatamente, aprovando novos cortes de impostos para os ricos, aumentando os subsídios corporativos, expandindo o poder doméstico da polícia, retirando liberdades civis, criando o Departamento de Segurança Doméstica, enfraquecendo a proteção social e ambiental, majorando o orçamento militar e levando armas para o espaço. A administração impunha essa plataforma em nome da unidade nacional, segurança e patriotismo, estigmatizando os que se opunham como traidores que se colocavam ao lado de terroristas. Os congressistas republicanos comemoravam, e os democratas se alinhavam a eles, dando a Bush a maior parte do que ele demandava. O mundo recebia o aviso de que as forças históricas do Império se haviam reagrupado.

Então, no dia 2 de dezembro de 2001, a Enron declarou sua falência naquela que foi a primeira em uma onda de revelações de fraudes contábeis de magnitude sem precedentes em corporações com as quais se relacionava de forma estreita um conjunto de altos funcionários públicos, incluindo tanto Bush, quanto Cheney. A confiança dos investidores se fez em pedaços e os mercados de ação sofreram severas quedas.

Crescia o suporte da população para uma reconcepção e transformação de instituições econômicas arruinadas. A plutocracia estava novamente na defensiva, e as coisas não iam bem para os membros republicanos do Congresso que encararam os eleitores nas eleições legislativas de 2002. Uma administração desesperadamente necessitada de outra distração, mais uma vez começou a fazer soarem os tambores da guerra.

A mensagem foi enviada: o Iraque possui armas de destruição em massa, pretende usá-las contra os Estados Unidos e fora cúmplice dos ataques terroristas de 11 de setembro. Os sábios da mídia corporativa e da Nova Direita ouviram o grito. A atenção pública novamente se voltou à preparação para a guerra e, nas eleições de 2002, os republicanos consolidaram ainda mais seu controle sobre o Congresso.

Sempre o senhor das campanhas encobertas, Bush usou seu discurso do State of the Union de janeiro de 2003 para reforçar sua alegação de ser um conservador compassivo, construindo apoio para a guerra contra o Iraque. Ele falou de um emprego para cada homem e mulher que desejasse um, de apoio aos pequenos negócios, de cortes de impostos para trabalhadores de renda média, de assistência de saúde acessível para todos os americanos, de independência energética, de um grande investimento na energia não poluente do hidrogênio, de serviços humanitários para os sem-teto, os filhos de mães solteiras, os viciados, mulheres que sofrem abusos e idosos, assim como de uma grande iniciativa contra a AIDS na África. Mesmo à medida que falava, ele já trabalhava para cortar fundos para estes e outros programas populares.

Nesse mesmo discurso, ele acusou o Iraque de representar uma ameaça aos Estados Unidos e à segurança global e asseverou que uma invasão americana do Iraque removeria um impiedoso ditador e suas armas de destruição em massa, trazendo ao mesmo tempo alimentos, suprimentos médicos e liberdade para seu povo. Foi uma peça magistral de teatro amplificada pela mídia corporativa. Mesmo que não tenha enganado ninguém em outros países, teve um bom reflexo em termos domésticos, e as taxas de aprovação de Bush foram às alturas. Bin Laden dera a Bush o maior presente político de sua carreira. Bush reciprocou dando a Bin Laden o maior presente político da sua.

O presente de Bush para Bin Laden

Desprezando uma expressão pública global de oposição sem precedentes, Bush iniciou o bombardeio a Bagdá em 19 de março de 2003. O plano do PNAC para dominação militar global americana estava agora caminhando. A um sinal, a nação se unia em suporte à administração. Em 21 de março de 2003, com a atenção pública focada na guerra, um Congresso controlado pelos republicanos começou a debater uma nova proposta tributária da Casa Branca que cortaria ainda mais impostos para os americanos mais ricos e reduziria os benefícios dos veteranos de guerra.

Longe de representar a grande ameaça militar que a administração pretendia, o Iraque se revelou quase desprovido de capacidade de defesa. Suas forças armadas fracas e desmoralizadas imediatamente se desintegraram diante do maciço poder de fogo das forças dos Estados Unidos. No dia 1º de maio de 2003, Bush pousou num caça a bordo do porta-aviões *Abraham Lincoln*, tendo como cenário de fundo uma imensa bandeira declarando "Missão Cumprida", para anunciar a vitória em uma guerra que mal chegara a começar.

Para levar adiante a invasão há muito planejada ao Iraque, a administração Bush II combinou impiedosa desonestidade a uma arrogante incompetência para dissipar o poder dos Estados Unidos naquilo que James Webb, ex-secretário da Marinha sob a presidência de Reagan, chamou de "a maior asneira estratégica na memória moderna" — uma invasão cara e malfeita do país errado pelas razões erradas. Um impiedoso ditador foi destronado, mas não existiam armas de destruição em massa. O Iraque não desempenhara qualquer papel no ataque terrorista contra os Estados Unidos.

A invasão levou ao povo iraquiano principalmente a morte, devastação de sua infraestrutura física e instabilidade política. A asneira alimentou o recrutamento de terroristas em todo o planeta, colocou a opinião mundial contra os Estados Unidos, isolou-os de seus antigos aliados, drenou suas reservas e dissipou seus recursos militares num violento pântano sem estratégia de saída.[34]

Enquanto isso, as fileiras da Al Qaeda engordavam com novos recrutados, e a reputação de Bin Laden subia aos céus. A Al Qaeda, entretanto, não precisou lançar novos ataques terroristas contra os Estados Unidos porque o governo americano prosseguiu encenando de maneira impecável o roteiro de Bin Laden para enfraquecer os Estados Unidos em termos militares, econômicos e morais.

Ilusão e negação

Isso nos leva à questão de como o Sr. Bush teria angariado a lealdade, e mesmo o amor, de tantos americanos. O sucesso político junto a um eleitorado democrático depende da capacidade do político em projetar uma imagem com a qual as pessoas consigam se conectar psicologicamente. Com a ajuda de Karl Rove, mestre das artes maquiavélicas, Bush esculpiu a imagem pública de um pai forte e protetor que cuida daqueles leais a ele, subjuga os que se opõem e coloca seus filhos a salvo do perigo.

O ataque terrorista de 11 de setembro de 2001 desencadeou ondas de choque de medo e insegurança por toda a nação. O medo é o melhor amigo do demagogo porque leva a regressão a níveis mais primitivos de emoção e comportamento que podem ser mais facilmente manipulados. A possibilidade de 19 homens armados com estiletes penetrarem tão facilmente as defesas de uma nação protegida pelas forças armadas mais poderosas do mundo, com um resultado tão dramático, impingiu um golpe devastador em nossa identidade e senso de segurança. De repente, ficou claro que éramos odiados por pessoas munidas de meios para nos causar danos substanciais e contra às quais nosso caro aparato militar não oferecia qualquer proteção.

Era um momento nacional de grande carência e oportunidade. Os americanos estavam prontos para se unir sob uma grande causa para demonstrar nossa solidariedade em face da adversidade. Um esforço global para eliminar a injustiça e a intolerância, que são as causas profundas do terrorismo, teria sido uma causa adequada — assim como um esforço nacional para reduzir dramaticamente o consumo de petróleo de forma geral e especificamente a dependência do petróleo do Oriente Médio.

Representando o papel do pai nacional protetor, George W. atendia tanto a sua própria necessidade da sensação de onipotência pessoal, quanto à necessidade de tranquilidade de sua base, prometendo manter-nos em segurança, como retribuição à obediência e lealdade sem questionamentos. Ele fez uso da hipócrita crença na superioridade americana, característica de uma consciência imperial, para assegurar à nação que o ataque era, pura e simplesmente, o trabalho maligno de pessoas que odeiam os Estados Unidos por sua liberdade e democracia. Rejeitando a possibilidade de que pudéssemos ter qualquer culpa, Bush retaliou com todo o poder das forças armadas americanas contra a coisa mais próxima que podia ser considerada como um inimigo, ignorando a realidade de que o uso da força militar contra redes terroristas invisíveis é ao mesmo tempo fútil e contraproducente.

A maioria dos americanos entrou num processo de negação e se uniu à volta do presidente. Outros se intimidaram pela ameaça de serem tachados de odiadores dos Estados Unidos, amantes de terroristas ou de detratores de Bush. Demorou cinco anos para que a maioria se desse conta de que a administração Bush II estava levando o país à falência e enviando sua juventude para a morte e mutilação numa guerra invencível calcada em mentiras. Seria necessário o Furacão Katrina, a quase total destruição de New Orleans, uma das mais lendárias cidades dos Estados Unidos, e as mortes desnecessárias de mais de mil negros pobres para que a nação despertasse para a grotesca incompetência e corrupção de uma administração que um dia fora abraçada como salvadora do país, e se lembrasse também que os problemas de raça e classe perduravam.

Confrontando nossa sombra nacional

Na psicanálise junguiana, o termo "sombra" se refere a aspectos da personalidade que foram negados e relegados ao inconsciente por ameaçarem a autoimagem preferida pela mente consciente. Ela inclui não apenas qualidades negativas, mas também potenciais positivos que a consciência considera perturbadores demais para aceitar. Um homem, por exemplo, pode negar aqueles seus aspectos associados ao feminino, ou uma mulher pode negar aqueles seus associados ao masculino.

O mesmo vale em essência para as nações. Vivemos uma época de tristeza e negação para os Estados Unidos. Padecemos em função do significativo fosso entre nossa autoimagem idealizada, de uma nação democrática e amante da paz, e a realidade de genocídio, escravidão, discriminação, exploração dos trabalhadores e expansão imperial de nossa história. A negação de nossa sombra nacional tem um alto preço, pois não há como corrigir inaptidões que são negadas. Uma essencial marca de maturidade, tanto nas pessoas como nas nações, reside na capacidade de admitir e trabalhar todas as dimensões do caráter, tanto negativas quanto positivas. Para nos tornarmos o povo e a nação de nossos ideais, devemos encontrar a sabedoria e a coragem para coletivamente reconhecermos e aprendermos com nossas transgressões do passado e nos engajarmos em um processo de cura e reconciliação nacional e global.

Aqueles que rejeitam um tal exame crítico, como um ato de deslealdade ou mesmo traição, demonstram que ainda precisam desenvolver a maturidade emocional para reconhecer a sombra de nossa experiência nacional e para assumir a plena responsabilidade da cidadania democrática, que exige uma capacidade para a autocrítica, tanto em termos individuais, quanto nacionais.

Nós, o povo dos Estados Unidos, fomos chamados a despertar para a realidade, os riscos e pesares do Império, que não podemos nos dar ao luxo de ignorar. As devastadoras derrocadas de políticas vistas nos Estados Unidos nos primeiros anos do século XXI dizem respeito não apenas aos pecados de uma administração corrupta e incompetente, voltada a fazer retrocederem os ganhos políticos e econômicos pós-Segunda Guerra da classe média americana e a asseverar o domínio imperial global por meio da força militar. Elas dizem respeito a 5 mil anos de legado imperial, a uma plutocracia que se faz passar por democracia, e a uma ferida psique nacional que nega o lado sombrio de nossa história nacional.

A ideia de que nossa orgulhosa nação poderia se deixar enfeitiçar por forças políticas extremistas é em si tão estranha à nossa autoimagem que chega a ser difícil aceitá-la. Recebemos nosso chamado de despertar: estamos distantes de ser imunes às suscetibilidades de uma consciência imatura que têm mantido nossa espécie refém de patologias sociais autodestrutivas do Império há 5 mil anos. Ele é também um chamado de despertar para o poder que as histórias têm para moldar nossa autoimagem e o curso da História.

CAPÍTULO 14

As prisões da mente

Talvez os únicos limites à mente humana sejam aqueles em que acreditamos.[1]

Willis W. Harman

Aqueles que controlam as histórias que definem a cultura de uma sociedade controlam sua política e economia. Esta é uma verdade crucial para explicarmos como um pequeno conluio de extremistas de direita conseguiu tornar ineficazes as salvaguardas democráticas do sistema político dos Estados Unidos e ganhar o controle das instituições governantes da nação. É também crucial para delinearmos uma estratégia para o avanço da Grande Virada.

Os líderes da Nova Direita veem o mundo a partir da perspectiva de uma consciência imperial que defende o reinado da elite como a única opção viável para a manutenção da ordem social. Para construírem sua base política, eles se puseram a moldar histórias mais amplas que pudessem legitimar essa visão de mundo na mente do público e vincular o debate político a seus interesses.

Dessa forma, os verdadeiros crentes da Nova Direita ganharam o poder não por seus números, que são relativamente pequenos, mas por sua habilidade para controlar as histórias que respondem a três questões básicas: Como prosperamos? Como mantemos a ordem e a nós mesmos em segurança? Como encontrar um sentido e um propósito na vida? Podemos chamá-las de nossas histórias de prosperidade, segurança e sentido. A Nova Direita lapidou de forma cuidadosa e recontou incessantemente versões imperiais destas histórias para legitimar, ou mesmo celebrar, o ordenamento da sociedade por meio de hierarquias de dominação.

Com a longa história do domínio por uma elite nos Estados Unidos e em outras democracias ocidentais, muitos dos elementos das histórias de que essas elites precisavam já eram familiares dentro de suas culturas, pois são meramente variações de histórias em que regentes imperiais vêm se apoiando há milênios para legitimar a injustiça. Os líderes na Nova Direita só precisaram organizá-las em mensagens simples e recrutar acadêmicos, pregadores, políticos, personalidades da mídia e sábios em *think tanks* simpáticos a elas para repeti-las constantemente através do megafone da mídia corporativa. Juntos, eles criaram uma câmara de eco que fez assentar suas histórias sobre a cultura, limitando as fronteiras do discurso público a uma escolha entre políticas que de qualquer forma favorecessem os interesses da elite.

Ouvimos essas histórias repetidas com tanta frequência e em tantos contextos diferentes que acabamos por simplesmente aceitá-las como uma declaração da verdade. Suas narrativas se tornam prisões mentais que nos confinam às ordens mais inferiores da consciência e das possibilidades. Para nos libertarmos, precisamos antes de mais nada reconhecê-las por aquilo que são.

A HISTÓRIA IMPERIAL DA PROSPERIDADE

Por definição, as elites imperiais habitam um mundo de poder e privilégio calcado essencialmente na propriedade dos ativos produtivos de que depende a vida de todos. Elas compreensivelmente se voltam a histórias que afirmam a importância e legitimam o privilégio da classe proprietária.

A história

São estes os elementos essenciais da história imperial da prosperidade:

> O crescimento econômico, que expande o bolo da riqueza, de forma a criar prosperidade para todos, depende do investimento e portanto de uma classe rica de investidores. Quanto maior o retorno financeiro para os membros da classe investidora, maior seu incentivo para investir. Quanto mais eles investem, mais rápido a economia cresce e mais rápido melhora a vida de todos. Uma vez que o mercado recompensa os investidores individuais na proporção de sua contribuição, a desigualdade é algo natural, saudável e essencial à prosperidade. Somente os pobres de espírito ou aqueles de mente tacanha se ressentiriam dessa devida recompensa aos ricos, uma vez que à medida que eles enriquecem, também enriquecem todos.
>
> Por meio da regulação, impostos e barreiras de comércio, o governo limita os lucros dos investidores, reduzindo seu incentivo para investir, aumenta os preços para os consumidores e destrói empregos, empobrecendo assim a sociedade. Através de programas de bem-estar social, o governo elimina o incentivo para que os pobres trabalhem, corroendo assim o tecido moral.

Numa economia capitalista de livre mercado, todos podem ter sucesso, se realmente tentarem. O insucesso individual é marca de uma falha de caráter. A eliminação de programas de bem-estar social para forçar os pobres a trabalhar constrói seu caráter e os traz para a corrente principal da sociedade.

Para conquistar a prosperidade e pôr um fim à pobreza, devemos libertar os ricos de impostos, regulações e barreiras de comércio, privatizar bens e serviços públicos, pois os investidores privados são por natureza mais eficientes e respondem de forma mais eficaz aos interesses dos consumidores, e eliminar o desincentivo dos programas de bem-estar social. O livre mercado colocará as pessoas para trabalhar, eliminará a pobreza, dará dinheiro às pessoas para que possam fazer suas próprias escolhas, criará a riqueza necessária para proteger o meio ambiente, e proporcionará às pessoas melhores serviços a preços menores.

As corporações globais são instituições benevolentes, eficientes e de espírito público com inigualável capacidade para encontrar e explorar recursos naturais, impulsionar a inovação tecnológica, abrir novos mercados, gerar empregos e maximizar o uso eficiente dos ativos produtivos, de forma a satisfazer as necessidades humanas. Quanto maior a sua liberdade, mais rápido será eliminada a pobreza, recuperado o meio ambiente e mais rápido desfrutarão as pessoas do mundo de liberdade universal, democracia, paz e prosperidade.

A integração global, desregulação dos mercados e privatização são inexoráveis; são forças históricas benéficas que impulsionam o processo de criação de riquezas. A globalização econômica é inevitável. Não há alternativa e qualquer resistência é fútil. Os vencedores serão aqueles que se adaptarem à realidade e tirarem vantagem de suas oportunidades. É a benevolente missão das instituições de Bretton Woods — o Banco Mundial, o Fundo Monetário Internacional e a Organização Mundial de Comércio — facilitar o avanço ordenado destes processos. Somente os mal informados ou pobres de espírito, dispostos a negar aos pobres sua oportunidade para uma vida melhor, se oporiam a elas e à sua sagrada missão.

Esta história é comumente conhecida como o Consenso de Washington, dada sua propagação pelo Departamento do Tesouro dos Estados Unidos, pelo Banco Mundial, o FMI e vários *think tanks*, lobistas e empreiteiros relacionados baseados em Washington, D.C. Também é conhecida como liberalismo econômico, neoliberalismo e libertarianismo corporativo. Pelo fato de que os defensores do Consenso de Washington se agarram à sua história com a cega fé de verdadeiros crentes, negando toda a evidência em contrário, o investidor internacional George Soros os denominou de "fundamentalistas do mercado".

Nas histórias contemporâneas do Império, a narrativa da prosperidade contada pela Nova Direita é a mais frequentemente repetida e celebrada em análises de políticas e publicações acadêmicas, a mais ensinada em universidades e recitada por sábios da mídia corporativa. Os globalistas corporativos a endossam como uma espécie de catecismo. Eles divergem unicamente em suas visões a respeito do quanto seria adequado para os governos subsidiarem as corporações privadas ou propiciarem redes de segurança para amortecer a queda dos derrotados na impiedosa competição no mercado.

Elitismo neoliberal

O economista Milton Friedman, líder da Escola de Chicago de Economia Monetária, e o futurista tecnológico George Gilder desempenharam papéis fundamentais na legitimação e popularização da história neoliberal. Eles eram favoritos do presidente Ronald Reagan (1981-1989), que presenteou a ambos com comendas presidenciais.

O trabalho mais influente de Friedman, *Capitalism and Freedom* [Capitalismo e Liberdade], inicialmente publicado em 1962, argumenta que a liberdade individual é a absoluta moral inviolável da vida econômica, e que ela pode ser melhor assegurada por meio de mercados que garantam a liberdade das pessoas de riqueza para utilizarem seu dinheiro e propriedades da maneira que considerarem mais benéfica a seu interesse individual. Ele é famoso por sua extraordinária afirmação de que é imoral para qualquer pessoa sacrificar seu ganho pessoal em favor de um interesse público. "É fácil argumentar que ele [o monopolista] deveria direcionar seu poder não somente para a promoção de seus próprios interesses, mas para a promoção de fins socialmente desejáveis. No entanto, a ampla aplicação de tal doutrina destruiria uma sociedade livre."[2] Friedman se opõe a qualquer intervenção pública que possa restringir a capacidade de monopólios privados de capital para maximizarem seus ganhos financeiros privados. Há apenas uma forma de monopólio privado que, na sua visão, constitui uma ameaça à liberdade — um monopólio criado por um sindicato de trabalhadores para aumentar os salários de operários.[3]

Em seu trabalho mais influente, *Wealth and Poverty* [Riqueza e Pobreza], originalmente publicado em 1981 no começo do mandato de Reagan, Gilder é explícito em sua visão de que a direção de influência no estabelecimento de prioridades políticas e econômicas flui mais adequadamente do topo para baixo. Ele rejeita qualquer demanda que se dirija para o alto derivada do "sentimento das massas" como uma ameaça ao progresso nacional e à adequada ordem social. Em suas palavras,

> Num sistema democrático, uma reversão da direção apropriada de influência permite que ideias moldáveis oriundas da imaginação impressionável do sentimento das massas comandem os mecanismos poderosos e permanentes da liderança representativa. O resultado é um eleitorado indócil e alienado, um fracasso da autoridade política, um governo moroso e sem criatividade, e uma tendência ao declínio nacional.[4]

Friedman e Gilder proporcionam um lembrete útil de que o viés elitista da plataforma econômica da Nova Direita não é acidental ou inadvertido. Na tradição de Alexander Hamilton, representa uma clara intenção de pessoas influentes dotadas de uma consciência imperial que abominam a democracia e qualquer violação das prerrogativas da elite imperial por pessoas comuns.

A realidade

A elitista história da prosperidade tem coerência apenas superficial e uma lógica que, sob exame crítico, rapidamente se desfaz. Ela assume, por exemplo, que a prosperidade só pode ser mensurada em bens e serviços que possam ser adquiridos nos mercados. Não é preciso enumerar muitas das coisas essenciais a uma vida saudável, tais como ar e água limpa, confiança mútua, segurança no emprego, uma vizinhança segura, ruas bem mantidas, famílias amorosas e muitos outros itens, que mercados desregulados não têm como proporcionar e que, na verdade, com frequência debilitam de forma insidiosa.

Muitas das coisas que os economistas neoliberais enumeram como contribuições positivas ao crescimento econômico na verdade diminuem nossa qualidade de vida. Os exemplos incluem a venda de tabaco, armas e videogames violentos para crianças, os preços de advogados de divórcios, especializados em romper famílias, os custos de guardas e equipamentos de segurança, a produção e uso de produtos químicos tóxicos, e os custos do tratamento de doenças causadas por toxinas.

A reivindicação de que os mercados desregulados alocam a riqueza em proporção direta à contribuição individual negligencia a óbvia realidade de que muitas fortunas pessoais começaram a partir de amplas heranças ou foram conquistadas integral ou parcialmente por meio da fraude e do engano, do poder de monopólio, da assistência governamental às corporações, cortes preferenciais de impostos, usura, especulação financeira, manipulação de mercados e da exploração de trabalhadores e do meio ambiente. É importante lembrar que muitas das primeiras fortunas americanas foram produto do corso, da especulação em guerras, do comércio de escravos e da utilização da mão de obra escrava. A história das corporações é repleta de casos de fraudes financeiras e de abusos de poder. Somente sua escala é exclusiva de nossa época.

O mercado sem regulação tem um viés persistente que privilegia os valores financeiros em relação aos valores da vida, os lucros privados de curto prazo sobre o bem público de longo prazo, a desigualdade sobre a igualdade, e os ricos sobre os pobres. Para funcionar de forma eficiente, os mercados precisam de regras estabelecidas e fiscalizadas de maneira imparcial, de forma a assegurar negociações honestas, limitar o poder de monopólio, alocar os custos da poluição para o poluidor, garantir a saúde e a segurança dos trabalhadores e sustentar salários decentes. Conforme experimentam hoje sociedades de todo o mundo, mercados desregulados levam ao colapso de sistemas ambientais e a uma divisão cada vez mais obscena entre os super-ricos, que desfrutam de extravagantes e esbanjadores estilos de vida, e os desesperadamente pobres, a quem faltam alimentação, roupas e abrigo básicos. À medida que a devastação se espalha, a legitimidade institucional é solapada e a raiva e o desespero dos desprovidos engendram terreno fértil para os demagogos políticos e terroristas, aumentando a ameaça à segurança de todos.

Com todas as suas imperfeições, a história da prosperidade imperial prepondera no discurso político por ser a única história de prosperidade que as pessoas ouvem. As vozes progressistas podem com frequência serem ouvidas pedindo a redistribuição da riqueza existente para ajudar os pobres e para salvar o meio ambiente, mas apenas raramente questionamos a definição imperial de prosperidade. Nossas histórias a respeito de como se poderia criar nova riqueza de formas ambientalmente sustentáveis são mal elaboradas e raramente apenas comunicadas para além de grupos de ativistas já convencidos.

Os demagogos imperiais acusam os progressistas de taxarem os produtivos para recompensar os preguiçosos e de sacrificar as pessoas para salvar espécies exóticas. Não importa o quão verdadeira seja nossa alegação progressista de que as políticas econômicas imperiais na realidade destroem riqueza, tomam dos pobres para dar aos ricos e aceleram a destruição ambiental. A história elitista prevalecerá até que passe a ser constantemente contraposta a uma história mais atrativa em relação à prosperidade. Existe uma história progressista de prosperidade, que se encontra delineada no capítulo 18, mas a maioria das pessoas raramente a ouve.

A HISTÓRIA IMPERIAL DA SEGURANÇA

Um dos imperativos primordiais do domínio imperial reside na manutenção de um esquema militar e policial suficiente para garantir o sistema de privilégios da elite face ao não conformismo e à rebelião. Devemos nos lembrar que a passagem, ao tempo da fundação dos Estados Unidos, entre uma confederação frouxa de Estados independentes e a criação de uma estrutura federal foi instigada em parte pela Rebelião de Shay, na qual proprietários rurais patriotas enfrentavam a execução de hipotecas de suas terras nas mãos de especuladores de guerra. As elites imperiais da época decidiram que precisavam de um governo federal forte com as tropas necessárias para colocar os descontentes na linha e manter a ordem estabelecida.

É embaraçoso para os líderes de uma suposta democracia ter que dizer às classes trabalhadoras que devem pagar mais impostos para sustentar as forças policiais e militares que fazem valer sua servidão à classe proprietária. A resposta clássica tem sido o cultivo do medo em relação a criminosos domésticos — especialmente elementos criminosos nas classes descontentes — e inimigos estrangeiros. O "Império do mal" da União Soviética propiciou o inimigo externo desde a Segunda Guerra Mundial até seu colapso. As elites imperiais dos Estados Unidos estavam desesperadamente em busca de um substituto à altura. Em 11 de setembro de 2001, Osama Bin Laden lhes ofereceu uma solução.

Por se centrar no cultivo do medo, a história imperial sobre a segurança demanda muito mais que simplesmente a necessidade de justificar um aparato policial e militar desproporcional. Ela atinge um nível psicológico profundo e toca no desejo dos alienados e inseguros por um substituto para o pai forte que tivéramos ou pelo qual ansiáramos quando crianças, um protetor que proporciona segurança e atende às necessidades da família, em retribuição à lealdade e à obediência. Precisamos simplesmente colocar a corporação, o líder religioso ou o governante no lugar do pai.

Desta forma, a história imperial sobre a segurança torna-se, de forma mais ampla, uma história imperial política, na qual as eleições são reduzidas à escolha entre candidatos para o papel de pai substituto, cada um deles prometendo, em retribuição ao voto, manter-nos mais seguros e propiciar-nos mais prosperidade que seu oponente. Ao fazê-lo, eles afirmam nossa posição de crianças dependentes e suprimem o desenvolvimento de nossas ordens mais elevadas de consciência e de um ativo engajamento cívico para além do voto a cada dois anos.

Bush II dotou a história imperial sobre a segurança de nova proeminência nacional após o 11 de setembro de 2001. Tomando o ataque como um chamado de Deus a si, deu à clássica história um tom messiânico, tornando-a o arcabouço definidor da política nacional dos Estados Unidos, de sua presidência e imagem pública. Com o tempo, ficou claro que, na realidade, soldados no campo seriam sua resposta a qualquer problema de segurança, fosse ele o terrorismo, uma inundação ou uma pandemia — revelando que o objetivo verdadeiro era o de centralizar o poder.

A história

A história imperial contemporânea sobre a segurança funciona mais ou menos assim:

> Enfrentamos maléficos inimigos que nos odeiam por nossas liberdades e nossa retidão moral, buscando destruir-nos com armas de destruição em massa. Precisamos de líderes fortes que utilizem a plena força da polícia e do poder militar do Estado em ação preventiva para destruí-los antes que possam nos prejudicar.
>
> A guerra contra o mal é perene. A guerra é o estado natural da humanidade. A paz e a ordem prevalecem somente quando impostas pelo poder militar de uma nação moralmente correta. É responsabilidade de tais nações trazer paz, liberdade e prosperidade ao mundo, eliminando os governantes maléficos e levando a democracia e o livre mercado aos povos oprimidos. Agiremos de acordo com nossa posição como uma nação poderosa e moralmente correta, em concertação com nossos amigos quando possível ou, unilateralmente, sempre que necessário.
>
> Não pode haver acordo na guerra contra o mal. Os que não estiverem conosco estarão ao lado do mal e, como tal, devem ser tratados.
>
> Devemos ser igualmente firmes com os malfeitores domésticos. Para proteger os bons e os puros e para dissuadir outros, imbuídos de intenções malévolas, devemos punir os criminosos que ameaçam a ordem estabelecida e removê-los permanentemente da sociedade por meio do encarceramento ou da execução.

Líderes imperiais vêm contando versões desta história há eras, adaptando os detalhes a seu tempo específico e inimigo de escolha.

A realidade

A história imperial da segurança desvia a atenção da injustiça econômica subjacente à maior parte da criminalidade e do terrorismo e justifica a supressão de todas as formas de desacordo para proteger o *status quo* imperial. A ênfase na lealdade e na obediência a um líder forte minimiza o papel da cidadania responsável e, mais especificamente, o papel essencial do cidadão em exigir que os ocupantes de posições no poder público respondam por seu atos.

A história imperial da segurança também desvia a atenção de ameaças muito maiores e mais certas do que o terrorismo: por exemplo, as mudanças climáticas, a crescente escassez de água doce, a contaminação química de terras, do ar e da água, a rápida propagação de vírus letais, as consequências do pico do óleo, e déficits comerciais cada vez maiores. A história leva a decisões mal orientadas para invadir e ocupar nações inteiras ao custo de dezenas de milhares de vidas civis inocentes num esforço amplamente fútil para a captura de umas poucas centenas de terroristas espalhados entre redes secretas. As prioridades equivocadas geram instabilidade, alimentam o recrutamento de terroristas e desperdiçam recursos necessários para abordar as mais sérias e imediatas ameaças à segurança humana.

No caso dos Estados Unidos, os terroristas nos odeiam não pelas liberdades que nos são conferidas por instituições democráticas, mas antes por nosso frequente uso do poder econômico e militar para oprimir e humilhar de forma arbitrária outras nações e povos. Os terroristas devem encarar a justiça, mas isso só será logrado por meio da cooperação internacional entre as nações, trabalhando juntas num espírito de confiança e respeito. Uma estratégia de contraterrorismo calcada no lançamento de guerras preventivas de forma unilateral contra estados-nação fracos é contraproducente. Ela debilita a autoridade moral do invasor, solapa os sistemas internacionais de cooperação necessários para identificar e levar os terroristas de fato à justiça, dissipa recursos militares em conflitos onde todos saem perdendo, inflando ainda as fileiras das organizações terroristas com recrutas cheios de ódio.

No que diz respeito à manutenção da segurança pública em relação a criminosos mais comuns, os Estados Unidos têm a maior taxa de encarceramento *per capita* de qualquer nação do mundo — um indicador de um significativo colapso social. Em vez de lidar com este colapso, as elites imperiais utilizam as prisões para tratar seus sintomas, marca não de uma democracia, mas de um estado policial. Mais de 2 milhões de pessoas se encontram hoje em prisões nos Estados Unidos, a maioria delas por crimes não violentos relacionados a drogas. Um jovem afro-americano tem maior possibilidade de ir para a cadeia do que de chegar à faculdade. A segurança e a moralidade pública estariam bem melhor servidas se a maior parte do imenso orçamento hoje voltado à manutenção dos sistemas militar e de justiça criminal dos Estados Unidos fosse empregado em programas socioeconômicos que abordassem as causas profundas da violência e criminalidade — por exemplo, melhorando a educação pública e gerando oportunidades de lazer e emprego para a juventude marginalizada.

Toda sociedade tem seus elementos criminosos, entre eles criminosos reincidentes para além da possibilidade de recuperação, que devem ser trancafiados para o bem da sociedade, uma vez estabelecida sua culpa, por meio do devido processo conduzido com diligência. Tais pessoas, entretanto, são poucas, e se encontram distribuídas de forma aleatória pela população, sem preferência de classe, raça, educação ou religião. Quando pequenos criminosos não violentos e infratores menores envolvidos com drogas recebem longas sentenças, ao mesmo tempo que crimes de consequências muito maiores cometidos por policiais e pelo poder corporativo seguem sem punição, evidencia-se que a plataforma de segurança doméstica tem mais a ver com a garantia de privilégios que com a garantia da soberania da lei.

Apesar de todas as suas brechas, a história imperial de segurança prevalece por ser a única história sobre a segurança a que a maioria das pessoas ouve. Os progressistas conclamam pela paz e pela liberdade. Não oferecemos, entretanto, uma história atraente que mostre como lidaremos com ameaças reais àqueles que temem por sua própria segurança e de seus entes queridos. Os demagogos imperiais retratam os progressistas como traidores que odeiam os Estados Unidos, e que se perfilam a terroristas e criminosos, representando uma ameaça à segurança.

AS HISTÓRIAS IMPERIAIS SOBRE O SENTIDO DA VIDA

Nós, humanos, há muito compartilhamos nossas crenças mais profundas a respeito da origem e significado de nossa existência, através da criação de histórias que nos ajudam a dar sentido àquilo que com frequência parece um mundo arbitrário e hostil. Uma vez que histórias sobre a Criação fazem parte das fundações de todo sistema humano de crenças, a legitimidade das estruturas de dominação do Império, no final das contas, depende de histórias sobre a Criação que afirmem a correção moral de instituições injustas. As elites imperiais da tradição cristã ocidental oferecem duas histórias de certa maneira conflitantes a respeito da Criação: uma história bíblica para os religiosos e uma científica para os seculares. Conforme elaborado em capítulos anteriores, ambas servem para afirmar a legitimidade do Império.

A história imperial bíblica sobre o sentido da vida

Há muitas versões da história bíblica sobre o sentido da vida. Uma das que são comumente propagadas pela elite imperial funciona mais ou menos assim:

> Deus criou o mundo em seis dias, descansou no sétimo e presenteou o homem com Sua Criação, mediante estrita obediência à Sua vontade. Deus é todo-poderoso e onisciente. Tudo o que se passa na Criação se dá por Sua vontade. Em seu justo julgamento, Deus favorece os obedientes com riqueza e poder, identificando-os assim como os puros e corretos. A pobreza e o sofrimento são o destino dos impuros e dos desobedientes.
>
> É tanto dever como responsabilidade daqueles que Deus marcou como puros e corretos julgar os menos corretos, bem como estabelecer e fazer cumprir as regras que os outros devem seguir nos mercados, na política e nas relações entre as nações.
>
> A vida na Terra é apenas uma parada no caminho para a vida no além. É nossa tarefa aqui provar nossa fé através da piedade. Os pios e obedientes serão recompensados com a salvação eterna após a morte. Os ímpios e desobedientes estarão condenados ao tormento eterno.
>
> Uma hierarquia de autoridade e correção define a ordem natural da Criação: Deus acima dos governantes humanos, governantes acima dos súditos, homens acima da natureza, homens acima das mulheres, brancos sobre outras raças. Cada um de nós serve aos desígnios de Deus encontrando e aceitando nosso lugar na hierarquia e obedecendo Sua palavra, conforme revelada nas Escrituras.

A história imperial secular do sentido da vida

A história secular do Império privilegiada pela Nova Direita se baseia numa física newtoniana ultrapassada e na pseudociência do darwinismo social.

> A matéria é a única realidade. O todo cósmico é um produto da interação ordenada de forças físicas passíveis de descrição e predição através de equações matemáticas. A vida é o produto acidental da complexidade da matéria. A consciência e o livre-arbítrio são meras ilusões. Pelo

fato de que a vida não tem significado intrínseco, o único curso racional para a pessoa inteligente reside na busca de gratificação material por meio da acumulação de riqueza e poder.

A evolução das espécies vivas se dá por meio de uma luta competitiva, em que os mais aptos sobrevivem, perecendo os menos aptos. As espécies de mamíferos naturalmente se organizam em hierarquias de dominação para proteção mútua e sucesso reprodutivo.

O progresso humano, da mesma maneira, depende da luta competitiva, em que triunfam os mais aptos, e onde os de categoria inferior servem aos mais capazes. Pela virtude de sua vitória, os vencedores provam seu mérito mais elevado e, dessa forma, sua contribuição à melhoria do todo. Eles têm um direito natural, justamente devido, às recompensas por sua vitória. Não há motivo para culpa ou preocupação com aqueles a que a luta destrói ou deixa para trás, uma vez que sua derrota é em si mesma prova de que são menos aptos. Para o aperfeiçoamento do todo, devemos todos aceitar que este é seu destino adequado.

A realidade

A história bíblica imperial reivindica as escrituras bíblicas como sua fonte de autoridade. Não obstante, apresenta uma interpretação das escrituras que desonra a vida e os ensinamentos de Jesus, que escolheu uma vida de pobreza, ensinou que os pobres contam com a bênção especial de Deus, incitava a compaixão por todas as pessoas e pregava um evangelho de paz e justiça que desafiava as premissas definidoras do Império. A história ignora os Evangelhos que os estudiosos bíblicos creem apresentar os relatos mais acurados das palavras e ensinamentos de Jesus — aqueles que falam de amor e compaixão. A maioria das crenças religiosas, incluindo o Judaísmo, o Islã e o Hinduísmo possui seus extremistas equivalentes que distorcem os ensinamentos de suas escrituras, de forma a dar suporte a propostas de dominação, exploração e violência absolutamente contrárias às mensagens de amor e compaixão que são os elementos fundadores de toda grande religião.

A história imperial científica se baseia em teorias físicas anteriores às descobertas e revelações da física quântica e em interpretações ideológicas das teorias de Charles Darwin. Ela ignora ainda as descobertas da nova biologia — documentadas em capítulos subsequentes — que mostram que a vida é, em seu âmago, uma empreitada cooperativa e que as espécies que triunfam sobrevivem por encontrarem a posição onde podem melhor servir ao todo.

Ainda que as duas histórias imperiais sobre o sentido da vida se baseiem em premissas iniciais inteiramente diversas, ambas emprestam credibilidade à moral do elitismo farisaico a serviço do Império. Ambas obscurecem a profunda verdade de que grande parte da arbitrária violência que experimentamos em nossa vida cotidiana não é o trabalho de um Deus moralmente correto, nem de alguma lei da natureza. Diferentemente, essa violência é a profecia autorrealizável de culturas fundamentadas em histórias imperiais que legitimam a injustiça.

A maioria das pessoas aceita uma dessas histórias a respeito do sentido da vida essencialmente por serem as duas únicas articuladas com qualquer coerência e recitadas com regularidade no discurso público. Para a maioria dos americanos que desesperadamente procura uma fonte de sentido sagrado, a elitista história bíblica imperial representa a única história da Criação com uma fundação espiritual a que já estivera exposta. Com a exceção do movimento de direitos civis, os movimentos progressistas têm sido conscientemente seculares — evitando de forma cuidadosa discutir o sagrado. Ainda que a maioria dos líderes de movimentos progressistas aja baseada em um profundo sentido de conexão espiritual e responsabilidade, e que vigorosamente rejeite o darwinismo social, raramente falamos publicamente sobre nossas crenças de um modo ou de outro. Os demagogos imperiais dizem que não temos valores e que odiamos os cristãos.

ESTREITANDO O DEBATE

Uma vez que o debate sobre política econômica esteja delimitado em termos de que cursos de ação impulsionarão mais eficazmente o crescimento medido pelo PIB ou, mais recentemente, pelos mercados de ações, tudo se resume à resolução de detalhes. Quaisquer que sejam as políticas vindouras, elas servirão para ampliar a concentração de poder nas mãos da elite.

Tão logo se resuma o debate sobre segurança em termos das medidas para mais eficazmente nos protegermos de maléficos criminosos e estrangeiros, ele já se definiu como a necessidade de fortalecimento da polícia e do poder militar do Estado. Daí em diante, trata-se simplesmente de discutir os detalhes de como melhor fazê-lo.

O lastro cultural mais profundo para esta discussão sobre a prosperidade e a segurança é propiciado pelas histórias imperiais bíblica e secular da Criação. A história bíblica imperial afirma a correção moral dos ricos e poderosos, exige fé na ordem divina, torna um sacrilégio questionamentos à sua autoridade e rejeita como irrelevantes os esforços para melhorar a condição dos pobres e proteger o meio ambiente. Tudo o que existe manifesta a vontade de Deus e o iminente Arrebatamento elevará os que creem aos céus e destruirá os pecadores. O futuro já se encontra predeterminado e aqueles que creem não precisam fazer nada, exceto rezar e esperar. Esta versão da história bíblica também celebra demonstrações materiais de poder e afluência como símbolos da correção moral.

Ainda que se origine na rejeição a qualquer ser divino ou sobrenatural, a história imperial secular serve a fins idênticos. Ela santifica uma hierarquia de dominação como ordem natural, fornece uma base lógica para a rejeição de demandas de que os ricos e poderosos aceitem responsabilidade pelas consequências públicas de suas ações, e celebra os benefícios e legitimidade da acumulação material e ostentação pública.

As histórias são uma chave para o êxito da Nova Direita na conquista do controle do sistema político americano. As histórias imperiais da Nova Direita são versões contemporâneas de narrativas que remontam aos Impérios de tempos antigos. As variantes culturalmente específicas dessas histórias moldam a cultura pública da maioria das nações do mundo e são com frequência contadas e celebradas por suas próprias elites imperiais.

Sábios da mídia, intelectuais, porta-vozes de instituições de pesquisa, políticos e figuras religiosas simpáticas à visão de mundo imperial criam uma câmara de eco cultural pela infindável repetição das narrativas imperiais factualmente defeituosas e moralmente falidas, como se falassem com base em uma lista idêntica de tópicos para uma conversa. A concentração da propriedade dos meios de comunicação nas mãos de proponentes da plataforma imperial amplifica suas vozes de forma amplamente desproporcional à sua quantidade na população — moldando a cultura política e definindo o certo e o errado para os eleitores indecisos que enxergam o mundo por meio da lente da consciência socializada.

À medida que se enraizam na cultura, essas histórias sistematicamente diminuem nosso senso coletivo das possibilidades humanas, minam nosso comprometimento a políticas de interesse público e limitam o debate político a escolhas que fortaleçam as relações de dominação do Império. Nunca ocorre à maioria de nós desconstruir as narrativas para examinar a validade ou as devastadoras implicações de suas premissas para as sociedades em que vivemos.

A história imperial da prosperidade celebra a idolátrica veneração do dinheiro e da aquisição material, bem como uma concentração da propriedade que leva ao empobrecimento espiritual para todos e ao empobrecimento material para a ampla maioria. A história imperial da segurança se concentra na construção de forças policiais e militares para impor a ordem por meio da coerção física, de forma a proteger relações estabelecidas de dominação, perpetuando assim um sistema de opressão e injustiça que leva à destruição do meio ambiente, inquietação social e a uma democracia de mentira. A história imperial bíblica sobre o sentido da vida foca a vida após a morte. Seu equivalente secular reduz à vida a matéria e ao mecanismo. Ambas levam à alienação em relação à vida e destituem nossa existência terrena de significado e propósito.

Individual e coletivamente essas histórias justificam a dominação imperial, negam nossa humanidade e levam ao empobrecimento espiritual e material das sociedades humanas. Não obstante, são muito eficazes para os propósitos pretendidos pela Nova Direita por serem as únicas a que a maioria ouve.

A lógica sugere que expor os pressupostos falhos dessas histórias imperiais as destituiria de seu poder. Essa conclusão, entretanto, é equivocada. Nós, humanos, vivemos por meio dessas histórias. Quando uma delas ganha legitimidade em nossa mente, é inevitável que voltemos a ela por fornecer a única resposta que conhecemos para nossas questões absolutamente reais a respeito de coisas importantes para nós.

As histórias são a chave. Para redirecionar o curso da humanidade, é preciso mudar as histórias pelas quais vivemos. Histórias que negam as possibilidades e o propósito sagrado da vida sufocaram o desenvolvimento das ordens mais elevadas da consciência humana e nos mantiveram reféns dos pesares do Império. Histórias que afirmem as possibilidades da vida e seu propósito sagrado libertam nossa mente dessa limitação autoimposta e nos convidam a levar adiante a Grande Virada.

PARTE IV
A Grande Virada

> *Não pode haver respeito para com nosso lugar no meio ambiente nem para com o lugar que o meio ambiente ocupa em nós sem uma espiritualidade que nos ensine a reverência pelo cosmos em que nos encontramos.*[1]
>
> Matthew Fox

Nós, seres humanos, vivemos pautados por histórias que incorporam a sabedoria compartilhada de nossas culturas em relação às nossas possibilidades, valores e sobre a natureza do cosmos. Por meio dessas histórias, sobretudo aquelas que falam de nossa origem, definimos a nós mesmos, o sentido de nossa vida e nossa relação com o sagrado. Quando as histórias partilhadas por uma sociedade estão fora de sintonia com suas próprias circunstâncias, há um efeito limitador, e elas podem até mesmo se tornar ameaças à sobrevivência. Essa é nossa situação atual.

Está ao nosso alcance hoje uma decisão histórica: deixar para trás as aflições do Império e abraçar as alegrias da Comunidade da Terra. O conhecimento e a tecnologia necessários estão à nossa disposição. As barreiras remanescentes são essencialmente crenças limitantes sem respaldo na realidade além da mente humana.

O explosivo avanço do conhecimento nas últimas centenas de anos expandiu enormemente não apenas a compreensão de nossa natureza e possibilidades, mas também nossa capacidade para a auto-organização cooperativa e a ajuda mútua inerentes à própria natureza da vida. Para cruzarmos com êxito as águas turbulentas da Grande Virada, devemos revisitar e atualizar as narrativas por meio das quais comunicamos nossa visão comum sobre a origem, o propósito e as possibilidades da humanidade.

CAPÍTULO 15

Para além do pai severo contra o relógio do envelhecimento

> *A Ciência sem a religião é manca; a religião sem a ciência é cega.*
>
> Albert Einstein

> *Para os povos, de modo geral, sua história sobre o universo e a respeito do papel humano nele é a fonte primária de inteligibilidade e valor [...] A crise mais profunda experimentada por qualquer sociedade ocorre naqueles momentos de mudança em que esta história se torna inadequada para atender às demandas de sobrevivência frente a uma situação presente.[1]*
>
> Thomas Berry

Alienados em relação à vida e desprovidos de uma história adequada para nossa época e capacidade de entendimento, encontramo-nos — nós, seres humanos contemporâneos —, condenados à busca de sentido em lugares onde ele não pode ser encontrado. Encaramos o dinheiro como medida de nosso valor, vamos às compras para esquecer nossa solidão, subjugamos e destruímos para afirmar nossa existência, e nos voltamos, à procura de orientação moral, para dogmas que reiteram as incapacidades relacionadas à nossa alienação em vez de nos desafiarem a realizar nosso potencial.

O século passado foi uma época de extraordinário avanço na compreensão humana em relação às origens do universo, à evolução da vida e ao caminho de desenvolvimento do indivíduo humano. De modo geral, tanto a Ciência quanto a religião continuam conectadas a histórias de origem mais remota que não incorporam nada desse novo conhecimento. Essas histórias ultrapassadas prejudicam nossa visão das possibilidades de nossa natureza mais elevada, de nossa ligação com a vida e nosso lugar na Criação.

A CONFRONTAÇÃO FINAL

O duradouro conflito ocidental entre ciência e religião confronta a religião do pai severo à ciência de um mundo mecânico assemelhado a um relógio que vai envelhecendo. Esta competição assola o Ocidente desde o princípio da revolução científica.

A religião do pai severo

Nos primórdios da revolução científica, no século XVI, a teologia cristã predominante embarcara numa desconfiança em relação ao intelecto humano e sua capacidade para captar a verdade a partir da observação do mundo material. Na realidade, a preocupação em demasia com fenômenos materiais era tomada como sinal de uma alma desamparada. As autoridades religiosas asseveravam que a revelação divina, conforme sacramentada nas escrituras e por essas autoridades interpretada era a única fonte válida da verdade, e também que o universo é governado por forças para além da compreensão humana. A visão de mundo ocidental predominante àquela época, especialmente conforme definida pela fé católica,

- encarava a relação humana com Deus como aquela de um filho com um pai que exige estrita lealdade e obediência;
- imputava a Deus tanto emoções humanas como o poder de criar e destruir mundos inteiros por meio de um ato arbitrário de vontade;
- tomava os humanos como propósito e centro da Criação de Deus;
- venerava um panteão de santos com poderes para intervir em questões do coração e da carne;
- atribuía aflições físicas e mentais à possessão por espíritos malevolentes;
- reivindicava às autoridades religiosas o poder para assegurar um lugar no paraíso.

Uma dramática mudança na percepção cultural dominante começou a ocorrer por volta de 1660, à medida que a visão de mundo mecanicista da revolução científica se afirmava na Europa. A mudança da magia para o mecanicismo foi um passo ousado que abriu caminho para extraordinários avanços no conhecimento e na tecnologia, da mesma forma que o despertar da criança para o mecanismo físico é um passo importante no caminho para uma consciência madura. Infelizmente, entretanto, a revolução científica trouxe não somente uma rejeição das fantasias mágicas das ordens mais inferiores da consciência, mas também uma negação da fundação espiritual da realidade e uma profunda alienação em relação à vida.

A ciência do relógio do envelhecimento

Em agudo contraste com os sistemas de crenças da maioria das religiões, a moldura ideológica da ciência-padrão do Ocidente sustenta resolutamente que o mundo físico representa a única realidade e que a observação disciplinada dos fenômenos físicos é a fonte singular da verdade. Este ponto de vista surgiu com as teoria de Nicolau Copérnico (1473-1543) e a comprovação por Galileu Galilei (1564-1642) de que o Sol é o centro do sistema solar e a Terra simplesmente um de seus vários planetas orbitantes.

A sabedoria científica convencional daquele tempo afirmava que a natureza funciona com a precisão previsível de um relógio mecânico e que seus mecanismos são plenamente acessíveis à compreensão humana.[2] Incapazes de explicar a origem da complexa máquina postulada por suas teorias, os primeiros filósofos da revolução científica concediam tal terreno aos teólogos, sugerindo que o universo fora criado e posto em movimento por um mestre-relojoeiro, que então o abandonara ao vento para que gradualmente diminuísse esse movimento à medida que se esgotava o potencial energético incorporado de sua mola.

O contraste entre as doutrinas da ciência e as doutrinas dominantes das igrejas cristãs daquele tempo dificilmente poderia ter sido mais completo. A doutrina religiosa sustentava que o mundo material é uma ilusão, ou mesmo um trabalho do demônio com o intuito de distrair e enganar. A doutrina científica asseverava que somente a matéria é real. A doutrina religiosa proclamava que os humanos são o centro da atenção de Deus e o propósito de sua Criação. A doutrina científica colocava os seres humanos na periferia de um vasto universo sem Deus destituído de propósito ou significado.

Em vez de reconhecer os mecanismos da matéria como uma das muitas dimensões da realidade, o fundamentalismo da ciência substituiu o dogma limitador do sistema religioso estabelecido por outro dogma limitante de sua autoria — negando a própria existência de tudo aquilo que não se podia mensurar e explicar em termos de relações matemáticas reproduzíveis. E assim proclamou a vida como um resultado acidental da complexidade da matéria, passando a tratá-la como um simples amontoado de códigos químicos e genéticos passíveis de manipulação física conforme a conveniência humana. O fundamentalismo científico não apenas negou as ordens mais elevadas da consciência humana, mas também declarou como meras ilusões toda a consciência, espírito e intenção, essencialmente eliminando qualquer aparente alicerce para a responsabilidade moral pessoal.

Cultura de alienação

O rígido dogma do fundamentalismo científico foi útil para dotar a ciência de uma intransigente disciplina intelectual que levou a enormes avanços no conhecimento humano e na tecnologia. Infelizmente, a premissa de que somente aquilo que pode ser observado é real acabou tratada como algo indiscutível, e não como uma base útil para a condução da ciência. Ela moldou a visão de mundo da cultura moderna, perpetuando desta forma a alienação em relação à vida que é um dos impulsos primários dos vícios do Império. Qualquer visão concorrente é desprezada pelo fundamentalismo científico como simples crença religiosa não comprovada. Tal posição ignora o fato de que, com sua dogmática rejeição da inteligência e da consciência, o fundamentalismo científico cruza a linha divisória que separa a investigação científica da propagação de dogmas religiosos impossíveis de serem investigados.

Thomas Hobbes (1588-1679) fez possivelmente a mais clara exposição da filosofia que a revolução científica fez emergir. Levando o mecanicismo material a seu extremo lógico, Hobbes postulou que a existência não tem qualquer sentido e que, desta forma, não há parâmetro objetivo para distinguir entre o bem e o mal. Segundo Hobbes, o único curso racional para cada um reside em buscar o que traz prazer, evitando aquilo que gera dor — em essência, o perfil motivacional básico da consciência de crianças muito pequenas.

A partir dessa premissa, Hobbes concluiu que, dados o direito e a inclinação naturais de cada pessoa para perseguir impulsos imediatos de prazer, a ordem demanda um Estado forte encabeçado por um governante e legislador absoluto com liberdade para determinar o que constitui o bem público e para impor a ordem sem qualquer limitação trazida por algum compromisso com o povo. De uma só vez, Hobbes transformou a negação científica daquilo que nos torna humanos em uma lógica para uma economia da ganância e do materialismo e para uma política do poder totalitário.

As guerras da evolução

A duradoura tensão entre ciência e religião novamente assume o proscênio nos Estados Unidos numa luta entre criacionistas e evolucionistas em torno daquilo que as escolas públicas devem ensinar a seus alunos com relação à origem da espécie humana. Num extremo, se encontram verdadeiros apóstolos da ciência, como o biólogo britânico Richard Dawkins, que insistem que a vida evoluiu por meio de um processo puramente mecânico de mutação aleatória e seleção natural, e que isso é um fato estabelecido que não pode ser questionado por mentes racionais. No outro extremo, estão os verdadeiros apóstolos da religião, como o teólogo evangélico Albert Mohler, que toma como fato comprovado a criação, por Deus, do Cosmos, da Terra e de todos os seus seres vivos em seis dias, numa série de eventos separados que culminaram na criação do homem à própria imagem de Deus. No raciocínio dos Albert Mohlers, a crença em Deus e na evolução são mutuamente excludentes.[3]

Um número considerável de cientistas e teólogos assume posições diversas ao longo do contínuo entre estes dois extremos. Uma escola de pensamento cada vez mais popular que angaria apoio entre membros tanto da comunidade científica como da religiosa, é a teoria do *design* inteligente, que sustenta que a complexidade da vida traz em si a marca de um projetista inteligente. Alguns membros deste grupo creem que os registros fósseis podem ser explicados pela teoria de que Deus teria intervindo periodicamente para criar novas espécies ao longo do tempo. Outros acreditam que Ele teria posto a Criação em movimento para que se desenrolasse através da mutação e da seleção natural como num programa de computador.[4]

O debate público a respeito da evolução continua a ser conduzido inteiramente dentro da moldura básica de histórias pré-Século XX. O pressuposto é o de que, se houve alguma forma de inteligência envolvida na Criação, ela deve necessariamente se localizar num Deus externo, que existe à parte de sua Criação e que funciona à maneira de um mágico, sacudindo uma varinha mágica, ou de um engenheiro, que constrói uma máquina a partir de componentes mecânicos — outra variante da história imperial de sentido.

Não se considera a possibilidade de que a Criação possa ser a manifestação de uma consciência criativa inteligente intrínseca a toda existência, e sobretudo a toda a vida. Tal ideia é essencial à experiência e ensinamentos de místicos religiosos, mas é estranha à ciência convencional e tratada como heresia por muitos líderes religiosos ocidentais. Dei-me conta do significado de enxergarmos Deus como extrínseco ou intrínseco à Criação em 1999, quando tive a oportunidade de conhecer o pensador religioso Marcus Borg numa conferência patrocinada pela Associação de Igrejas de Washington, onde ambos fôramos convidados a falar.

EXPLIQUE-ME SUA IMAGEM DE DEUS

Em sua apresentação, Borg nos desafiou com a seguinte asserção: "Explique-me sua imagem de Deus e eu explicarei sua política."

Servindo a mestres diferentes

Borg raciocina que a Bíblia Cristã descreve Deus segundo dois conjuntos bastante distintos de metáforas que invocam diferentes imagens e sugerem relações bastante diferentes entre os humanos e o sagrado. Essas metáforas se originam de vozes contrastantes dentro da tradição bíblica e refletem visões de mundo marcadamente distintas.[5] Uma afirma as relações de dominação do Império, a outra, as relações de parceria da Comunidade Igualitária.

O primeiro conjunto utiliza as familiares metáforas antropomórficas do rei, senhor e pai, que invocam a imagem de uma distante figura masculina de autoridade com uma forma física humana a quem pressupõe-se que os humanos devam lealdade inquestionável e estrita obediência, análogas às de um filho ou filha a um pai tradicional, ou às de um súdito a seu rei. Borg chama isso de "modelo monárquico de Deus".[6]

A compreensão moderna mais comum de Deus, tanto na igreja como na cultura de forma mais ampla, se centra no modelo monárquico. Segundo este entendimento, Deus é um ser sobrenatural que habita um lugar distante e teria criado o mundo há muito tempo e estabelecido leis naturais para ordenar sua Criação. Sua intervenção ou não, de tempos em tempos, nos assuntos de sua Criação é o principal tema de disputa no interior desta corrente. Nesta concepção, os seres humanos são, não apenas a peça central da Criação, mas também a realização de seu propósito.

O segundo conjunto inclui tanto metáforas não antropomórficas — tais como vento, sopro, fogo, luz, sabedoria e rocha —, como metáforas mais antropomórficas — como sábio, amante e mãe — que invocam imagens de uma presença espiritual unificadora e imanentemente generosa, uma imagem em geral consistente com a visão de mundo da consciência espiritual, a ordem mais elevada da consciência humana descrita no capítulo 2. Borg o denomina "modelo do espírito". O professor espiritual cristão Matthew Fox demonstra em *One River, Many Wells* que os místicos religiosos de praticamente todas as tradições espirituais do mundo descrevem Deus por meio de imagens que invocam o modelo do espírito.[7]

Em contraste com o modelo monárquico, o modelo do espírito sugere que nossa relação humana com Deus é de um pertencimento e intimidade para além de gêneros. Jesus — que pregava uma mensagem de amor universal, compaixão e preferência pelos pobres — foi um profeta do modelo do espírito e utilizava metáforas e parábolas adequadas à compreensão de seu público — incluindo a metáfora de um pai amoroso e compassivo. O pai amoroso e compassivo de quem ele falava, entretanto, apresentava um agudo contraste em relação ao Deus imperial rigoroso e colérico do Velho Testamento.[8]

O Deus do Império

Segundo Borg, as camadas mais antigas da tradição do Evangelho não sugerem que Jesus se encarasse como o Messias ou como filho de Deus em algum sentido especial. "Sua mensagem era teocêntrica, não cristocêntrica — centrava-se em Deus, não em uma proclamação messiânica de si mesmo."[9]

A ideia de Jesus como o Cristo messiânico e fundador de uma igreja imperial foi uma reconstrução que só daria frutos quase três séculos após sua crucificação, quando o imperador Constantino abraçou o cristianismo e o tornou a religião oficial do Império Romano.[10] Desde então, o cristianismo tem servido ao Império, emprestando legitimidade moral à violência e opressão desarrazoadas em nome do homem cuja vida se devotou ao ensinamento do amor e da compaixão.

A Igreja Romana, com o tempo, superaria o Império secular de Roma para funcionar como um poder imperial em si, chegando mesmo a lançar seus próprios exércitos nas Santas Cruzadas contra o Islã. O cristianismo se alinharia em seguida às conquistas imperiais de reis espanhóis, franceses e portugueses nas terras da África, Ásia e das Américas, e à reivindicação dos colonizadores de que sua meta era civilizar e catequizar os povos nativos.

O modelo monárquico de Deus estabelece associações com as características familiares de pais e reis humanos, frequentemente zelosos de sua autoridade, exigindo obediência à sua palavra, punindo severamente aqueles que os desagradam e recompensando prodigamente seus filhos e súditos favoritos. Presumindo-se que o Deus monárquico seja todo poderoso e onisciente, segue-se, de forma bastante natural, que os ricos e poderosos desfrutam da preferência divina e devem portanto governar os assuntos terrenos como seus representantes — a explícita premissa subjacente ao Calvinismo. Isso estabelece o parâmetro para aquilo a que por vezes se refere como a "grande cadeia da existência", em que aqueles mais próximos de Deus reinam sobre os menos favorecidos: Deus sobre o rei secular, o rei secular sobre os homens, os homens sobre as mulheres, e os seres humanos sobre a natureza. Também é consequência lógica da perspectiva daquele que crê que os que veneram um Deus diferente são inimigos do verdadeiro Deus e devem ser destruídos ou forçados a se submeterem ao domínio do Deus real.

O cristianismo monárquico/imperial, em contraste com aquele de viés profético/espiritual, afirma uma hierarquia de dominação e transmite uma mensagem enfática: aceite suas circunstâncias terrenas. Quaisquer que sejam, são a vontade de Deus. A redenção para os que creem e os obedientes vem após a morte. Desobedeça ou questione, em nome da justiça, aqueles que falam em nome de Deus, e você certamente queimará para sempre no tormento do inferno.

A afirmação de que a salvação é individual e se baseia na fé, e não no trabalho, mantém a sociedade dividida e isenta a pessoa da responsabilidade de agir para criar um mundo mais justo e pacífico. O foco no além e a premissa de que Deus habita um lugar distante contribuem para um estranhamento em relação à experiência da vida em criativa troca com a comunidade e a natureza. Esse estranhamento se tornou algo tão angustiante que muitos cristãos fundamentalistas se voltam a uma ansiosa espera pelo arrebatamento.

À espera do arrebatamento

A série de romances da coleção *Left Behind*, escrita por Tim LaHaye e Jerry Jenkins, apresenta um retrato do arrebatamento, conforme o ponto de vista daqueles que nele acreditam. Em meados de 2004, as vendas dessa série de 12 livros totalizavam 65 milhões de cópias e haviam gerado mais de 650 milhões de dólares, o que a torna um dos projetos editoriais de maior sucesso de todos os tempos.[11] A história ficcional do derradeiro retorno de Cristo à Terra, no último livro da série, *Glorious Appearing: The End Days*, traz este relato de arrepiar da maneira pela qual se espera que o Príncipe da Paz lidará com aqueles que não creem no final dos tempos.

> Jesus simplesmente levantou poucos centímetros uma das mãos e um cavernoso abismo se abriu na terra, estendendo-se em comprimento e largura o suficiente para engoli-los todos. Eles despencaram, gritando e gemendo, mas seus lamentos logo cessaram e o silêncio se fez, quando a terra se fechou novamente [...] [Os cristãos sobreviventes dão-se conta de que devem dirigir com cuidado para não atingir] os corpos desfigurados e partidos de homens, mulheres e cavalos [...] Os cavaleiros não derrubados pulavam de seus cavalos e os tentavam controlar pelas rédeas, mas ainda enquanto pelejavam, sua própria carne se dissolveu, seus olhos derreteram e suas línguas se desintegraram.[12]

Mais chocante que a narrativa do livro é o comentário feito por um admirado leitor postado no site da Amazon: "O livro 12 tocou meu coração mais que todos os outros [...] A mensagem divina do amor e da redenção trazida por LaHaye e Jenkins tocará qualquer leitor que deseje abrir seu coração e mente a Ele." Outro leitor chama esse livro de "um final glorioso".

Em um jantar a que compareci enquanto escrevia este livro, tive a oportunidade de me sentar ao lado do anfitrião, um homem de convicções cristãs fundamentalistas com um emprego respeitável e bem pago, uma casa espaçosa e elegante num lindo cenário campestre, e uma família bonita e amorosa abençoada por um abundante talento musical. Ao longo de nossa conversa durante o jantar, ele falou do arrebatamento, expressou sua crença de que ele aconteceria em breve, e compartilhou sua sensação de alegria pela perspectiva de deixar este mundo rumo a uma eterna relação com Deus. Deixei a conversa sentindo uma profunda tristeza pela tragédia de um homem profundo tão focado na vida após a morte que parecia incapaz de apreciar a enorme bênção da vida que tinha nas mãos.

Muitos milhões de pessoas, desesperadas por um alívio em relação à alienação da vida moderna, são atraídas pela promessa de eterna bem-aventurança do arrebatamento e do troco de Cristo contra aqueles que se acredita serem seus inimigos. Como as histórias da ciência de um mundo mecânico, as histórias do Deus do Império são criações de profetas dominados por uma consciência imperial, que desviam nossa atenção em relação à profunda realidade de que nos encontramos integralmente unidos ao todo da Criação — e não simplesmente a um fragmento dela — por uma indissolúvel conexão espiritual.

A alienação de que buscamos alívio é uma consequência das forjadas crenças culturais do Império que nos afastam de nosso lugar na Criação e nos privam de nosso direito inato à nossa humanidade. Encontrar o sentido inerente à nossa própria existência é uma questão de despertar de nosso transe cultural coletivo no Império e abraçar a própria vida como uma prática espiritual.

O Deus da Comunidade da Terra

Marcus Borg, Matthew Fox, Jim Wallis, Walter Wink e outros pensadores religiosos contemporâneos descrevem o Jesus histórico como uma pessoa para quem o Espírito é uma realidade a ser experienciada, um professor da sabedoria que utilizava parábolas e aforismos para transmitir conhecimentos subversivos. Eles o caracterizam como um profeta social que desafiava o poder das elites, questionando a sabedoria convencional, e como fundador de uma renovação judaica dedicada ao rompimento das barreiras sociais chauvinistas que apoiavam as estruturas imperiais daquele tempo.[13] Ele dedicou sua vida à mudança das histórias prevalecentes.

Através das eras, houve pessoas em quase todas as culturas que comumente passavam por experiências subjetivas de êxtase e de profundo e sagrado conhecimento, nas quais o ego cede lugar a uma experimentação da energia espiritual e da inteligência inerentes a toda a existência. Além de Jesus, alguns dos místicos mais influentes dentro da tradição cristã incluem Hildegard von Bingen (1098-1179), Francisco de Assis (1181-1226), Tomás de Aquino (1225-1274) e Meister Eckhart (ca. 1260-1327).[14]

O modelo do espírito sugere um cosmos vivo que continua a crescer e evoluir à medida que o Espírito eterno ininterruptamente se manifesta fazendo vibrar a Criação e dando-lhe existência por uma maneira similar àquela pela qual a física quântica descreve a realidade material.[15] Segundo a compreensão deste modelo, Deus, o Espírito da Criação, base da existência, se manifesta em cada pessoa, criatura, rocha, partícula e pensamento — em tudo o que existe. Portanto, estamos de forma bastante literal vivendo em relação com o Espírito a que chamamos de Deus em cada aspecto de cada minuto de nossa vida, pois não possuímos existência para além dessa relação. Temos apenas a escolha de sermos verdadeiros para com ela ou traí-la.

Esta realidade espiritual não é específica de uma tribo particular ou de um local à parte. Ela se faz presente aqui e em todo lugar, agora e para sempre. Diferentes tradições utilizam metáforas distintas e a conhecem por nomes diferentes — Javé, Brahma, Atman, Alá, o Tao, Grande Espírito, Deus — mas todas falam do mesmo Espírito.[16]

Segundo a lógica do modelo do espírito, comete-se um pecado quando, num ato de infidelidade, metaforicamente renunciamos ao Espírito e abraçamos outros amantes — por exemplo, o dinheiro ou a violência. O pecado é definido não como a transgressão de um determinado conjunto de leis, e sim como uma traição para com o Espírito. O Espírito não precisa julgar. A punição para a infidelidade é a dor autoinfligida da alienação, que é uma consequência direta e inevitável do ato infiel em si. Neste raciocínio, qualquer instituição ou doutrina — política, econômica, científica ou religiosa — que promova a ganância e a violência ou que, de outra forma, sistematicamente estimule e premie nossos flertes com outros amantes promove a idolatria e manifesta o mal.

Certa vez ouvi uma mulher numa ligação telefônica em um programa de TV observar que considerava seu tempo na Terra nada mais que uma breve estada em um hotel barato. Que ironia alguém que se considera religioso poder orgulhosamente desprezar toda a gloriosa Criação de Deus como lixo barato abaixo do nível de sua delicada sensibilidade.

O modelo monárquico afirma e legitima as relações de dominação do Império. O modelo do espírito as subverte, convidando-nos a nos afastarmos de nossa sujeição ao Império e a redirecionarmos nossa energia vital para o cultivo das relações de parceria da Comunidade da Terra, servindo de forma amorosa ao trabalho da Criação. Fox fala de uma "Espiritualidade da Criação", uma espiritualidade engajada, a espiritualidade da maturidade responsável essencial à plena realização de nossa humanidade.

É nossa responsabilidade contribuir para fazer emergir culturas e instituições humanas que deem suporte a todos os filhos da Criação para a plena realização de seu potencial. Aqueles que esperam pela intervenção de um Deus distante se equivocam. Não estamos aqui para obedecer a um Deus zeloso de sua autoridade, mas para nos engajarmos com a Criação, como parceiros em uma grande aventura. Nós somos aqueles por quem estivemos esperando.

A CIÊNCIA DE UM COSMOS VIVO

A ciência newtoniana postulava um cosmos composto unicamente de matéria, que se consome rumo a uma morte entrópica de calor. A ciência contemporânea descreve um cosmos muito mais complicado, que ganhou vida a partir de uma explosão, na forma de partículas difusas de energia, e que vem evoluindo escada acima em direção a níveis cada vez maiores de complexidade, potencial e possibilidades.

A matéria sólida outrora encarada como a única realidade é hoje vista pela física como constituída majoritariamente de espaço vazio conformado pela relação entre minúsculas partículas de energia que surgem aparentemente do nada, existem em constante flutuação e então desaparecem. Apesar disso, a consistência das relações entre partículas que passam mantém a forma do objeto aparente pelo qual transitam. Elétrons pareados se influenciam mutuamente através de amplas distâncias sem mecanismo evidente de comunicação. Estrelas e sistemas estelares inteiros desaparecem em buracos negros, enquanto outros nascem. Os processos em funcionamento parecem ir muito além de qualquer noção simples de mecanicismo material.

A biologia de ponta descreve os organismos vivos como sistemas de células autogeridos. Estas células se engajam em constante intercomunicação e reconstituição de suas estruturas materiais. Não obstante, são capazes de manter uma continuidade perfeitamente consistente de forma e função à medida que crescem e se reproduzem, seguindo caminhos ao mesmo tempo predeterminados e primorosamente adaptativos e repletos de propósito. As estruturas genéticas que se pressupõem conter os códigos de informação que determinam a reprodução e função dos organismos vivos se reproduzem de maneira fiel através de incontáveis gerações, e ainda assim também se encontram engajadas em um contínuo processo de autorreparação e revisão.

Os peptídios e outras substâncias bioquímicas que armazenam nossas memórias e regulam nossas emoções medeiam complexas conexões bidirecionais entre nossa mente consciente e inconsciente e a função física de nosso corpo.[17] Também aqui não se trata de magia, mas tais processos envolvem algo muito mais misterioso do que um mero mecanismo físico — e este elemento seguramente permanecerá para além da compreensão da ciência até que os cientistas admitam a possibilidade de que uma inteligência consciente tenha um papel, não apenas na mente humana, mas igualmente em todos os aspectos da Criação.

A ciência do mecanicismo teve seu papel no estudo das manifestações físicas da matéria. A investigação científica de ponta produziu hoje evidências de uma realidade melhor explicável pela presença de uma inteligência criativa muito mais magnífica e misteriosa do que as descrições proporcionadas por antigos textos sagrados escritos em uma época de uma compreensão humana mais limitada do funcionamento da Criação. Acho muito mais consistente, tanto em relação aos dados científicos como com minha própria experiência, a teoria de uma sagrada e integral inteligência do que a teoria da ciência estabelecida do puro acaso e do mecanicismo. Nem eu posso, entretanto, provar o envolvimento dessa inteligência integral, nem pode a Ciência provar que ela não existe. Os cientistas mais ponderados reconhecem que alguns aspectos da realidade se encontram além da capacidade da ciência em comprová-los ou refutá-los, uma verdade que aprendi com Willis Harman, um professor de engenharia elétrica da Stanford University com credenciais científicas impecáveis e que, por muitos anos, foi meu mentor.

Como instituição, entretanto, a ciência-padrão continua a negar as implicações mais profundas de suas próprias evidências. Ela se agarra ao dogma de um tempo antigo, quando, de forma apropriada, buscava afastar-se das superstições de um corrupto sistema religioso. Hoje, abrindo mão de distinguir entre os fatos da observação científica e os pressupostos sobre os quais seu método se assenta, a ciência-padrão continua a tropeçar em sua busca por uma teoria unificadora. Este fracasso pode muito bem ser consequência de um dogma autoimposto que nega a existência da inteligência espiritual subjacente, que os místicos religiosos há muitas eras reconhecem como a essência unificadora da Criação. Ciência e religião, ambas podem se beneficiar de uma colaboração na busca por uma síntese maior.

UM PASSO PARA A MATURIDADE

A histórica batalha entre ciência e religião pela hegemonia cultural nos legou uma insolúvel escolha entre a história científica que nega o espírito, a intenção, o significado e a consciência, e uma história religiosa que nega a razão e a evidência de nossos sentidos. Pagamos um preço terrível por esta autoimposta miopia. Uma visão mais acurada e holística da Criação está ao nosso alcance. Sábios religiosos vêm descrevendo-a há milênios. Cientistas na vanguarda de suas disciplinas a têm diante do nariz há quase um século. Alguns poucos já reconheceram seu profundo significado.

A sobrevivência humana se encontra hoje em questão porque nossas instituições mais poderosas deram a pressupostos e teorias um status de fatos comprovados, transformando-os assim em dogmas limitantes radicalmente fora de compasso com os conhecimentos humanos mais avançados. Conforme vimos em capítulos anteriores, a mente do ancião amadurecido fica aberta aos muitos caminhos de conhecimento — incluindo os textos sagrados, conhecimentos indígenas, a história e a ciência moderna — e se sente confortável tanto com a dimensão material, quanto espiritual da realidade. É hora de reconhecer esta sabedoria e estabelecermos para nós mesmos a meta de cultivar o potencial da consciência humana madura.

Os cientistas precisam simplesmente aceitar — conforme muitos o fazem — que há verdades para além do alcance dos instrumentos e métodos da investigação científica. Tais verdades podem ser reconhecidas sem que se diminua o tremendo valor destes instrumentos e métodos. Os teólogos precisam unicamente retornar ao cerne dos ensinamentos de Jesus e de outras personalidades do Espírito das grandes tradições religiosas do mundo e reconhecer os muitos caminhos pelos quais a Criação se revela à nossa espécie — como o fazem muitos teólogos individuais. Cientistas, teólogos e místicos religiosos podem então trabalhar de forma cooperativa para aprofundar o entendimento humano da relação entre matéria e espírito — conforme um crescente número deles o tem feito.

A libertação da ciência e da religião abriria as portas para uma profunda transformação cultural, que se desdobraria bastante naturalmente em mudanças econômicas e políticas. À medida que nós, humanos, abraçamos a verdade de que somos todos criaturas do Espírito único, vivo e imanente, a competição pelo poder dominador de uns sobre outros se torna um anacronismo. A violência gratuita torna-se sacrilégio. A busca do dinheiro para além da necessidade razoável vira idolatria. O excepcionalismo chauvinista se torna marca de imaturidade emocional. Uma guinada da economia imperial da ganância e excesso individual rumo a uma economia madura do compartilhamento e equilíbrio se torna quase inevitável, da mesma forma que uma virada da política imperial focada em interesses rivais para uma política madura dos interesses comuns.

A cultura viva da Comunidade da Terra nos conclamará a escolher menos distrações, menos guerra, menos isolamento e menos coerção em troca de relações mais compensadoras e da percepção daquilo que nos torna humanos. A economia e a política vivas que se originam de uma cultura viva serão mais democráticas, éticas e satisfatórias, assegurarão um futuro para nossos filhos e farão jus à nossa responsabilidade para com a Criação.

Religião e ciência são duas fontes rivalizantes para as histórias por meio das quais nós, humanos, nos definimos, bem como a nossos códigos morais e ao sentido de nossa existência. Desde o princípio da revolução científica, religião e ciência têm se dedicado a uma competição pelo posto de provedor e intérprete da história da Criação dominante na vida moderna. Cada um destes sistemas permitiu que os extremistas mais dogmáticos em suas fileiras definissem sua história em termos que enfatizam o contraste entre sua própria posição e aquela do lado rival.

Ao manter a dinâmica imperial de ganhar ou perder, a luta pelo poder entre os dois sistemas rivais superou a busca pela verdade. Isso nos deixou com a escolha entre duas histórias parciais ou com a necessidade de vivermos divididos entre as duas. Para guiar nossos passos no caminho de volta à vida, precisamos de uma história compartilhada da Criação para nossa época que honre o todo do conhecimento e da sabedoria acumulado da espécie.

Felizmente, há pessoas de significativa reputação no interior de cada um dos sistemas capazes de enxergar para além do dogma, na busca por uma convergência mais profunda. Rompendo as fronteiras institucionais, eles unem forças para desafiar as histórias parciais de suas respectivas tradições e para construir e comunicar uma história contemporânea mais completa e fundamentada em fatos que beba do conhecimento e experiência acumulados da espécie.

CAPÍTULO 16

A jornada épica da Criação

> *A dinâmica dança da natureza é algo dotado de permanente consciência em todos os níveis, da mais ínfima partícula a qualquer que seja sua mais ampla configuração atual ou hólon. Este é meu pressuposto básico sobre o universo vivo, não mais estranho que qualquer dos pressupostos da física. Todas as culturas indígenas com que já estive em contato comungam dele, assim como todas as tradições esotéricas.*[1]
>
> Elisabet Sahtouris

> *A vida é a exuberância planetária, um fenômeno solar. É a mutação astronomicamente local do ar, da água e do sol da Terra em células [...] É a matéria enlouquecida, capaz de escolher seus próprios rumos.*[2]
>
> Lynn Margulis e Dorion Sagan

A Criação se revela aos humanos de muitas maneiras. Ela falou a nossos ancestrais através das vozes interiores dos místicos. Fala em nosso próprio tempo através de cientistas que perscrutam os segredos da matéria, dos organismos vivos e do cosmos em evolução. Uma vez eliminado o dogma científico que nega a existência da inteligência espiritual, é fácil observar que a vanguarda da ciência propicia uma rica fonte de revelações cada vez mais profundas em relação ao propósito da Criação, da vida e da espécie humana.

UMA HISTÓRIA CONTEMPORÂNEA DA CRIAÇÃO

A história da Criação há 14 bilhões de anos, baseada na evidência científica disponível, diz mais ou menos o seguinte:

> Há muito tempo, um novo universo ganhou existência numa massiva explosão que dispersou ínfimas partículas de energia por toda a vastidão do espaço. Com o passar do tempo, essas partículas se organizaram em átomos que formaram grandes nuvens, que por sua vez coalesceram, moldando galáxias e incontáveis estrelas que cresciam, morriam e renasciam como novas estrelas, sistemas estelares e planetas. As cataclísmicas energias liberadas pelo nascimento e morte de bilhões de sóis

converteram átomos simples em outros mais complexos, unindo-os em moléculas — cada estágio transcendendo o anterior em definição e capacidade para criar possibilidades cada vez mais incríveis.

Foram necessários 10 bilhões de anos para preparar o caminho para que a semente da vida pudesse se firmar no planeta a que hoje chamamos Terra. Até o presente momento, a ciência não consegue compreender a partir do que se originou a vida.

De tamanho microscópico, os primeiros ancestrais de toda a vida na Terra eram bactérias unicelulares tão simples que nem sequer possuíam um núcleo celular. Ainda assim, essas modestas criaturas provaram possuir uma capacidade para o aprendizado que lhes dotou de notável potencial criativo. Primeiros químicos do planeta, elas aprenderam a construir novos tipos de proteínas, incluindo novas enzimas, a inventar novas moléculas e a intercambiar material genético através de suas membranas celulares, de forma a compartilhar mutuamente seu aprendizado.

À medida que os frutos da vida se multiplicavam, células individuais se desenvolveram tornando-se mais complexas e diversas. Novas cepas bacteriológicas surgiam à medida que os seres aprendiam a explorar novos nichos ecológicos pelo cultivo de diferentes estilos de vida e especialidades. Como resposta, foram descobertas as artes da fermentação, da fotossíntese e da respiração, com cada cepa se especializando em uma delas na competição por alimento e recursos. Cada avanço permitia ao todo extrair vantagem ainda maior a partir da base disponível de recursos, preparando o caminho para o surgimento de organismos mais complexos e de potencial ainda maior.

Finalmente, alguns desses competidores primevos chegaram a um acordo entre si unindo-se para formar supercélulas que combinavam as capacidades das cepas individuais. Durante um período de cerca de um bilhão de anos, essas minúsculas criaturas unicelulares rearranjaram os componentes da crosta terrestre, e transformaram a composição de toda a atmosfera do planeta, estabilizando-a. Abriram, dessa forma, o caminho para obras ainda mais extraordinárias.

Até aqui, os filamentos de DNA flutuavam livremente no interior da membrana das células individuais. Foi então que, dois bilhões de anos após o surgimento da vida no planeta, as parcerias que haviam criado as supercélulas levaram à agregação do DNA em um núcleo, criando uma única célula nucleada de cem a mil vezes maior que as células bacterianas individuais de que ela se compusera. Esse movimento, por sua vez, preparou o terreno para o surgimento, cerca de 900 milhões de anos mais tarde, das primeiras formas vegetais e animais multicelulares de vida: algas, medusas e platelmintos.

Toda a variedade da vida vegetal e animal se seguiria no devido curso dos eventos — incluindo dinossauros, pássaros, símios e humanos. Passo a passo, a vida converteu a matéria da superfície do planeta em uma esplendorosa teia auto-organizada de complexos organismos multicelulares capazes de fazer escolhas, cada um dotado de habilidades muito maiores que aquelas de suas células individuais. Experimentando, inter-relacionando, criando e construindo de forma contínua, a teia em evolução se desdobrou em uma viva tapeçaria de impressionante variedade, beleza e capacidade cada vez maior para escolhas inteligentes.

Então, há 4 milhões de anos, a Criação embarcou em seu experimento mais ambicioso e ousado. Deu o primeiro passo para trazer à existência uma espécie com a capacidade de refletir com sua própria consciência, de vivenciar com admiração a beleza e mistério da Criação, de articular, comunicar e compartilhar aprendizado, compor sinfonias, construir catedrais, remoldar o mundo material para seus próprios objetivos, e antecipar e intencionalmente escolher seu próprio futuro.

Os hominídeos vieram primeiro, seguidos, 1,4 milhão de anos depois, pelo *Homo habilis*, uma espécie de cérebro maior que desenvolveria perícia na caça e no uso de ferramentas de pedra. Seriam necessários outros 2,4 milhões de anos para chegar ao passo seguinte: uma espécie com capacidade para escolhas intencionais muito além de qualquer outra. Isso aconteceu há meros 100 mil ou 200 mil anos. Chamamo-nos de humanos.

A ciência dos últimos cem anos fez contribuições seminais para nosso conhecimento da sequência de eventos que marcou o desdobramento criativo do universo e todas as suas maravilhas. Os padrões desse desdobramento sugerem que o cosmos, e tudo o que nele há, são a manifestação de uma grande e unificadora inteligência espiritual engajada em uma busca épica para se conhecer por meio da descoberta e efetivação de suas possibilidades não realizadas. Se isto é verdade, então toda forma de existência é ao mesmo tempo produto dessa busca e cocriadora em seu desdobramento contínuo. Se assim é para toda forma de existência, também o é para toda a vida, incluindo os humanos.

A VIDA É O PODER DE ESCOLHER

Jovem estudante de psicologia, eu tinha que ler os trabalhos de B.F. Skinner, um psicólogo behaviorista daquele tempo amplamente conhecido, famoso por sua teoria de que o livre-arbítrio é uma ilusão. Segundo o entendimento de Skinner, o comportamento é o resultado daquilo que ele chamava de condicionamento operante. Em essência, nossa resposta a qualquer estímulo dado depende das consequências de nossas respostas anteriores a estímulos similares, não como escolha consciente inteligente, mas simplesmente como resposta mecânica condicionada. É curioso que uma ciência dedicada à razão negue a capacidade humana para ela, o que, por extensão, é uma negação da inteligência e do livre-arbítrio humanos. Parecia-me à época uma visão bastante limitada da possibilidade humana, mas entre psicólogos acadêmicos que procuravam tornar sua disciplina respeitada como ciência legítima, era uma teoria relativamente popular, algo que, como estudante de graduação, eu não me encontrava em posição para questionar abertamente.

A ciência ainda tem dificuldade com questões relativas à vontade, à consciência e à inteligência, em parte porque continua a operar segundo uma premissa mecanicista. Dessa forma, fiquei impressionado com a audácia da afirmação de Lynn Margulis, uma das mais proeminentes biólogas do mundo, de que a vida "é a matéria enlouquecida, com capacidade de escolher seu próprio rumo".[3] Uma dessas observações simples, óbvias e ainda assim enormemente profundas, que viram de ponta-cabeça uma visão de mundo há muito assentada. A vida é a matéria com capacidade de escolha, e entre as espécies conhecidas pelos humanos, nossa própria capacidade de escolha supera a de todas as outras.

O livre-arbítrio não significa que estejamos livres para fazer o que bem entendamos. A realidade de um mundo interdependente conecta nossas ações. Cada escolha que fazemos é moldada por nosso contexto e, em contrapartida, transforma esse mesmo contexto. Ainda assim, a gama de escolhas à nossa disposição é substancial.

Na perspectiva da sabedoria convencional, uma vida humana individual começa no útero da mãe cerca de nove meses antes do nascimento físico e termina quando da morte física. Numa perspectiva evolucionária mais profunda, entretanto, somos todos expressões de um fluxo ininterrupto de escolhas feitas por organismos vivos desde o momento em que a energia inteligente da vida passou a se expressar no planeta Terra cerca de 4 bilhões de anos atrás.[4]

Podemos unicamente especular em relação ao que acontece à alma individual após a morte física. Sabemos de fato, entretanto, que cada vida é imortal em sua contribuição, não importando o quão modesta, na conformação do desdobramento contínuo da vida rumo ao futuro infinito. Cada flor que colhemos, cada semente que plantamos, cada pensamento que comunicamos, reverbera para a frente no tempo através do tecido em constante desdobramento da Criação, deixando sua marca — positiva ou negativa, grande ou pequena — na biosfera e na consciência coletiva humana a que o padre e místico católico Teilhard de Chardin chamava "noosfera". Aqui reside a enorme responsabilidade do nosso dom da escolha. As escolhas que fazemos determinam se a marca que deixamos intensifica ou diminui a contribuição humana para a grande busca da Criação na realização de suas possibilidades. Nós temos importância. Nossas escolhas fazem diferença.

A VIDA É LUTA

Durante muitos anos, imaginei a sociedade ideal centrada na vida como um lugar de paz, cooperação e contentamento, onde as necessidades básicas de todos são satisfeitas e a humanidade vive feliz para sempre. Tratava-se possivelmente de uma imagem invocada por vagas memórias da vida no útero antes do nascimento. É uma imagem amplamente comungada semelhante à popular visão do paraíso — um lugar de eterna bem-aventurança sem esforço.

Desta maneira, não me agradou muito quando li em *The Soul of Adulthood*, livro de John e Linda Friel sobre a maturidade humana, a afirmação de que "só podemos experienciar a vida por meio da luta". Minha primeira reação foi pensar que os autores deviam ter uma visão torcida da vida. Minha mente então conectou a afirmação dos Friel a uma observação feita por Margulis e Sagan: a existência da extraordinária capacidade da vida para dotar a matéria da possibilidade de escolher depende de seu êxito na luta contínua contra as incessantes forças entrópicas do mundo material.[5] Tal ideia fez emergir para mim outra profunda verdade: a vida é, por sua natureza, uma luta cooperativa em prol da liberdade de escolha e contra as forças entrópicas contrárias à própria vida. A luta é uma condição inerente ao viver. Não se trata de uma maldição sobre nós lançada por um Deus vingativo. Seria, por assim dizer, a própria luta de Deus se manifestando por nosso intermédio.

A segunda lei da termodinâmica — a Lei da Entropia — é uma observação formalizada de que todos os sistema físicos se enfraquecem à medida que sua energia útil se dissipa, decaindo em última instância para um estado de desorganização chamado de equilíbrio termodinâmico. É assim com todos os objetos mecânicos. Deixe de cuidar de um automóvel e, em algum momento, ele se tornará uma pilha inútil de detritos. Por extensão, a segunda lei declara que o universo se encontra num processo lento de morte, à medida que os inexoráveis processos da entropia se desenrolam rumo à desordem e à perda de potencial. A vida, em contraste, parece desafiar a segunda lei criando ordem a partir da desordem. Ela confronta a ciência, dessa forma, com um enigma perturbador.

O biólogo molecular Mae-Wan Ho, que estuda os processos pelos quais os organismos resistem à força da entropia, observa que os sistemas vivos na realidade não desafiam a segunda lei. Eles têm de fato, entretanto, a capacidade para se manterem num desequilíbrio termodinâmico sustentado de entropia negativa, o que, na terminologia por vezes perversa da ciência, significa que se mantêm num estado ativo de potencial energético positivo. Os processos em questão dependem da capacidade do organismo de empenhar-se no processo contínuo e altamente eficiente de absorção, armazenamento e circulação de energia e matéria em contínuo intercâmbio com seu meio ambiente. Os organismos vivos aprenderam a ser "antientrópicos" enquanto permanecem vivos.[6]

Em outras palavras, a vida respeita as leis clássicas, mas aprendeu a usá-las para manter a energia num ativo fluxo por meio do constante intercâmbio e reciclagem, atingindo dessa maneira um estado sustentado de potencial distante daquele do equilíbrio termodinâmico. Isso é um fato bem documentado. Como, entretanto, tal processo ocorre é algo ainda para além das fronteiras da compreensão científica — possivelmente porque a ciência-padrão nem considera a possibilidade da vontade ou da intenção.

Os cientistas com coragem e humildade para aceitar o fato bastante óbvio da capacidade da vida para a ação intencional e inteligente parecem ter a necessidade de se voltar à expressão poética para descrever o milagre do processo que observam, como no seguinte excerto de Margulis e Sagan:

Os sistemas termodinâmicos perdem calor para o universo à medida que convertem energia de uma forma para outra. A matéria viva só se liberta da matéria comum por se aquecer continuamente sob o sol. Confrontada com a dissolução e a destruição, a vida sofre permanente ameaça de morte. A vida não é simplesmente matéria, mas a matéria energizada, matéria organizada, matéria com uma magnífica e peculiar história inerente. A vida, enquanto matéria com necessidades inseparáveis de sua história, precisa se manter e se perpetuar. É nadar ou afundar. O mais maravilhoso ser orgânico pode sem dúvida não ser mais que "espasmos temporariamente visíveis". Por milhões de anos, entretanto, enquanto a vida tenta escapar à desordem, os seres autopoiéticos se preocupam consigo mesmos, tornando-se cada vez mais sensíveis, mais orientados para o futuro e cada vez mais focados naquilo que possa prejudicar a delicada onda de sua forma que navega sobre a matéria. Numa perspectiva termodinâmica, autopoiética, o ato mais básico de reprodução e a mais elegante apreciação estética derivam de uma fonte comum e, ao fim e ao cabo, servem ao mesmo propósito: preservar a matéria tornada viva diante da adversidade e de uma tendência universal à desordem.[7]

Imagine cada célula como um pacote de potencial energético autoguiado defendido do peso da entropia pela delgada parede de sua membrana externa. A célula é um sistema confinado com capacidade para reciclar energia em seu interior e de diminuir a velocidade de dissipação no ambiente dessa energia ativa. Incapaz, entretanto, de eliminar tal dissipação por completo, sua sobrevivência depende de um constante ato de equilíbrio em que com regularidade captura novo potencial energético desse ambiente para substituir aquele que inevitavelmente se perde.

A complexidade e dinamismo da termodinâmica da vida são de tirar o fôlego. Cada célula individual é em si uma complexa teia interativa de milhares de contínuas reações químicas entre suas moléculas individuais. Cada uma delas está empenhada em um constante processo de renovação no interior de uma holarquia em sucessivos níveis de sistemas cooperativos, auto-organizados e autorrenováveis. Conforme explicado pelo biólogo molecular Stephen Rose:

> As macromoléculas complexas — proteínas, ácidos nucleicos, polissacarídeos e lipídios — dentro de cada célula, têm todas ciclos vitais próprios: são continuamente destruídas e substituídas por outras moléculas mais ou menos idênticas. O tempo médio de vida de uma molécula de proteína no corpo de um mamífero é de cerca de uma quinzena. Num humano adulto, as proteínas constituem algo em torno de 10% do peso corpóreo, de forma que aproximadamente 24 gramas de proteína são destruídos e 24 gramas novos sintetizados a cada hora de cada dia — meio grama, ou mais que 10^{18} moléculas de proteína por minuto, ao longo de toda a nossa vida adulta. Por que esse incessante fluxo? [...] A resposta é simples: [...] os sistemas vivos têm que ser dinâmicos se quiserem sobreviver. Eles devem ser capazes de se ajustar às flutuações que sua existência cooperativa exige, como parte de uma unidade maior do organismo, mesmo no mais confinado dos meios internos.[8]

A VIDA É UM MÚTUO INTERCÂMBIO

O segredo do êxito da vida para povoar a Terra com organismos cada vez maiores, mais complexos e mais versáteis reside na sua capacidade para a auto-organização em subsistemas complexos de processos cíclicos que conectam reações que demandam energia a outras que a liberam. A energia flui de forma contínua e simultânea numa dança ininterrupta de cooperativo intercâmbio entre as subestruturas de cada célula individual, entre as células de organismos pluricelulares, entre os organismos pluricelulares de ecossistemas individuais, e entre os ecossistemas de um planeta vivo. Por meio desses processos parcimoniosos, autorrenováveis e interconectados, os sistemas vivos são capazes de, ao mesmo tempo, conservar energia e mantê-la num estado ativo e que propicia imediato acesso a ela.

Esses processos de mútuo intercâmbio são a fundação da luta da vida, de forma a criar e manter novo potencial, contra o peso constante da entropia. O imperativo cooperativo dessa batalha explica por que a vida só existe em relação a outra vida, isto é, em comunidade. O princípio organizador da vida é a parceria, não a dominação. Sem dúvida, a parceria é um dos imperativos da vida.

A célula individual ou o organismo pluricelular não tem como existir sem a comunidade mais ampla da vida, da mesma forma que a comunidade da vida só existe com as pessoas que a compõem. A vida é um processo de mútua troca intensificada pelo crescimento equilibrado e diversificação. Ela só pode, portanto, ser compreendida em termos de comunidades de relações. Quanto mais complexas, diversas e coerentes as relações internas de um sistema vivo, maior o potencial do sistema e de cada um de seus membros integrantes.

Em seu nível mais elementar, podemos ver o princípio da interdependência em funcionamento naquilo que os biólogos denominam de relações simbióticas, a interação mutuamente benéfica de dois organismos que vivem em estreita associação. Toda criança conhece o exemplo da flor e da abelha. A flor propicia à abelha o doce néctar vital e a abelha poliniza a flor, permitindo sua reprodução. Neste exemplo simples, a relação de reciprocidade se dá de forma direta.

O verdadeiro milagre da vida se encontra, entretanto, em padrões complexos de ajuda mútua que vão muito além dessa reciprocidade "toma lá dá cá" ao estilo do mercado. Boa parte dessa complexidade escapa à nossa atenção corriqueira por ocorrer num nível microscópico. Só as podemos perceber e compreender por meio de poderosos instrumentos de observação científica, de forma a acompanhar ao longo de dilatados períodos de tempo a dinâmica em vários níveis de ecossistemas inteiros.

À medida que você lê os relatos que se seguem sobre a extraordinária capacidade auto-organizadora da vida, observe que não há elementos análogos aos sistemas hierárquicos de comando que nós humanos acabamos acreditando serem essenciais para manter a coesão e a ordem em nossas sociedades. A bactéria mais simples possui um senso inato de responsabilidade para com o bem-estar do todo que escapa a nós humanos? Ao prosseguir sua leitura, considere estas perguntas: Por quanto tempo um ecossistema florestal poderia sobreviver e prosperar se seus organismos individuais vivessem segundo o princípio econômico neoliberal da competição irrestrita em busca de vantagem individual a curto prazo? O que podemos aprender a respeito das possibilidades das sociedades humanas a partir da maneira pela qual os organismos vivos se organizam para formar saudáveis ecossistemas florestais?

LIÇÕES DE UM ECOSSISTEMA FLORESTAL

Algumas das revelações mais inovadoras a respeito da dinâmica de ecossistemas naturais vêm dos estudos conduzidos na Floresta Andrews, no Estado do Oregon. O escritor científico Jon R. Luoma relata um pouco desta pesquisa fascinante em *The Hidden Forest: Biography of an Ecosystem*.

O ciclo do nitrogênio

Imagine a floresta como um sistema econômico vivo autossustentável empenhado em converter os recursos disponíveis em produtos e serviços essenciais à sustentação de sua vida e da de cada um de seus componentes individuais. Comecemos com uma simples folha de bordo. Cada folha é, na verdade, um sistema de células com existência individual autogerida, que capta pulsos energéticos irradiados pelo Sol e os agrega em um ordenado pacote bioquímico: uma molécula de açúcar. Utilizando pouco mais que uma combinação de água, luz solar e dióxido de carbono, um bordo adulto saudável produzirá silenciosamente, no curso de uma estação de crescimento, cerca de duas toneladas de açúcar e uma substancial quantidade de oxigênio. A energia do Sol é assim armazenada por horas ou mesmo anos sob a forma de moléculas, de modo a sustentar o crescimento e manutenção da árvore. A árvore também sustenta um sem-número de outros organismos, incluindo "o ácaro que se refestela com partículas ínfimas do caule, a aranha predadora que come o ácaro [...], os fungos sugando açúcar nas raízes da árvore no solo da floresta[...] [e] o esquilo ou o rato do mato ou o veado que ingere alguns fungos".[9]

Por sua vez, cada um dos organismos servidos pela árvore contribui servindo a outros organismos, incluindo muitos de que a própria árvore depende. Para produzir açúcar, a árvore precisa de nitrogênio, um elemento abundante na atmosfera. Não obstante, as árvores, como a maioria dos outros organismos, não têm como utilizar diretamente o nitrogênio livre do ar. Elas dependem de bactérias especializadas para fixá-lo, convertendo-o em compostos de nitrito ou nitrato. Em geral, essas bactérias fixadoras de nitrogênio vivem em nódulos formados por espécies particulares de plantas, como os líquens, e nos sistemas radiculares de leguminosas e amieiros, que protegem e nutrem as bactérias. As plantas que hospedam as bactérias, entretanto, têm seus próprios problemas: precisam de luz solar abundante. Quando o dossel da floresta as sombreia, mata-se o hospedeiro que sustenta as bactérias que fornecem os compostos de nitrito e nitrato de que todo o sistema depende.

A solução da vida para este problema demonstra uma extraordinária capacidade para o mutualismo e adaptação — e não apenas de forma momentânea, mas com um sentido de previsão que se estende por um século ou mais. Quando o fogo, uma erupção vulcânica ou uma violenta tempestade de vento cria um espaço aberto na floresta, as plantas que abrigam bactérias fixadoras de nitrogênio colonizam inicialmente a área, de forma a produzir este elemento em quantidade suficiente para sustentar o crescimento das árvores por até duzentos anos.

Uma vez que o dossel da floresta sombreie os fixadores de nitrogênio e que se exauram os estoques deste elemento, as árvores estariam condenadas à morte, não fosse por uma dinâmica encontrada somente em florestas antigas. Quando as árvores chegam por volta de seu centésimo ano, líquens fixadores de nitrogênio começam a se estabelecer em suas partes superiores, onde a luz do sol abunda. Durante o segundo século da vida da árvore, esses líquens se tornam cada vez mais presentes, criando um dossel de floresta que funciona como uma poderosa indústria de fixação de nitrogênio. No momento em que a floresta madura enfrenta a ameaça da deficiência deste elemento, o dossel vivo produz e lança ao solo detritos ricos em nitrogênio a um ritmo suficiente para a renovação do solo, suprindo a maior parte da demanda por este elemento no sistema inteiro.[10]

Infecção benéfica

Outro exemplo de mutualismo complexo pode ser encontrado na relação entre as coníferas perenifólias da Floresta Andrews e um fungo especializado denominado *Rhabdocline parkeri* que habita o interior de suas folhas. Quando os pesquisadores inicialmente descobriram este fungo, surpreenderam-se por não haver indicações de que a árvore sofresse qualquer efeito adverso advindo de algo que normalmente considerariam como uma infecção fúngica. Finalmente, descobriram que a árvore fornece aos fungos os açúcares ricos em energia e amidos que os alimentam, em troca do serviço propiciado pelos fungos, que a protege contra insetos desfoliadores, através da produção de alcaloides venenosos sempre que a árvore se vê ameaçada.

O fungo revela-se notadamente parcimonioso e respeitoso em relação aos recursos da árvore hospedeira. Seus esporos a princípio penetram uma folha nova e aguardam. Eles praticamente não se desenvolvem, e portanto não impõem qualquer ônus sobre a árvore, até que chega o momento em que a própria folha deve morrer, como parte do ciclo natural. O fungo então extrai energia da folha que definha, amadurece e libera seu próprio esporo que deve encontrar e "infectar" uma folha nova. Nesse ínterim, se a folha é atacada por insetos, o fungo os envenena e então se desenvolve sugando o inseto morto, em vez da folha, em busca de nutrientes.[11]

Poderíamos com razão perguntar por que a árvore não desenvolve sua própria defesa química contra os insetos. A resposta simples evidencia ainda mais a complexa inteligência da vida. Os insetos têm vida curta, o que lhes confere capacidade para com rapidez fazer evoluir defesas contra ameaças tóxicas. Os fungos, que igualmente possuem curta existência, têm agilidade similar para reformular suas toxinas, de forma a superar estas defesas de uma maneira que as árvores, com suas longas vidas, não poderiam. Vemos assim outro exemplo admirável da vida florescendo por meio do poder da parceria.[12]

O solo vivo

Os insetos, abundantes não somente em número, mas em variedade, têm papéis fundamentais na reconstrução dos solos das florestas. Cada espécie de inseto dá sua contribuição diferenciada na digestão e processamento dos resíduos de uma árvore ou planta morta. Muitos insetos de distintas espécies, a seu momento, ingerem, processam e evacuam este material num processo altamente complexo de reciclagem. Em linguagem simples, o cocô de um se torna a comida do outro. Sem dúvida, o solo da floresta é composto quase exclusivamente pelos corpos e fezes de micróbios e insetos.

Os biólogos creem que nosso planeta pode ser casa de mais de 30 milhões de espécies de insetos, cada uma ocupando seu próprio nicho ecológico. Cada uma delas se sustenta desenvolvendo um serviço distinto em prol do todo. Os cientistas estão apenas começando a entender os papéis essenciais que elas desempenham na saúde do ecossistema florestal — e, por extensão, na manutenção da saúde e fertilidade de todos os solos tão essenciais à vida no planeta.[13]

Tais relatos demonstram a complexidade das relações subjacentes ao coeso funcionamento de um grande ecossistema. Cada organismo contribui para o todo através de padrões de relações que envolvem laços de reciprocidade que podem circular através de milhares de espécies e levar um século ou mais para se fecharem.

A cada volta, testemunhamos evidências da impressionante capacidade da vida para se organizar tendo em vista o intercâmbio mútuo, sem que haja um controle ou direcionamento central evidente. O ecossistema das florestas tropicais é um exemplo. Nossos próprios corpos também.

LIÇÕES DO CORPO HUMANO

A criação de um indivíduo humano começa com a junção de duas células microscópicas — um espermatozoide e um óvulo. Esta fusão de materiais genéticos para gerar uma única célula composta desencadeia um processo autogerido profundamente complexo de divisão e diferenciação celular. Comunicando-se com as outras, cada célula individual toma as decisões apropriadas no momento correto para se dividir ou assumir as funções especializadas de um cérebro, fígado ou célula sanguínea, à medida que os órgãos específicos e estruturas ganham forma e função.

Um mapa geral encontra-se embutido na estrutura genética compartilhada por todas as células de um determinado corpo. Apesar de não existir uma célula dominante a instruir cada uma das outras sobre que ação empreender em dado momento, cada uma delas, através de processos ainda apenas vagamente compreendidos, toma a decisão correta no momento preciso para apoiar o surgimento do corpo inteiro. Ao fim e ao cabo, incontáveis decisões individuais deste tipo resultam no crescimento e divisão das duas células individuais em um organismo complexo composto de mais de trinta trilhões de células autônomas e capazes de reflexão — um organismo com a capacidade para escolhas inteligentes e refletidas e a possibilidade de contemplar a eternidade e de se unir a organismos semelhantes para mudar a forma do planeta e se lançar até as estrelas.

Renovação, compartilhamento e adaptação

Os processos de autorrenovação que prosseguem pela vida humana afora compõem o milagre do organismo humano. A cada minuto, três bilhões de células corpóreas morrem — cada uma delas confiavelmente substituída por uma célula viva da mesma espécie. A parede do estômago é totalmente substituída a cada cinco dias, o fígado, a cada dois meses, e a pele, a cada seis semanas. Cerca de 98% dos átomos do corpo são trocados a cada ano.[14] À exceção de erros ocasionais, cada uma das células tem o mesmo código genético. Ainda assim, diferenciam-se em muitas funções especializadas, sentindo e respondendo à intercomunicação entre as células para empreender qualquer que seja a ação apropriada às necessidades do organismo em formação. A identidade e coesão dinâmica de cada órgão, do corpo como um todo, e do eu consciente com todas as suas memórias e capacidades intelectuais se mantêm todo o tempo.

Igualmente extraordinária é a capacidade dos trilhões de células do corpo para mover instantaneamente a energia de onde quer que ela se encontre armazenada para onde seja necessária no caso de ferimentos, doenças ou de uma ameaça física oriunda do ambiente. Conforme aponta Elisabet Sahtouris, o músculo não diz ao coração "Você não recebe mais nada até que acerte suas contas em aberto". Ele simplesmente envia o que é necessário. Se for preciso, começa a quebrar seus próprios tecidos para liberar energia adicional. Tampouco diz o coração ao músculo que necessita de uma quantidade a mais de oxigênio para a fuga face a um ataque: "Ei, negócios são negócios. A que você tem direito?"

Todos são tomadores de decisão

Tudo isso se soma para um desafio organizacional de uma complexidade de tirar o fôlego, levantando a questão de quem ou o que toma as decisões. A programação genética, o cérebro e o sistema nervoso central desempenham seus papéis. A resposta essencial, entretanto, é a de que a capacidade de tomada de decisões do corpo e a responsabilidade se distribuem por cada célula, micróbio e órgão — cada um sentindo e respondendo a complexos fluxos de informação oriundos do ambiente —, o que sugere que muitos níveis de inteligência autônoma podem estar envolvidos.

Essas muitas inteligências são partes de um todo interdependente. O colapso de qualquer das partes tem o potencial de destruir o todo, mas nenhum subsistema individual, nem mesmo o neocórtex cerebral, casa da consciência, prevalece, no sentido de uma hierarquia de comando e controle.[15]

Uma vez que um funcionamento saudável do corpo demanda a tomada de bilhões de decisões a cada segundo, há uma boa razão para que a consciência que experimentamos em nossas horas despertas não possua comunicação direta com esses muitos outros centros de atenção e tomada de decisões. A massa de informações envolvida rapidamente afogaria nossa consciência. Por isso, a maior parte do processamento é levada a cabo de maneira inconsciente ou ocorre em nível celular, sem qualquer envolvimento do cérebro.

Por sua vez, cada vida humana depende do suporte infinitamente complexo e dinâmico da teia autogerida e autorregulada de relações que compõem a vida da biosfera planetária. A performance desses sistemas externos é tão essencial à nossa sobrevivência individual e bem-estar, quanto a performance de nossos sistemas internos. Cada um destes sistemas se encontra empenhado em sua própria dança pulsante de adaptação e renovação, criando constantes flutuações na qualidade do ar e da água, temperatura e fornecimento de nutrientes, às quais o corpo humano individual e todos os seus complexos processos internos devem constantemente se adaptar.

Diante de tal complexidade e capacidade de antecipação, a ideia de que a evolução seja o mero desdobramento de uma luta competitiva por dominação soa desesperadamente simplista. Mais crível é a teoria de que a vida é inteligente e plena de propósito e que cada sistema vivo incorpora muitos níveis de inteligência consciente.

Há interesse próprio em jogo? Certamente, mas trata-se do interesse próprio maduro e inclusivo das relações de intercâmbio mútuo da parceria, que naturalmente se desenrolam nas ordens mais elevadas da consciência humana e que constituem a base da democracia madura.

Ainda que a ciência permaneça refém da premissa de que a realidade pode ser inteiramente explicada por uma combinação do acaso e de mecanismos materiais, a história do desdobrar da Criação rumo a níveis cada vez mais elevados de complexidade e consciência aponta para a existência de uma profunda inteligência empenhada em uma épica jornada de autodescoberta. Dotando a matéria da capacidade de escolha, a vida acelera o passo dessa jornada. Empenhada numa luta cooperativa para manter seu potencial de decidir contra o peso contrário da entropia, a vida só se desdobra em comunidades vivas de espécies diversas e mutuamente interdependentes. Para a vida, a parceria é mais que um princípio organizacional. Trata-se de sua própria essência.

CAPÍTULO 17

As alegrias da Comunidade da Terra

> *A destrutividade é resultado da vida não vivida. As condições individuais e sociais que levam à supressão da vida produzem a paixão pela destruição.*[1]
>
> Erich Fromm

> *O ser humano sempre aponta e se direciona a algo ou a alguém para além de si próprio — seja um sentido a ser preenchido ou outro ser humano a encontrar. Quanto mais nos esquecemos de nós mesmos — doando-nos a uma causa a servir ou a uma outra pessoa a amar — mais humanos somos e mais nos realizamos.*[2]
>
> Viktor Frankl

Dois dos maiores psicanalistas do século XX — Erich Fromm e Viktor Frankl — tiveram encontros pessoais com os horrores do fascismo da Alemanha nazista. Após a Segunda Guerra Mundial, cada um deles publicou suas reflexões em torno daquilo que na psique humana pode nos levar a tamanha destrutividade. Ambos chegaram essencialmente à mesma conclusão singela, porém profunda: o impulso humano em busca de pertencimento, de ligação e da expressão de nossa presença é tão intenso que, se nossos esforços para nos conectarmos e afirmarmos nossa existência por caminhos positivos são frustrados, este impulso se redireciona para formatos negativos.

Imagine-o como um impulso para viver e, desta forma, empreender aquilo que outras pessoas realizadas fazem: encontrar nosso lugar para servir à parceria cooperativa com a ampla teia da vida. O desenvolvimento de pessoas saudáveis capazes de estabelecer relações baseadas no cuidado e apoio mútuo depende de comunidades saudáveis que fomentem um saudável desenvolvimento individual. Pessoas e comunidades saudáveis caminham lado a lado, de forma inseparável.

Nós, humanos, em função do dom da consciência reflexiva, temos a capacidade para viver de maneira mais intencional e criativa que qualquer outra espécie. Também temos, não obstante, a capacidade para fazer péssimas escolhas, conforme demonstram de maneira tão trágica os pesares de 5 mil anos de Império. As culturas e as instituições do Império nos alienam em relação à vida, frustram a expressão positiva de nosso impulso vital, desviam nossa energia vital para expressões destrutivas tanto do eu quanto da comunidade, condicionam-nos a escolher o caminho da amargura e negam a própria existência do caminho para as alegrias da Comunidade da Terra. Não obstante, conforme atestam as sociedades humanas não imperiais e as comunidades vivas do mundo não humano, o caminho da parceria é uma possibilidade extremamente real.

A tarefa da Grande Virada demanda que nos libertemos da alienação e opressão autoinfligidas do Império para que criemos sociedades que apoiem cada pessoa a se conectar à vida de formas que intensifiquem o potencial criativo tanto do eu, quanto da comunidade, a fim de que todos possam desfrutar das alegrias da Comunidade da Terra. Este trabalho principia em nossa mente com um despertar para a realidade de que o impulso para nos conectarmos em uma relação de afirmação mútua com a vida encontra-se inscrito em nossa natureza, e que expressá-lo por caminhos que tragam tristeza ou alegria depende de nós.

PROGRAMADOS PARA NOS CONECTAR

Uma extraordinária iniciativa conjunta organizada pela YMCA dos Estados Unidos, pela Dartmouth Medical School e pelo Institute for American Values congregou 33 proeminentes neurocientistas, pediatras e cientistas sociais, com o objetivo de avaliar a saúde mental e emocional das crianças americanas e recomendar ações práticas de forma a melhorar sua qualidade de vida. O relatório da Comission on Children at Risk, conforme foi batizado o grupo, intitulado *Hardwired to Connect: The New Scientific Case for Authoritative Communities*, representa uma inovadora síntese entre ciência, sabedoria espiritual e valores conservadores e progressistas.[3]

Ele conclui, com base em estudos científicos de nosso cérebro, que os humanos são "programados" para estabelecer "ligações estreitas com outras pessoas, a começar por nossas mães, pais e família estendida, ampliando-se então para a comunidade de forma mais ampla".[4]

Utilizando imagens de ressonância magnética para fotografar a atividade cerebral, os cientistas descobriram em experimentos de laboratório, que a experiência de estabelecimento de uma aliança cooperativa com outra pessoa ressoa de forma intensamente positiva no centro de prazer do cérebro — algo como comer chocolate ou manter uma boa relação sexual.[5] Outros estudos demonstram que as relações de confiança e afeto são essenciais para nossa saúde emocional e para um funcionamento saudável da sociedade.[6]

O cérebro humano

Os processos de desenvolvimento inerentes à realização de nossa natureza humana são tanto fisiológicos quanto psicológicos. Como outros componentes de nossa fisiologia, o cérebro amadurece com o tempo, e o aperfeiçoamento de suas capacidades de ordem mais elevada exige prática.

Comecemos pelo básico: aquilo a que chamamos de cérebro humano é na verdade um sistema complexo de três cérebros interconectados, cada um deles com funções distintas. Essa estrutura básica tripartida é comum a todos os cérebros de mamíferos. Em seu centro, encontra-se o cérebro réptil, que coordena funções basilares essenciais à sobrevivência, como a respiração, a regulação do coração, os atos de caçar e comer, a reprodução e o acionamento da resposta de lutar ou fugir diante de uma ameaça. O cérebro límbico, fisicamente posicionado ao redor do cérebro réptil é o centro da inteligência emocional, que dá aos mamíferos sua capacidade diferenciada de experimentar emoções, avaliar o estado emocional de outros mamíferos, conectar-se socialmente, cuidar da prole e formar comunidades cooperativas. A terceira camada é o cérebro neocortical, centro do raciocínio cognitivo, do pensamento simbólico, da atenção e das escolhas conscientes.

Nos mamíferos mais antigos, o cérebro neocortical é uma mera película que recobre os cérebros inferiores de desenvolvimento anterior. Nos humanos, ele é desproporcionalmente o maior dos três.[7] Cada um dos três cérebros funciona autonomamente, ainda que se comunicando com e influenciando os outros dois, bem como às inteligências dos outros órgãos e sistemas celulares do corpo que juntos dotam o organismo humano de seu vasto conjunto de capacidades.

Por não possuírem um cérebro límbico, os répteis não possuem a capacidade para uma vida emocional. Sem isso, não têm capacidade para se conectar emocionalmente e experimentar empatia. Eles se juntam de maneira breve para a corte e a cópula, mas raramente funcionam de forma comunitária e podem mesmo se servir de indivíduos novos de sua espécie como fonte conveniente de nutrição.[8]

A inteligência emocional do cérebro límbico está apenas parcialmente constituída nos seres humanos quando nascem. Ela é a capacidade para comunicarmos nossas próprias emoções de forma acurada e para detectar as emoções de outros através de evidências verbais e não verbais. O cérebro límbico do recém-nascido representa um potencial que precisa ser cultivado, por meio do intercâmbio emocional com uma figura primária de proteção — mais comumente a mãe —, de modo a fazer emergir uma capacidade que possa ser usada. A prática desse intercâmbio ativa as conexões neurais essenciais à leitura intuitiva dos estados emocionais.

A criação de uma conexão neural no cérebro é algo análogo ao estabelecimento de uma ligação entre duas pessoas dentro de uma rede social humana. Cada uma dessas novas ligações, uma vez estabelecida, cria um potencial que pode ser mais facilmente ativado no futuro.

O mesmo se dá essencialmente para as funções intelectuais do cérebro neocortical. Também ele se encontra apenas parcialmente formado à época do nascimento, amadurecendo através do uso. Atingir o pleno potencial das ordens mais elevadas da consciência depende do desenvolvimento equilibrado tanto do cérebro límbico quanto do neocortical, por meio de sua utilização à medida que a criança interage com o mundo.

Não é fácil aprender a ser humano. Ainda que encaremos nossa capacidade intelectual como a mais elevada manifestação de nossa humanidade, de certa forma nossos maiores desafios de desenvolvimento relacionam-se à nossa inteligência emocional e moral, um processo onde a experiência inicial em relação a nossas figuras primárias de proteção é especialmente importante.

A paternidade zelosa

Quanto mais ativo e amoroso o intercâmbio emocional entre a criança e a figura adulta de proteção, mais pleno é o desenvolvimento inicial do cérebro límbico, mais espontânea a inteligência emocional da criança, e maior a sua capacidade e subsequente predisposição para a empatia, o afeto, para uma paternidade carinhosa e para um funcionamento moral responsável. Evidentemente, o inverso também é verdadeiro. Quanto menos satisfatórias as ligações humanas vivenciadas pela criança, menores serão suas capacidades nessa arena. Colocando em termos crus, quanto menos desenvolvido nosso cérebro límbico, mais réptil nossa natureza.

As conexões neurológicas desenvolvidas de nosso cérebro límbico respondem à experiência de uma relação positiva estimulando os centros de prazer do cérebro, de forma a recompensar encontros subsequentes com aquelas mesmas pessoas, o que cria o vínculo afetivo. Num sentido fisiológico, casais com um forte vínculo são "viciados" um no outro. Processos fisiológicos similares desempenham um papel na ligação da mãe com sua criança.

Uma das descobertas mais surpreendentes das pesquisas é a de que "para os homens, casar-se — tornando-se íntima e sexualmente conectado a uma mulher — aparentemente reduz os níveis de testosterona", o que parece estar associado a uma redução no comportamento violento e na promiscuidade sexual e ao fortalecimento de uma paternidade positiva. Há ainda evidências que demonstram a ligação entre relações profundas, sistemas imunológicos robustos e uma cura rápida de ferimentos físicos.[9] Em sentido oposto, os seres humanos privados de relações pessoais têm maior tendência a uma saúde precária e à morte prematura. Uma infância psicologicamente saudável é a fundação de uma maturidade física e psicologicamente saudável.

As implicações para a sociedade são profundas. Apoiando o desenvolvimento do cérebro límbico por meio de interações amorosas, pais carinhosos aumentam a subsequente capacidade de seus filhos para funcionarem como adultos equilibrados com aptidão para a empatia, o afeto e a orientação moral, fundações essenciais de uma cidadania democrática madura. Pais distantes, insensíveis ou que infligem maus-tratos geram adultos egocêntricos e deficientes em termos emocionais, com tendência à expressão violenta de conflitos emocionais e a buscar hierarquias coercitivas para a imposição da ordem social.

Esta relação de reforço entre estilos de paternidade e predisposições na vida adulta evidencia os custos verdadeiramente monumentais para o futuro humano da guerra da plutocracia corporativa contra a família. Criando condições econômicas que tornam virtualmente impossível a milhões de pais propiciarem a seus filhos o carinho e a atenção essenciais a seu desenvolvimento emocional saudável, as políticas econômicas e sociais promovidas pela Nova Direita nos Estados Unidos e fora dele perpetuam a reprodução de adultos emocionalmente aleijados por gerações afora. As consequências podem ser devastadoras, não apenas para o indivíduo, mas também para a sociedade de forma mais ampla, conforme vividamente demonstrado por um caso recente em questão que traz à mente a admoestação bíblica em Eclesiastes 10:16: "Ai de ti, país, cujo rei é um menino."

Quando as coisas dão errado

Justin A. Frank, um respeitado psicanalista de Washington, D.C., e professor de psiquiatria no George Washington University Medical Center, aponta George W. Bush como um exemplo das consequências potencialmente trágicas da falta de carinho dos pais. Através de sua análise dos registros públicos da experiência da primeira infância de George W., o dr. Frank conclui que o George menino não teve atenção e carinho em casa, o que gerou devastadoras consequências para os Estados Unidos e o mundo, quando ele mais tarde expressou seus conflitos não resolvidos da infância no palco global.[10]

O pai do jovem George, George H. W. Bush, era um homem ausente do lar na maior parte do tempo, que teve um papel apenas marginal na criação inicial de George W. Barbara Bush, sua mãe emocionalmente distante, era, segundo suas próprias palavras, uma estrita disciplinadora, que lançava mão constantemente de duras punições físicas. Quando George tinha seis anos, sua irmã mais nova, Robin, foi diagnosticada com leucemia, mas ele somente viria a saber da doença após sua morte. A George só era dito que não deveria brincar com ela. Nesse ínterim, seus pais com frequência viajavam com Robin para a costa leste em busca de tratamento. Quando de sua morte, George teve que lidar sozinho com seus sentimentos não resolvidos de abandono, ressentimento, culpa e amor associados à tragédia e à estoica reação de seus pais a ela.

Essas experiências iniciais influenciam de forma profunda se a criança, ao longo de seu crescimento, perceber o mundo como um lugar majoritariamente seguro e que lhe dá respaldo ou como algo ameaçador e alienante. Também influem no desenvolvimento ou não de uma autoimagem positiva e na capacidade adulta de admitir erros, sentir compaixão e de se ver através dos olhos de outros — em outras palavras, a capacidade para passar de uma consciência imperial a uma consciência socializada e mais além. (Ver o capítulo 2 para maior discussão a respeito dos níveis da consciência humana.) Medos e dúvidas persistentes em relação a si mesmo podem também se traduzir em dificuldades de aprendizado, em rígidos sistemas de crenças, na reinvidicação de verdade moral e na megalomania, fatores que impedem a passagem para ordens mais elevadas da consciência. Confinadas à consciência imperial, pessoas assim angustiadas são incapazes de reconhecer mesmo para si o mal que fazem a outros ou a hipocrisia moral de suas posições.

O dr. Frank documenta as maneiras pelas quais George W. manifestou todos estes sintomas de um desenvolvimento frustrado durante sua presidência. Este padrão tem sido comum entre as elites governantes do Império desde seus dias mais antigos. Nossa espécie paga um preço terrível.

A dor de uma vida não vivida

Não há dor humana maior que a sensação de solidão numa existência sem sentido. Viktor Frankl o chamou de "vácuo existencial" e notou que o desejo frustrado de sentido pode ser "indiretamente compensado por meio de um desejo de poder, incluindo a forma mais primitiva deste desejo: o desejo pelo dinheiro".[11] Erich Fromm observa que os seres humanos se dispõem a suportar qualquer tipo de degradação para se livrarem da mortal solidão de uma vida não vivida.[12] O sentido é um efeito colateral da transcendência que experimentamos por meio de atos abnegados e criativos de envolvimento e contribuição.

À medida que descobrimos o mundo receptivo à nossa presença em nossos primeiros anos, desenvolvemos as capacidades fisiológicas e mentais para embarcarmos na vida com crescente deleite. Passamos a explorar com fascínio suas possibilidades e a nos conhecermos dessa forma, a realizarmos nosso potencial mais elevado e experimentarmos a alegria da vida nos relacionando com a Criação. Se, entretanto, vivenciamos um mundo não receptivo ou mesmo hostil, podemos recorrer a alguma forma de escapismo — um tipo de alheamento desesperado em relação à experiência da vida — ou às patológicas formas de relacionamento de dominação e submissão que são o padrão definidor do Império. A resposta imperial de dominação e submissão nos coloca em relação com um mundo mais amplo, ainda que apenas de formas perversas que levam a consequências funestas.

A resposta escapista leva, em suas formas mais brandas, a um "desamparo adquirido"[13] ou a várias formas de vícios escapistas, tais como nossas doenças modernas da indulgência material do tipo "comprar até cair", do jogo, das drogas, da gula ou da compulsão em assistir televisão. Tais práticas, entretanto, não ajudam a resolver nossos conflitos. Elas apenas anestesiam ainda mais nossa consciência e nos alienam em relação à vida.[14]

A fuga também se manifesta na apatia política, no cinismo crônico e no tipo de enfado rabugento típico entre aqueles que trabalham em burocracias públicas e privadas. Ela também pode se manifestar numa preocupação religiosa com a vida após a morte — incluindo o anseio de fundamentalistas islâmicos pelo martírio e de fundamentalistas cristãos pelo arrebatamento. Em suas formas mais extremas, a resposta escapista pode levar ao suicídio ou à catatonia psicológica.

A adoção da dominação e submissão como um mecanismo de compensação cria um impulso pela aquisição de poder, ou de ligação com alguém que detenha poder, de forma a validarmos nossa própria existência por meio da dominação, humilhação ou destruição de outros. Não obstante, o ímpeto para acreditar que nossos atos contribuem de maneira positiva para com o mundo é tão forte, que mesmo o mais brutal e impiedoso malfeitor comumente insiste que sua violência serve a um propósito heroico ou mesmo sagrado.

Adolf Hitler, por exemplo, notório por suas contribuições para a mecanização do genocídio e da arte da guerra, santificava sua sede de sangue com a alegação de que estava aprimorando a cultura global e melhorando a vida dos povos das nações arrasadas por seus exércitos. Ele se enxergava agindo sob o comando de um força mais elevada para assegurar a paz e a liberdade, acatar as leis eternas da natureza e defender o povo alemão daqueles que o desejavam prejudicar.[15]

Os governantes imperiais vêm seguindo o mesmo roteiro há 5 mil anos. Alguns chegam a reivindicar seus atos de sádica brutalidade como heroicas ações de limpeza destinadas a purificar um mundo maléfico.

Quanto mais forte o ímpeto de dominação, mais perigoso ele se torna. Observamos anteriormente o entusiasmo demente com que os governantes mais desequilibrados da história exultavam com sua capacidade para aniquilar cidades, povos e civilizações inteiras, como na destruição da Babilônia pelos assírios e de Cartago por Roma.

O fato de que tais atos de destruição representem esforços desesperados de pessoas emocionalmente feridas para provarem sua existência não serve como desculpa. O lugar de dementes criminosos é a prisão ou uma instituição mental, não posições de poder. Nosso compromisso de longo prazo, entretanto, não é preencher as camas de nossas prisões e instituições mentais. É eliminar a fonte da patologia pela redefinição das sociedades humanas modernas, de forma a que deem suporte ao saudável desenvolvimento de cada pessoa do nascimento à morte. Temos muito o que aprender nesta empreitada com os caminhos contrastantes pelos quais as sociedades modernas e tradicionais organizam as rotinas básicas da vida cotidiana.

O CURRÍCULO INVISÍVEL

O ciclo de vida humano é dividido em três estágios básicos: infância, vida adulta e velhice. Para experimentarmos a felicidade que emana da realização dos potenciais de nossa humanidade, carecemos do suporte de famílias e comunidades fortes, amorosas e estáveis, de forma a percorrermos o invisível currículo da vida por meio do qual desenvolvemos a plenitude de nossa humanidade.

Aprendemos na infância a obedecer à palavra de nossos pais em retribuição ao cuidado que nos mantém seguros e saudáveis. A vida adulta, que comumente inclui uma transição rumo à paternidade, estabelece uma completa transformação de papéis, passando da dependência e obediência para a plena responsabilidade, não apenas em cuidar de si próprio, mas também em se empenhar numa parceria com um cônjuge, em cuidar de uma criança e aceitar as responsabilidades públicas da cidadania.

O estágio final no ciclo de vida humano, a velhice, pode também ser o mais rico e recompensador. Com uma identidade afirmada, nada mais a conquistar e nossos filhos estabelecidos em suas próprias famílias e carreiras, estamos livres para explorar, abraçar e servir por caminhos antes impossíveis.[16]

As maneiras pelas quais sociedades tradicionais e modernas lidam com a passagem por esses estágios da vida não poderiam ser mais distintas, o que evidencia seus valores e prioridades notadamente diferentes. O caminho da sociedade tradicional é um desdobramento de processos auto-organizativos que emanam de uma compreensão inata das necessidades da criança, das famílias e da comunidade como um todo, com frequência por meio da mediação da consciência espiritual de sábios anciãos. O caminho da sociedade moderna é um desdobramento de decisões tomadas pela classe proprietária, geralmente mediadas pelo sentimento autointeressado de merecimento pessoal oriundo de uma consciência imperial. A cada rodada, as pessoas comuns veem suas escolhas controladas pelas hierarquias institucionais dos grandes negócios, grandes governos, grande educação, grandes sindicatos, grande mídia e grande religião, e limitadas àquelas que favorecem os interesses de alguma facção da classe dominante.

O caminho do Império

Reféns dos vícios do Império, as sociedades modernas segmentam de forma característica o ciclo de vida, espremendo uma vida adulta freneticamente fragmentada entre longos períodos de isolamento e dependência forçados durante a infância e a velhice. Enquanto um pai ou ambos tentam juntar, em vários empregos, a renda para viver, a criança pequena do lar moderno se encontra geralmente estacionada diante da televisão, como uma oferenda em sacrifício a anunciantes corporativos, está guardada numa creche ou tem que se virar nas ruas sem supervisão adulta. A principal obrigação da criança nestas circunstâncias é não atravessar o caminho de adultos ocupados.

Ao atingir a idade escolar, a criança é confiada a uma instituição educacional num regime de arregimentação forçada pela maior parte do dia, sob os cuidados de professores bastante sobrecarregados e frequentemente mal treinados. Ainda que algumas escolas maravilhosas propiciem um rico ambiente de aprendizagem, nas escolas mais típicas, a principal tarefa da criança é lutar contra o tédio, enquanto aprende a comandar a mecânica da leitura, escrita e aritmética, e memoriza grandes quantidades de informação desconectadas de qualquer aspecto de sua vida. Onde as crianças se relacionam diretamente umas com as outras, elas se encontram por sua própria conta para resolverem seus problemas com limitada orientação adulta.

Em geral, a experiência dos pais da criança é similarmente fragmentada e alienadora. Lutando para se sustentarem e às suas famílias em múltiplos empregos que oferecem um salário menos que decente e nenhum tipo de benefício, têm pouco tempo para a vida familiar, comunitária, espiritual ou para o lazer. Sem outras opções, a maioria cerra os dentes e encara o desafio.

Negociar a passagem da dependência da infância para as responsabilidades da paternidade seguramente representa um dos desafios mais difíceis do ciclo de vida humano. E nenhuma outra tarefa é mais importante que a paternidade para a saúde futura da sociedade. É muito mais fácil, entretanto, tornar-se pai do que ser um pai. Ainda assim, a cultura e instituições do moderno Império não apenas falham em propiciar suporte e preparação para essa transição, mas também tornam virtualmente impossível para os pais cumprirem com suas responsabilidades paternas.

Quando e se vem a aposentadoria, ela com excessiva frequência significa solidão e isolamento forçados ou o confinamento em instituições que oferecem apenas a companhia de outros idosos. Aqui, mais uma vez, as pessoas estão essencialmente entregues a si próprias, com limitado ou nenhum apoio ou preparação por parte da cultura e instituições contemporâneas do Império.

É como se as sociedades imperiais modernas fossem intencionalmente desenhadas para manter a vida fragmentada e desconectada, de forma a minimizar a possibilidade de que possamos experimentar as relações duradouras e de carinho que são a fundação de um saudável desenvolvimento humano. A reprodução dos pesares da patologia social é um resultado quase inevitável. O contraste em relação à comunidade tribal tradicional é sem dúvida agudo.

O caminho da Comunidade da Terra

Em muitas tribos tradicionais, a vida familiar, de trabalho, espiritual, comunitária e de lazer naturalmente se misturam. As crianças crescem participando amplamente da vida comunitária, aprendendo na prática sob o olhar e instrução atentos dos pais e de idosos reverenciados por sua sabedoria e utilidade. As crianças mais velhas absorvem as habilidades necessárias à paternidade tomando parte no cuidado dos mais novos e na vida do lar, das roças e oficinas.

A vida cultural da tribo reforça a ligação duradoura do indivíduo com a comunidade, o lugar e com as gerações passadas e futuras. Celebrações públicas marcam claramente a passagem entre as relações próprias de um e outro estágio da vida, e muitos modelos a seguir estão sempre à mão.

Quando completei 65 anos, Timothy Iistowanohpataakiiwa, um amigo e ancião indígena americano, me deu um dos mais importantes presentes de minha vida. Numa cerimônia indígena simples a que compareceram vários amigos e colegas, ele realizou minha iniciação como idoso na comunidade humana e comemorou minha passagem presenteando-me com uma pena de águia que ele usara durante sua participação na sagrada cerimônia da Dança do Sol. Isso alterou completamente minha visão a respeito do envelhecimento. Em vez de adentrar a irrelevância rumo à morte, fui iniciado na velhice com o papel de mentor, professor e guardião da sabedoria.

Apesar de que um retorno total aos caminhos tradicionais não seja possível, nem adequado, temos muito a aprender com essas sociedades tradicionais porque elas incorporam uma compreensão inata das necessidades de desenvolvimento das crianças e sobre a arte de viver relacionando-se com a teia mais ampla da vida. As sociedades imperiais contemporâneas se organizam para fazer dinheiro. Sociedades tradicionais se organizam para viver.

Há mais de 2 mil anos, os grandes filósofos gregos raciocinavam que a boa sociedade é aquela que ampara cada pessoa em sua jornada para a plena realização do mais elevado potencial de sua humanidade e que, ao fazê-lo, reproduz as condições de seu próprio funcionamento saudável. Muitas sociedades tradicionais se aproximaram muito mais da realização deste ideal do que a maioria das sociedades modernas, a despeito da considerável vantagem destas em tecnologia, conhecimento científico e recursos materiais.

A realização do ideal, entretanto, não exige o retorno a uma vida de subsistência e isolamento. É plenamente possível criar sociedades ao mesmo tempo humanas, localmente enraizadas e modernas em suas ligações globais, compreensão e uso da tecnologia. Isso se inicia pela aplicação dos princípios organizacionais da parceria à reestruturação de nossas instituições humanas. E aqui podemos olhar para a natureza como uma mestra inteligente e inspiradora.

A NATUREZA COMO PROFESSORA

A vida na Terra vem aprendendo os segredos da organização por meio da parceria há quatro bilhões de anos. Os padrões estruturais encontrados virtualmente em todo sistema vivo no planeta revelam as lições desse aprendizado. A partir das descrições do funcionamento desses sistemas feitas pelos biólogos Janine Benyus, Mae-Wan Ho, Lynn Margulis, Elisabet Sahtouris e outros podemos identificar um conjunto de princípios organizacionais para as sociedades de parceria que devemos agora criar.[17]

O princípio da auto-organização cooperativa

A vida aprendeu a estabelecer e manter coesão por meio de uma dança energética de mútua influência, autorregulação e adaptação, que sustenta um equilíbrio entre necessidades individuais e coletivas em cada um de seus muitos níveis de organização, da célula à biosfera. Cada um destes níveis parece ser uma entidade que faz escolhas de seu próprio direito, com sua própria capacidade para escolher tendo em vista tanto o interesse pessoal, quanto do todo.

Condicionados por nossa cultura imperial, nós, humanos, focamos tanto os padrões de competição que contribuem para o dinamismo da vida que não conseguimos ver a narrativa mais basilar da vida como um empreendimento profundamente cooperativo. A vida aprendeu aquilo que muitos de nós, humanos, não conseguimos: seres vivos só existem em relação com outros seres vivos.

Segundo Lynn Margulis e Dorion Sagan, uma das lições mais importantes da vida é a de que as espécies que sobrevivem e prosperam são, no fim, aquelas que encontram um nicho onde podem satisfazer suas necessidades e, ao mesmo tempo, servir a outros.[18] Mais ainda, conforme observa Sahtouris, a vida aprendeu a cooperar precisamente vivenciando as consequências negativas da competição desenfreada. Em suas palavras, "pode-se detectar na evolução um padrão recorrente em que a competição agressiva leva à ameaça da extinção, que é então evitada através da formação de alianças cooperativas".[19] Estas observações tocam diretamente nossa época humana, à medida que nos damos conta da ameaça que a competição impiedosa hoje representa, não apenas para nossa própria espécie, mas igualmente para outras tantas.

O princípio da localidade

A vida aprendeu a se organizar em ecossistemas complexos de muitos organismos que se adaptam aos mais intrincados detalhes dos microambientes de suas localidades físicas específicas. Cada espécie evolui e aprende dentro do contexto do ecossistema localmente específico em que se estabelece, fazendo sua contribuição individual para um esforço cooperativo comunitário para captar, compartilhar, utilizar e armazenar os recursos físicos disponíveis, de forma a otimizar o potencial do todo. O mutualismo da aprendizagem e da construção de alianças no interior de qualquer comunidade de um ecossistema é evidenciado pela devastação por vezes produzida pela introdução de uma espécie alienígena, cujas consequências se assemelham à introdução de um tumor em um corpo vivo saudável, ou à de um Wal-Mart em uma economia local até então próspera.

Nós, humanos, vimos nos relacionando com o ecossistema do planeta Terra como se fôssemos uma espécie alienígena — o tumor no corpo da vida —, buscando nossa própria expansão ilimitada sem considerar as consequências para a comunidade mais ampla da vida, de que nossa própria existência afinal depende. Devemos aprender agora aquilo que toda espécie bem-sucedida já descobriu antes de nós: a viver como membros de comunidades vivas cooperativas primorosamente adaptadas aos microambientes de nossa localidade específica no planeta Terra.

O princípio das fronteiras permeáveis

A vida aprendeu que, para manter a coesão de seus fluxos internos de energia, deve estabelecer limites próprios em cada nível de organização com uma membrana permeável, por meio da qual pode gerir a absorção e a dissipação de energia e matéria em seu ambiente, mantendo afastados os predadores. Por exemplo, se a parede de uma célula se rompe, sua matéria e energia instantaneamente se mesclam com aquelas do ambiente e a célula morre. Para manter a coesão de sua energia interna e do intercâmbio de informações, organismos pluricelulares precisam de uma pele ou outra cobertura permeável de proteção. Similarmente, as comunidades biológicas ou os ecossistemas carecem das fronteiras propiciadas pelos oceanos, montanhas e zonas climáticas para evitar espécies invasoras não integradas à comunidade estabelecida. A biosfera planetária depende da atmosfera e da camada de ozônio, mantidas pelo campo gravitacional da Terra, para controlar o intercâmbio de radiação com o universo além.

Não obstante, mesmo com a necessidade de fronteiras para manter sua integridade, os processos de autorrenovação da vida dependem de um intercâmbio controlado com o ambiente. Desta forma, a membrana divisória de todo organismo deve ser permeável, e tudo o que flui através dela em ambas as direções deve estar sujeito ao controle do organismo, de modo a que se mantenha uma relação equilibrada com tudo o que o cerca. Os seres vivos bem-sucedidos protegem suas fronteiras não por egoísmo, mas pela necessidade de manter sua integridade interna e coesão e para garantir que as trocas com sua vizinhança sejam equilibradas e mutuamente benéficas.

Os acordos de comércio que fizeram se erguer uma poderosa resistência global buscam regras que garantam o direito das corporações para estabelecer claros limites de proteção ao redor de seus interesses e para gerir estes limites em seu exclusivo benefício. Estes mesmos acordos proíbem indivíduos, famílias, comunidades e nações de estabelecer qualquer tipo de limite protetor que lhes permita manter a coesão de seus fluxos internos de energia diante do ataque de corporações predatórias decididas a extrair a energia vital das pessoas e da natureza para estimular o crescimento de seus ativos financeiros. Trata-se de algo similar a uma hipotética prática médica voltada a proteger o câncer do sistema imunológico do corpo.

Da mesma forma que para qualquer organismo vivo, o funcionamento saudável das comunidades humanas depende de fronteiras permeáveis e controladas. A família, localidade ou país que ficam abertos à entrada desregulada de predatórias corporações estranhas a si e a especuladores financeiros, ou que, em sentido oposto, fecham suas fronteiras para um intercâmbio equilibrado e benéfico, veem sua vitalidade rapidamente se esgotar.

O princípio da abundância

A vida aprendeu que a parcimônia e o compartilhar são as chaves para a ampla abundância. As comunidades biológicas ajustam de maneira refinada e primorosa a captação e reciclagem de energia e materiais úteis. Elas são exemplos vivos do mote "sabendo usar, não vai faltar". O que é descartado por um se torna o recurso de outro através da reutilização contínua e reciclagem de energia e materiais no interior de e entre células, organismos e espécies, que cooperam para minimizar a dissipação de energia e materiais úteis para fora de suas fronteiras individuais e coletivas.

A abundância da vida depende de nossa capacidade tanto para compartilhar, como para conservar energia e matéria, e para livremente dividir informação de forma a aumentar o potencial do todo. O crescimento irrefreado calcado na expropriação competitiva é a ideologia das células cancerígenas e das espécies invasoras. A verdadeira abundância depende de parcimônia, mutualismo e compartilhamento.

O princípio da diversidade

A vida aprendeu que a diversidade é uma fundação essencial do potencial criativo. Assim como ela não existe isolada de outra vida, tampouco subsiste em monoculturas. A vida aprendeu que quanto maior a diversidade da biocomunidade, maior a sua resiliência em momentos de crise e mais amplo seu potencial para a inovação criativa em busca de novas possibilidades.

De forma semelhante, uma diversidade de idades, culturas, religiões e raças propicia uma inestimável contribuição para a resiliência e potencial criativo das comunidades humanas. Nós, humanos, ainda precisamos aprender a celebrar, cultivar e colher os frutos da diversidade há muito negados por nossas variadas formas de chauvinismo.

A COMUNIDADE TERRENA

A virada do Império para a Comunidade da Terra comporta dois elementos primários. Primeiro, uma mudança do dinheiro para a vida como nosso valor de base. Segundo, uma passagem das relações de dominação para as relações de parceria calcadas em princípios organizacionais extraídos do estudo de sistemas vivos saudáveis.

A parceria num contexto contemporâneo

Para aplicarmos os princípios dos sistemas vivos à organização das relações de nossa vida cotidiana num contexto moderno, criaríamos comunidades compactas, localmente enraizadas e auto-organizadas, que tragam o trabalho, as compras e o lazer para perto de nossas residências, economizando desta forma energia e tempo de deslocamento, reduzindo as emissões de CO_2 e nossa dependência do petróleo, e liberando tempo para atividades familiares e comunitárias. A vida se tornaria menos dependente dos carros, e as demandas dos automóveis deixariam de dominar a paisagem. Os terrenos hoje dedicados a estradas e estacionamentos seriam convertidos em ciclovias, trilhas e parques. Nossos processos de governança seriam radicalmente democráticos.

Nós deveríamos cultivar uma maior parcela de nossa comida em fazendas familiares locais sem o uso de produtos químicos tóxicos, processando-a localmente, fazendo a compostagem dos resíduos orgânicos, reciclando-os e levando-os de volta ao solo. Asseguraríamos melhor desta forma nosso suprimento alimentar e melhoraríamos a saúde humana e ambiental. Conceberíamos construções ambientalmente eficientes em relação a seus microambientes específicos e as ergueríamos a partir de materiais locais, de forma a reduzir os custos de energia e transporte. Produziríamos localmente a maior parte de nossa energia, com base em fontes eólicas e solares. Os resíduos gerados localmente seriam localmente reciclados, produzindo materiais e fornecendo energia para uso local.

Com as vidas familiar, de trabalho e comunitária geograficamente próximas, e com as pessoas num contato mais regular e natural, nossa vida seria menos fragmentada e mais coesa, os laços comunitários, mais densos, fortes e confiáveis. As crianças e a juventude se envolveriam naturalmente na vida comunitária, adquirindo por esta via a experiência, os mentores e modelos de que necessitam para se prepararem para as responsabilidades da vida adulta. Podemos propiciar a nossos jovens cursos em psicologia do desenvolvimento, cidadania responsável e sobre as demandas da paternidade como parte do currículo escolar e encorajá-los a praticar sua aplicação por meio de serviços comunitários e da atenção e orientação a crianças mais novas.

Com a restauração da vida comunitária, os idosos se tornariam úteis, na forma de tutores, educadores, mentores e sábios conselheiros para aqueles ainda percorrendo o caminho rumo à consciência madura, o que devolveria respeito e sentido para a velhice. O idoso que permanece envolvido nas responsabilidades da vida comunitária dificilmente padece do desejo de morrer ou do medo da morte. Por sua própria presença, na plenitude de sua maturidade, eles mantêm acesa a chama do espírito do porvir e assim servem, geralmente de maneira despretensiosa, como guias individuais e coletivos para o futuro.

O psicólogo Robert Kegan observa que "quem adentra a vida de uma pessoa pode ser o fator individual mais importante de influência no desdobramento dessa vida".[20] É especialmente importante que toda criança vivencie uma relação profunda e duradoura com pelo menos um idoso de madura consciência. Recordo-me do significado da relação com minha avó paterna, em quem a chama do espírito da vida ardia de forma brilhante, e que me passou de muitas formas seu senso das maravilhosas possibilidades da vida e a virtude de me firmar sobre testados princípios morais. Levei muitos anos para compreender de forma plena e valorizar as lições que ela me ensinou, mas sua influência segue viva em tudo o que faço.

O Império custa caro. A eliminação de usos dispendiosos de energia e outros recursos significaria menos necessidade de expropriação dos recursos de outros países através da dominação econômica e militar, reduzindo assim enormemente a exigência de desviar recursos para a manutenção de uma grande força militar. Se interesses estrangeiros deixarem de controlar o trabalho e os recursos naturais das nações mais pobres do mundo, estes recursos estarão disponíveis para que os povos dessas nações os utilizem na melhoria de sua própria vida. Isso reduziria a motivação para o terrorismo e diminuiria ainda mais a demanda pelo gasto de recursos escassos em segurança doméstica. A divisão das corporações globais em empreendimentos locais de escala humana liberaria ainda mais recursos, pela eliminação do imenso ônus de inflados pacotes de benefícios a executivos e pela remoção de barreiras burocráticas à inovação.

Uma economia que responda às necessidades autonomamente definidas de adultos com uma consciência madura não mais alocaria uma ampla porção de seu talento criativo e recursos de comunicação para uma publicidade voltada a fazer com que as pessoas se sintam inseguras e incompletas, de forma a criar uma demanda artificial. Menos publicidade significaria menos poluição visual, uma autoestima fortalecida para as pessoas e uma redução do consumismo desperdiçador que poderia se traduzir em semanas de trabalho mais curtas e em mais tempo para a família e a comunidade.

As economias poderiam financiar uma educação, serviços comunitários e de saúde de primeira classe para todos e propiciar aos trabalhadores um salário suficiente para o sustento familiar. Os benefícios reverberariam em toda a paisagem social. Com salários maiores, oportunidades educacionais e serviços essenciais, as taxas de criminalidade cairiam e os custos de prisões e da justiça criminal seriam reduzidos.

Trabalharíamos menos e viveríamos mais. Nossa vida seria mais livre e rica. Nosso meio ambiente estaria mais limpo e saudável. Um mundo, não mais dividido entre os obscenamente ricos e os desesperadamente pobres, veria mais paz e menos violência, mais amor e menos ódio, mais esperança e menos medo. Haveria uma mínima necessidade de estruturas de dominação para a imposição da ordem. A Terra poderia se curar e prover um lar para nossas crianças por muitas gerações. São estas algumas das abundantes alegrias da Comunidade da Terra. Todas estão ao alcance de nossos meios coletivos.

Indicadores de sucesso

Podemos nos perguntar que indicadores evidenciarão a Comunidade da Terra que buscamos criar. Saberemos que uma sociedade teve êxito quando ela se encaixar na seguinte descrição:

- Virtualmente todos os adultos terão logrado ao menos uma consciência socializada, e a maioria deles, uma consciência cultural, no início da meia-idade, e uma consciência espiritual a seu final.
- Haverá uma vibrante vida comunitária baseada na confiança mútua, nos valores compartilhados e num senso de conexão. Os riscos de danos físicos perpetrados por humanos contra humanos por meio da guerra, do terrorismo, crime, abuso sexual e violência aleatória serão mínimos. As liberdades civis encontrar-se-ão asseguradas mesmo para os mais vulneráveis.

- Todas as pessoas possuirão uma vocação digna e plena de sentido que contribuirá para o bem-estar da comunidade de forma mais ampla e que atenderá a suas próprias necessidades básicas de comida saudável, água limpa, roupas, abrigo, transporte, educação, entretenimento e atenção à saúde. O emprego remunerado permitirá significativo tempo para a família, os amigos, participação na vida comunitária e política, atividade física saudável, para a aprendizagem e crescimento espiritual.
- A vida intelectual e a pesquisa científica serão vibrantes, abertas e dedicar-se-ão ao desenvolvimento e compartilhamento de conhecimento e de tecnologias que servirão à vida e responderão às necessidades prioritárias da sociedade.
- As famílias serão fortes e estáveis. As crianças serão bem nutridas, receberão educação de qualidade e viverão em lares seguros e amorosos. As taxas de suicídio, divórcio, aborto e gravidez na adolescência serão baixas.
- A participação política e engajamento cívico serão elevados, e as pessoas sentirão que sua participação política e cívica fará uma diferença positiva. As pessoas em posições formais de liderança serão respeitadas por sua sabedoria, integridade e comprometimento com o bem público.
- As florestas, estoques pesqueiros, cursos d'água, a terra e o ar estarão limpos, saudáveis e vibrarão com a diversidade da vida. O leite materno será sadio e livre de toxinas. As populações das espécies ameaçadas se encontrarão em recuperação.
- A infraestrutura física — incluindo pontes e estradas, os sistemas públicos de trânsito, ferroviário, de água e esgoto, e as instalações de geração e transmissão de eletricidade — receberá boa manutenção, será acessível a todos e adequada à demanda.

Inicialmente, esta lista pode soar como uma fantasia radicalmente utópica, mas somente por contrastar de forma tão aguda com nossa experiência atual. Na verdade, cada uma destas condições pode ser atingida por todas as nações, à exceção de algumas daquelas mais física e socialmente arruinadas, e cada uma delas se alinha a valores centrais comungados tanto por conservadores quanto por progressistas. Se qualquer uma delas parece estranha, é simplesmente porque todas dependem absolutamente de cooperação e compartilhamento. Estão totalmente fora do alcance do indivíduo isolado e de sociedades que escolham viver segundo os valores e relações do Império. Só podem ser logradas por sociedades que escolham viver segundo os valores e relações da Comunidade da Terra.

A FELICIDADE É UMA COMUNIDADE ATENCIOSA

Tornarmo-nos mais parcimoniosos em nosso uso dos recursos é hoje uma condição para a sobrevivência humana. Para a consciência imperial alienada que encontra sentido essencialmente nos vícios do Império, este parece um sacrifício quase impensável. A consciência mais madura, entretanto, reconhece que a virada para a Comunidade da Terra não tem relação com autossacrifício ou com a renúncia à tecnologia e ao progresso. Trata-se de clarear nossos valores, estabelecer novas prioridades, redefinir o progresso e consumir menos, de forma a que possamos nos tornar mais humanos e, nesse processo, vivenciarmos a abundância de relações autênticas.

Durante a última metade do século XX, a maioria das nações abraçou o crescimento econômico como medida do progresso humano e felicidade. Estudos comparativos internacionais, entretanto, demonstram que, uma vez atingido um nível moderado de renda *per capita*, aumentos adicionais na riqueza trazem apenas ligeiras elevações no bem-estar percebido.[21] Este crescente corpo de pesquisa em torno da "economia da felicidade" reafirma uma das revelações espirituais mais antigas e universais. Para além do nível mínimo de renda essencial à satisfação das necessidades básicas, as relações autênticas de comunidades fortes são um indicador muito melhor da felicidade e saúde emocional que o tamanho do contracheque ou da conta bancária.

Os Estados Unidos foram o mais agressivo defensor do crescimento econômico e do consumismo como passaportes para a felicidade. Ao longo da última metade do século XX, seu produto interno bruto *per capita* ajustado para a inflação triplicou. Ainda assim, pesquisas indicam que os níveis de satisfação com a vida não mudaram.[22] O que claramente aumentou nos Estados Unidos ao longo deste período foram as taxas de depressão, ansiedade, desconfiança e disfunção psicológica. A incidência de depressão multiplicou-se em dez vezes.[23]

Uma das mais impressionantes evidências da sabedoria de que as relações são mais importantes para a felicidade que o dinheiro e as posses materiais vem de um estudo que comparou níveis de satisfação com a vida de grupos de pessoas de meios financeiros e circunstâncias físicas radicalmente discrepantes. Os resultados mostraram quatro grupos juntos no alto da escala de satisfação com pontuações quase idênticas.

Um grupo (com pontuação de 5,8 em sete pontos possíveis) era formado por pessoas na lista dos "americanos mais ricos" da revista *Forbes*, os mais abastados dos quais detêm ativos na casa das dezenas de bilhões de dólares, e os mais "pobres", na das centenas de milhões. Os outros três grupos eram os Amish da Pensilvânia (5,8), o povo inuit, no norte da Groenlândia (5,9), e os Maasai (5,7), um povo pastor tradicional do leste da África, que não tem eletricidade ou água encanada e que vive em cabanas feitas de esterco.[24] Isso sugere que, em culturas complexas modernas, faz-se necessária, sem dúvida, uma grande quantidade de dinheiro para atingir a felicidade que vem, em sociedades simples, do sentido de pertencimento a um lugar e de uma comunidade forte e atenciosa.

Possivelmente, a comparação mais reveladora se deu entre os moradores de favelas em Calcutá (4,6), cujo nível de satisfação com a vida se situa ligeiramente acima de um valor neutro (4,0) e moradores de rua da mesma cidade (2,9), que foram o grupo com menor pontuação entre todos aqueles pesquisados. Tanto os favelados, quanto os moradores de rua vivem em condições chocantes de privação física. Os moradores de rua, entretanto, não têm lugar ou comunidade, ao passo que os favelados vivem em um local que identificam como seu, situado numa comunidade delimitada, ainda que rudimentar e instável.[25] As relações de cuidado mútuo e comprometimento são a variável que explica de forma mais consistente esses resultados.

Quanto mais nossas relações se reduzem a trocas financeiras impessoais, maior o sacrifício em termos de felicidade, bem-estar e saúde emocional. O dinheiro pode ajudar a compensar a perda, mas uma grande quantia dele é necessária para comprar a felicidade que o companheirismo e a comunidade propiciam de graça.[26] As relações, não o dinheiro, são a verdadeira medida do bem-estar. O que mais importa é nossa ligação e participação na vida de uma comunidade. Se quisermos definir o progresso através da medida da felicidade humana, devemos devotar uma parte bem menor de nossos recursos à geração de dinheiro e uma fatia bem maior deles à construção de comunidades.

Minha jornada de vida me levou aos territórios dos Maasai no Quênia. Já caminhei também entre os favelados de Calcutá. Não posso falar com confiança pelos Maasai que ainda retêm seus caminhos tradicionais, mas não tenho dúvida de que qualquer morador de favela em Calcutá escolheria instantaneamente trocar sua vida pela minha. Tenho idêntica clareza de que eu não estaria interessado em tal troca e acredito que ninguém em nossos tempos modernos deveria ser condenado a uma vida tão dura e limitadora. Meu contato com ambos os grupos, entretanto, me dá mais motivos para respeitar a profunda implicação da descoberta de que a felicidade humana depende muito mais das relações de comunidade do que do dinheiro e das posses materiais.

A física newtoniana assume a premissa de que somente a matéria é real. A ciência mais contemporânea da física quântica ensina a lição bastante diferente de que a matéria "sólida" é essencialmente constituída de espaço vazio conformado e consubstanciado por um tecido relacional de partículas energéticas em constante movimento. As relações são reais. A matéria é uma ilusão.

A antiga biologia ensinava que cada ser vivo se encontra empenhado em uma competição individualista pela sobrevivência contra todos os outros seres vivos. A nova biologia ensina que a vida só existe em relação cooperativa com outra vida e que as espécies que sobrevivem são aquelas que encontram seu lugar para servir. A vida é comunidade.

Os psicólogos reafirmam a antiga sabedoria de que a felicidade não depende da quantidade de nossas posses, mas da qualidade de nossas relações. Assim como o Império é o caminho da aflição, a Comunidade da Terra é o caminho da felicidade. As relações são a fundação de tudo.

Nós, humanos, temos um poderoso ímpeto para nos conectarmos uns com os outros e com a natureza. Possivelmente mais que qualquer outra espécie, temos consciência da vulnerabilidade inerente à realidade de que só existimos física e psicologicamente por intermédio de relações. A dor da separação é tão enorme que somos capazes de quase qualquer coisa para nos conectarmos, a ponto mesmo de destruirmos os objetos de nosso amor.

A Comunidade da Terra oferece uma alternativa à alienação e aos pesares do Império, um modo de viver que coloca os valores da vida na frente dos valores financeiros e que se organiza pelos princípios da parceria, em vez dos princípios da dominação. Quanto mais profundas e mutuamente afirmativas nossas relações, mais ricos e distintamente humanos nos tornamos. O escancarado fosso entre as relações plenas por que ansiamos e a fragmentação e alienação da vida moderna apontam para as épicas proporções do desafio à nossa frente.

Apesar disso, a chave para o redirecionamento de nosso caminho humano é elegante em sua simplicidade. Mudar a trajetória humana, substituir as narrativas do Império que hoje guiam nosso caminho coletivo pelas narrativas da Comunidade da Terra, assentadas na sabedoria das mais elevadas ordens da consciência humana e informadas pelo todo do nosso conhecimento e experiência.

CAPÍTULO 18

Narrativas para uma nova era

> *As grandes tradições de sabedoria religiosa e espiritual do mundo ensinam todas alguma variante desta mensagem: os mais profundos prazeres humanos se originam da vida num mundo baseado em justiça, paz, amor, generosidade, gentileza e celebração do universo, bem como da servidão à lei moral definitiva do universo.*[1]
>
> Rabino Michael Lerner

> *Gandhi [...] ingressou na vida pública como o defensor de uma reduzida minoria de imigrantes num canto empoeirado de um Império global. Antes de ser morto, entretanto, liderara um movimento que, mais que qualquer outra força, dissolvera aquele Império, propondo, nesse processo, um modo de vida em que as atividades constituintes da existência — o pessoal, o econômico, o social, o político, o espiritual — foram colocadas em uma nova relação.*[2]
>
> Jonathan Schell

Não basta, conforme têm feito muitos progressistas nos Estados Unidos, discutir os detalhes das políticas de impostos e educação, dos orçamentos, da guerra e dos acordos de comércio em busca de uma plataforma política positiva. Tampouco é suficiente inventar *slogans* com amplo apelo junto às massas voltados à vitória nas próximas eleições ou debate político.

Virtualmente todo tema progressista, da paz à proteção ambiental e à eliminação do racismo e sexismo, tem suas raízes profundas na cultura e instituições do Império. Tentar trabalhar estes temas de maneira fragmentada é um exercício de futilidade. Ou os solucionamos todos, deixando o Império para trás, ou aceitamos o Império e não resolvemos nenhum deles. Superar o Império exige abandonar suas narrativas sobre a prosperidade, segurança e sentido da vida, e desenhar uma visão estruturante comunicada através de narrativas sobre as possibilidades da Comunidade da Terra e afirmadoras da vida. Tais narrativas encontram-se implícitas no esforço de milhões de pessoas — as células organizadoras da nova cultura — que vêm fazendo emergir a perspectiva das ordens mais elevadas da consciência humana, à medida que criam novos espaços culturais que dão às pessoas a liberdade para experimentar relações cooperativas. Temos que aprender a expressar essas narrativas de forma clara e coerente.

Da mesma maneira que as narrativas do Império fermentam uma cultura de dominação e negam a possibilidade da parceria, as narrativas da Comunidade da Terra fomentam uma cultura de parceria, redefinem a prosperidade e a segurança, afirmam as possibilidades das ordens mais elevadas da consciência humana e nos conclamam a encontrar nosso lugar de serventia na épica busca da Criação. Conforme tentei demonstrar em capítulos anteriores, comunidades afetuosas estruturadas numa vida de amor são, pela própria natureza da vida, uma pré-condição essencial para atingirmos a prosperidade humana, a segurança e o sentido. Esta verdade simples, porém profunda, é uma mensagem unificadora das versões das narrativas da Comunidade da Terra que se seguem.

Devo dizer aqui que o que compartilho a seguir são versões das narrativas da Comunidade da Terra que funcionam para mim neste momento específico. São trabalhos em andamento que bebem da experiência e sabedoria comungadas por muitos colegas, mas representam apenas um primeiro rascunho. A Nova Direita vem apurando há muitos anos as narrativas imperiais que relatei no capítulo 14. Serão necessários pelo menos alguns anos e as contribuições de muitos milhares de pessoas para chegarmos a narrativas igualmente depuradas sobre a Comunidade da Terra.

A NARRATIVA DA COMUNIDADE TERRENA SOBRE A PROSPERIDADE

A verdadeira prosperidade depende de economias que sirvam à vida, satisfazendo nossas necessidades materiais básicas, mantendo um equilíbrio sustentável em relação aos sistemas naturais da Terra, fortalecendo os laços de comunidades afetuosas e apoiando todas as pessoas na plena realização de sua humanidade. Isso demanda a localização e distribuição de poder num contexto de cidadania responsável e cooperação internacional. Encontra-se inteiramente ao alcance de nossos meios — e é consistente com nossa natureza humana — criar tais economias. A narrativa da prosperidade da Comunidade da Terra dialoga com essa possibilidade.[3]

> A prosperidade é medida pela qualidade de nossa vida e pela concretização por todas as pessoas do potencial criativo de sua humanidade. Um sistema econômico de alta performance sustenta o desenvolvimento deste potencial, proporciona a cada pessoa meios adequados e dignos de vida, mantém a vitalidade saudável do ecossistema planetário, que é a fonte de toda a riqueza real, e contribui para a construção da

comunidade por meio do fortalecimento dos laços de afeto, confiança e responsabilidade mútua.

Pobreza, desemprego, taxas elevadas de criminalidade e famílias destruídas são todos indicadores de um sistema econômico que dá maior prioridade à manutenção e aumento do poder e privilégio de uma pequena elite do que a propiciar os elementos essenciais da vida a todos. A prosperidade se encontra melhor servida por uma justa e equitativa distribuição de renda e propriedade entre todos os membros da sociedade. Conforme claramente demonstrado por 5 mil anos de história, políticas que favorecem os privilégios de classe dos ricos marginalizam aqueles que têm menos e facilitam a expropriação de seu trabalho e recursos, limitando assim sua contribuição produtiva e criativa e a prosperidade do todo. A pobreza é um produto inevitável de um sistema injusto desenhado para explorar aqueles que trabalham duro e seguem as regras.

De forma correta, aqueles que dão maior contribuição à comunidade devem receber uma recompensa material mais significativa, desde que dentro de limites consistentes com a justiça econômica. Em geral, quanto mais igualitária uma sociedade, maior seu acesso ao potencial criativo de cada um e maior seu potencial de prosperidade. Os custos sociais da desigualdade se intensificam a ponto dos ricos usarem sua vantagem em termos de poder para extrair mais do que dar. Desigualdade e sustentabilidade são incompatíveis, pois a desigualdade estimula extravagâncias desperdiçadoras entre os ricos e o desespero entre os pobres.

É correto aqueles que recebem mais da sociedade pagarem impostos mais altos e contribuírem com uma porção maior de seu tempo para serviços comunitários. De forma semelhante, é adequado reinstaurar continuamente o equilíbrio e coibir o surgimento de dinastias familiares por meio de uma redistribuição de ativos à sociedade ao final de cada vida através de um imposto sobre heranças, de forma a manter o equilíbrio entre incentivo individual, equidade e benefício público.

Os mercados são uma instituição humana essencial e benéfica. Como com qualquer outra invenção humana, seu funcionamento eficaz depende do exercício de um maduro senso de responsabilidade para com o todo por aqueles que deles participam. Os mercados demandam ainda regras supervisionadas de maneira imparcial que assegurem negociações limpas, sopesem interesses públicos e privados, propiciem serviços e infraestrutura públicos, mantenham as condições para uma competição justa e garantam uma distribuição igualitária da propriedade e da renda. Não há lugar privilegiado em uma economia saudável para pessoas predatórias ou para empreendimentos organizados com o único propósito de gerar dinheiro para seus donos ricos e ausentes.

Toda pessoa corre o risco de se ver desempregada, sem que isso se dê por culpa sua, de contrair uma doença séria ou sofrer um ferimento que exija cuidados para além de seus meios. Nenhum de nós sabe por quanto tempo viverá ou que tipo de incapacidades podem nos afetar em nossa velhice. Alguns viverão além da expectativa de vida normal, e alguns entre estes precisarão de anos de onerosos cuidados. A qualidade de vida e a prosperidade de todos aumentam com o compartilhamento desses riscos através de benefícios para desempregados, planos de aposentadoria e planos de saúde que garantam cobertura para todos, a despeito de seus meios.

Em um mundo de recursos escassos, quanto maior a capacidade do sistema econômico para se adaptar a condições locais específicas, mais eficiente o uso dos recursos será, e assim maior a prosperidade do todo. Essa capacidade adaptativa é mais ampla quando cada comunidade vive com seus próprios meios, a tomada de decisões se dá de forma local e as trocas entre as comunidades são justas e equilibradas. Essas condições aumentam o controle democrático e a transparência, limitam a capacidade dos predadores econômicos de desvalorizar o trabalho, a saúde, a segurança e os padrões ambientais, inibindo ainda a acumulação de dívidas externas desestabilizadoras.[4]

A narrativa sobre a prosperidade da Comunidade da Terra praticamente coloca sua equivalente imperial de ponta-cabeça. Isso é absolutamente adequado e pouco surpreendente, porque a prioridade da economia imperial é a manutenção de suas relações estabelecidas de dominação. A prioridade da economia da Comunidade da Terra é construir a prosperidade comum por meio de relações de parceria.

A NARRATIVA DA COMUNIDADE TERRENA SOBRE A SEGURANÇA

O papel primordial das instituições políticas é manter a ordem e estabelecer prioridades para a ação coletiva, de modo a fazer avançar o bem comum. Da mesma maneira que com as narrativas sobre a prosperidade, as narrativas sobre a segurança do Império e da Comunidade da Terra refletem suas distintas prioridades. Para o Império, segurança significa garantir a hierarquia estabelecida de privilégios, não importando seu custo. Para a Comunidade da Terra, significa garantir o bem-estar das gerações presentes e futuras, prevenindo riscos que possam ser evitados, e compartilhando os custos daqueles que não o possam ser. Segue-se uma proposta de narrativa sobre segurança para a Comunidade da Terra:

Famílias e comunidades fortes que constroem relações de mútua confiança e cuidado, e que apoiam todas as pessoas para a realização do potencial de sua humanidade são a melhor garantia de segurança humana. Elas servem também para impedir a atividade criminosa e representam um meio fundamental para agarrar aqueles que nela se envolvem.

A cidadania responsável, a cooperação e a resolução não violenta para os conflitos emergem naturalmente para adultos emocional e moralmente maduros. A longo prazo, nossa melhor garantia de segurança física advirá de políticas públicas que deem suporte a uma saudável vida familiar e comunitária, capaz de fortalecer a confiança e cuidado mútuos e de fomentar o crescimento de cada um até a plena maturidade moral e emocional. O desejo de prejudicar, dominar ou humilhar outros é um indicador da falência da família e da comunidade na concretização de seus papéis essenciais. Isso, por sua vez, indica o fracasso das políticas públicas em propiciarem o necessário suporte.

As maiores ameaças à segurança física que hoje nos confrontam passam longe do apocalipse nuclear: são as mudanças climáticas, a contaminação tóxica, a escassez de água, os preços crescentes da energia e a instabilidade econômica criada pela especulação financeira e por desequilíbrios comerciais cada vez maiores. Estas e outras ameaças pertinentes à segurança — incluindo a criminalidade, o terrorismo e a guerra — são uma consequência direta da cultura e instituições do Império, que debilitam a família e a comunidade, gerenciam de forma descuidada os recursos naturais, minam a legitimidade das instituições oficiais, criam extremos de injustiça e impedem o desenvolvimento das ordens mais elevadas de consciência moral.

Um dos indicadores mais importantes de uma sociedade saudável são baixas taxas de criminalidade combinadas a números igualmente reduzidos de encarceramento. As prisões têm que ser um último recurso, e em todos os casos, à exceção daqueles mais extremos, seu propósito deve ser a reabilitação e, ao final, a reintegração à comunidade. O objetivo é chegar a uma justiça reparadora que promova a cura e o respeito a todas as pessoas. Desta forma, quem de forma repetida se envolve em atos criminosos deve, como último recurso, estar sujeito à prisão por meio do devido processo, de forma a evitar que continue a prejudicar a si mesmo e a outros.

Assim como famílias e comunidades fortes representam a melhor garantia de segurança em relação à criminalidade doméstica, também uma sólida comunidade de nações é a melhor defesa contra a ameaça do crime internacional, do terrorismo e de governos perniciosos. Militarização gera militarização, o que, por sua vez, incita o uso preventivo de força militar para a resolução de ameaças e injustiças reais ou imaginárias.

Pode-se melhor assegurar a segurança militar por meio da negociação de programas inspecionados de desarmamento, da reestruturação econômica, passando de economias de guerra para economias de paz, e por meio do trabalho de instituições de cooperação internacional para dar um fim ao uso da guerra como instrumento de política nacional.

De forma análoga, violência gera violência, incluindo atos de terrorismo. A invasão de outros países para a captura ou punição de terroristas legitima a violência como meio de resolução de disputas e alimenta o recrutamento de terroristas. Para prender terroristas e fazê-los responder por seus atos, faz-se necessária a cooperação de instituições policiais e de justiça nacionais e internacionais. As atividades terroristas de grupos políticos não estatais são em geral atos de desespero de grupos que não encontram outro caminho para extravasar suas angústias. Uma democracia que assegure a cada indivíduo uma voz política significativa representa a melhor medida preventiva. Os Estados Unidos e outros países dariam melhor suporte à democracia se colocassem um fim a seu apoio a regimes ditatoriais e à sua própria dependência de recursos estrangeiros a que estes regimes propiciam acesso.

A melhor resposta a regimes corruptos é a ação cooperativa internacional, de forma a cortar seu acesso a armamentos, fundos e tecnologias internacionais para a criação de armas de destruição. Quando se faz necessária sua derrubada, como último recurso, através de força militar, isso será feito somente a partir de amplo consenso internacional e com o uso de forças multilaterais enviadas sob a autoridade das Nações Unidas.

Longas cadeias de suprimento, estoques concentrados de combustíveis voláteis, químicos tóxicos e materiais radioativos, trabalhadores descartáveis sujeitos à instantânea demissão em momentos de instabilidade, indústrias essenciais suscetíveis a mudanças radicais na confiança do consumidor, e um sistema financeiro instável construído sobre dívidas e especulação — todos estes elementos representam ameaças à segurança por sua capacidade em transformarem mesmo pequenas perturbações locais em imensos desastres.

Os choques podem ser minimizados e a segurança consequentemente incrementada por meio do favorecimento à produção e busca de fornecedores locais, de forma a encurtar as cadeias de suprimentos; pela redução da dependência de combustíveis voláteis, químicos tóxicos e materiais radioativos; pela priorização do atendimento às necessidades básicas, que geram uma demanda estável; pela limitação do débito e da especulação financeira; pela reciclagem; e pela maior parcimônia em nosso uso dos recursos naturais.

Possivelmente, o maior medo que pode acometer um ser humano é o de que ninguém se importe o suficiente para estar a seu lado em um momento de necessidade. Mais uma vez, as relações são a chave. Relações de dominação criam uma ilusão de segurança, mas na realidade minam a segurança que somente comunidades afetuosas podem propiciar.

A NARRATIVA DA COMUNIDADE DA TERRA SOBRE O SENTIDO DA VIDA

Nós, humanos, somos a única espécie terrestre com capacidade para se fazer a mais básica das perguntas: "De onde viemos e qual o propósito de nossa existência?". Há muito buscamos respostas para tais questões por meio de narrativas sobre a Criação — em geral metafóricas e de remota origem — que incorporam a compreensão coletiva de nossa origem e dotam nossa existência de significado.

Conforme discutido no capítulo 15, a cultura contemporânea das sociedades ocidentais nos coloca diante de uma cruel escolha entre duas narrativas incompletas. Uma delas, a narrativa absolutamente ultrapassada da física newtoniana, reduz toda a realidade ao acaso e à causalidade material, nega a consciência, a inteligência e o livre-arbítrio, e destitui a vida de significado. A outra, a narrativa religiosa ocidental predominante, afirma a transcendência, mas recusa a experiência e observação humanas como fontes válidas de aprendizado, apresentando nossa condição terrena como uma mera estação intermediária, onde nos encontramos condenados a gastar nosso tempo em um mundo maléfico, rezando pela libertação após a morte. Escolher qualquer destas histórias significa negar a capacidade de escolha e propósito que nos torna distintamente humanos.

Nossas narrativas sobre a Criação podem se fundamentar em evidências factuais, mas a interpretação do significado dessa evidência e de suas implicações para nossa vida, ao fim, nos remetem a questões de crença ou fé que os progressistas raramente discutem, mesmo entre si, ainda que sejam seminais para nosso trabalho. Creio ser importante colocarmos em marcha este debate, através do compartilhamento de nossas narrativas para o sentido da existência. Neste espírito, ofereço a seguinte narrativa. É ela que motiva meu compromisso com o trabalho da Grande Virada.

O cosmos — e tudo dentro dele — é um todo interconectado que se move para diante a partir de uma inteligência espiritual universal que é o chão de toda existência. Conhecemos essa inteligência por muitos nomes.

Essa inteligência espiritual se encontra empenhada em uma épica jornada de autodescobrimento, uma busca para se conhecer por meio da realização de suas possibilidades em um eterno processo de aprendizado e de vir-a-ser. Tudo o que existe é um produto dessa busca sagrada e um instrumento de seu contínuo desdobrar. Uma vez que a Criação é uma manifestação do Espírito a que alguns chamam de Deus, Deus e a Criação são um só e a mesma coisa, o que significa que vivemos em uma constante e presente relação com Deus — na verdade, não existe outra possibilidade porque não há existência para além do Espírito.

A vida, que dota a matéria da capacidade de escolher, eleva a jornada de autodescobrimento da Criação a um novo nível de possibilidades. Por sua natureza, a vida só existe em relação a outra vida, atingindo seu ápice em comunidades cooperativas ricas em diversidade e interação dinâmica de indivíduos e espécies empenhadas na realização de seu potencial individual e coletivo. A competição por território, alimento e parceiros sexuais contribui para o dinamismo do todo, mas representa somente um contraponto a padrões mais profundos de cooperação e mutualismo.

O bem-estar do indivíduo e da comunidade são inseparáveis. A saúde do todo depende da saúde e integridade do indivíduo, e a saúde do indivíduo depende da saúde e integridade do todo. Nenhum dos dois pode sobreviver e prosperar sem o outro. As espécies que sobrevivem e florescem são aquelas que aprendem a se sustentar por caminhos que simultaneamente servem às necessidades do todo. O desafio crucial para cada nova espécie reside em encontrar seu lugar de serventia, um desafio que nós, humanos, ainda precisamos enfrentar.

Até onde sabemos, somos o experimento mais ousado da Criação, no que diz respeito à consciência reflexiva e à capacidade ponderada de escolha. É de nossa natureza poder escolher e, em nossa manifestação mais madura, a capacidade para discernir entre o bem — aquilo que serve ao propósito da Criação — e o mal — aquilo que contraria esse propósito. Aprofundar nossa compreensão da distinção entre o bem e o mal assim definidos, e aprender a organizar nossa vida, colocando-a a serviço do bem, são questões centrais para o trabalho de nossa existência.

Por toda a nossa história, vimos demonstrando que ódio e amor, ganância e generosidade, competição impiedosa e cooperação abnegada, fazem todos parte de nossa natureza. Também faz parte dela poder escolher entre as possibilidades desta natureza, e é nossa responsabilidade escolher de forma sábia. Por vivermos em relações complexas e interdependentes uns com os outros numa espaçonave planetária com um sistema frágil e hoje sobrecarregado de suporte à vida, nós, humanos, em última instância, dividimos um destino comum. Cabe a nós decidirmos se este destino comum será de paz, justiça e abundância, ou de violência, tirania e privação.

A ideia de que a espécie humana representa a derradeira conquista e fim do propósito da Criação é uma presunção infundada de uma espécie ainda imatura — uma extensão da antiga fantasia de que todo o cosmos orbita em torno da Terra e portanto ao redor dos humanos. Uma presunção ainda maior é considerar que somos a única inteligência consciente manifesta no cosmos. Somos manifestações do Espírito que gerou o cosmos, e que a cada instante o faz renascer, mas não devemos achar que somos o centro de sua atenção ou que ele assegurará nossa sobrevivência. Muitas das espécies que num dado momento definiram as fronteiras da perfeição evolucionária já haviam passado ao esquecimento muito antes de nossa chegada.

Ao conceder aos humanos o poder da consciência reflexiva, a Criação deu à nossa espécie o presente de uma diferenciada oportunidade. Cabe a nós escolher como usar essa oportunidade e arcar com as consequências de nossa escolha.

O próximo passo em nossa própria jornada é criar sociedades que apoiem o pleno desenvolvimento de nosso potencial humano positivo, à medida que ampliamos nosso entendimento de como melhor desenvolver esse potencial e aplicá-lo no serviço ao todo. Os cristãos progressistas se referem a isso como "criar o reino de Deus na Terra" — um mundo de sociedades profundamente democráticas, em que todas as pessoas têm a oportunidade de levar adiante o trabalho da Criação, por meio de vidas produtivas e recompensadoras em relações dinâmicas, criativas e equilibradas com os outros e com a Terra viva.

Esta narrativa, que une as percepções da sabedoria espiritual de místicos religiosos a dados da ciência moderna, estabelece a moldura mais profunda para as narrativas da Comunidade da Terra para a prosperidade e a segurança. As narrativas sobre a prosperidade, a segurança e o sentido da vida aqui apresentadas comungam todas da verdade unificadora da Criação de que as relações são a fundação de tudo. Por isso, a prosperidade, segurança e significado humanos podem todos ser encontrados na vida de comunidades vibrantes e interconectadas que oferecem a cada pessoa sem exceção a oportunidade de contribuir com sua energia criadora em relações alegres e criativas com outros e com a Terra.

Nosso mais profundo desejo humano é o de viver em relação afetuosa com os outros. Este anseio representa nosso chamado para nos dedicarmos ao currículo invisível de nossa vida, por meio do qual aprendemos a nos tornar plenamente humanos e podemos encontrar nosso lugar coletivo para servirmos como indivíduos e como espécie. O empenho no trabalho da Grande Virada é uma forma de prática espiritual.

DESCOBRINDO E COMPARTILHANDO NARRATIVAS DO POSSÍVEL

Nas tradições orais, as histórias passavam de pessoa a pessoa, geração por geração, como expressões vivas, criativas e em evolução da compreensão de um povo sobre si mesmo e o mundo. A intenção do contador de histórias não era a repetição literal de um texto estático, mas tornar viva a verdade subjacente a uma história de uma maneira adequada a um público específico, num momento particular.

Delineei aqui minhas próprias versões de três narrativas baseadas em minha compreensão atual das verdades resultantes do questionamento coletivo da sociedade civil global. Exorto você a encarar estas histórias no espírito da antiga tradição oral, como contribuições à expressão viva, criativa e em evolução do aprendizado compartilhado de uma era humana em gestação.

Se tiver vontade, quero encorajá-lo a organizar um grupo de discussão com amigos e colegas, com o propósito de dividir, à luz de sua própria experiência e compreensão, as narrativas do Império — apresentadas no capítulo 14 — e da Comunidade da Terra. Reúnam-se como contadores de histórias de uma nova era. À medida que encontrar suas próprias narrativas, compartilhe-as com outros em suas próprias palavras e de uma maneira fiel à sua experiência.

Nós, humanos, devotamos a maior parte de nossa vida à busca por prosperidade, segurança e sentido. A escolha como guias, neste momento crucial, das narrativas do Império ou da Comunidade da Terra sobre segurança, prosperidade e sentido da vida determinará, de forma substancial, se as futuras gerações conhecerão nossa época como o momento do Grande Desfecho ou da Grande Virada.

Neste momento, trata-se de uma disputa nada equilibrada. A câmara de eco da Nova Direita, enormemente amplificada pelo megafone da mídia corporativa, satura o ambiente informacional com as narrativas imperiais.

Ainda assim, os que se encontram empenhados na grande tarefa de dar vida a uma nova era de Comunidade da Terra detêm a vantagem decisiva. Em seu núcleo, o Império é consequência de nossa alienação em relação à vida. Seduzindo-nos com fantasias de poder e glória pessoal, o Império nos incita a buscar sentido em lugares onde ele não pode ser encontrado: na violência, dominação e acumulação material. Alienados da vida, nos tornamos cegos para a verdade de que o sentido advém da descoberta de nosso lugar para servir ao desdobrar contínuo da Criação.

A Grande Virada começa por reaprendermos a viver, o que depende, por sua vez, de novas narrativas que afirmem a vida. As narrativas do Império que negam a vida não são páreo para as histórias afirmativas da Comunidade da Terra que, combinadas a demonstrações práticas, dão voz ao profundo anseio humano por crianças, famílias, comunidades e ambientes naturais saudáveis.

PARTE V

O Nascimento da Comunidade da Terra

> [...] *te propus a vida e a morte, a bênção e a maldição. Escolhe a vida para que vivas, tu e a tua semente.*
> Deuteronômio 30:19

> *Devemos nos tornar a mudança que propomos ao mundo.*
> Mohandas K. Gandhi

O trabalho da Grande Virada não significa consertar o Império. É fazer nascer uma nova era que escolha a vida, dê expressão ao mais elevado potencial de nossa natureza, e devolva às pessoas, famílias e comunidades o poder usurpado pelo Império. Não se trata de se apossar do poder dominador da hierarquia em nome de uma causa melhor. É distribuir o poder e eliminar a hierarquia.

A liderança para o nascimento dessa nova era não virá daqueles que se sentem confortáveis com o *status quo* ou que desejam manter seus privilégios. Ela emergirá entre as pessoas que se sentem em descompasso com as crenças e valores das culturas imperiais e as instituições da vida contemporânea. Ela nascerá por meio da expressão prática da mudança que buscamos.

Estes capítulos finais oferecem uma moldura para nos ajudar a enxergar como nossos esforços individuais, que com frequência parecem diminutos e fragmentados, podem se somar para constituir uma poderosa força de mudança no curso da História, à medida que rompemos o silêncio, pomos um fim a nosso isolamento e transformamos a história.

Cada país terá suas especificidades, a depender de sua história e circunstâncias distintas. Os exemplos focam os Estados Unidos, onde o desafio é especialmente intimidante. Os princípios subjacentes, entretanto, são universais.

CAPÍTULO 19

A liderança da base

> *Cansei de coisas grandiosas e grande coisas, grandes instituições e grande sucesso. Prefiro aquelas minúsculas e invisíveis forças morais moleculares, que atuam de indivíduo em indivíduo, penetrando as fissuras do mundo como tantas raízes ou como o lento gotejar da água que, com o tempo necessário, desfazem os mais resistentes monumentos do orgulho humano.*
>
> William James

> *Na natureza, a mudança não resulta de um processo de cima para baixo. Não existem chefes em sistemas vivos. A mudança ocorre de dentro para fora, decorrendo de várias ações locais que acontecem simultaneamente.*[1]
>
> Meg Wheatley

Albert Einstein cunhou a célebre observação de que "não é possível solucionar um problema a partir do mesmo nível de consciência que o produziu". É nossa tarefa fazer emergirem os níveis mais elevados da consciência humana e recriar nossas culturas e instituições, de forma a alinhá-las às nossas possibilidades.

Durante todo o século XX, a maioria dos revolucionários fez uso das armas, em nome da justiça, para tomar o controle das instituições de dominação das mãos das elites governantes. Não se davam conta da realidade de que violência gera violência, dominação gera dominação, e de que instituições de dominação são injustas a despeito da filiação partidária de seus governantes.

A competição violenta pelo poder dominador é o caminho do Império. Sua prática afirma o Império. Sociedades estruturadas nos princípios de organização da comunidade, da democracia e do amor à vida só podem viver por meio da prática da comunidade, da democracia e do amor à vida.

Alguns dos maiores líderes do século XX, sobretudo Mohandas K. Gandhi e Martin Luther King Jr., se deixavam guiar por uma visão mais elevada para a verdadeira transformação: ela não vem do cano de um revólver, mas de efetivamente nos tornarmos a mudança que buscamos. Sua visão e exemplo inspiraram os grandes movimentos sociais globais do século XX, que demonstraram a capacidade humana para uma auto-organização democrática e não violenta e abriram o caminho para nosso trabalho de hoje.

Os líderes do Império utilizam o poder e recursos das instituições imperiais para motivar a submissão de seus seguidores à sua autoridade pessoal, valores e definição de propósitos. A liderança para a Comunidade da Terra emerge através de processos de mútuo intercâmbio que encorajam cada pessoa a reconhecer e expressar sua capacidade de liderança em benefício do todo. De forma quase inevitável, esta liderança surge fora das instituições do Império, entre os crescentes milhões de pessoas dotadas da consciência madura, que as permite enxergar as possibilidades deste momento humano e aceitar a responsabilidade de fazê-las nascer. Na Comunidade da Terra, os papéis de liderança se desdobram e trocam de mãos respondendo às necessidades de cada situação e às capacidades e circunstâncias dos participantes.

Ainda que possam parecer caóticos e difusos para aqueles acostumados ao estilo dominador do Império, os estilos de liderança da Comunidade da Terra se encaixam no padrão pelo qual todo sistema vivo saudável se auto-organiza. Este modelo de poder distribuído e auto-organizado é o que dá aos movimentos sociais contemporâneos sua distinta vitalidade e torna quase impossível suprimi-los.

A ESTRATÉGIA

A sociedade civil global, de forma adequada, se encontra empenhada em muitas frentes de batalha — um reflexo de sua diversidade e da complexidade de sua tarefa. Por sua liderança difusa e auto-organizada, pode parecer estranho falar em estratégia. Não obstante, cada ação de cada um de seus muitos líderes — e a expressão convergente desses atos — revela uma estratégia implícita, composta de quatro imperativos essenciais:[2]

1. Acelerar o despertar da consciência cultural e espiritual. A forjada cultura do Império cria uma espécie de transe. O despertar desse transe acontece para cada um individualmente, mas cada novo despertar propicia um novo modelo para inspirar outras pessoas. Quanto mais modelos, mais rápido o despertar se espalha e mais facilmente podem se encontrar os culturalmente libertos para se livrarem da impotência induzida pelo isolamento. Nós promovemos o processo de despertar por meio de nosso empenho pessoal e do diálogo com outros, criando experiências transculturais, estimulando a reflexão profunda sobre o sentido da existência e sobre valores, expondo as contradições do Império, e propagando a consciência em torno das possibilidades humanas não realizadas, através da mudança das narrativas predominantes.

2. Resistir ao assédio do Império sobre as crianças, famílias, comunidade e natureza. Isso significa resistir à plataforma e às instituições do Império, exigindo o fim de regras injustas e antidemocráticas, e dando um fim a programas que servem aos interesses do Império às expensas da comunidade. Pode ser necessária uma resistência assertiva, incluindo a desobediência civil justificada, mas sempre obediente ao princípio da não violência, conforme praticado por Gandhi no movimento de independência da Índia, por Martin Luther King Jr., no movimento americano de direitos civis, e por outros movimentos não violentos de resistência. A disciplina da não violência reforça a autoridade moral da Comunidade da Terra, chama a atenção para a ilegitimidade do Império e rompe com o ciclo da violência.

3. Formar e conectar comunidades de congruência. O potencial criativo das centenas de milhões de criadores culturais e espirituais do mundo vem se expressando através da formação de comunidades de congruência, onde as pessoas desenvolvem as relações, instituições e culturas autênticas de sociedades vivas. Uma comunidade de congruência pode ter a simplicidade de um grupo local de estudo. Pode ser um mercado de produtores rurais, uma escola para o desenvolvimento de mentes curiosas, ou um curso sobre simplicidade voluntária. Pode ser um negócio local socialmente responsável, uma congregação de igreja voltada à busca espiritual e ao serviço comunitário, ou uma clínica de saúde holística. Não importa o quão isoladas possam ser originalmente essas iniciativas. Cada uma delas cria um espaço protegido, onde a diversidade, a experimentação e o aprendizado podem florescer, de forma a moldar os tijolos de uma nova economia, política e cultura predominantes.

À medida que crescem e se ligam, as comunidades de congruência fazem avançar o processo de libertação do transe cultural do Império, propiciando manifestações visíveis das possibilidades da Comunidade da Terra, tanto em termos individuais, quanto coletivos. Elas se tornam assim ímãs para a energia vital até agora cooptada pelo Império, enfraquecendo-o e fortalecendo a Comunidade da Terra, num processo emergente de deslocamento e eventual superação.

4. Construir uma base política majoritária. Com o fortalecimento da base e o refinamento das narrativas da Comunidade da Terra, a tarefa seguinte reside na construção de uma base política majoritária. Isso exige trazer a cultura da Comunidade da Terra para o centro da sociedade, através de muitos canais formais e informais de comunicação fora do alcance do controle corporativo. À medida que as comunidades de congruência começam a fazer pender a balança da cultura pública para o lado da Comunidade da Terra, uma radical democratização das instituições formais da economia, da política e da cultura se seguirá.

Essas quatro tarefas estratégicas são sequenciais, na medida em que cada uma abre caminho para a próxima, mas elas ocorrem também de forma paralela, pois todas já se encontram em desdobramento, desenrolando-se em seu próprio ritmo e contribuindo para o processo de nascimento. Novas iniciativas se encontram sempre em gestação, enquanto outras atingem a maturidade. Cada expressão decorre de valores autênticos, faz progredir o despertar da Consciência Cultural e Espiritual, expande comunidades de congruência e acelera o redirecionamento da energia vital do Império para a Comunidade da Terra, adicionando força e vitalidade ao todo emergente e mudando assim o rumo do futuro humano.

Em termos metafóricos, pode-se pensar na estratégia como um processo de "abandonar o rei", pois ela se centra não no confrontamento da autoridade dele, mas em se afastar dela — esvaziando sua legitimidade e a energia vital de que o poder do rei depende. Imagine-a como uma conversa com ele nos seguintes termos:

> Conhecemos o seu jogo. O nome dele é Império. Ele pode funcionar para você, mas não funciona para mim. Por isso, vou embora para me juntar a alguns milhões de pessoas para quem o jogo do Império também não está funcionando. Estamos criando um novo jogo com novas regras fundadas nos valores e princípios da Comunidade da Terra. Você é bem-vindo se quiser se unir a nós como concidadão, desde que concorde em dividir seu poder e riquezas e em jogar de acordo com as regras.

Esta conversa imaginária se desenrola por meio de iniciativas que abandonam o Império em cada uma das esferas da vida pública: econômica, política e cultural.

A VIRADA ECONÔMICA

Uma das mais visíveis manifestações da sociedade civil global é a resistência popular contra a globalização corporativa e a plataforma política neoliberal no mundo. Menos visíveis, mas em última instância mais importantes, são as muitas iniciativas para o desenvolvimento de economias à parte do mundo corporativo que imitem o funcionamento de ecossistemas saudáveis. Essas iniciativas incluem desde campanhas em prol do consumo local a esforços para a eliminação de subsídios a corporações, contra a invasão por grandes cadeias de lojas, pela responsabilização das grandes corporações em relação aos danos que causam, e pela reforma das leis que regulam sua constituição e funcionamento. Há grupos que combatem a crueldade na criação de animais e fomentam a agricultura sustentável, que lutam pelo fim dos confinamentos e pelo banimento de sementes geneticamente modificadas, que promovem os negócios verdes, disseminam práticas comunitárias de manejo florestal e que trabalham pela diminuição no uso de produtos químicos tóxicos. Outros grupos se esforçam para fortalecer a proteção aos direitos dos trabalhadores, elevar o salário mínimo, promover a propriedade pelos trabalhadores dos meios de produção, aumentar o investimento socialmente responsável e estimular outras medidas fiscais e regulatórias que incrementem a justiça econômica e encorajem a responsabilidade ambiental.

Nos Estados Unidos, uma iniciativa com que tenho grande envolvimento é a Business Alliance for Local Living Economies (BALLE), uma associação de grupos locais, abrangendo os Estados Unidos e o Canadá, comprometida com a visão de um sistema planetário de economias locais vivas libertas das patologias trazidas por proprietários distantes.[3] Os diretórios da BALLE apoiam negócios locais no desenvolvimento de redes de relacionamentos econômicos entre si, promovem a conscientização dos consumidores sobre as implicações de suas escolhas de consumo e trabalham junto a governos locais para a definição de regras que favoreçam as empresas de propriedade local tão essenciais a uma vida comunitária próspera e vibrante. Quando a produção local não se revela viável, os diretórios da BALLE promovem relações de comércio entre empreendimentos locais de diferentes comunidades e países.

Centros inovadores de pós-graduação empresarial, como o Bainbridge Graduate Institute, vêm criando grades curriculares focadas na preparação de administradores para uma nova economia, cujos objetivos maiores são a saúde social e ambiental. A Co-op America apoia as iniciativas de mercado de negócios verdes independentes. A American Independent Business Alliance e o New Rules Project do Institute for Local Self-Reliance dão suporte a comunidades para o desenvolvimento de políticas estruturantes que apoiem negócios locais independentes.[4] Estas são algumas, dentre inúmeras organizações, dedicadas a promover o surgimento de economias localmente enraizadas e devotadas à vida nos Estados Unidos.

Iniciativas semelhantes, ancoradas na Comunidade da Terra, vêm se enraizando em quase toda parte no mundo. À medida que espaços econômicos liberados se interligam, novas estruturas, mais amplas e unificadoras, podem surgir — como cooperativas de compra e gestão de marcas —, permanecendo entretanto enraizadas nas comunidades e controladas por elas. Cada uma dessas expansões propicia às pessoas mais possibilidades de lugares para comprar, trabalhar e investir, permitindo assim que reivindiquem para suas comunidades um quinhão maior da energia vital drenada pelas corporações globais.

Esses esforços poderiam parecer fúteis não fosse o fato de que empresas independentes, enraizadas na comunidade, numa escala humana e com base em valores, representam de longe a maioria dos negócios, proporcionando a maior parte dos empregos, gerando quase todas as novas posições de trabalho e servindo como fonte primária de inovação tecnológica.[5] São negócios de todos os tipos, de livrarias a padarias, fundos para a preservação de terras, manufaturas, empresas de software, produtores orgânicos, mercados de agricultores, iniciativas agrícolas apoiadas por comunidades, restaurantes especializados em comida orgânica produzida localmente, cooperativas de trabalhadores, bancos comunitários, fornecedores de café com base no comércio justo, centros de mídia independente, e muito mais.

A VIRADA POLÍTICA

Outras iniciativas de cidadania democratizam as estruturas de governo, promovendo uma participação mais ativa dos cidadãos na vida política, abrindo o processo político a uma diversidade maior de vozes e partidos, e redirecionando as prioridades públicas para pessoas, famílias, comunidades e para o planeta. Essas iniciativas pressionam os governos num amplo espectro de questões econômicas, sociais e ambientais, que vão das regras do comércio internacional a códigos locais de edificação carentes de revisão para fomentar construções ecológicas. Muitas delas seguem a estratégia de ganhar energia da base para o alto, trabalhando junto a governos locais em iniciativas de apoio a salários decentes, transparência corporativa e tratamento preferencial para empresas locais independentes. Até mesmo avanços em torno de questões globais, como a paz e o aquecimento global, têm começado a partir de iniciativas locais, incluindo aquelas que partem de governos e políticos locais.

Nos Estados Unidos, por exemplo, enquanto o regime de Bush II em Washington seguia negando a realidade das mudanças climáticas, cerca de trezentos prefeitos de grandes cidades americanas se encontravam em Chicago, em junho de 2005, não para discutir se as mudanças climáticas representavam uma questão importante, mas sim para compartilhar ideias do que fazer em relação a elas. Essas discussões levaram a um endosso unânime do U.S. Mayors Climate Protection Agreement [Acordo de Prefeitos dos Estados Unidos para a Proteção Climática], convocando todas as cidades a encarar seriamente as mudanças climáticas e comprometer-se a reduzir a emissão de gases para 93% dos níveis de 1990 até 2012. Além disso, o documento demandava uma ação enérgica do governo federal.

Greg Nickels, prefeito de Seattle, que articulou a iniciativa do acordo, converteu-se à causa durante o inverno de 2003-4, quando a ausência da tradicional cobertura de neve nas montanhas Cascade levou ao cancelamento da temporada de esqui e provocou uma grave ameaça de escassez de água e energia para a cidade no verão seguinte. Outro signatário, Ray Nagin, prefeito de New Orleans, afirmou que com mais trinta centímetros de água no oceano, New Orleans desapareceria do mapa.[6] Pouco mais de dois meses depois, em 29 de agosto, o furacão Katrina inundou 80% da cidade, num dos piores desastres da história americana.

A iniciativa com relação às mudanças climáticas é apenas um exemplo daquilo que alguns analistas têm observado como uma tendência importante nos Estados Unidos. Frustrados pela incapacidade dos políticos nacionais de lidar com o iminente colapso econômico, social e ambiental, os representantes eleitos de cidades americanas têm se apresentado para compor uma liderança a partir da base. É nas cidades que se sente de maneira mais aguda a realidade da ausência de moradias, da pobreza, da violência, da decadência das escolas, das secas, das inundações e das indústrias debilitadas pelos acordos de "livre comércio". Isso tem gerado o impulso para que políticos urbanos liderem as mais avançadas políticas progressistas para a resolução dos problemas.[7] Não só os imperativos se apresentam de forma mais clara a líderes políticos locais, mas também livrar-se das garras do poder econômico e da manipulação da mídia é mais fácil para eles que para os líderes nacionais. Os políticos das cidades têm aprendido a trabalhar com redes de vizinhança para se contrapor às campanhas difamatórias organizadas pelo poderio econômico contra programas inovadores de atenção à infância, acesso à moradia, reciclagem e preservação de espaços abertos.[8]

Alguns dos projetos mais interessantes e ambiciosos incluem alianças entre grupos comunitários de base, governos locais e representantes em nível nacional com o intuito de fazer avançar iniciativas visionárias para a Comunidade da Terra mesmo diante da resistência aparentemente insuperável do *establishment* imperial. Dois exemplos americanos são a Apollo Alliance, que promove uma economia com base em energia limpa e sustentável, e a Peace Alliance, que advoga pela criação de um Departamento da Paz, com status de ministério, voltado à promoção da paz tanto em termos domésticos quanto internacionais.[9]

A VIRADA CULTURAL

Há evidência de uma emergente virada cultural em escala global associada ao amplo despertar das ordens Cultural e Espiritual da consciência. Conforme discutido na parte I, o despertar é uma consequência da crescente experiência transcultural, da influência de movimentos sociais progressistas e da exposição à realidade da interdependência global e da fragilidade de um ecossistema global finito.

É esse despertar que torna possível a Grande Virada. As muitas iniciativas políticas e econômicas mencionadas acima são sua expressão popular. Ele se expressa ainda em iniciativas mais distintivamente culturais, voltadas à reconstrução das famílias e comunidades, como projetos de coabitação* e de ecovilas, a criação de espaços públicos seguros e vibrantes, o movimento de simplicidade voluntária e programas de intercâmbio cultural, vigilância da mídia e enriquecimento cultural.

De forma mais específica, entretanto, a virada cultural ganha impulso a partir de um conjunto de mudanças globais que evidenciam uma nova forma de liderança e aceleram o despertar cultural e espiritual, entre elas:

- Povos indígenas, dizimados e marginalizados pelo Império e pela modernidade, reivindicam suas tradições e identidade e compartilham sua compreensão da ligação humana com a Terra sagrada. O intercâmbio respeitoso entre povos indígenas e aqueles povos a quem a modernidade alienou dos meios de vida pode se mostrar um impulso especialmente poderoso para o despertar cultural e espiritual.
- O crescimento da porcentagem de idosos na população, em função das taxas declinantes de fertilidade e expectativas crescentes de vida, contribui para um incremento no percentual da população que atinge a maturidade de uma consciência cultural e espiritual. Há interesse crescente nos benefícios em potencial da possibilidade de compartilhar a experiência e sabedoria dos idosos com a sociedade de forma

---

* *Co-housing*, em inglês, movimento internacional que fomenta moradias que compartilham estruturas comuns — como cozinhas, refeitórios, lavanderias, áreas de lazer e outras —, de modo a estimular a interação e o convívio entre vizinhos e membros de uma mesma comunidade. (N.T.)

mais ampla, por meio de seu envolvimento ativo e continuado, sobretudo como professores e mentores.

- A imigração vem mudando a mistura racial dos países do norte, que foram o centro do poder e dominação brancos. O inconformismo dos imigrantes com seu confinamento ao papel de uma classe subserviente é uma fonte de crescente tensão social, mas traz um necessário questionamento à hegemonia branca do poder e cria uma demanda de intercâmbio cultural que impulsiona o despertar, sobretudo entre os jovens.
- Possivelmente, a contribuição individual mais significativa para a virada cultural dos últimos cinquenta anos tenha sido a rejeição feminina cada vez maior do papel social definido pelo Império às mulheres. A ascendência feminina pode representar um dos mais importantes desdobramentos sociais dos últimos 5 mil anos.

Liderança feminina

A onda da transição em direção à liderança feminina nos Estados Unidos merece menção especial. A reportagem de capa da edição de 26 de maio de 2003 da revista *Business Week* se refere a ela como "O Novo Fosso entre os Gêneros". Ela observa que, no ensino médio americano, as meninas superam em número os garotos, por uma margem substancial, não apenas na música e nas artes performáticas, mas também à frente de entidades estudantis, na edição de anuários e jornais escolares e em clubes acadêmicos. Os rapazes mantêm sua liderança apenas em equipes esportivas, mas também aí as meninas vêm rapidamente ganhando terreno. Na universidade, as mulheres recebem quase 60% dos diplomas de bacharel e mestre nos Estados Unidos, e os especialistas acreditam que o fosso deve continuar se alargando.

Desde a década de 1960, mais mulheres que homens votam nas eleições americanas. As mulheres ainda estão muito atrás no que diz respeito à ocupação de posições no topo da gestão corporativa e da política eleitoral, mas isso também vem mudando à medida que os padrões emergentes de êxito feminino em termos acadêmicos e eleitorais se espalham pelo sistema.[10] A *Business Week* sugere que essas tendências "poderiam tornar o século XXI, o primeiro século feminino". Não se tratará na verdade do primeiro século feminino, mas se a tendência americana se mostrar uma tendência global, conforme sugere a evidência, pode se tratar do primeiro século das mulheres nos últimos 5 mil anos. Pelas necessidades de nossa época, trata-se de um desdobramento que traz esperança.

Conforme o levantamento de Paul Ray e Sherry Anderson, descrito no capítulo 4, dois terços dos criadores espirituais (a quem eles chamam de "criadores culturais nodais") são mulheres. Para onde quer que se olhe nos movimentos sociais progressistas contemporâneos, as mulheres estão na liderança, silenciosamente se organizando em torno dos temas da paz, direitos humanos, justiça, sustentabilidade, comunidade e economias locais. Ainda que seu jeito discreto de liderança em rede com frequência me deixe — homem branco que sou — com frequência desorientado e impaciente, ele se mostra ao mesmo tempo decidido e notavelmente eficaz. Não deveria surpreender a ninguém o fato de que as mulheres representem uma parcela desproporcional da liderança nos movimentos progressistas contemporâneos.

Estudos realizados pela psicóloga Carol Gilligan a levaram a concluir que os homens tendem a colocar maior valor que as mulheres na autonomia e liberdade individual, no raciocínio moral e numa defesa vigilante dos direitos individuais. As mulheres priorizam o estabelecimento de relações fortes em que buscam agradar ou servir a outros. Segundo ela, estas diferenças levam homens e mulheres a abordagens distintas para a resolução de conflitos. Os homens tendem a solucionar divergências através do argumento lógico, dos tribunais e do embate. As mulheres são mais inclinadas a soluções pela via da discussão, buscando uma compreensão mútua de necessidades e pontos de vista. Os homens tendem a estruturar relações de hierarquia; as mulheres, modelos organizacionais fundados em parcerias.[11]

Estas diferenças tornam as mulheres as líderes naturais na tarefa de fazer nascer a Comunidade da Terra. E elas vêm se mostrando à altura do desafio. O objetivo, entretanto, não é pular para o extremo oposto da dominação feminina, mas sim lograr uma síntese que coloque as tendências femininas e masculinas em um saudável equilíbrio dinâmico.

Indagações espirituais

Conforme analisado na parte IV, os desafios de nossa época nos convidam a repensar nossas mais profundas questões definidoras: De onde viemos? Qual é o propósito de nossa existência? Quais são nossos valores? O debate público nos Estados Unidos em torno da disputa "*design* inteligente *versus* mecanicismo e acaso", discutido no capítulo 15, coloca em evidência essas indagações relativas à origem e propósito humanos, questionando o fundamentalismo mais extremado e doutrinário, tanto do sistema científico, quanto religioso.

Outro desdobramento nos Estados Unidos com importantes implicações para a virada cultural foi a afirmação, por alguns sábios da mídia, de que os eleitores cristãos teriam definido o resultado da eleição presidencial de 2004, com base em valores morais relacionados ao aborto, ao casamento *gay* e à pesquisa de células-tronco. Esta declaração chocou membros da comunidade de fé mais ampla — incluindo um grande número de evangélicos —, que consideram a guerra, a pobreza e a degradação ambiental como questões morais muito mais prementes. Eles se comprometeram assim a não mais permitir que uma minoria pouco significativa imbuída de uma plataforma política extremista que contraria as Escrituras se tornasse o árbitro da moralidade cristã.

Grupos de todo o espectro de denominações cristãs buscaram uns aos outros e a membros de outras fés para um debate em torno de questões morais básicas: O que ensinou Jesus? Qual é a fundação do comportamento moral, e quais as fontes válidas de autoridade moral? Qual o papel adequado para a religião na política? Assim como o debate sobre o *design* inteligente, estes diálogos engajam a mente num exame crítico dos ensinamentos recebidos, que abre as portas para o despertar da consciência cultural e espiritual.

Pelo fato de os evangélicos constituírem o maior grupo religioso identificável nos Estados Unidos, e pela maior parte da direita religiosa se originar de suas fileiras, aquilo que se desenrola no interior do segmento evangélico da comunidade religiosa americana tem significado especial. Contrariamente à percepção do público em geral, os evangélicos são pelo menos tão diversos em suas visões políticas quanto outras comunidades de fé.[12] Na verdade, a quantidade de evangélicos cujos valores se alinham facilmente aos da Comunidade da Terra pode muito bem ser maior que aquela dos que abraçam a plataforma política da Nova Direita. E eles estão se apresentando para expressar uma visão ampla e bem refletida da missão social da cristandade.

Em sua reunião de outubro de 2004, imediatamente anterior à eleição presidencial americana, o conselho diretor da Associação Nacional de Evangélicos, que representa 30 milhões de evangélicos em 45 igrejas, adotou um documento repleto de cuidadosas sutilezas sobre participação política. Ele endossa os esforços para o avanço da justiça racial, liberdade religiosa, justiça econômica, direitos humanos, ambientalismo, paz e pela resolução não violenta de conflitos;[13] convida ainda à humildade e cooperação no debate político, e adverte: "Devemos estar atentos para que adotemos a linguagem da civilidade e para evitar denegrir aqueles de quem discordamos."[14]

Em 2005, os líderes evangélicos conclamavam a uma ação de peso contra o aquecimento global.[15]

Entre os americanos, 83% consideram a religião importante ou muito importante em sua vida, o que torna um acontecimento de grande significância a abertura de um diálogo sério sobre valores políticos nos vários ramos da comunidade religiosa dos Estados Unidos. Em vez de simplesmente aceitar os ensinamentos recebidos de líderes religiosos, as pessoas de fé por todo o país se veem desafiadas a examinar de forma crítica suas crenças e valores pessoais em relação às suas responsabilidades políticas.

Misturar religião e política pode ser algo assustador quando levado a cabo por extremistas que buscam um estado teocrático para a imposição de sua doutrina específica sobre outras. É algo bastante diferente, entretanto, quando envolve pessoas de fé empenhadas em um debate aberto e ecumênico sobre questões morais e as responsabilidades da cidadania. Dada a corrupção generalizada das instituições políticas americanas, uma política espiritualmente enraizada, voltada ao debate respeitoso, à resolução pacífica de conflitos, à justiça para todos e ao cuidado com a vida, representa uma ideia oportuna.

Libertos do transe cultural do Império, os criadores culturais e espirituais se afastam dele para se unirem uns aos outros na criação de espaços culturais livres onde se possam experimentar as culturas de parceria e as instituições da Comunidade da Terra.

O resultado da batalha entre o Império e a Comunidade da Terra em última instância gira em torno da política cultural. Se prevalecer a cultura do Império, ele vence e nossa época será a do Grande Desfecho. Se prevalecer a cultura da Comunidade da Terra, ela vence e nossa época será a da Grande Virada. Não obstante o enorme poder institucional a serviço do Império, dados de pesquisas sugerem que a Comunidade da Terra tem uma vantagem significativa.

CAPÍTULO 20

A construção de uma maioria política

> *Escute e cuide do bem-estar de todo o povo, e tenha sempre em vista não somente as presentes, mas também as futuras gerações.*
>
> A Grande Lei da Paz,
> Constituição da Nação Haudenosaunee (Iroquois)

> *A situação do mundo é melhor vislumbrada na situação de suas crianças.*
>
> Raffi Cavoukian, cantor, escritor,
> fundador da Child Honoring

Poucas nações contemporâneas parecem mais politicamente divididas que os Estados Unidos. Para além do rancor partidário, entretanto, dados de pesquisas de opinião apontam para um amplo consenso em torno de valores essenciais e sugerem que, se as instituições de poder governamental e corporativo respondessem à vontade pública, os Estados Unidos seguiriam políticas muito diferentes, tanto em termos domésticos, quanto internacionais. Estas instituições vêm há tanto tempo contrariando os valores e interesses fundamentais da nação que a maioria das pessoas já abandonou qualquer esperança de mudança. A frustração que permanece, entretanto, é alta e representa uma poderosa força política latente.

Há quase absoluta concordância entre adultos americanos (83%) de que os Estados Unidos, como sociedade, enfatizam prioridades equivocadas.[1] Em termos específicos, os dados de opinião mostram que a substancial maioria dos americanos comunga de um desejo por famílias e comunidades fortes, por um meio ambiente saudável e atenção à saúde e educação de alta qualidade para todos. A maioria se preocupa igualmente com o poder não supervisionado das corporações e governos, e prefere viver num mundo que coloca as pessoas antes do dinheiro, valores espirituais adiante de valores financeiros e a cooperação internacional acima da dominação.

São estes os valores do verdadeiro centro político na maior parte do mundo. Ele é formado por pessoas que, a despeito de filiação partidária, desejam uma política baseada em princípios, buscam soluções reais para problemas reais, e creem que os governos devem responder por seus atos e servir ao bem comum. Nos Estados Unidos, como no mundo todo, as preocupações essenciais deste centro revelam um profundo anseio em restaurar o senso de conexão humana encontrado na vida de famílias e comunidades saudáveis, e demonstram um desejo natural em apoiar nossas crianças para seu desenvolvimento feliz e saudável.

É sobre a fundação desta preocupação comum pelas crianças, famílias e comunidades que se construirá uma base de apoio majoritária à Comunidade da Terra. É precisamente aqui que os extremistas políticos da ultradireita são mais vulneráveis, pois suas políticas são exatamente uma guerra contra as crianças, as famílias e as comunidades.

A POLÍTICA DA CULTURA

Conforme observado no capítulo 4, a vantagem do Império reside no poder institucional, mas a Comunidade da Terra detém a vantagem decisiva, em função do poder moral de uma autêntica cultura viva. No capítulo 2, delineei a política da cultura para a Grande Virada como uma competição entre as ordens inferiores e as mais elevadas da consciência humana na busca pelo voto ainda indeciso da consciência socializada do bom cidadão.

Lembremo-nos de que a consciência mágica dos sonhadores e a consciência imperial dos caçadores de poder são as ordens inferiores da consciência humana, enquanto a consciência cultural e espiritual dos criadores culturais e espirituais representa aquelas mais elevadas. O futuro humano depende de que valores culturais e visão de mundo predominarão e consequentemente definirão a opinião dos indecisos: os do Império ou da Comunidade da Terra (ver figura 2.1 na página 71).

O que sabe a Nova Direita

Nos Estados Unidos, a disputa pela consciência socializada tem sido uma competição unilateral, porque poucos criadores culturais e espirituais reconhecem a natureza e implicações da política da cultura. Enquanto a Nova Direita se concentrava num esforço relativamente unificado para definir e passar adiante narrativas culturais, de forma a angariar o voto indeciso do Bom Cidadão, que obedece às regras e aos valores definidos pela cultura dominante, os progressistas se fragmentavam em inúmeros grupos de interesse, promovendo plataformas políticas pulverizadas calcadas em apelos à lógica e à consciência. À medida que o controle das narrativas culturais definidoras dava à Nova Direita uma crescente margem política, os progressistas se viam cada vez mais na defensiva, limitados a esforços para conter ou moderar a plataforma da Nova Direita.

Os progressistas americanos somente começaram a se dar conta de que algo importante lhes escapava após a eleição presidencial de 2004, quando os palpiteiros afirmaram, com base em pesquisas de boca de urna, que os "valores morais" haviam sido o fator decisivo para colocar novamente no poder o mais extremista e, segundo muitos, o mais imoral e antifamiliar dos regimes imperiais de que se tem notícia. Os progressistas desde então vêm despertando para o significado do domínio pela Nova Direita da política da cultura e para a importância dos votos decisivos do Bom Cidadão.

A Nova Direita originalmente falava da "Maioria Silenciosa" e se reivindicava como sua voz. Então, dando-se conta de que o silêncio não ganha eleições e batalhas legislativas, o rótulo foi mudado para a "Maioria da Moral", conclamando o Bom Cidadão a elevar sua voz num chamado à moralidade política nacional. Trabalhando por meio de igrejas e da mídia, a Nova Direita definiu a moralidade em termos de questões como o aborto e o casamento *gay*, chamando-os de "valores familiares", e aproveitando-se da preocupação quase universal em relação ao bem-estar das crianças e famílias para mobilizar uma maioria política de suporte a uma plataforma econômica anti-infância e antifamília.

Como quer que os definamos, os plutocratas e neoconservadores pouco se importam com valores familiares, mas acham útil enfatizar temas como o aborto e o casamento *gay* para desviar a atenção de questões econômicas que lhes são bastante caras. Este sagaz golpe político permitiu-lhes arregimentar suporte para políticos defensores da verdadeira plataforma da concentração monetária e do governo imperial de uma elite.

O que precisam aprender os progressistas

Se queremos que a Comunidade da Terra prevaleça, os progressistas precisam aprender a vencer na arena da política da cultura. Ganhando esta batalha, as vitórias legislativas e eleitorais se seguirão naturalmente. Uma das chaves para o êxito reside em saber que as distintas ordens da consciência humana operam a partir de diferentes visões de mundo e se distinguem em sua capacidade para a compaixão e compreensão. Mensagem captadas de forma clara por ordens mais elevadas de consciência podem parecer ilógicas ou mesmo absurdas para ordens inferiores.

Apelar aos caçadores de poder, pedindo que reconheçam a hipocrisia moral de suas ações é um exercício de futilidade, pois à consciência imperial falta a inteligência emocional necessária para se enxergar através dos olhos das vítimas de seus atos. É bem menos complicado, entretanto, para aqueles dotados de uma consciência socializada reconhecer essa hipocrisia, pois eles já possuem a capacidade para a empatia, mesmo que não se tenham acostumado a aplicá-la para além do círculo de seu próprio grupo de identidade.

Cada um de nós, a despeito da ordem de consciência em que funcionamos normalmente, estamos sujeitos à atração concorrente dos valores e visões de mundo das ordens acima e abaixo da nossa. A consciência socializada é essencial neste sentido por possuir a capacidade de pender na direção tanto do Império quanto da Comunidade da Terra — a depender da força relativa da atração cultural. A Comunidade da Terra goza de decisiva vantagem, pois o impulso humano natural, se não bloqueado, é o do aumento na capacidade e compreensão e o de se conectar com círculos cada vez mais amplos da vida. Os extremistas políticos precisam se valer da manipulação e da trapaça para frustrar esse impulso natural. Os criadores culturais e espirituais precisam somente estimulá-lo e apoiá-lo.

As ordens cultural e espiritual da consciência são o estado natural da consciência adulta madura, a menos que sistematicamente oprimida pelo Império. Conforme observado no capítulo 4, as circunstâncias de nossa época produzem um aumento sustentado na quantidade de criadores culturais e espirituais. Está ao nosso alcance, caso desejemos, fazer da consciência cultural a regra adulta e da consciência espiritual uma conquista da maioria no fim da meia-idade.

Narrativas cativantes e unificadoras que toquem os potenciais da consciência humana madura são essenciais para fazer nascer a Comunidade da Terra. Os movimentos progressistas devem dedicar prioridade substancial ao desenvolvimento e compartilhamento de histórias que forneçam uma lógica unificadora para nosso trabalho e as ferramentas narrativas necessárias para fazer prevalecer a cultura da Comunidade da Terra. Tais narrativas se tornam ainda mais convincentes quando sustentadas por demonstrações práticas do poder gerador de parcerias cooperativas.

É preciso lembrar que as mudanças culturais não se dão simultaneamente em todos os lugares. Elas começam com as pessoas se juntando para criar novos espaços culturais, que gradualmente crescem e se interconectam para produzir espaços cada vez mais amplos. À medida que crescem, esses espaços expressam e tornam mais visíveis as oportunidades da parceria, facilitando o despertar cultural e espiritual de outros.

AS FUNDAÇÕES DE UM CONSENSO POLÍTICO

A política imperial do "dividir para conquistar" obscurece a realidade daquilo que na verdade é um amplo consenso em torno da importância de famílias e comunidades fortes, integridade ambiental, cooperação internacional e democracia. Se nossa atenção, como nação e espécie, se concentrasse na situação de nossa infância, e não no incremento de nosso portfólio de ações, nossas crianças estariam saudáveis, nossas comunidades, fortes, e nos encontraríamos a caminho da Grande Virada, ao invés do Grande Desfecho.

É instrutivo prestar atenção naquilo que os americanos têm dito às pesquisas de opinião pública em relação às suas preocupações e valores. Há um anseio pelo fortalecimento das ligações familiares e comunitárias e pela garantia de um futuro positivo para nossas crianças. Ele pode representar o tema de maior potencial político de nossa época.

Famílias e comunidade fortes

Entre os americanos, 83% acreditam que precisamos reconstruir nossos bairros e pequenas comunidades, e temem que a vida familiar esteja em decadência;[2] 93% concordam que estamos excessivamente concentrados no trabalho e em ganhar dinheiro, dedicando atenção insuficiente à família e à comunidade; 86% acreditam que temos focado excessivamente a busca daquilo que queremos hoje, desprezando as necessidades das futuras gerações;[3] 87% dos adultos acham que "a publicidade e o marketing hoje voltados às crianças as tornam, e aos adolescentes, excessivamente materialistas"; e 70% creem que a publicidade "tem um efeito negativo sobre os valores e visões de mundo deles"; 78% acreditam que "a publicidade e o marketing colocam demasiada pressão sobre as crianças para comprar coisas caras demais, pouco saudáveis ou desnecessárias".[4]

Nossas crianças concordam. Uma pesquisa de opinião com crianças entre nove e 14 anos contratada pelo Center for a New American Dream mostra que 90% delas consideram amigos e familiares "muito mais importantes" do que as coisas que o dinheiro pode comprar; 57% preferem passar seu tempo se divertindo com a mãe ou o pai do que ir às compras no shopping; 63% gostariam que sua mãe ou pai tivesse um emprego que lhes permitisse mais tempo para se divertirem juntos. Somente 13% gostariam que seus pais ganhassem mais dinheiro; 75% mostram-se preocupadas com o fato de que a publicidade voltada a incentivar o consumo na infância possa causar problemas entre elas e seus pais.[5]

Uma ampla maioria de americanos também acredita que a educação e a saúde representam questões ao mesmo tempo individuais e comunitárias, e valoriza um comprometimento comunitário para o suporte às famílias e crianças. Mais de quatro em cada cinco americanos consideram a situação da educação (86%) e da atenção à saúde (82%) como muito importantes;[6] 69% apoiam o incremento dos gastos federais em educação;[7] 79% creem ser mais importante assegurar um atendimento à saúde de todos do que diminuir impostos.[8]

Um meio ambiente saudável

A saúde e o futuro de nossas crianças dependem de um meio ambiente saudável. Quase nove em cada dez adultos nos Estados Unidos — 87% deles — acreditam que precisamos tratar o planeta como um sistema vivo e que deveríamos demonstrar mais respeito e reverência para com a natureza. Cerca de três em cada quatro (74%) preocupam-se com a possibilidade da poluição destruir terras agricultáveis, florestas e mares.[9] Mais de quatro em cada cinco (85%) creem que o aquecimento global deve ser levado a sério.[10] Concordamos enfaticamente com a importância de se estabelecerem padrões mais estritos para emissões e poluição pela indústria e empresas (81%), de mais gastos governamentais no desenvolvimento da energia solar e eólica (79%), e com a necessidade de uma fiscalização mais rigorosa do cumprimento da legislação federal de meio ambiente (77%).[11]

Dois terços da população afirmam estar preparados para empreender mudanças em seus padrões de vida de forma a melhorar a saúde ambiental; mais de dois em cada três gostariam de ver um retorno a um modo de vida mais simples com menos ênfase no consumo e na riqueza (68%);[12] 66% concordam ser uma boa ideia trabalhar menos tempo e gastar menos dinheiro; e 48% alegam já terem levado a cabo de maneira voluntária mudanças em sua vida que resultaram em ganhar menos dinheiro.[13]

Cooperação internacional

A infância pode ser melhor atendida por um mundo com regras, onde as disputas são resolvidas através de negociação e acordos. Entre os americanos, 76% rejeitam a ideia de que os Estados Unidos devam desempenhar o papel de xerife do mundo, e 80% acreditam que desempenhamos este papel mais do que deveríamos; 94% acham que o melhor caminho para combater o terrorismo é trabalhar por intermédio das Nações Unidas, fortalecendo as leis internacionais contra o terror e assegurando que os membros da ONU as façam cumprir.[14] Uma substancial maioria de americanos concorda que os Estados Unidos deveriam participar do Tratado de Banimento de Testes Nucleares (87%), do Tratado de Ottawa para o Banimento de Minas

Terrestres (80%), da Corte Criminal Internacional (76%) e do Protocolo de Quioto sobre Mudanças Climáticas (71%).[15]

Mais de dois em cada três (71%) creem que nossa dependência do petróleo leva a conflitos e guerras com outros países e acreditam ser melhor lidar com esta dependência através da conservação de energia (83%). Apenas uma restrita minoria (8%) prefere o uso do poderio militar para assegurar o acesso ao petróleo no Oriente Médio e em outras regiões estratégicas.[16]

Democracia real

Pode-se com razão perguntar o porquê de um fosso tão extenso entre o que desejam as pessoas e aquilo que um sistema político supostamente democrático proporciona. Uma grande maioria dos adultos percebe, de maneira correta, que isso é reflexo da falta de transparência no poder.

Quase três em cada quatro americanos (72%) creem que as corporações têm demasiado poder sobre aspectos demais da vida americana.[17] Distinguindo claramente entre grandes e pequenas empresas, 74% afirmam que as grandes companhias têm influência excessiva sobre as políticas governamentais e os políticos; 82% acham que os pequenos negócios têm menos influência do que deveriam;[18] 88% não confiam nos executivos de corporações; e 90% desejam novas regras para elas e uma fiscalização mais dura das leis existentes.[19] Somente 4% creem ser melhor para o país que as corporações almejem apenas o objetivo único de gerar o máximo de lucro para seus acionistas;[20] 95% acham que as corporações deveriam sacrificar parte de seu lucro, de forma a melhorar a situação de seus trabalhadores e comunidades.[21]

Somente 27% dos americanos confiam que o governo faça a coisa certa na maior parte da vezes, dada a excessiva influência das corporações e de outros interesses poderosos.[22] Apenas 37% creem que o governo tenha um impacto positivo sobre sua vida. Só 35% sentem que pessoas comuns, como elas próprias, têm qualquer influência sobre aquilo que o governo faz.[23] Quase dois terços (64%) acreditam que o governo é tocado por alguns poucos grandes interesses.[24]

O significativo número de entrevistados (83%), que acredita que o governo pode ter um impacto positivo sobre sua vida,[25] sugere que a maior parte das pessoas se dá conta de que o problema está na falta de transparência. Elas não rejeitam o governo em si. As pessoas em geral se sentem mais ligadas a seus governos locais (51%) do que ao governo federal (33%).[26] A maioria dos americanos confia muito pouco em qualquer tipo de grande concentração institucional de poder, seja ela o poder executivo federal

(15%), a imprensa (15%), os sindicatos (15%), o Congresso (13%) ou grandes empresas (12%).[27]

O padrão subjacente parece bastante claro. As pessoas comungam de uma saudável desconfiança em relação a todas as formas de poder sem mecanismos de controle, sentem-se impotentes para qualquer ação em relação a elas, e se alegrariam com uma transferência de poder das megainstituições do Império global para instituições menores, mais locais e transparentes, sensíveis às necessidades das famílias e comunidades. Em síntese, há uma forte base de apoio para a democracia real nos Estados Unidos.

PARA AS CRIANÇAS

Raffi Cavoukian, o trovador cuja música fomenta há três décadas sensações de amor e admiração nas crianças, é um apaixonado defensor de um mundo humano e sustentável. Em 2004, ele lançou um chamado à humanidade para a criação de "sociedades de reverência às crianças", abraçando os princípios da Carta da Terra.[28] É uma ideia simples, porém elegante, que toca valores morais universais e o imperativo e oportunidade de nossa época.

O indicador principal

A situação de nossas crianças deve ser o indicador mais nítido do êxito na virada para a Comunidade da Terra. Quando cada criança receber o suporte físico e emocional, familiar e comunitário, necessário à realização plena do potencial de sua humanidade, saberemos que nos encontramos num novo curso para o futuro humano. Uma sociedade que reverencia as crianças deve também reverenciar as famílias e comunidades. A atual situação de nossas crianças nos diz o quão longe ainda temos que caminhar.

Nos Estados Unidos, 12 milhões de crianças, 16,7% do total, vivem em famílias abaixo da linha oficial de pobreza, o que significa que sua renda familiar é pequena demais para atender mesmo às necessidades mais básicas de seus filhos.[29] Estima-se que 4 milhões de crianças a cada ano nos Estados Unidos sofram periodicamente de insuficiência alimentar prolongada e fome.[30]

Estas deficiências afetam o bem-estar mental e físico. Nos Estados Unidos, a criança média na década de 1980 demonstrava maior nível de ansiedade que a criança média que recebia tratamento psiquiátrico nos anos 50.[31] Ainda que a taxa total de mortalidade de pessoas entre um e 24 anos tenha caído 53%, entre 1950 e 1999, a taxa de mortes por homicídio nessa faixa etária subiu para 134%; e a taxa de suicídio, terceira causa de morte, aumentou para 137%.[32] Um estudo de 2002 do Conselho Nacional de Pesquisa mostra que "pelo menos um em cada quatro adolescentes nos Estados Unidos está sob o risco de não atingir uma vida adulta produtiva".[33] A Comissão para as Ameaças à Infância define como uma epidemia a crescente incidência de doenças mentais, desordens emocionais e problemas de comportamento entre as crianças e adolescentes americanos.[34]

Numerosos estudos ligam o aumento da ansiedade, depressão e disfunção social entre jovens nos Estados Unidos a um declínio no vínculo social das famílias e comunidades[35] — o vácuo existencial de Frankl. Segundo levantamento do Departamento Censitário dos Estados Unidos, a proporção de domicílios encabeçados por casais caiu de 80%, na década de 1950, para apenas 50,7% na virada do século.[36] Somente 73% das crianças americanas vivem hoje com dois pais biológicos.[37]

Em termos globais, o UNICEF relata que dos 2,2 bilhões de crianças no mundo, 1 bilhão, quase metade delas, vive na pobreza; 640 milhões de crianças não possuem abrigo adequado; 400 milhões não têm acesso a água em boas condições; 270 milhões não possuem acesso a serviços de saúde. Mais de 30 mil morrem a cada dia, 11 milhões por ano, antes de completarem cinco anos, a maioria de causas preveníveis.[38]

Esses não são os filhos de uma espécie alienígena; são nossas crianças humanas e representam nosso futuro. A incapacidade para propiciar a elas o cuidado adequado reproduz as incapacidades físicas e psicológicas que impulsionam o declínio rumo à barbárie do Grande Desfecho que, se não for revertido, definirá o futuro humano por gerações e gerações. A luta crescente para atender suas necessidades é uma tragédia que vem sendo enfrentada por pessoas em virtualmente todos os países sob influência da globalização corporativa.

O ataque à viabilidade da família

Os propagandistas da Nova Direita nos querem fazer crer que o estresse e ruptura familiar são culpa do casamento *gay*, do aborto, das feministas, dos imigrantes e dos liberais que os apoiam. Eles estão prontos a culpar quase qualquer coisa ou qualquer pessoa, exceto suas próprias políticas econômicas e sociais. Na busca por poder e lucros pessoais, os líderes da Nova Direita trabalham de forma incansável para:

- fazer retrocederem os padrões de saúde e segurança, para o meio ambiente, consumidores e trabalhadores, incluindo regras de segurança do trabalho, impedir a fixação de um salário mínimo significativo, e o direito de formar sindicatos para negociar coletivamente por melhores pagamentos e condições laborais;

- achatar os salários e benefícios para os trabalhadores por meio da terceirização internacional da mão de obra;
- fazer com que o peso dos impostos recaia mais sobre a classe trabalhadora e menos sobre a classe investidora;
- eliminar serviços públicos e redes de proteção, incluindo a educação pública e a seguridade social;
- gerar contratos militares para corporações amigas;
- assegurar a propriedade intelectual para facilitar o monopólio e cobrança de acesso à informação e tecnologia, incluindo cultivares e medicamentos essenciais; e
- incrementar as isenções de impostos e subsídios para grandes corporações, dando-lhes vantagens competitivas em relação a empresas locais.

Cada uma destas políticas transfere riqueza e poder das pessoas comuns para a elite governante e deixa famílias e comunidades sem meios para prover suas crianças com os itens essenciais a seu saudável desenvolvimento físico e mental.

Abaixo apresentam-se algumas das consequências. Os detalhes dessa lista são específicos para os Estados Unidos, mas impactos semelhantes vêm ocorrendo em quase todos os lugares como consequência direta de políticas neoliberais.[39]

- O alto desemprego solapa a formação das famílias, e políticas punitivas de assistência social forçam mães solteiras a buscar empregos que pagam menos que um salário decente, sem opções acessíveis, regulamentadas e de qualidade para atenção às crianças. Mesmo em lares com ambos os pais, eles são forçados a concatenar múltiplos empregos, o que não deixa tempo ou energia para cuidar das crianças ou para uma vida familiar e comunitária normal. Os pais são, desta maneira, forçados a abandonar suas crianças aos cuidados da televisão e de uma indústria de entretenimento e jogos sem qualquer regulação, que enxerga lucro no entupimento das mentes da infância com imagens de sexo e violência e em minar, de forma ativa, a autoridade e valores dos pais.
- As corporações gastam bilhões em propaganda diretamente voltada às crianças, de forma a criar vícios por toda uma vida: comida pouco

saudável, álcool e cigarros. A epidemia de obesidade infantil está prestes a se tornar a principal causa de morte prematura.

- A cobertura de saúde cada vez menor e os preços a cada dia mais altos colocam os serviços de saúde fora do alcance da maioria das famílias.
- Um sistema público de educação em progressiva deterioração não consegue lidar nem com as necessidades especiais de crianças física e mentalmente deficientes, em consequência de seu amadurecimento em ambientes física e socialmente tóxicos, e muito menos com as diferenças individuais normais de talentos e estilos de aprendizado.
- Normas ambientais frouxas permitem que corporações despejem, no ar, no solo e na água, enormes quantidades, na casa das dezenas de milhares, de tipos de toxinas prejudiciais ao desenvolvimento físico, neurológico e endocrinológico das crianças.

De forma intencional ou não, todas estas condições são resultado direto das políticas econômicas neoliberais, que são a prioridade real da plutocracia corporativa. Elas deixam as famílias sem opções, e levam a estresse mental, ruptura familiar, divórcio, destruição da vida comunitária e a um enrijecimento dos valores morais. A Nova Direita argumenta que é responsabilidade dos pais, não do Estado, cuidar de forma adequada das crianças. Em termos ideais, isso pode ser verdade, mas as políticas defendidas pela Nova Direita praticamente asseguram que a maioria substancial dos pais não consiga cumprir com essa responsabilidade.

O ataque aos valores familiares

A publicidade voltada às crianças num mercado desregulado representa um dos ataques mais perniciosos, intencionais e bem financiados dos plutocratas corporativos aos valores familiares. Os executivos de propaganda há muito se deram conta da alta lucratividade trazida pelo condicionamento das crianças desde os primeiros anos em torno de valores materialistas e individualistas, desvalorizando a família e a comunidade. Seus esforços se tornaram verdadeiramente sinistros há alguns anos quando descobriram que a "lealdade a marcas" começa a ser moldada por volta dos dois anos de idade e que, aos três, mesmo antes de saberem ler, as crianças já pedem produtos de marcas específicas. Os especialistas estimam que essa identificação prematura pode valer 100 mil dólares por criança em termos das vendas por uma vida toda.[40]

Os executivos de propaganda das corporações reagiram a esta revelação direcionando a publicidade a crianças ainda mais novas e usando técnicas cada vez mais sofisticadas para atingir e tomar posse de seus corações e mentes. O marketing orientado para crianças explodiu na década de 1990, passando de estimados 100 milhões de dólares em anúncios televisivos voltados à infância em 1983, para 15 bilhões, em gastos totais de publicidade e marketing para crianças em 2004.[41]

A publicidade dirigida a crianças define que ser "bacana" é ter dinheiro e pose, refestelar-se no desperdício material e em produtos caros, iludir os professores e enganar aos pais. Os publicitários se orgulham de sua capacidade para deixar as crianças se sentindo derrotadas se não possuem um determinado produto alardeado, e em fazê-las amolar os pais para comprá-lo. Na Inglaterra, a indústria chama isso de "poder de azucrinação". A professora de sociologia do Boston College, Juliet Schor, demonstra, a partir de seu trabalho de pesquisa dentro de uma grande empresa de publicidade, o quanto esse esforço é consciente e intencional, empregando pesquisas e técnicas altamente sofisticadas de engenharia psicológica.[42]

Em sua investida para superar as barreiras impostas pelos pais, as corporações vêm tendo crescente êxito em levar seus produtos para dentro das escolas, fazer colocações destes produtos em materiais curriculares e na programação de entretenimento, e na transformação de eventos esportivos escolares em *outdoors* corporativos. Eles chegam a contratar crianças para falar sobre seus produtos com os amigos e organizam "festas do pijama" como grupos focais íntimos para testar reações a novos produtos.[43]

A criança média está exposta a mais de 40 mil comerciais de televisão a cada ano. Aproximadamente 80% da propaganda que tem a infância como alvo se encaixa em quatro categorias de produtos: brinquedos, cereais, doces e lanchonetes de *fast-food*. A força-tarefa conclui que a publicidade orientada a crianças contribui para a obesidade infantil, conflitos entre pais e filhos, atitudes materialistas e para o consumo de tabaco e álcool. Além disso, afirma que a exposição à violência, incluindo videogames, filmes e outras mídias que exibem conteúdo violento, contribui para o medo, a ansiedade, distúrbios do sono e comportamento violento.[44]

UMA ALIANÇA CONSERVADORA-LIBERAL

A Nova Direita se apresenta como conservadora, mas isso é parte de sua enganação. Sua verdadeira plataforma política está longe de ser conservadora, ao menos na forma como o termo conservador é entendido pela maioria dos americanos. Há uma guerra cultural nos Estados Unidos, mas não entre liberais e conservadores, que na verdade comungam de uma ampla série de valores essenciais — incluindo o compromisso com a infância, a família, a comunidade, responsabilidade pessoal e democracia. Esta guerra acontece entre a cultura do Império e a cultura da Comunidade da Terra. Entre as ordens inferiores e elevadas da consciência humana. Entre uma política imperial da ganância e poder individual e uma política democrática calcada em princípios e no bem comum. É uma guerra entre os caçadores de poder, prisioneiros de uma consciência imperial na extremidade do espectro político, e os realistas do *mainstream* político que verdadeiramente desejam resolver os problemas que nos assolam a todos.

Podemos chamar àqueles dentre nós que estão do lado da Comunidade da Terra de "progressistas" — conservadores progressistas e liberais progressistas. Ainda que tenhamos nossas diferenças, compartilhamos um mesmo compromisso com a criação de uma sociedade governada por pessoas comuns e dedicada aos ideais de liberdade, justiça e oportunidade para todos. Os princípios, mais que a ideologia, nos impulsionam, e trabalhamos na realidade e não no reino da ilusão. Temos tão pouco em comum com os radicais ideológicos da extrema esquerda, que buscam a revolução violenta e um controle do Estado de cada aspecto da vida, quanto com os radicais da extrema direita, que desejam guerras imperiais no exterior, um Estado teocrático em casa e liberdade para si mesmos, de forma a poderem oprimir os demais.

Uma política da cidadania madura respeita, de maneira correta, tanto os valores conservadores da liberdade e responsabilidade individual, quanto os valores liberais da equidade e justiça para todos. Ela une o anseio conservador em torno da comunidade e da tradição, à preocupação liberal pela inclusão e criação de um mundo que funcione para a integralidade da vida e para as crianças que ainda virão. Ela reconhece a importância de raízes locais somadas a uma consciência global. Na mente humana madura, estes são valores complementares que nos conclamam a um caminho de saúde e maturidade espiritual.

Os progressistas de todos os matizes agem a partir de valores profundamente comungados que tocam os valores cristãos mais básicos: não matar, não roubar, amar ao próximo como a si mesmo, e tratar o próximo como gostaria de ser tratado. Assim como estes não são apenas valores liberais ou conservadores, tampouco são exclusivamente cristãos. Trata-se de valores humanos universais compartilhados por cristãos, muçulmanos, judeus, hinduístas, budistas e membros de religiões nativas, entre outras. A partir desta fundação, é possível sair dos extremos de forma a buscar terreno comum mesmo naquelas questões que hoje são foco de intenso ressentimento político, incluindo o aborto, os direitos dos homossexuais, o controle de armas e o ensino do evolucionismo. Há tempo demais vimos permitindo que extremistas de ambos os lados definam estes debates em termos de tudo-ou-nada, que impossibilitam a busca por terreno comum com base em princípios morais compartilhados.

Sob os conflitos políticos nos Estados Unidos, que por vezes ameaçam destroçar nossa nação, é possível vislumbrar o surgimento dos contornos de um consenso ainda amplamente ignorado ao redor da visão de que o mundo que a maioria de nós deseja legar a seus filhos é muito diferente do mundo em que vivemos. Conservadores e liberais compartilham a sensação da falência moral e espiritual das instituições e cultura dominantes no mundo contemporâneo. Elas são insensíveis às necessidades e valores humanos, e destroem as famílias e comunidades fortes por que ansiamos e de que necessitam desesperadamente nossas crianças. Iludido pela tática de "dividir para conquistar" da política imperial, cada lado culpa o outro, em vez de formar uma frente unida para rejeitar as mentiras do Império e resistirem juntos à guerra da Nova Direita contra a infância, as famílias e comunidades.

A maioria das pessoas já é demasiadamente exigida para dedicar tempo a tentar dar sentido aos argumentos rivais sobre a realidade ou não do aquecimento global, o aumento do preço da gasolina, ou por que o Iraque se tornou um caos tão terrível; o que sabem, entretanto, é que sua vida se encontra pressionada a ponto de romper, que seus filhos sofrem de asma, obesidade e de um contínuo bombardeio de sexo e violência na TV e de anúncios de *junk food*; e elas se veem incapazes de colocar pão na mesa e de supervisionar seus filhos. Para gerar crianças saudáveis, precisamos de economias saudáveis e que deem suporte às famílias; e para ter economias saudáveis e que deem suporte às famílias, precisamos de sistemas políticos saudáveis e democraticamente transparentes, sensíveis às necessidades e valores das pessoas, famílias e comunidades. A luta pela saúde e bem-estar de nossas crianças representa possivelmente a questão política unificadora de nossa época e um ponto óbvio de agregamento para a construção de uma maioria de suporte à Comunidade da Terra.

Está a nosso alcance criar um mundo onde as famílias e comunidades são fortes, onde os pais têm tempo para amar e cuidar de seus filhos, onde atenção à saúde e educação de alta qualidade estão disponíveis para todos, onde as escolas e lares estão a salvo de comerciais, o meio ambiente, íntegro e livre de contaminantes, e onde as nações cooperam para o bem comum. É necessário renovar o experimento democrático, libertar o potencial criativo da espécie e abrigar de novo a vida. É chegado o tempo desta ideia. Ela é a fundação de uma verdadeira maioria política.

CAPÍTULO 21

A liberação do potencial criativo

> *Que a nossa época seja lembrada pelo despertar de uma nova reverência pela vida, pela firme resolução de alcançar a sustentabilidade, pelo aceleramento da luta pela justiça e pela paz, e pela alegre celebração da vida.*
>
> Carta da Terra

As sociedades imperiais mantêm sua estrutura de dominação por meio da consolidação das três esferas da vida pública — a econômica, a política e a cultural — limitando assim as pessoas, as famílias e as comunidades a quaisquer que sejam as opções que as instituições do Império acreditem ser do seu interesse oferecer. Com pouco controle sobre sua vida e tendo de viver dentro de um orçamento apertado, as pessoas abandonam o engajamento na vida civil, fazendo que a capacidade criativa para resolução de problemas intrínseca à vida em comunidade se atrofie por negligência.

A estrutura básica para a criação da Comunidade da Terra é simples: tornar os valores de vida afirmativos da Comunidade da Terra os valores da cultura predominante; renovar a experiência democrática para devolver ao povo, às famílias e às comunidades o poder de expressar esses valores, e fazer tudo isso em escala global. Um programa nada modesto, que requer, nas palavras de Frances Moore Lappé, que levemos a democracia aonde ela nunca esteve antes.

O Império nos condicionou a acreditar que a plutocracia constitucional que temos é a democracia a que sentimos ter direito. Como se observou no capítulo 11, a plutocracia constitucional põe as facções das aristocracias dominantes umas contra as outras numa competição pelo eleitorado. Isto dá a ilusão de um controle popular que não tem vínculos com a realidade. A verdadeira democracia é uma prática de vida centrada no engajamento comunitário ativo por meio do qual descobrimos e expressamos de modo direto a visão de mundo que queremos. Tal engajamento pode envolver a participação numa peça de teatro da comunidade, no coro da igreja, no gerenciamento de um negócio local, no testemunho em uma audiência pública, ensinar na escola local, prestar serviço em uma comissão local, participar de uma competição em sua empresa, criar um espaço de assistência aos idosos, ser voluntário na biblioteca, organizar a limpeza de um parque, ou promover uma campanha em apoio aos negócios independentes locais.

Nada disso elimina a necessidade tanto de um governo como de eleições. Pelo contrário: o governo é essencial para lidar com as necessidades públicas, e as eleições são a característica essencial da democracia. A democracia, no entanto, tem mais a ver com um modo de se viver em comunidade do que com as eleições. Uma democracia vital encontra expressão em economias vitais, em políticas saudáveis, em culturas saudáveis.

A esfera econômica é onde nos reunimos para transformar as dádivas da natureza em nossos meios de vida. A esfera política é onde nos reunimos para buscar consenso sobre as regras por meio das quais viveremos e, com um pouco sorte, solucionaremos os problemas que nos desafiam, como comunidade, no interesse da maioria. A esfera cultural é onde nos reunimos para descobrir e expressar os valores que partilhamos, o sentimento de identidade, de significado, e o relacionamento com o transcendental.

ECONOMIAS VIVAS

As economias vivas locais que precisamos criar estão em cada uma das dimensões opostas da economia imperial, global e suicida em que vivemos. O quadro 21-1 sumariza as características críticas que as distinguem.

Uma das lições importantes da História é a de que os que possuem, governam. Mesmo nas democracias nominais, os poderes de propriedade sobrepujam facilmente o poder da eleição e desempenham com frequência um papel decisivo na conformação dos valores culturais. Por essas razões, as economias vivas em crescimento, que democratizam as relações econômicas em seu sentido mais profundo, estão na posição mais avançada na tarefa de gerar a Comunidade da Terra. O que se segue são esboços dos princípios que guiarão esse trabalho.

Democracia econômica. A democracia é mais poderosa quando as pessoas são proprietárias dos imóveis onde residem e têm participação direta nos bens dos quais seu meio de vida depende. Quando os trabalhadores são proprietários, os conflitos entre trabalhadores e proprietários desaparecem. Quando renda e propriedade são distribuídos de modo equitativo, o mercado é dividido de forma eficiente e responde às necessidades da maioria em vez de se subordinar aos desejos de uma minoria. Proprietários locais que têm participação a longo prazo nas empresas de que são donos são investidores pacientes que vão até o fim em vez de buscar lucros rápidos em mercados instáveis de curto prazo.

Quadro 21.1: Características distintivas cruciais

Economia global imperial	Economias vivas locais
O objetivo específico é ganhar dinheiro para os proprietários para aumentar o poder deles e sua reivindicação dos recursos da maioria.	O objetivo específico é assegurar um meio de vida satisfatório para todos e aumentar o poder gerador do conjunto.
O mantra-guia é criar monopólios globais para eliminar a escolha local, apropriar-se de tudo o que for possível e repassar os custos para os outros.	O mantra-guia é criar opções locais benéficas, apropriar-se apenas do que for preciso e aceitar a responsabilidade pelo conjunto.
As regras favorecem os proprietários omissos, empresas monopolistas, especuladores financeiros, direitos da propriedade, e planejamento central por corporações globais.	As regras favorecem os proprietários participativos, empresas de pequena escala, criadores de riquezas, direitos do povo, e a auto-organização do povo e das comunidades.
Negando qualquer responsabilidade perante os interesses públicos, seus proponentes procuram blindar os limites em torno dos interesses exclusivamente privados das corporações e de seus proprietários mais ricos, enquanto exigem que as comunidades eliminem quaisquer limites protetores dos interesses públicos.	Reconhecimento da necessidade de todas as entidades vivas de proteger e equilibrar os interesses individuais e comunitários, seus proponentes apoiam firmas e comunidades no estabelecimento de barreiras de proteção que apoiem uma troca mutuamente benéfica, justa e equilibrada.

Preferência local. As comunidades ficam mais protegidas economicamente e têm mais controle sobre as suas próprias prioridades econômicas quando a maior parte de suas necessidades básicas são supridas por negócios locais, que empregam mão de obra local e usam os recursos locais para suprir as necessidades dos moradores locais por empregos, bens e serviços. Essas comunidades são mais inclinadas a gerir seus recursos ambientais de maneira responsável e sustentável quando a manutenção de seu bem-estar depende da renda destes recursos. As decisões de negócios tendem a levar em consideração a saúde da comunidade e seu meio ambiente quando os responsáveis pela tomada de decisões vivem na comunidade e compartilham de quaisquer problemas sociais ou ambientais gerados por essas decisões.

Escala humana. Empresas e mercado em escala humana promovem relações econômicas face a face e confiança e responsabilidade mútuas, que são o fundamento essencial de comunidades coesas. Mercados são mais eficientes e dinâmicos quando servidos por várias pequenas firmas locais do que por uma ou algumas firmas de grande porte com proprietários omissos.

Indicadores de vida. Comunidades que avaliam sua performance econômica face a indicadores de saúde social e ambiental são inclinadas a gerir seus recursos de maneira consistente com o bem-estar de longo prazo das crianças, famílias e comunidades.

Divisão justa de impostos. É justo e apropriado que aqueles que gozam das maiores vantagens dos serviços públicos e infraestrutura paguem a maior parte dos custos de provisão e manutenção desses serviços públicos.

Mercados dinâmicos. A economia funciona de maneira mais eficiente e democrática quando os negócios respondem às necessidades das pessoas em vez de despender enormes somas em publicidade para criar demanda por produtos desnecessários. A publicidade que visa à criação de desejos artificiais distorce o mercado, desperdiça recursos, não serve a nenhum propósito público, e pode ser desencorajado tratando a publicidade como uma despesa pós-taxada.

Responsabilidade pelos danos causados. Os mercados são alocados de maneira mais justa e eficiente apenas quando o custo total de cada bem e serviço está embutido no preço final. Como os mercados sem regulamentação levam à prática abusiva de repasse dos custos oriundos de decisões privadas para o público, a intervenção pública por meio da regulamentação e da imposição de taxas compensatórias é essencial para assegurar que os preços de mercado reflitam o total de custos — incluindo os custos sociais e ambientais — de um bem ou de um serviço. De maneira similar, é conveniente que aqueles que tomam decisões na esfera privada e colhem os benefícios disso respondam pelos danos causados, intencionais ou decorrentes de negligência. A limitação da responsabilidade de proprietários e administradores de corporações viola esse princípio e dá margem a um comportamento irresponsável e imprudente.

Capital paciente. Políticas públicas favorecem de modo apropriado o investimento paciente sobre o comércio especulativo, que distorce e desestabiliza os mercados e incentiva administradores a se focarem em resultados de curto prazo e a se engajarem em práticas contábeis fraudulentas.

Jubileu de gerações. Seguindo o espírito do jubileu bíblico, é conveniente restaurar uma condição de equidade ao término de cada período de vida por meio da distribuição equitativa de grandes heranças após a morte de seus proprietários.

Troca de informações e tecnologias. Inventores e artistas têm o direito a uma compensação justa por suas contribuições originais. No entanto, o interesse público tem preferência na troca livre de informações essenciais e tecnologias vantajosas, e nenhum indivíduo ou empresa tem o direito de monopolizar essas informações e tecnologias ou restringir indevidamente o uso que outros possam fazer dela.

Autogestão econômica. Os cidadãos de cada nação têm o direito e o dever de controlar seus próprios recursos econômicos e determinar suas próprias prioridades sociais e econômicas, condições de comércio, e regulamentações para investidores estrangeiros consistentes com suas necessidades e valores, contanto que eles assumam os custos decorrentes de suas decisões e não repassem os custos para outros.

Comércio justo e equilibrado. As relações comerciais devem ser justas e equilibradas. Imparcialidade significa que o preço das exportações deve refletir os custos totais de produção — incluindo os custos de oferecer aos trabalhadores salários e benefícios justos e a prática de uma gestão ambiental consistente. Equilíbrio significa determinar quais exportações e importações devem ser mantidas em equilíbrio de modo que a dívida externa de longo prazo não se acumule.

Esses são os princípios básicos de economias de mercado sólidas. Os fundamentalistas do mercado as denunciarão como violações ao livre mercado, a expressão usada por eles para a liberdade desses membros da sociedade com a maior parte do dinheiro para fazer o que quer que seja sem consideração pelas consequências. Esta é a diferença entre a democracia defendida por Jefferson e a democracia dos ricos defendida por Hamilton. Os princípios econômicos do Império geram uma poderosa tendência em favor na valorização e concentração de riquezas. Os princípios econômicos da Comunidade da Terra tendem a favor da vida e de uma distribuição equitativa de renda e propriedade.

O trabalho da virada econômica deve se centrar no desenvolvimento de economias saudáveis, que incorporem essas características ao mesmo tempo que resistam aos abusos das corporações globais sobre os direitos e o bem-estar dos povos e das comunidades. A tarefa inclui a promoção de investimentos comunitários e reformas políticas que consolidem a propriedade local e crie um viés persistente em favor de empresas em escala humana e que sejam propriedade daqueles que delas dependam para viver.

POLÍTICAS VIVAS

A maior parte das discussões sobre democracia concentram-se em instituições de democracia política e democracia eleitoral. No entanto, sem democracia econômica e cultural, a democracia política é ilusória, pois aqueles que estão no controle dos processos de escolha econômica e cultural acabam por controlar a escolha política.

As políticas do Império representam um jogo de perde-ganha com os negociadores influentes da elite ávidos por ganhos pessoais, controlando recursos estratégicos por meio de informações privilegiadas, dissensão, e manipulação de regras. A política da Comunidade da Terra representa o esforço cooperativo para solucionar problemas e aumentar o potencial do conjunto por meio de deliberações abertas e criação de consenso em fóruns comunitários, fluxo livre de informação através de mídias independentes, e tomada de decisão de um processo político transparente.

Deliberação dos cidadãos

A democracia é falsa quando reduzida a cidadãos que votam de poucos em poucos anos em uma chapa pré-selecionada de candidatos conhecidos essencialmente por meio de propagandas televisionadas cuidadosamente manipuladas. A prática da verdadeira democracia envolve um engajamento contínuo e vibrante por parte dos cidadãos em deliberações significativas em uma grande variedade de fóruns públicos. Isso pode ser feito tanto com uma reunião modesta de vizinhos na sala de estar de alguém, como em eventos organizados em igrejas, universidades, na organização de serviços comunitários, e em redes complexas organizadas por grupos de cidadãos usando mídia eletrônica e tecnologia de apuração de milhares de pessoas, ou até mesmo milhões.

America Speaks, uma organização dos Estados Unidos criada e liderada por Carolyn Lukensmeyer, é pioneira na abordagem que usa tecnologias de comunicação de ponta para mobilizar milhares de cidadãos para dialogar sobre questões locais e nacionais tais como seguridade social, no desenvolvimento de consenso sobre prioridades, para encorajar o engajamento cívico e na comunicação dos pontos de vista da comunidade aos tomadores de decisão.[1] Desde 1982, a Kettering Foundation tem apoiado fóruns públicos que lidam com uma série de questões nacionais como cuidados médicos, campanha por reformas financeiras, e seguridade nacional. Em tempos de desmobilização pública, *flashs* jornalísticos e manipulação da mídia, tais iniciativas são cruciais para o processo democrático e para esclarecer o público sobre uma vasta variedade de perspectivas e possibilidades, e para mobilizar as pessoas em torno de uma profunda reavaliação de valores e prioridades.

Mídia independente

Como discutido no capítulo 4, a espécia humana está em meio a uma revolução nas comunicações, que está ligando o mundo em uma teia contínua que pode ser usada tanto para fortalecer o controle das elites como para criar um território de acesso livre a comunicações diretas entre povos, famílias e comunidades. O modelo de comunicação direcionado ao lucro da mídia corporativa leva a uma concentração ainda maior do poder e controle das elites e reproduz as patologias sociais do Império. O modelo de comunicação direcionado ao serviço da mídia independente promove a desconcentração e a democratização do controle midiático, criando um vasto potencial para o aceleramento do conhecimento humano, um avanço no despertar da consciência espiritual e cultural, e apressa a aceitação global dos valores culturais de afirmação da vida da Comunidade da Terra.

O avanço de uma mudança do modelo midiático corporativo e autocrático para um modelo midiático independente e democrático é uma prioridade essencial para as iniciativas dos cidadãos e para a defesa de diretrizes. Há uma infinidade de possibilidades criativas, como os criadores culturais e espirituais têm demonstrado. Elas são os *blogs* e *podcastings*; revistas criativas, jornais comunitários, rádios independentes e rádios comunitários e o estabelecimento de centros de mídia independentes. São todos elementos de um sistema midiático independente crescente e auto-organizativo.

E há os que estão engajados em resistir à concentração da mídia corporativa ao requisitar o espectro de frequência das comunicações e os cabos de cobre e fibra ótica que conduzem a mídia eletrônica e a internet como recursos passíveis de regulamentação, como utilidade pública de livre acesso. Cada uma dessas iniciativas contribui para o enfraquecimento do controle dos monopólios da mídia corporativa, rompendo as barreiras da censura, expondo as distorções e a banalidade da programação da mídia corporativa, e franqueando a deliberação política a diversas vozes e ao debate ativo e dinâmico.

Abertura do processo político

Por fim, os representantes eleitos devem traduzir as melhores soluções em decisões que rejam as regras e as prioridades públicas. Isso requer um sistema eleitoral aberto, justo e honesto, sensível a um espectro amplo das opiniões e interesses da população. As eleições presidenciais nos Estados Unidos em 2000 e 2004 foram um aviso perturbador de quão distante desses ideais está o sistema eleitoral dos Estados Unidos. Muitas dessas falhas são o resultado de esforços intencionais para subverter o processo democrático na busca por poder político. A seguir veremos algumas das reformas defendidas por grupos de cidadãos americanos para abrir e democratizar a política dos Estados Unidos e o sistema eleitoral.

Direito ao voto. Deve-se garantir a todos os cidadãos adultos o direito de votar em lugar seguro, conveniente, e adequadamente equipado e de ter a contagem de votos feita devidamente de acordo com as intenções dos eleitores.

Financiamento público. As eleições públicas devem ser financiadas publicamente com transparência para reduzir as chances de corrupção e para focar a atenção dos funcionários eleitos e aspirantes nos problemas e nas responsabilidades do eleitorado.

Integridade do voto. Máquinas de votação devem usar software livre sujeito a auditoria independente dos cidadãos, e devem produzir um registro verificável que permita a recontagem manual em caso de falhas mecânicas ou suspeita de fraude eleitoral.

Coordenação eleitoral imparcial. A coordenação eleitoral deve ser de responsabilidade de funcionários imparciais para que não haja qualquer suspeita de parcialidade. Isso parece óbvio a ponto de dispensar qualquer menção, e no entanto as eleições americanas são coordenadas por funcionários de Estado parciais, eleitos por afiliação partidária e que às vezes trabalham até mesmo como cabos eleitorais para os candidatos, criando um conflito de interesses flagrante, ainda que perfeitamente legal, que mina a credibilidade do sistema.

Eleições diretas baseadas em uma pessoa, um voto. Substituir o sistema de Colégio Eleitoral, que confere a alguns votos um peso várias vezes maior do que a outros na corrida presidencial, capaz de eleger um presidente que recebeu um número significativamente menor de votos do que seu adversário por um sistema de eleições diretas baseado no princípio fundamental de uma pessoa, um voto.

Acesso à mídia. Solicitar-se às estações de rádio e televisão licenciadas a usar as frequências públicas, que forneçam tempo de programação livre para candidatos qualificados à votação e para a discussão de questões públicas por pessoas de opiniões diversas. Permitir às corporações, que recebem o controle desse recurso público extremamente valioso e limitado, que concedam acesso apenas aos políticos que são capazes de pagar quaisquer custos de propaganda que as estações escolham cobrar é um dos principais contribuidores à corrupção política.

Debates abertos. Pôr a administração dos debates políticos nas mãos de organizações escrupulosamente não partidárias e abri-los à participação de todos os candidatos dignos de crédito para dar voz a uma amplitude maior de pontos de vista.

Representações iguais. Abrir o processo político a mais vozes e criar uma abertura para a representação minoritária instituindo votações decisivas instantâneas e representação proporcional.[2]

Direitos políticos para o povo. Limitar os direitos políticos e a participação política a pessoas físicas e a organizações compostas por pessoas físicas como membros e formadas para o propósito exclusivo e específico da ação política. Corporações organizadas com o propósito de fazer dinheiro para seus próprios proprietários são entidades legais artificiais, que recebem um alvará público para atender a um propósito público. É responsabilidade delas obedecer à lei, não escrevê-la, e qualquer esforço delas para influenciar as eleições ou a legislação deverá ser impedido de modo apropriado.

CULTURAS VIVAS

As culturas vivas fluem da vida em família e na comunidade e promovem o desenvolvimento de nossas ordens mais altas de consciência. Como as instituições do Império cooptaram e centralizaram os processos de formação de cultura, elas não apenas propagaram falsos valores culturais, como também enfraqueceram os laços da família e da comunidade.

Um dos desafios mais importantes da Grande Virada é converter, por meio de um processo incremental de baixo para cima, quatro instituições primárias da cultura imperial — família, educação, mídia e religião — em instituições de cultura viva que apoiam a expressão cultural autêntica e o desenvolvimento das ordens mais altas de consciência. O objetivo é tornar a formação cultural um processo intencional e participatório por meio do qual cada um de nós descobrirá sua própria identidade cultural característica e simultaneamente expandirá sua consciência do valor criativo da diversidade cultural da espécie, assim construindo a confiança mútua e facilitando o compartilhamento e a troca cooperativa.

Família

Em tempos modernos o Império dizimou relações familiares, primeiro da família estendida e depois da família nuclear. Como qualquer outra instituição humana, as famílias nuclear e estendida podem ser centros violentos de opressão, centros amorosos de expressão criativa, ou qualquer coisa entre eles. A instituição básica, contudo, é crucial como fonte das relações duradouras essenciais para nosso desenvolvimento individual saudável — e particularmente para o desenvolvimento saudável de nossos filhos. O desafio é tornar essas relações afetivas e acalentadoras. As mudanças se dão em uma família de cada vez, mas são muito mais fáceis de se atingir quando apoiadas por economias vivas e políticas públicas — ambas arenas para a ação cidadã construtiva, como discutido anteriormente — favoráveis à família. Apesar de ter se tornado fraturada, a família nuclear ainda é comum. A família estendida se tornou menos comum, e facilmente esquecemos seus benefícios.

As famílias estendidas de sociedades mais tradicionais serviam como unidade básica da organização social e proporcionavam um sistema de apoio entre as gerações. As crianças tinham múltiplos protetores estáveis a quem podiam pedir ajuda e a quem podiam se unir. Os pais podiam contar com dividir os recursos e o peso de cuidar de crianças com aqueles com quem partilhavam os laços de parentesco. Os idosos continuavam ativos e valorizavam e sabiam que teriam ajuda para cuidar deles por perto no caso de uma enfermidade. As celebrações familiares também comumente tinham cantos, danças e outras formas de expressão artística.

Nas sociedades modernas, nas quais até a família-padrão de dois pais está em risco, pode não ser possível nem apropriado voltar ao modelo opressivo e muitas vezes insular da família biológica estendida. É possível, contudo, criar famílias virtuais dentro do contexto de comunidades intencionais — tais como conjuntos habitacionais e ecovilas — que oferecem muitos dos benefícios das famílias biológicas estendidas, com poucas das deficiências. Tais comunidades acomodam de pronto uma variedade de organizações de família nuclear dentro de agrupamentos de famílias estendidas virtuais, que oferecem os benefícios da diversidade de idade e gênero e múltiplos provedores de cuidados para as crianças e os idosos, enquanto são relativamente mais abertas e menos restritivas que a família biológica estendida.

É essencial para a saúde social que as famílias e as comunidades de família estendida sejam sustentadas pelas políticas sociais e econômicas que encorajam a criação de trabalhos com salário-família e a integração flexível de família, trabalho e vida comunitária; organizações de habitação cooperativa de múltiplas famílias; e a legalização de uniões civis e parcerias domésticas afetivas e estáveis.

Educação

A capacidade e o desejo de aprender são inerentes à nossa natureza humana. Nascemos para aprender desde o dia de nosso nascimento até o dia de nossa morte. O Império, contudo, nos deu escolas que por vezes demais servem como instituições para o confinamento e a arregimentação, guiada por testes, de crianças isoladas da vida da comunidade. Tais escolas são bem adequadas para preparar as crianças para o serviço obediente às instituições do Império, mas não para a vida e a liderança em vibrantes comunidades humanas, nem para os papéis de arquitetos sociais de uma nova era humana. É pouco surpreendente que tantos jovens se rebelem, caiam fora, e se voltem ao sexo, às drogas e à violência em um esforço desesperado — como desenvolvido no capítulo 17 — para estabelecer qualquer tipo de relacionamento que afirme sua existência, mesmo se de maneiras fugazes e essencialmente autodestrutivas.

Caberá às crianças de hoje reinventar praticamente tudo. Apoiá-las a desenvolver tanto as habilidades básicas quanto as qualidades da mente necessárias é uma responsabilidade essencial da atual geração adulta.

Com esforço heroico, as melhores escolas e professores estão organizando suas salas de aula como comunidades de aprendizado, que se estendem para além dos muros físicos da escola. Por meio de seu envolvimento em pesquisa colaborativa e atividades de serviço comunitário, os alunos desenvolvem habilidades básicas de ler, escrever e matemática junto com habilidades de aprendizado, trabalho em equipe, cidadania e expressão artística, conforme descobrem os padrões encadeados da história, ecologia e função de sua comunidade.[3]

Na melhor das hipóteses, uma escola pode se tornar um verdadeiro centro de aprendizado comunitário que facilita o aprendizado de toda a vida tanto das crianças como dos adultos por meio de envolvimento ativo na vida comunitária. Instrutores profissionais e voluntários podem ajudar as crianças e os adultos a se valerem de todas as ferramentas de aprendizado que a comunidade oferece — inclusive oportunidades para o serviço comunitário e estágios voluntários. Os adolescentes podem receber instrução nas artes dos cuidados de pais e mães, que dão apoio agindo como tutores e protetores de crianças menores sob o olhar de aconselhamento dos idosos, que por sua vez recebem instrução de seus colegas nas artes do papel dos idosos, de aconselhamento.

Artistas locais podem partilhar suas habilidades em drama, música, artes visuais, poesia e literatura, tanto com as crianças como com os adultos, por meio de programas de embelezamento da comunidade e enriquecimento cultural. Diálogo local, nacional e internacional intercultural e programas de intercâmbio podem facilitar ativamente o despertar da consciência cultural. A inquirição política e religiosa pode ser encorajada e apoiada convidando pessoas de diferentes tradições religiosas e políticas para explicar e refletir sobre suas opiniões dentro dos ambientes de diálogo e debate respeitoso.

Há também um movimento entre os dissidentes criativos em faculdades e universidades nos Estados Unidos e em todo o mundo para transformar a universidade em um recurso para a cidadania democrática e o serviço comunitário. Nos Estados Unidos, 950 presidentes de faculdades e universidades aderiram ao Campus Compact, prometendo apoio para os alunos, corpos docentes e equipes que colaboram com suas comunidades, em projetos que lidam com questões públicas fundamentais.[4] O Democracy Collaborative, com base nos Estados Unidos, é um consórcio de mais de 20 grandes centros de pesquisa universitários cooperando em pesquisa, ensino e ação comunitária com a intenção de fortalecer a democracia e a sociedade civil local, nacional e globalmente.[5]

Religião

Muitas pessoas confiam nas instituições religiosas como fonte de orientação moral. A religião a serviço do Império muitas vezes distorceu seriamente o ensinamento moral e suprimiu ativamente séria investigação moral. Igrejas individuais, contudo, geralmente têm liberdade considerável para tomar um rumo diferente, para se tornarem centros de construção comunitária e de investigação e expressão ética — se seus membros e líderes estiverem inclinados a isso. Pessoas de fé que afirmam que as escolas devem envolver os alunos na examinação de teorias alternativas da Criação poderiam muito bem começar demonstrando dentro de suas próprias igrejas como tal instrução poderia funcionar. Ao fazer isso, elas introduziriam seus próprios membros em um processo de investigação ética e moral raramente visto dentro da comunidade da fé fora de claustros especiais e seminários teológicos.

Por meio de assembleias inter-religiosas, elas podem estender-se para explorar questões morais com pessoas de diferentes fés, desse modo aprendendo com os outros enquanto constroem consciência cultural e um respeito pela diversidade das tradições religiosas. Por meio do serviço comunitário, os membros da igreja podem desenvolver uma consciência de classe e explorar as interpretações conflitantes do que o ensino sagrado aconselha a respeito de relações humanas apropriadas. Nossas igrejas também têm um papel natural em facilitar trocas e diálogos inter-raciais, um aspecto essencial do despertar e aprofundamento da consciência cultural.

Novamente, tais reformas surgem em uma igreja, sinagoga, templo e mesquita de cada vez. Cada iniciativa dessas se acrescenta a um processo maior de democratizar as instituições de religião e, mais amplamente, as instituições de cultura e da sociedade maior.

O Império prospera quando estamos contentes com sonambular pela vida, aceitando e jogando pelas regras apresentadas a nós. Não é isso que é ser humano. Somos uma espécie que faz escolhas, autoconsciente, inteligente, que participa em uma jornada criativa épica. Quando a Criação concedeu a nós, humanos, uma capacidade para a escolha criativa e sábia, foi presumivelmente com a intenção de que usemos essa capacidade para fins benéficos.

O nascimento da Comunidade da Terra começa com a libertação da mente da tirania da crença de que não há outra opção para o Império. Ele segue adiante conforme milhões de pessoas que vislumbram possibilidades há muito negadas traduzem sua consciência que se aprofunda em nova prática.

Os gregos antigos vislumbraram a possibilidade de uma alternativa democrática e empreenderam um experimento audaz, porém parcial e essencialmente malogrado, para traduzir sua visão do possível em prática. Os patriotas da Revolução Americana vislumbraram uma possibilidade similar e, contra probabilidades aparentemente impossíveis, reviveram o experimento. Apesar do experimento inicial americano ter se provado parcial, sua visão de possibilidade afinal se espalhou pelo mundo para criar a oportunidade agora perante nós de trazer a visão à total fruição.

Se nossa época será conhecida como a época da Grande Virada ou a época do Grande Desfecho é uma questão de escolha, não de destino. A liderança deve vir do número crescente daqueles dentre nós que despertaram do transe cultural, disseram não aos vícios do Império, e adquiriram a perspectiva e sabedoria de uma consciência humana madura.

Conforme milhões de criadores espirituais e culturais entram em contato uns com os outros para formar comunidades de congruência, eles criam espaços liberados para experimentar com inovações institucionais e culturais com base na parceria, aprendizado compartilhado e alianças em contínua expansão. Isso é participação democrática em sua expressão mais autêntica e completa.

A verdadeira democracia é mais do que um conjunto particular de instituições. É uma prática viva expressada por meio de economias, políticas e culturas vivas. Como a vida é um processo sem fim de autorrenovação em busca do potencial não realizado, essa prática viva leva à evolução contínua das formas institucionais subjacentes da sociedade em resposta a imperativos e oportunidades de mudança. Essa é a lição a que agora estamos preparados para dar expressão. A democracia foi um experimento audacioso no século XVIII. Este é o século XXI. É tempo de levar a democracia à fruição total.

CAPÍTULO 22

Mude a história, mude o futuro

> *A história é governada por aqueles movimentos abrangentes que dão forma e significado à vida, relacionando a aventura humana a destinos maiores do universo. Criar tal movimento poderia ser chamado de a Grande Obra de um povo [...]. A missão histórica de nossos tempos é reinventar o humano — no nível da espécie, com reflexão crítica, dentro da comunidade de sistemas de vida.*[1]
> Thomas Berry

> *Adotar um ponto de virada é ver alguém ou algo de modo diferente, e então agir sobre o que você viu [...]. Esses momentos, em que percepção e ação se interseccionam, são o campo de treinamento para viver uma vida de coragem pessoal.*[2]
> Puanani Burgess

Se você se sente em descompasso com o modo que as coisas estão indo em sua comunidade, nação e mundo, crie coragem. Sua aflição indica que você está entre os sãos em um mundo insano e em muito boa companhia. Lembre-se da observação de Elisabet Sahtouris no capítulo 17, de que a vida aprendeu caracteristicamente a cooperar por meio da experiência das consequências negativas da competição irrefreada. Essa é a atual situação de nossa espécie. Por cerca de 5 mil anos, experienciamos as consequências da competição irrefreada. Essas consequências agora se tornaram tão severas, e os custos gerais para manter a hierarquia dominadora do Império tão altos, que ou aprendemos a cooperar ou sofremos o destino de outra espécie inviável que fracassou em aprender a lição mais essencial da vida.

PARA MUDAR O FUTURO

É impossível exagerar o desafio criativo perante nós. Seis bilhões e meio de humanos precisam fazer uma escolha de mudar o rumo, de voltar-se à vida como nosso valor definidor e à parceria como o modelo para nossas relações uns com os outros e o planeta. Depois precisamos reinventar nossas culturas, nossas instituições e a nós mesmos em conformidade. Parece uma plataforma desesperadamente ambiciosa, ainda assim a chave para o sucesso é elegantemente simples: livrar a nós mesmos do transe cultural do

Império, mudando as histórias pelas quais definimos nossas possibilidades e responsabilidades.

Muitos de nós têm sérias dúvidas sobre a validade e os valores das histórias imperiais prevalecentes. Ainda assim, como raramente as vemos desafiadas por vozes dignas de crédito, tememos o ridículo se damos voz a nossas dúvidas. A verdade silenciada se torna a verdade negada.

O processo de mudança começa conforme os que experienciam um despertar das ordens mais altas da consciência humana criam coragem para quebrar o silêncio, falando abertamente da verdade em seu coração. Quanto mais abertamente cada um de nós fala nossa verdade, mais prontamente os outros criam coragem para falar a deles. Podemos então mais facilmente encontrar uns aos outros e pôr fim a nosso isolamento, conforme formamos comunidades de congruência nas quais compartilhamos nossas percepções, reforçamos nossa coragem, e damos expressão às histórias que demonstram e celebram as possibilidades da Comunidade da Terra. Conforme aprendemos a comunicar essas histórias a uma audiência sempre crescente, começamos a pesar na balança cultural a favor da Comunidade da Terra, desse modo mudando o curso do futuro humano. Quebramos o silêncio, pomos um fim ao nosso isolamento, e mudamos a história em um ciclo contínuo que ganha ímpeto com cada iteração. (A figura 22.1 é uma representação gráfica dessa dinâmica.) Chame essas conversas em expansão de diálogos da Comunidade da Terra. Você pode encontrar recursos úteis em http://www.greatturning.org/.

Figura 22.1: Para mudar o futuro

É difícil admitir que estivemos vivendo uma mentira, pois fazê-lo parece pôr em dúvida nossa inteligência e integridade. Ainda assim estamos em boa companhia, pois viver uma mentira tem sido uma aflição crônica da maioria dos membros de nossa espécie por milhares de anos. Celebremos o despertar que é a chave para nos libertarmos da dinâmica de jogar-ou-morrer do Império.

Afaste-se do rei e junte-se em solidariedade para criar um jogo diferente. É o princípio básico articulado na questão que impulsionou a resistência à convocação nos Estados Unidos durante a guerra do Vietnã: E se eles declarassem uma guerra e ninguém viesse?

O ímpeto está sendo construído. Em todo o mundo as pessoas estão se organizando do nível pessoal para cima para tomar sua vida de volta, rejeitar chamados à guerra e à violência, reconstruir suas economias e comunidades locais, democratizar suas instituições políticas, e criar culturas autênticas.[3]

A maioria das iniciativas da Comunidade da Terra são pequenas e experimentais. Muitas desaparecem sem deixar vestígio. Mas a esperança reside no crescimento geométrico de seus números, escala e vínculos entre eles. Alguns — como o Movimento dos Trabalhadores Rurais Sem Terra no Brasil e o Movimento Cinturão Verde no Quênia — já atingiram escala suficiente para inspirar pessoas em todo o mundo. Milhões de iniciativas assim dão substância a uma visão compartilhada do que o mundo pode ser. Quanto mais rápido crescem e se ligam, mais rápido a história humana muda e mais rápido a energia de vida da espécie humana se afasta do Império e se alinha com a Comunidade da Terra.

Estamos começando a ver histórias nacionais inteiras mudar, em particular nos países sul-americanos da Argentina, Bolívia, Brasil, Chile, Equador, Uruguai e Venezuela. Em março de 2005, quando o presidente uruguaio Tabare Vazquez foi empossado, três quartos dos 355 milhões de pessoas da América do Sul estavam vivendo sujeitas a governos que estavam rejeitando a ideologia econômica doutrinária do neoliberalismo em favor das visões políticas que refletem uma inclinação em direção à Comunidade da Terra.[4] Em outras partes, países menores tais como Dinamarca e Nova Zelândia mostram potencial para servir como laboratórios nacionais que demonstram as possibilidades de uma nova era.

ENCONTRANDO NOSSO LUGAR

Para evitar sermos esmagados pela magnitude do trabalho diante de nós, precisamos manter três coisas em mente. Apesar do trabalho poder às vezes parecer solitário, dezenas de milhões, talvez centenas de milhões, de pessoas já estão envolvidas nele. Segundo, toda contribuição, não importa quão aparentemente insignificante, ajuda a mudar a balança. Terceiro, cada um de nós não pode fazer mais do que nosso melhor individual.

Quando estou me sentindo desencorajado pela aparente inadequação de meus esforços, encontro conforto na sabedoria de Vandana Shiva, que mencionei anteriormente como parceira na estruturação inicial deste livro. Shiva viaja constantemente, eletrizando audiências em todo o mundo com sua penetrante crítica da globalização corporativa e sua convocação para criar o mundo que pode ser. Ela honra sua identidade e nacionalidade indiana e é ao mesmo tempo uma verdadeira cidadã global. Igualmente confortável liderando protestos de rua, reunindo-se com lavradores camponeses para reviver as práticas tradicionais de guardar e trocar sementes, negociando com poderosos líderes políticos, ou palestrando em auditórios lotados em universidades de prestígio, ela exemplifica a vida, a filosofia e a humildade da consciência espiritual altamente evoluída. Ela é totalmente engajada no mundo, contudo mantém o senso profundo de calma interior e graça de um místico religioso ao executar seu ativismo como prática espiritual.

A editora executiva da revista *YES!*, Sarah van Gelder, perguntou a Shiva em uma entrevista como ela faz isso. Shiva respondeu:

Bem, é sempre um mistério, porque você não sabe por que fica esgotada ou recarregada. Mas isto eu sei. Não me permito ser sobrepujada pela falta de esperança, não importa o quanto a situação seja difícil. Acredito que se você apenas fizer a sua pequena parte sem pensar na grandeza daquilo que você se coloca contra, se você se voltar à expansão de suas próprias capacidades, apenas isso em si cria novo potencial.

E aprendi do *Bhagavad Gita* e outros ensinamentos de nossa cultura a me desapegar dos resultados do que faço, porque eles não estão em minhas mãos. O contexto não está sob o seu controle, mas seu comprometimento cabe a você assumir, e você pode assumir o comprometimento mais profundo com um desapego total sobre aonde ele o irá levar. Você quer que isso a leve a um mundo melhor, e você molda suas ações e assume responsabilidade total por elas, mas então você tem desapego. E essa combinação de paixão profunda e desapego profundo permite-me sempre confrontar o próximo desafio porque eu não me tolho, não me amarro em nós. Funciono como um ser livre. Penso que obter essa liberdade é um dever social porque penso que devemos não sobrecarregar uns aos outros com prescrições e demandas. Penso que o que devemos uns aos outros é uma celebração da vida e substituir o medo e a falta de esperança pela falta de medo e pela alegria.[5]

RESPONDENDO AO CHAMADO

A vida é uma jornada, não uma destinação. Não temos ideia do limite de suas possibilidades. Assim como nossos antepassados, mesmo de cem anos atrás, não poderiam ter imaginado as possibilidades que agora possuímos, não podemos imaginar hoje as possibilidades daqueles que irão viver daqui a cem, duzentos ou mil anos.

Pelos padrões do tempo cósmico, nós, humanos, provamos ser aprendizes notavelmente rápidos. Durante meros dois milhões e meio de anos desenvolvemos a capacidade da fala, dominamos o uso do fogo e aprendemos a produzir e utilizar ferramentas sofisticadas, a nos envolver com expressão artística, a cultivar nossa própria comida, a comunicarmo-nos em forma escrita e estabelecer sociedades e sistemas de conhecimento altamente organizados. Estamos agora procurando alcançar as estrelas e perscrutando os segredos da matéria e da genética.

Isso ocorreu em um lampejo de tempo evolucionário, proporcionando prova do potencial evolucionário do dom da consciência reflexiva que a Criação escolheu conceder à nossa espécie. Ainda assim, 5 mil anos atrás, ao nos depararmos com o desafio organizacional de lidar com densidades populacionais crescentes, nossos ancestrais fizeram a escolha pelas relações dominadoras do Império. Seguiu-se uma era autodestrutiva de guerras, cobiça, racismo, sexismo e supressão das ordens mais altas da consciência humana. Agora encaramos a obrigação e a oportunidade de embarcar em um caminho para uma nova era baseada nas relações de parceria da Comunidade da Terra.

A época de ajustar contas com as consequências do excesso do Império não é mais um evento futuro. Ela está sobre nós. O aumento nos preços do petróleo é apenas um indicador do desfecho de uma economia baseada no esgotamento de recursos naturais não renováveis. Um aumento na frequência e na severidade de eventos climáticos extremos é apenas o indicador mais dramático do desfecho do relacionamento humano estabelecido com os sistemas vivos do planeta. O crescimento da frequência e destrutibilidade dos ataques terroristas sinalizam um desfecho da capacidade do Império de impor sua vontade sobre os povos subjugados. Cada um desses desfechos cria um imperativo para uma mudança das relações do Império para as relações da Comunidade da Terra.

Estamos recebendo um chamado para o despertar que não podemos ignorar. Como respondermos irá determinar se o dom da criação da consciência reflexiva foi bem concebido ou excessivamente descuidado. Para passar no teste diante de nós, nós, humanos, precisamos demonstrar a inteligência e a maturidade moral para nos libertarmos dos vícios do Império e utilizar nossos dons sabiamente a serviço do todo.

Em vez de nos entregarmos ao desespero nesta época muitas vezes assustadora, regozijemo-nos no privilégio de estar vivos em um momento de oportunidade criativa sem precedentes na experiência humana. Paz e justiça para todos e uma relação sustentável com o planeta estão dentro de nosso alcance. Se fracassarmos em receber a oportunidade, a suposição pessimista do Império de que somos uma espécie inerentemente destrutiva se torna uma profecia que se cumpre por si mesma e continuamos no caminho do Grande Desfecho. Se passarmos no teste, prosseguimos para a exploração e a realização de novas possibilidades inenarráveis.

Nossa época veio a trocar as tristezas do Império pelas alegrias da comunidade da Terra. Que nossos descendentes olhem para trás, para esta época como a época da Grande Virada, quando a humanidade tomou a ousada escolha de dar à luz uma nova era devotada a realizar os potenciais mais altos de nossa natureza humana.

O trabalho começa aceitando a verdade de que está dentro de nossos recursos escolher nosso futuro e colocar nossa capacidade de escolha reflexiva a serviço do contínuo desvelar da Criação. Somos quem estávamos esperando.

Notas

A GRANDE VIRADA

1. Joanna Macy, "The Shift to a Life Sustaining Civilization", parágrafo 3 no site "The Great Turning", s.d., <http://www.joannamacy.net/html/great.html>.

Prólogo: Em Busca do Possível

1. Mais detalhes de minha jornada de vida podem ser encontrados nos prólogos de *When Corporations Rule the World* e *The post-Corporate World: Life after Capitalism*, assim como em minha página na internet <http://www.davidkorten.org/>.
2. Deirdre Strachan e David C. Korten, "The Overcrowded Clinic", in Frances F. Korten e David C. Korten, *Casebook for Family Planning Management* (Boston: Pathfinder Fund, 1977), 49-62.
3. Os detalhes estão extensivamente documentados em Frances F. Korten e Robert Y. Siy Jr., *Transforming a Bureaucracy: The Experience of the Philippine National Irrigation Administration* (West Hartford, CT: Kumarian, 1988); Benjamin U. Bagadion e Frances F. Korten, "Developing Irrigators' Organizations: A Learning Process Approach", in *Putting People First: Sociological Variables in Rural Development*, Michael M. Cernea (org.) (Nova York: Oxford University Press, 1985), 52-90; e David C. Korten, "Community Organization and Rural Development: A Learning Process Approach", *Public Administration Review*, setembro/outubro de 1980, 480-511.
4. Alguns trabalhos fundamentais incluem Mae-Wan Ho, *The Rainbow and the Worm: The Physics of Organisms*, 2ª ed. (Cingapura: World Scientific, 1998); Elisabet Sahtouris, *EarthDance: Living Systems in Evolution* (San Jose, CA: iUniversity Press, 2000), <http://www.ratical.org/LifeWeb/Erthdnce/erthdnce.html>; Sidney Liebes, Elisabet Sahtouris e Brian Swimme, *A Walk through Time: From Stardust to Us: The Evolution of Life on Earth* (Nova York: John Wiley & Sons, 1998). Para uma ampla bibliografia de Sahtouris, consultar <http://www.ratical.org/LifeWeb/>. Para um guia das ideias e publicações de Ho, consultar <http://www.ratical.org/co-globalize/MaeWanHo/>.
5. Um histórico detalhado da Iniciativa da Carta da Terra está disponível em <http://www.cartadaterra.org>. Para o site internacional da iniciativa, visitar <http://www.earthcharterusa.org/earth_charter.html>.
6. Frances F. Korten e Roberto Vargas, *Movement-Building for Transformation: Bringing Together Diverse Leaders for Connection and Vision* (Bainbridge Island, WA: Positive Futures Network, 2006).
7. Publicamos nosso artigo conjunto no site do People-Centered Development Forum em dezembro de 2002. David C. Korten, Nicanor Perlas e Vandana Shiva, "Global Civil Society: The Path Ahead", um ensaio de discussão, <http://www.pcdf.org/civilsociety/>.

PARTE I: A ESCOLHA DO NOSSO FUTURO

Capítulo 1: A escolha

1. Michael Lerner, "Surviving the Bush and Sharon Years", editorial, *Tikkun*, março/abril de 2001.

2. Riane Eisler, *The Chalice and the Blade*, ed. rev. (San Francisco: HarperSanFrancisco, 1995), xix-xxiii.
3. Este relato é um resumo de um caso de ensino que escrevi juntamente com John C. Ickis quando lecionava no Instituto Centroamericano de Administración de Empresas, na Nicarágua.
4. Eisler, op. cit.
5. Ver <http://www.cartadaterra.org/>, em português, ou <http://www.earthcharter.org/>, em inglês, para mais detalhes.
6. Esta discussão a respeito das narrativas-chave se apoia em David C. Korten, Nicanor Perlas e Vandana Shiva, "Global Civil Society", <http://www.pcdf.org/civilsociety/>.
7. Eisler, op. cit.
8. Jonathan Schell, *The Unconquerable World: Power, Nonviolence, and the Will of the People* (Nova York: Metropolitan Books, 2003), 28-31.
9. Andrew B. Schmookler, *The Parable of the Tribes: The Problem of Power in Social Evolution*, 2ª ed. (Albany, NY: State University of New York Press, 1994).
10. Viktor Emil Frankl, *Man's Search for Meaning*, ed. rev. (Nova York: Pocket Books, 1984).
11. Ibidem, 86-7, 157.
12. Ibidem, 86-7.

Capítulo 2: A possibilidade

1. A descrição dessas cinco etapas se baseia essencialmente no esquema de Robert Kegan, mas também se beneficia do trabalho de outros psicólogos do desenvolvimento, incluindo Jean Piaget, Erik Erikson, Lawrence Kohlberg, Carol Gilligan e Stanley Greenspan, de forma a incorporar um foco mais intenso nas dimensões moral e emocional. Tenho uma dívida especial com Larry Daloz e Sharon Parks, que trabalharam com Kegan em Harvard durante alguns anos, por sua ajuda na interpretação e aperfeiçoamento das categorias de Kegan. Além do trabalho de Kegan, as descrições da terceira e da quarta ordem se beneficiam de Eleanor Drago-Severson, *Becoming Adult Learners: Principles and Practices for Effective Development* (Nova York: Teachers College Press, 2004), 23-32. A discussão sobre a quinta ordem se baseia parcialmente em Laurent A. Parks Daloz, "Transformative Learning for Bioregional Citizenship", in Edmund O'Sullivan e Marilyn M. Taylor (eds.), *Learning toward an Ecological Consciousness: Selected Transformative Practices* (Nova York: Palgrave Macmillan, 2004).
2. Robert Kegan, *In Over our Heads: The Mental Demands of Modern Life* (Cambridge, MA: Harvard University Press, 1994), 39.
3. Robert Kegan, *The Evolving Self: Problem and Process in Human Development* (Cambridge, MA: Harvard University Press, 1982), 56.
4. Paul H. Ray e Sherry Ruth Anderson, *The Cultural Creatives: How 50 million People are Changing the World* (Nova York: Harmony Books, 2000).
5. John C. Friel e Linda Friel, *The Soul of Adulthood: Opening the Doors...* (Deerfield Beach, FL: Health Communications, 1995), 120.
6. Robert Kegan, *In Over our Heads: The Mental Demands of Modern Life* (Cambridge, MA: Harvard University Press, 1994), 40-41.
7. Ver Daniel Maguire, *A Moral Creed for All Christians* (Minneapolis: Augsburg Press, 2005).

Capítulo 3: O imperativo

1. Viktor Emil Frankl, *Man's Search for Meaning*, 179 (ver cap. 1, n. 10).
2. Episódio 74, exibido pela primeira vez nos Estados Unidos em 28/2/1969.
3. Worldwatch Institute, *Vital Signs 2003: Trends That Are Shaping Our Future* (Nova York: W.W. Norton, 2003), 29.
4. Janet L. Sawin, "Making Better Energy Choices", in Worldwatch Institute, *State of the World 2004*, org. Linda Starke (Nova York: W.W. Norton, 2004), 29, <http://www.wwiuma.org.br/estado_do_mundo/2004/edm_2004.zip>.
5. Christopher Flavin, in Worldwatch Institute, *State of the World 2004*, xviii, <http://www.wwiuma.org.br/estado_do_mundo/2004/edm_2004.zip>.
6. Worldwatch Institute, *Vital Signs 2003: Trends that are shaping our future* (Nova York: W.W. Norton, 2003), 35, 41, 49.
7. World Wildlife Fund for Nature, *Living Planet Report 2002* (Cambridge, UK: WWF, 2002), <http://www.panda.org/downloads/general/LPR_2002.pdf>.
8. Ibidem.
9. Chris Bright, "A History of Our Future", in Worldwatch Institute, *State of the World 2004*, 5, <http://www.wwiuma.org.br/estado_do_mundo/2004/edm_2004.zip>.
10. Intergovernmental Panel on Climate Change, World Meteorological Association and United Nations Environment Programme, *Third Assessment Report: Climate Change 2001* (Genebra: 2001), <http://www.ipcc.ch/pub/online.htm>.
11. Jonathan Leake, "Britain Faces Big Chill as Ocean Current Slows", *Sunday Times*, 8/5/2005, <http://www.timesonline.co.uk/article/0,,2087-1602579,00.html>.
12. Intergovernmental Panel on Climate Change, World Meteorological Association and United Nations Environment Programme, op. cit.
13. Peter Schwartz e Doug Randall, *An Abrupt Climate Change Scenario and its Implications for United States National Security*, outubro de 2003, 1-2, 22, <http://www.gbn.com/ArticleDisplayServlet.srv?aid=26231>.
14. Sawin, op. cit., 27.
15. James Howard Kunstler, *The Long Emergency: Surviving the Long Catastrophes of the 21st Century* (Nova York: Atlantic Monthly Press, 2005).
16. Nicholas Varchaver, "How to Kick the Oil Habit", *Fortune*, 23/8/2004, 102.
17. As implicações para a humanidade de abuso e colapso sistêmicos num planeta finito foram o tema central de Donella H. Meadows em *Limits to Growth* (Nova York: New American Library, 1972).
18. Worldwatch Institute, *Vital Signs 2003: Trends that are shaping our future* (Nova York: W.W. Norton, 2003), 34-5.
19. James Howard Kunstler, op. cit.
20. James Howard Kunstler, "The Long Emergency", *Rolling Stone*, 24 de março de 2005, <http://www.rollingstone.com/politics/story/_/id/7203633>.
21. Ibidem.
22. Ver compilações feitas por Matthew White, em <http://users.erols.com/mwhite28/warstat8.htm>, e Piero Scaruffi, em <http://www.scaruffi.com/politics/massacre.html>.
23. Organização Mundial da Saúde, *Injuries and Violence Prevention*, s.d., <http://www.who.int/violence_injury_prevention/violence/collective/collective/en/index2.html>.
24. Organização das Nações Unidas, "Land Mine Facts", kit de imprensa para a International Conference on Mine Clearance Technology, 2N, 4/7/1996, Copenhague, <http://www.un.org/depts/dha/mct/facts.htm>.
25. Doug Rokke, entrevista realizada por Sunny Miller, "The War Against Ourselves", *YES! A Journal of Positive Futures*, primavera de 2003, <http://www.yesmagazine.org/article.asp?ID=594>.

26. Chalmers Johnson, *The Sorrows of Empire: Militarism, Secrecy, and the End of the Republic* (Nova York: Henry Holt, 2004), 100.
27. Reportagem do programa *Now* sobre transtorno de stress pós-traumático, veiculada pelo serviço público de televisão, <http://www.pbs.org/now/societyptsd.html>.
28. Immanuel Wallerstein, "The Eagle has crashed landed", *Foreign Policy*, 1/7/2002, 60-68.
29. Este argumento é apresentado de forma elegante e detalhada em Jonathan Schell, *The Unconquerable World* (ver cap. 1, n. 8).
30. United Nations Development Programme, *2003 Human Development Report* (Nova York: Oxford University Press, 2003), 2-8, <http://www.pnud.org.br/rdh/integras/index.php?lay=inst&id=fuld#rdh2003>.
31. Luisa Kroll e Lea Goldman, "The World's Billionaires", *Forbes*, 10/3/2005, <http://www.forbes.com/billionaires/2005/03/10/cz_lk_lg_0310billintro_bill05.html>.
32. Matthew Bentley, "Sustainable Consumption: Ethics, National Indices and International Relations" (Dissertação de Doutorado, American Graduate School of International Relations and Diplomacy, Paris, 2003), conforme relato de Christopher Flavin, in Worldwatch Institute, *State of the World 2004*, xvii, <http://www.wwiuma.org.br/estado_do_mundo/2004/edm_2004.zip>.
33. Organização das Nações Unidas, "World Population Prospects: The 2002 Revision", 26 de fevereiro de 2003, vi.
34. Estatísticas sobre a capitalização dos mercados disponíveis através de assinatura da Data Stream, uma divisão da Thomson Financial.
35. Edward N. Wolff, *Top Heavy: the Increasing Inequality of Wealth in America and What Can be Done about It* (Nova York: New Press, 2002), 29-30.
36. Nelson D. Schwartz, "The Dollar in the dumps", *Fortune*, 13/12/2004.
37. Ibidem.
38. Emannuel Todd, *After the Empire: The Breakdown of the American Order*, (Nova York: Columbia University Press, 2003), 123.
39. Pete Engario e Dexter Roberts, "The China Price", *Business Week*, 6/12/2004, 102-12.
40. Barney Gimbel, "Yule Log Jam", *Fortune*, 13/12/2004, 162-70.
41. Pete Engario e Dexter Roberts, "The China Price", *Business Week*, 6/12/2004, 102-12.
42. Stephen Baker e Manjeet Kripalani, "Software: Will Outsourcing Hurt America's Supremacy?", *Business Week*, 1/3/2004, 84-94.
43. "Inside the New China", *Fortune*, 4/10/2004, 92.
44. Engario e Roberts, op. cit.
45. *Argentina: Hope in Hard Times* foi produzido por Mark Dworkin e Melissa Young. Para mais informação, consultar <http://www.movingimages.org/page22.html>. *The Take* foi produzido por Avi Lewis e Naomi Klein. Ver <http://www.nfb.ca/webextension/thetake/>.

Capítulo 4: A oportunidade

1. Conforme citado por Philip H. Duran, "Eight Indigenous Prophecies", http://home.earthlink.net/~phil-duran/prophecies.htm.
2. Thomas Berry, *The Great Work* (Nova York: Bell Tower, 1999), 201.
3. Caracterização das células organizadoras retirada de John Feltwell, *The Natural History of Butterflies* (Nova York: Facts on File, 1986), 23.
4. Elisabet Sahtouris, *EarthDance: Living Systems in Evolution* (San Jose, CA: iUniversity Press, 2000), 206-7.

5. Paul Ray e Sherry Anderson, entrevista com Sarah Ruth van Gelder, "A Culture gets criative", *YES! A Journal of Positive Futures*, inverno de 2001. Ray e Anderson estabelecem uma ligação entre o movimento de direitos civis e um amplo despertar cultural. Sua descoberta disparou minha percepção de que algo muito mais profundo que uma mera mudança de valores está se processando. Em discussões pessoais subsequentes, Ray afirmou seu apoio à tese de que o que sua investigação revelou é na verdade evidência de um passo em direção a um novo nível da consciência humana, com profundas implicações.

6. Paul H. Ray e Sherry Ruth Anderson, *The Cultural Creatives: How 50 million People are Changing the World* (Nova York: Harmony Books, 2000).

7. Conforme relatado por Duane Elgin e Coleen LeDrew, "Global Paradigm Report: Tracking the Shift Underway", *YES! A Journal of Positive Futures*, inverno de 1997, 19; Duane Elgin com Coleen LeDrew, *Global Consciousness Change: Indicators of an Emerging Paradigm* (San Anselmo, CA: Millenium Project, 1997). Para mais informações, acesse <http://awakeningearth.org/>.

8. Ronald Inglehart, *Modernization and Postmodernization: Cultural, Economic, and Political Change in 43 societies* (Princeton, NJ: Princeton University Press, 1997).

9. Parker J. Palmer, entrevista com Sarah van Gelder, "Integral Life, Integral Teacher", *YES! A Journal of Positive Futures*, inverno de 1999, <http://www.yesmagazine.org/article.asp?ID=796>.

10. A Declaração do Povo da Terra, conforme traduzida pelo Fórum Brasileiro de ONGS e Movimentos Sociais, pode ser encontrada em <http://www.vitaecivilis.org.br/anexos/POVO_TERRA_39.PDF>.

11. Para o texto e mais informações sobre a Carta da Terra, ver <http://www.earthcharter.org/>. Para a versão oficial em português, ver <http://www.mma.gov.br/estruturas/agenda21/_arquivos/carta_terra.doc>.

12. Frances F. Korten, "Report from the World Social Forum", *YES! A Journal of Positive Futures*, Primavera de 2004, <http://www.yesmagazine.org/article.asp?ID=710>.

13. Patrick E. Tyler, "A New Power in the Streets", *New York Times*, 17/2/2002.

14. Riane Eisler, *The Chalice and the Blade*, ed. rev. (San Francisco: HarperSanFrancisco, 1995).

PARTE II: OS PESARES DO IMPÉRIO

Introdução

1. Cornel West, "Finding Hope in Dark Times", *Tikkun*, julho/agosto de 2004, 18.

Capítulo 5: Quando Deus era mulher

1. Riane Eisler, *The Chalice and the Blade*, ed. rev. (San Francisco: HarperSanFrancisco, 1995).

2. Utilizo "coletores-caçadores", em vez da forma mais familiar "caçadores-coletores", seguindo sugestão de Riane Eisler, que aponta que na maioria dessas sociedades a subsistência básica dependia mais da coleta que da caça. A ênfase convencional na caça reflete uma tendência a apresentar os homens, que em geral cuidavam da caça, como os provedores primários, diminuindo o papel das mulheres, que com maior frequência se responsabilizavam pela coleta.

3. Eisler, op. cit.

4. Ibidem.

5. Edward McNall Burns, *Western Civilizations: Their History and Their Culture*, 5ª ed. (Nova York: W.W. Norton, 1958), 11.
6. *Encyclopaedia Britannica 2003*, ed. deluxe CD, sob o verbete "Human Evolution"; Philip Lee Ralph et al., *Western Civilizations: Their History and Their Culture*, vol. 1, 9ª ed. (Nova York: W.W. Norton, 1997), 6-8.
7. Jared M. Diamond, *Guns, Germs, and Steel: The Fates of Human Societies* (Nova York: W.W. Norton, 1999), 267-68.
8. Edward McNall Burns, *Western Civilizations: Their History and Their Culture*, 5ª ed. (Nova York: W.W. Norton, 1958), 124.
9. Diamond, op. cit., 16.
10. Eisler, op. cit., 16-21.
11. Merlin Stone, *When God was a Woman* (San Diego: Harcourt Brace, 1976), 2-4.
12. Eisler, op. cit.
13. Brian Swimme e Thomas Berry, *The Universe Story* (San Francisco: HarperSanFrancisco, 1992), 168-84.
14. Eisler, op. cit.
15. Sydney Smith, in S.H. Hooke (org.), *Myth, Ritual, and Kingship* (Londres: Oxford University Press, 1958), citado por Merlin Stone, op. cit., 130.
16. Stone, op. cit., 41-2.
17. Ibidem, 11-2.
18. A. Moortgat, *The Art of Ancient Mesopotamia* (Londres: Macmillan, 1970), citado por Merlin Stone, op. cit., 130.
19. Citado por Stone, op. cit., 34-5.
20. Stone, op. cit., 63-4.
21. Eisler, op. cit.
22. Swimme e Berry, op. cit., 168-84.
23. Eisler, op. cit.
24. Ibidem.
25. Ibidem.
26. A história global da escravidão está documentada por Milton Meltzer em *Slavery: A World History* (Nova York: Da Capo, 1993).

Capítulo 6: O Império Antigo

1. Ilarion (Larry) Merculief, "The Gifts from the Four Directions", *YES! A Journal of Positive Futures*, primavera de 2004, 44-5. Baseado em seus estudos de profecias orais.
2. Estas fontes incluem Philip Lee Ralph et al., *Western Civilizations: Their History and Their Culture*, vol. 1, 9ª ed. (Nova York: W.W. Norton, 1997); Edward McNall Burns, *Western Civilizations: Their History and Their Culture*, 5ª ed. (Nova York: W.W. Norton, 1958), 76.; Jared M. Diamond, *Guns, Germs, and Steel: The Fates of Human Societies* (Nova York: W.W. Norton, 1999); Will Durant, *Heroes of History: A Brief History of Civilization from Ancient Times to the Dawn of the Modern Age* (Nova York: Simon & Schuster, 2001), *Encyclopaedia Britannica 2003*, ed. deluxe CD; e uma variedade de fontes na internet, incluindo a coleção de história do serviço de internet da BBC, <http://www.bbc.co.uk/history/> (acessado em 10 de setembro de 2005); e <http://www.historyguide.org/>.
3. Ralph et al., op. cit., 32-3.
4. Burns, op. cit.,77.
5. Ralph et al., op. cit., 36.
6. Ibidem, 44.

7.   Burns, op. cit., 76.
8.   Ralph et al., op. cit., 44.
9.   Diamond, op. cit.
10. Burns, op. cit., 40.
11. Ibidem, 46.
12. Ralph et al., op. cit., 118-20.
13. Andrew Wallace-Hadrill, *Roman Empire: The Paradox of Power*. Da coleção de história do serviço de internet da BBC, <http://www.bbc.co.uk/history/ancient/romans/>.
14. Philip Lee Ralph et al., op. cit., 229.
15. Ibidem, 229-30.
16. Durant, op. cit.
17. Este breve levantamento dos imperadores que reinaram por mais de cem dos aproximadamente duzentos anos da Pax Romana foi compilado a partir da *Encyclopaedia Britannica 2003*, ed. deluxe CD.
18. Ralph et al., op. cit., 249.
19. Walter Wink, *Engaging The Powers: Discernment and Resistance in a World of Domination* (Minneapolis: Fortress Press, 1992), 150.
20. Ralph et al., op. cit., 711-4.

Capítulo 7: O Império Moderno

1.   William Greider, *The Soul of Capitalism: Opening Paths to a Moral Economy* (Nova York: Simon & Schuster, 2003), 35.
2.   *Encyclopaedia Britannica 2003*, ed. deluxe CD, sob o verbete "Colonialism". Inclui os territórios nas Américas que, em 1878, haviam conquistado sua independência da Inglaterra, Espanha e Portugal.
3.   Ibidem, sob o verbete "Hernando de Soto".
4.   *The Reader's Companion to American History*, sob o verbete "America in the British Empire" (escrito por Richard S. Dunn), Houghton Mifflin College Division, edição online, http://college.hmco.com/history/readerscomp/rcah/html/ah_0030000_americainthe.htm (acessado em 22 de outubro de 2005).
5.   *Encyclopaedia Britannica 2003*, ed. deluxe CD, sob o verbete "Privateer".
6.   Kevin Phillips, *Wealth and Democracy* (Nova York: Broadway Books, 2002), 11, 14.
7.   *Encyclopaedia Britannica 2003*, ed. deluxe CD, sob o verbete "Morgan, *sir* Henry".
8.   Ibidem, sob o verbete "Privateer".
9.   Ron Harris, *Industrializing English Law: Enterpreneurship and Business Organization, 1720-1844* (Cambridge: Cambridge University Press, 2000), 41-2, 46-7.
10. Ibidem.
11. Edward McNall Burns, *Western Civilizations: Their History and Their Culture*, 5ª ed. (Nova York: W.W. Norton, 1958), 467; e *Encyclopaedia Britannica 2003*, ed. deluxe CD, sob o verbete "British East India Company".
12. *Encyclopaedia Britannica 2003*, ed. deluxe CD, sob o verbete "Opium Wars".
13. Mark Curtis, "The Ambiguities of Power: British Foreign Policy since 1945", *The Ecologist* 26, nº 1 (janeiro/fevereiro de 1996), 5-12.
14. Marjorie Kelly, *The Divine Right of Capital: Dethroning the Corporate Aristocracy* (San Francisco: Berrett-Koehler, 2001).
15. Frances Moore Lappé, *Democracy's Edge* (Jossey-Bass, 2005), 109-11.
16. Curtis, op. cit.
17. Para um relato detalhado do funcionamento deste processo, ver John Perkins, *Confissões de um Assassino Econômico* (São Paulo: Cultrix, 2005).

18. Para documentação detalhada sobre o real propósito e consequências dos acordos contemporâneos de comércio, ver David Korten, *When Corporations Rule the World*; International Forum on Globalization, John Canavagh e Jerry Mander (eds.), *Alternatives to Economic Globalization: a Better World is Possible* (San Francisco: Berrett-Koehler, 2002); Lori Wallach e Patrick Woodall, *Whose Trade Organization? Comprehensive Guide to the WTO* (Nova York: New Press, 2003); e Jerry Mander e Edward Goldsmith (eds.), *The Case against the Global Economy and for a Turn to the Local* (San Francisco: Sierra Club Books, 1996).

19. Para mais informações sobre a criação e manipulação do dinheiro, ver David Korten, *When Corporations Rule the World*, 181-5.

20. "Creative Finance", *Forbes*, 9 de maio de 2005, 46.

Capítulo 8: A Experiência Ateniense

1. Frances Moore Lappé, *Democracy's Edge* (Jossey-Bass, 2005).
2. Will Durant, *Heroes of History*, 80; e Philip Lee Ralph et al., *Western Civilizations*, 164.
3. Durant, op. cit.
4. Edward McNall Burns, *Western Civilizations*, 152.
5. Os estrangeiros a quem foi concedida cidadania durante a administração de Clístenes eram uma exceção. Aristóteles, provavelmente o maior de todos os filósofos gregos, não cumpria os requisitos para a obtenção da cidadania ateniense, e por isso não foi indicado como chefe da Academia de Platão em Atenas após a morte de seu mestre.
6. Eva Keuls, *The Reign of the Phallus: Sexual Politics in Ancient Athens* (Berkeley e Los Angeles: University of California Press, 1993). Ver também Riane Eisler, *Sacred Pleasure: Sex, Myth and the Politics of the Body* (Nova York: HarperCollins, 1995), 104-7.
7. Durant, op. cit.
8. Jean L. Cohen e Andrew Arato, *Civil Society and Political Theory* (Cambridge, MA: MIT Press, 1992), 85.
9. *Aristotle, The Politics and the Constitution of Athens,* org. por Stephen Everson (Cambridge University Press, 1996), 16-7.
10. Cohen e Arato, op. cit., 7.
11. Burns, op. cit., 569.

PARTE III: ESTADOS UNIDOS, O PROJETO INCONCLUSO

Capítulo 9: Um começo infausto

1. *The Reader's Companion to American History*, sob o verbete "Southern Colonies" (escrito por Peter H. Wood), Houghton Mifflin College Division, edição online, <http://college.hmco.com/history/readerscomp/rcah/html/ah_080500_southerncolo.htm> (acessado em 22 de outubro de 2005).
2. Donald S. Lutz, org., *Colonial Origins of the American Constitution: A Documentary History* (Indianapolis: Liberty Fund, 1998), inclui cópias dos documentos oficiais detalhando as punições para estes e outros crimes.
3. Harvey Wasserman, *America Born and Reborn* (Nova York: Collier Books, 1983), 19.
4. *The Reader's Companion to American History*, sob o verbete "America in the British Empire" (escrito por Richard S. Dunn), Houghton Mifflin College Division, edição online, http://college.hmco.com/history/readerscomp/rcah/html/ah_0030000_americainthe.htm (acessado em 22 de outubro de 2005); e Paul Boyer, "Apocalypticism Explained:

The Puritans", *Frontline*, serviço público de televisão, <http://www.pbs.org/wgbh/pages/frontline/shows/apocalypse/explanation/puritans.html>.

5. Ibidem.
6. Frank Lambert, *The Founding Fathers and the Place of Religion in America* (Princeton, NJ: Princeton University Press, 2003) apresenta um detalhado estudo destas dinâmicas iniciais.
7. John Cotton in "Letter to the Lord Say and Sele", 1636, <http://www.skidmore.edu/~tkuroda/hi321/LordSay&Sele.htm>.
8. Lambert, op. cit.
9. Conforme citado por Howard Zinn, *A People's History of the United States 1492-Present* (Nova York: Harper-Perennial, 1995), 1, 3.
10. Numerosos relatos deste tipo são citados por Howard Zinn, op. cit.; Thom Hartmann, *What Would Jefferson Do? A Return to Democracy* (Nova York: Harmony Books, 2004); e Harvey Wasserman, op. cit.
11. Zinn, op. cit., 21.
12. Jack Weatherford, "The Untold Story of America's Democracy", *YES! A Journal of Positive Futures*, primavera de 2002, 14-7; e Hartmann, op. cit.
13. Zinn, op. cit., 11.
14. Philip Lee Ralph et al., *Western Civilizations*, 676-7.
15. Zinn, op. cit., 13-6.
16. Priscilla Murolo e A.G. Chitty, *From the Folks who Brought You the Weekend* (Nova York: New Press, 2001), 6.
17. Peter Kellman, "The Working Class History Test", in Dean Ritz (org.), *Defying Corporations, Defining Democracy: A Book of History and Strategies* (Nova York: Apex, 2001), 46-8.
18. Murolo e Chitty, op. cit., 21.
19. Ibidem, 19; Roger Wilkins, *Jefferson's Pillow: The Founding Fathers and the Dilemma of Black Patriotism* (Boston: Beacon, 2001), 18-9; Zinn, op. cit., 39-42.
20. Wilkins, op. cit., 19-20.
21. Wasserman, op. cit., 76.

Capítulo 10: A Rebelião de poder do povo

1. Numa carta a seu amigo Richard Rush, in Jonathan Schell, *The Unconquerable World: Power, Nonviolence, and the Will of the People* (Nova York: Metropolitan Books, 2003), 163.
2. Leo Huberman, *We, The People: The Drama of America*, ed. rev. (Nova York: Monthly Review Press, 1947; Modern Reader, 1970), 43-4. As citações referem-se à edição da Modern Reader.
3. Thom Hartmann, *Unequal Protection: The Rise of Corporate Dominance and the Theft of Human Rights* (Emmaus, PA: Rodale, 2002); Ted Nace, *Gangs of America: The Rise of Corporate Power and the Disabling of Democracy* (San Francisco: Berrett-Koehler, 2003, 41-5); Huberman, op. cit.
4. *Encyclopaedia Britannica 2003*, ed. deluxe CD, sob o verbete "Continental Congress". Para obter uma cópia da declaração, ver <http://www.constitution.org/bcp/colright.htm>.
5. Schell, op. cit., 160-3.
6. Roger Wilkins, *Jefferson's Pillow: The Founding Fathers and the Dilemma of Black Patriotism* (Boston: Beacon, 2001), 35-6.

Capítulo 11: A vitória do Império

1. Conforme reportagem da CBS News, "Bush and Gore Do New York", 20/10/2000, <http://www.cbsnews.com/stories/2000/10/18/politics/main242210.shtml>. O presidente Bush falava, durante a campanha presidencial, no Al Smith Dinner para arrecadação de fundos.
2. Edward N. Wolff, *Top Heavy: the Increasing Inequality of Wealth in America and What Can be Done about It* (Nova York: New Press, 2002), 3, 8.
3. Thomas R. Dye, *Who's Running America? The Bush Restoration*, 7ª ed. (Upper Saddle River, NY: Prentice Hall, 2002), 204.
4. Leo Huberman, *We, The People: The Drama of America*, ed. rev. (Nova York: Monthly Review Press, 1947; Modern Reader, 1970), 75-8. As citações referem-se à edição da Modern Reader.
5. Thomas Jefferson a Samuel Kecherval, 1816, in *The Writings of Thomas Jefferson*, A. A. Lipscomb e Albert E. Bergh (eds.), 20 vols. (Thomas Jefferson Memorial Association: Washington, D.C., 1903-4), 15:39, <http://etext.lib.virginia.edu/jefferson/quotations/jeff0600.htm>.
6. Conforme citado por Howard Zinn, *A People's History of the United States 1492-Present* (Nova York: Harper-Perennial, 1995), 95.
7. Zinn, op. cit., 95.
8. Roger Wilkins, *Jefferson's Pillow: The Founding Fathers and the Dilemma of Black Patriotism* (Boston: Beacon, 2001).
9. Priscilla Murolo e A.G. Chitty, *From the Folks who Brought You the Weekend* (Nova York: New Press, 2001), 42.
10. Harvey Wasserman, *America Born and Reborn* (Nova York: Collier Books, 1983), 53.
11. Wilkins, op. cit.
12. Murolo e Chitty, op. cit., 43.
13. Kevin Phillips, *Wealth and Democracy* (Nova York: Broadway Books, 2002), 16-7.
14. John Kenneth Galbraith, *Money: Whence It Came, Where It Went* (Boston: Houghton Mifflin, 1975), 73.
15. Kevin Phillips, op. cit., 17; William Greider, *Secrets of the Temple: How the Federal Reserve Runs the Country* (Nova York: Touchstone, 1989), 255.
16. Ver Greider, op. cit., para um relato autorizado a respeito da Federal Reserve.
17. Wasserman, op. cit., 56.
18. Ibidem, 57.
19. Thom Hartmann, *What Would Jefferson Do? A Return to Democracy* (Nova York: Harmony Books, 2004).
20. Murolo e Chitty, op. cit., 44-5.
21. Ibidem, 43.
22. Sou grato ao professor Holly Youngbear-Tibbetts, do College of Menomonee Nation, por esta caracterização.
23. Zinn, op. cit., 125-6.
24. Stephen F. Knott, *Secret and Sanctioned: Covert Operations and the American Presidency* (Nova York: Oxford University Press, 1996), 116-20; Zinn, op. cit., 147-66; e *Encyclopaedia Britannica 2003*, ed. deluxe CD, sob os verbetes "Alamo" e "History of Mexico".
25. Ver Ted Nace, *Gangs of America: The Rise of Corporate Power and the Disabling of Democracy* (San Francisco: Berrett-Koehler, 2003) e Thom Hartmann, *Unequal Protection: The Rise of Corporate Dominance and the Theft of Human Rights* (Emmaus, PA: Rodale, 2002).
26. Zinn, op. cit., 290-1.
27. Ibidem.

28. Albert Jeremiah Beveridge, um jovem acadêmico e advogado posteriormente eleito senador por Indiana, conforme citado por Stanley Karnow, *In Our Image: America's Empire in the Philippines* (Nova York: Random House, 1989), 109.
29. Knott, op. cit., 150-2.
30. Michael Parenti, *Against Empire* (San Francisco: City Light Books, 1995), 38-9.
31. Laurence H. Shoup e William Minter, "Shaping a New World Order: The Council on Foreign Relations' Blueprint for World Hegemony", in Holly Sklar (org.), *Trilateralism: The Trilateral Commission and Elite Planning for World Management* (Boston: South End, 1980), 140-9.
32. Conforme citado por Noam Chomsky, *What Uncle Sam Really Wants* (Tucson, AZ: Odonian, 1992).
33. Shoup e Minter, op. cit., 140-9.
34. Conforme compilado por Parenti, op. cit., 37-8.
35. Ibidem.
36. "A Chronology of US Military Interventions from Vietnam to the Balkans", *Frontline*, serviço público de televisão online e WGBH/Frontline, 1999, <http://www.pbs.org/wgbh/pages/frontline/shows/military/etc/cron.html>.
37. John Perkins, *Confissões de um Assassino Econômico* (São Paulo: Cultrix, 2005).

Capítulo 12: A luta por justiça

1. Do discurso "I Had a Dream", Lincoln Memorial, 28/8/1963.
2. Ver Howard Zinn, *A People's History of the United States 1492-Present* (Nova York: Harper-Perennial, 1995), 167-205, para uma ampla documentação sobre a resistência negra.
3. Harvey Wasserman, *America Born and Reborn* (Nova York: Collier Books, 1983), 78-80.
4. Priscilla Murolo e A.G. Chitty, *From the Folks who Brought You the Weekend* (Nova York: New Press, 2001), 94-5.
5. Ibidem, 247-9.
6. Ibidem, 250-2.
7. Wasserman, op. cit., 74.
8. Ibidem, 75.
9. Sheila Tobias, *Faces of Feminism: An Activist's Reflections on the Women's Movement* (Boulder, CO: Westview, 1997), 22-5.
10. Números baseados em informações extraídas de *The World Almanac and Book of Facts 1997* (Nova York: St. Martin's); e Geoffrey Barraclough, "The Making of the United States: Westward Expansion 1783 to 1890", in Geoffrey Barraclough (org.), *The Times Atlas of World History* (Londres: Times Books, 1978), 220-1, <http://www.globapolicy.org/empire/history/1979/79westwardexp.htm>.
11. Murolo e Chitty, op. cit., 256.
12. *Houghton Mifflin Encyclopedia of North American Indians*, sob o verbete "Religious rights"(escrito por Irene S. Vernon), edição online, <http://college.hmco.com/history/readerscomp/naind/html/na_032700_religiousrig.htm> (acesso em 17 de novembro de 2005).
13. A ascensão e queda do movimento popular está detalhadamente documentada em Lawrence Goodwyn, *The Populist Moment: A Short History of the Agrarian Revolt in America* (Oxford: Oxford University Press, 1978).
14. Zinn, op. cit., 279-89, e Goodwyn, op. cit.
15. Murolo e Chitty, op. cit., 59-60.

16. Ibidem, 61-2.
17. Ibidem, 61-3.
18. Ibidem, 64-6.
19. Leo Huberman, *We, The People: The Drama of America*, ed. rev. (Nova York: Monthly Review Press, 1947; Modern Reader, 1970), 207. As citações referem-se à edição da Modern Reader.
20. Murolo e Chitty, op. cit., 104-8. A University of Pittsburgh mantém uma galeria de fotos dos danos a instalações ferroviárias em Pittsburgh durante a grande greve dos ferroviários de 1877, <http://www.library.pitt.edu/labor_legacy/rrstrike1877.html>.
21. Ibidem, 110-2.
22. Huberman, op. cit., 228.
23. Murolo e Chitty, op. cit., 121-7.
24. Ibidem, 110-2.
25. Huberman, op. cit., 28.
26. Murolo e Chitty, op. cit., 121-7.
27. Huberman, op. cit., 231-2.
28. Ibidem, 233.
29. Murolo e Chitty, op. cit., 150-1.
30. Zinn, op. cit., 375-6; e Murolo e Chitty, op. cit., 177-8.
31. Murolo e Chitty, op. cit., 181-4.
32. Ibidem, 186-93.
33. Ibidem, 216.
34. *The World Almanac and Book of Facts 1997* (Nova York: St. Martin's), 175.
35. Edward N. Wolff, *Top Heavy: the Increasing Inequality of Wealth in America and What Can be Done about It* (Nova York: New Press, 2002), 8-16.

Capítulo 13: O chamado para o despertar

1. Alan Crawford: *Thunder on the Right: The "New Right" and the Politics of Resentment* (Nova York: Pantheon Books, 1980), 4-5.
2. Conforme citado por Francisco Goldman, "'O mal era muito grave...', a descrição de José Marti de nossas eleições de 1884, soa sinistramente contemporânea", *The American Prospect*, agosto de 2004, 18.
3. Robert D. Putnam, "The Prosperous Community: Social Capital and Public Affairs", *The American Prospect*, primavera de 1993, 2; e Robert D. Putnam et. al., *Making Democracy Work: Civic Traditions in Modern Italy* (Princeton, NJ: Princeton University Press, 1993).
4. Para um guia autorizado em relação às instituições para a construção de consensos e lobby político da elite, ver George Draffan, *The Elite Consensus: When Corporations Wield the Constitution* (Nova York: Apex, 2003).
5. Conforme citado em *Justice for Sale: Short-changing the Public Interest for Private Gain* (Washington: Alliance for Justice, 1993), 10-1.
6. Jean Hardisty, *Mobilizing Resentment: Conservative Resurgence* (Boston: Beacon Press, 1999), 47.
7. Frederick Clarkson, "Takin' It to the States: The Rise of Conservative State Level Think Tanks", *The Public Eye* 13, n°s 2/3 (verão/outono de 1999), <http://www.publiceye.org/>.
8. Hardisty, op. cit., 17; e Chip Berlet e Jean Hardisty, *An Overview of the U.S. Political Right: Drifting Right and Going Wrong*, no site da Political Research Associates, <http://www.publiceye.org/frontpage/overview.html>.

9. Hardisty, *Mobilizing Resentment: Conservative Resurgence*, 47.
10. Ibidem, 48.
11. Frederick Clarkson, *Eternal Hostility: The Struggle between Theocracy and Democracy* (Monroe, ME: Common Courage, 1997), 20-2.
12. Conforme citado por Joe Conason, "Taking on the Untouchables", *Salon*, 29/2/2000, <http://archive.salon.com/news/col/cona/2000/02/29/right/index1.html>.
13. Clarkson, "Takin' It to the States: The Rise of Conservative State Level Think Tanks".
14. Clarkson, *Eternal Hostility: The Struggle between Theocracy and Democracy*, 77. Esta asserção sobre a intenção mais profunda da direita cristã encontra eco também em Hardisty, op. cit.
15. A história inicial daquilo que se autodescrevia como a Nova Direita é documentada em detalhes por Crawford, op. cit., um participante que acabou alarmado com o que considerava ser uma plataforma anticonservadora.
16. Hardisty, op. cit., 32.
17. Ibidem, 39.
18. Ibidem, 19, 42.
19. Ibidem, 42.
20. Este processo é documentado de forma eloquente por Susan Faludi, ganhadora do prêmio Pulitzer, em *Stiffed: The Betrayal of the American Man* (Nova York: HarperCollins, 2000).
21. David C. Korten, *When Corporations Rule the World*, 305 (ver cap. 4, n. 10).
22. Michael Moore, *Stupid White Men* (Nova York: Regan Books, 2001), 209-11.
23. Tom Curry, "Nixon: 30 years", MSNBC Interactive, 9/8/2004, <http://www.other-net.info/index,php?p+250#more-250>.
24. Ian Cristopher McCaleb e Matt Smith, "Bush, in First Address as President, Urges Citizenship over Spectatorship", CNN.com, 20/1/2001, <http://archives.cnn.com/2001/ALLPOLITICS/stories/01/20/bush.speech/>.
25. George W. Bush, discurso de posse, 20/1/2001, <http://www.whitehouse.gov/news/inaugural-address.html>.
26. Richard W. Stevenson, "The Inauguration: The Agenda", *New York Times*, 21/1/2001.
27. David E. Sanger, "The New Administration: The Plan", *New York Times*, 24/1/2001.
28. Douglas Jehl com Andrew C. Revkin, "Bush, in Reversal, Won't Cut Seek Cut in Emission of Carbon Dioxide", *New York Times*, 14/3/2001.
29. A realidade é detalhada pelo ex-estrategista político republicano Kevin Phillips, em *American Dinasty: Aristocracy, Fortune, and the Politics of Deceit in the House of Bush* (Nova York: Viking, 2004).
30. Roger Cohen, "Europe and Bush: Early Storm Clouds to Watch", *New York Times*, 26/3/2001.
31. O relatório *Rebuilding America's Defenses* está disponível publicamente no site do PNAC, <http://www.newamericancentury.org/defensenationalsecurity.htm>. O chamado a uma Pax Americana é exteriorizado com todas as letras na página IV.
32. Ibidem, 51.
33. Estas e outras referências à "oportunidade" criada pelo 11 de setembro feitas por membros da administração encontram-se documentadas em David Ray Griffin, *The New Pearl Harbor: Disturbing Questions about the Bush Administration and 9/11* (Northampton, MA: Olive Branch, 2004),129-31.
34. David Zweifel, "Republican Stingingly Rebukes Bush", *Progressive Populist*, 1/4/2004, 9.

Capítulo 14: As prisões da mente

1. Willis W. Harman, *Global Mind Change: The Promise of the 21st Century*, 2ª ed. (Sausalito, CA: Institute of Noetic Sciences, e San Francisco: Berrett-Koehler, 1998), VIII.
2. Milton Friedman, *Capitalism and Freedom* (São Paulo: Nova Cultural, 1988).
3. Ibidem.
4. George Gilder, *Wealth and Poverty*, nova ed. (San Francisco: ICS Press, 1993), 40.

PARTE IV: A GRANDE VIRADA

Introdução

1. Matthew Fox, *Wrestling with the Prophets: Essays on Creation Spirituality and Everyday Life* (Nova York: Penguin Group), 76.

Capítulo 15: Para além do pai severo contra o relógio do envelhecimento

1. Thomas Berry, *Dream of the Earth* (San Francisco: Sierra Club Books, 1988), XI.
2. Philip Lee Ralph et al., *Western Civilizations: Their History and Their Culture*, vol. 1, 9ª ed. (Nova York: W.W. Norton, 1997), 390.
3. Claudia Wallis, "The Evolution Wars", *Time*, 15 de agosto de 2005, 27-35.
4. Ibidem.
5. Ver Marcus J. Borg, *Meeting Jesus Again for the First Time* (San Francisco: HarperSanFrancisco, 1994) e Marcus J. Borg, *The God We Never New: Beyond Dogmatic Religion to a More Authentic Contemporary Faith* (San Francisco: HaperSanFrancisco, 1998), sobretudo o cap. 3, "Imaging God: Why and How it Matters".
6. Ver Borg, *Meeting Jesus Again*, 38.
7. Matthew Fox, *One River, Many Wells: Wisdom Springing from Global Faiths* (Nova York: Penguin Group, 2000), 101-88.
8. Matthew Fox, *The Coming of the Cosmic Christ* (Nova York: HarperCollins, 1995); e Borg, op. cit.
9. Borg, op. cit, 29.
10. Ibidem.
11. Biblical Discernment Ministries, *Book Review: The Left Series*, janeiro de 2005, <http://www.rapidnet.com/~jbeard/bdm/BookReviews/left.htm>.
12. Conforme citado por Nicholas D. Kristof, "Jesus and Jihad", *New York Times*, 17/7/2004, 25.
13. Borg, op. cit, 30.
14. Matthew Fox, *Wrestling with the Prophets: Essays on Creation Spirituality and Everyday Life* (Nova York: Penguin Group); Matthew Fox, *Sheer Joy: Conversations with Thomas Aquinas on Creation Spirituality* (Nova York: Penguin Group, 1992); e Matthew Fox, *Passion for Creation: The Earth-Honoring Spirituality of Meister Eckhart* (Rochester, VT: Inner Traditions, 2000).
15. Dois trabalhos clássicos da década de 1970 exploraram a convergência entre a antiga sabedoria dos povos do Espírito e as descobertas da ciência contemporânea: Fritjof Capra, *O tao da física* (São Paulo: Cultrix, 2000); e Gary Zukav, *The Dancing Wu Li Masters: An Overview of the New Physics* (Nova York: Bantam, 1979).
16. Borg, op. cit., 33-4.
17. Candace Pert, "Molecules and Choice", *At the Frontiers of Consciousness*, setembro/novembro de 2004, 21-4.

Capítulo 16: A jornada épica da Criação

1. Willis W. Harman e Elisabet Sahtouris, *Biology Revisioned* (Berkeley, CA: North Atlantic Books, 1998), 166.
2. Lynn Margulis e Dorion Sagan, *What Is Life?* (Nova York: Simon & Schuster, 1995), 49.
3. Ibidem.
4. Ibidem.
5. Ibidem.
6. Mae-Wan Ho, "Towards a Thermodynamics of Organized Complexity, cap. 6 de *The Rainbow and the Worm: The Physics of Organisms*, 2ª ed. (Cingapura: World Scientific, 1998).
7. Margulis e Sagan, op. cit., 41.
8. Steven Rose, *Lifelines: Biology beyond Determinism* (Nova York: Oxford University Press, 1998), 258.
9. Jon R. Luoma, *The Hidden Forest: The Biography of an Ecosystem* (Nova York: Henry Holt, 1999), 73.
10. Ibidem, 51-7.
11. Ibidem, 57-62.
12. Ibidem, 58-60.
13. Ibidem, 92-101.
14. Margulis e Sagan, op. cit., 23.
15. As funções e interações dos componentes da mente humana são descritas em linguagem acessível por Thomas Lewis, Fari Amini e Richard Lannon, *A General Theory of Love* (Nova York: Vintage Books, 2001), 19-34.

Capítulo 17: As alegrias da Comunidade da Terra

1. Erich Fromm, *Escape from Freedom* (Nova York: Rinehart, 1941), 183-4.
2. Viktor Emil Frankl, *Man's Search for Meaning*, 131 (ver cap. 1, n. 10).
3. "Hardwired to Connect" está disponível no site do Institute for American Values, <http://www.americanvalues.org/>.
4. Comission on Children at Risk, *Hardwired to Connect: The New Scientific Case for Authoritative Communities*, um relatório da comissão conjunta formada pelo Institute for American Values, pela Dartmouth Medical School e pela YMCA dos Estados Unidos (Nova York: Institute for American Values, 2003), 24-33.
5. Natalie Angier, "Why We're so Nice: We're Wired to Cooperate", *New York Times*, 23/7/2002, D1, D8.
6. Ver, por exemplo, o trabalho de Robert Putnam sobre capital social.
7. Thomas Lewis, Fari Amini e Richard Lannon, *A General Theory of Love* (Nova York: Vintage Books, 2001), 20-31.
8. Ibidem, 22-4.
9. Comission on Children at Risk, op. cit., 16-7.
10. Esta seção é baseada em Justin A. Frank, *Bush on the Couch: Inside the Mind of the President* (Nova York: Regan Books, 2004).
11. Viktor Emil Frankl, op. cit., 120-30.
12. Erich Fromm, op. cit., 19-20.
13. A síndrome do desamparo adquirido me foi descrita por Charlie Kouns, um professor de marketing e publicidade na Virginia Commonwealth University.
14. John C. Friel e Linda Friel, *The Soul of Adulthood: Opening the Doors...* (Deerfield Beach, FL: Health Communications, 1995), 32.

15. Erich Fromm, op. cit., 226.
16. William H. Thomas, "What is Old Age For?", *YES! A Journal of Positive Futures*, outono de 2005, 12-6.
17. A definição destes princípios também se beneficia de apresentações de Janine Benyus e Elisabet Sahtouris, dentre outras fontes. Ver também o cap. 7, "How Will We Conduct Business", in Janine Benyus, *Biomimicry: Innovation inspired by Nature* (Nova York: William Morrow, 1997).
18. Lynn Margulis e Dorion Sagan, *Microcosmos: Quatro Bilhões de Anos de Evolução Microbiana* (São Paulo: Cultrix, 2004).
19. Elisabet Sahtouris, "The Biology of Globalization" (1998), disponível no site LifeWeb, <http://www.ratical.org/LifeWeb/Articles/globalize.html>. Adaptado da primeira publicação em *Perspectives in Business and Social Change*, setembro de 1997.
20. Robert Kegan, *The Evolving Self: Problem and Process in Human Development* (Cambridge, MA: Harvard University Press, 1982), 19.
21. Ed Diener e Martin E. P. Seligman, "Beyond Money: Toward an Economy of Well-Being", *Psychological Science in the Public Interest*, 5, nº 1 (julho de 2004), 10, <http://www.psychologicalscience.org/pdf/pspi/pspi5_1.pdf>.
22. Ibidem, 3.
23. Ibidem.
24. Ibidem, 10.
25. Ibidem.
26. Alan Durning, coordenador do Northwest Environment Watch, mapeia a pesquisa em torno daquilo que ele chama de "economia da felicidade" em seu blog, <http://www.northwestwatch.org/scorecard>.

Capítulo 18. Narrativas para uma nova era

1. Michael Lerner, "Closed Hearts, Closed Minds", *Tikkun* 18, nº 5 (setembro/outubro de 2003), 10.
2. Jonathan Schell, *The Unconquerable World: Power, Nonviolence, and the Will of the People* (Nova York: Metropolitan Books, 2003), 106.
3. A versão mais abrangente e lapidada da nova narrativa sobre a prosperidade se encontra no relatório do International Forum on Globalization, editado por John Cavanagh e Jerry Mander, *Alternatives to Economic Globalization: A Better World is Possible* (San Francisco: Berrett-Koehler, 2004).
4. Para uma elaboração mais completa dos princípios subjacentes a sua aplicação às relações econômicas entre nações, ver International Forum on Globalization, op. cit., e David C. Korten, *The post-Corporate World: Life after Capitalism* (San Francisco: Berrett-Koehler, 1999).

PARTE V: O NASCIMENTO DA COMUNIDADE DA TERRA

Capítulo 19: A liderança da base

1. Margaret J. Wheatley, "Restoring Hope to the Future through Critical Education of Leaders", *Vimukt Shiksha* (um boletim do Instituto Shikshantar, People's Institute for Rethinking Education and Development, Udaipur, Rajastão, Índia), março de 2001, <http://www.margaretwbeatley.com/articles/restoringhope.html>.
2. Adaptado de David C. Korten, Nicanor Perlas e Vandana Shiva, "Global Civil Society (ver Prólogo, n. 8), <http://www.pcdf.org/civilsociety/>.

3. Para informação sobre a Business Alliance for Local Living Economies, ver <http://www. livingeconomies.org>. Ver também a edição especial sobre economias vivas de *YES! A Journal of Positive Futures*, outono de 2002, <http://www.yesmagazine.org/default. asp?ID=48>. Para maior discussão de alternativas econômicas para os Estados Unidos, ver Gar Alperovitz, *America Beyond Capitalism: Reclaiming our Wealth, Our Liberty, and Our Democracy* (Nova York: John Wiley & Sons, 2004); William Greider, *The Soul of Capitalism: Opening Paths to a Moral Economy* (Nova York: Simon & Schuster, 2003); e Michael Shuman, *Going Local: Creating Self-Reliant Communities in a Global Age* (Nova York: Free Press, 1998).

4. Para mais informações, consultar o Bainbridge Graduate Institute, <http://www.bgiedu. org>; a Co-op America, <http://www.coopamerica.org>; a American Independent Business Alliance, <http://www.amiba.net>; e o New Rules Project, <http://www.newrules. org>.

5. Jamie S. Walters, *Big Vision, Small Business: Four Keys to Success without Growing Big* (San Francisco: Berrett-Koehler, 2002).

6. Amanda Griscom Little, "Mayor Leads Crusade against Global Warming", *Grist Magazine*/MSNBC News, 20/6/2005, <http://msnbc.msn.com/id/8291649>.

7. John Nichols, "Urban Archipelago", *The Nation*, 20/6/2005, <http://www.thenation. com/doc/20050620/nichols>.

8. Ibidem.

9. Ver os sites da Apollo Alliance, <http://www.appolloalliance.org>; da Peace Alliance, <http://www.thepeacealliance.org>; e da Peace Alliance Foundation, <http://www.peacealliancefound.org>.

10. Michelle Conlin, "The New Gender Gap", *Business Week*, 26/5/2003, 75-84.

11. Clayton E. Tucker-Ladd, "Values and Morals: Guidelines for Living", cap. 3 de *Psychological Self-Help*, publicação na internet da Mental Health Net, <http://www.mentalhelp. net/psyhelp/chap3>.

12. Paul Nussbaum, "The Surprising Spectrum of Evangelicals", *Philadelphia Inquirer*, 19/1/2005, <http://www.philly.com/mld/philly/news/braking_news/119292621.htm>.

13. "Evangelical Leaders Adopt Landmark Document Urging Greater Civic Engagement", 8/10/2004, *press release* da National Association of Evangelicals; e Laura Goodstein, "Evangelicals Open Debate on Widening Policy Questions", *New York Times*, 11/3/2005.

14. National Association of Evangelicals, "For the Health fo the Nation: An Evangelical Call to Civic Responsibility", aprovado unanimemente pelo conselho diretor da Associação em 7/10/2004, <http://www.nae.net/images/civic_responsibility2.pdf>.

15. Laurie Goodstein, "Evangelical Leaders Swing Influence behind Effort to Combat Global Warming", *New York Times*, 10/3/2005, A14.

Capítulo 20: A construção de uma maioria política

1. Center for a New American Dream, pesquisa de opinião pública conduzida em julho de 2004 pela Widmeyer Research and Polling (Takoma Park, MD: Center for a New American Dream, 2004), <http://www.newdream.org/about/PollResults.pdf>.

2. Paul H. Ray, "The New Political Compass: The New Political Progressives are In-Front, Deep Green, against Big Business and Globalization, and beyond Left and Right" (versão para discussão, abril de 2002), 30, <http://www.culturalcreatives.org/Library/docs/New-PoliticalCompassV73.pdf>.

3. Center for a New American Dream, op. cit.

4. Center for a New American Dream, pesquisa de 1999, citada por Juliet. B. Schor, *Born to Buy: The Commercialized Child and the New Consumer Culture* (Nova York: Scribner, 2004), 185.
5. Betsy Taylor, *What Kids Really Want That Money Can't Buy* (Nova York: Warner Books, 2003), <http://www.newdream.org/publications/bookrelease.php>.
6. Pesquisa do Instituto Gallup, February Wave 1, 6 a 8/2/2004. Ver <http://brain.gallup.com/documents/questionnaire.aspx?STUDY=P04022008> para o instrumento de pesquisa. Os resultados podem ser encontrados na base de dados em <http://www.pollingreport.com/prioriti.htm>.
7. Chicago Council on Foreign Relations, *Global Views 2004: American Public Opinion and Foreign Policy* (Chicago Council on Foreign Relations, 2004), 15, <http://www.ccfr.org/globalview2004/sub/usa.htm>.
8. Pesquisa de opinião pública da ABC News e *Washington Post*, 9 a 13/10/2003, <http://abcnews.go.com/sections/living/US/healthcare31020_poll.html>.
9. Paul H. Ray, op. cit., 30.
10. Pesquisa de opinião pública Harris, nº 48, 10 a 14/8/2000, <http://www.harrisinteractive.com/harris_poll/index.asp?PID=108>.
11. Pesquisa do Instituto Gallup, 5 a 7/3/2001. Os resultados podem ser encontrados na base de dados em <http://www.pollingreport.com/enviro.htm>.
12. Paul H. Ray, op. cit., 30.
13. Center for a New American Dream, op. cit.
14. Chicago Council on Foreign Relations, op. cit., 19.
15. Ibidem, 36.
16. Center for a New American Dream, op. cit.
17. Aaron Bernstein, "Too Much Corporate Power?", *Business Week*, 1º/9/2000, 145-58.
18. Idem.
19. Pesquisa de opinião pública em 2002 feita pelo *Washington Post* citada por David Sirota, "Debunking Centrism", *The Nation*, 3/1/2005, 18.
20. Aaron Bernstein, op. cit.
21. Idem.
22. Pesquisa de opinião pública da *Newsweek*, realizada pela Princeton Survey Research Associates, 9 a 10/10/2003. Os resultados podem ser encontrados na base de dados em <http://www.pollingreport.com/politics.htm>.
23. Pesquisa de opinião pública da CBS News e *New York Times*, 10 a 13/5/2000. Os resultados podem ser encontrados na base de dados em <http://www.pollingreport.com/politics.htm>.
24. Pesquisa de opinião pública da CBS News e *New York Times*, 11 a 15/7/2004. Os resultados podem ser encontrados na base de dados em <http://www.pollingreport.com/institut2.htm>.
25. Pesquisa de opinião pública da CBS News e *New York Times*, op. cit.
26. Council for Excellence in Government, "America Unplugged: Citizens and Their Government", resultados de uma pesquisa de opinião pública realizada entre 21 de maio e 1º de junho de 1999 (publicada em 12/7/1999), <http://www.excelgov.org/index.php?keyword=a432c11b19d49>.
27. Pesquisa de opinião pública Harris, nº 18, 10/4/2004, <http://www.harrisinteractive.com/harris_poll/index.asp?PID=447>.
28. Informação sobre a reverência às crianças e o Covenant for Honouring Children está disponível em <http://www.troubadourfoundation.org>. A canção "Where We All Belong", que pode ser obtida através da Troubadour Foundation, foi escrita e gravada por Raffi Cavoukian para promover a Carta da Terra.

29. Bernardette D. Proctor e Joseph Dalaker, *Poverty in the United States: 2002* (Washington, D.C.: US Census Bureau, setembro de 2003), <http://www.census.gov/prod/2003pubs/p60-222.pdf>.
30. Ronald E. Kleinman et al., "Hunger in Children in the United States: Potential Behavioral and Emotional Correlates", *Pediatrics* 101, nº 1 (janeiro de 1998), <http://pediatrics.aappublications.org/cgi/content/full/101/1/e3>.
31. J.M. Twenge, "The Age of Anxiety? The Birth Cohort Change in Anxiety and Neuroticism, 1952-1993", *Journal of Personality and Social Psychology* 79 (2000): 1007-21.
32. Comission on Childern at Risk, *Hardwired to Connect*, 68 (ver cap. 17, n. 4).
33. Committe for Community-level Programs for Youth, National Research Council e Institute of Medicine, Jacquelynne Eccles e Jenniffer Appleton Gootman (orgs.), *Community Programs to Promote Youth Development* (Washington, D.C.: National Academies, 2002), <http://www.nap.edu/catalog/10022.html>.
34. Comission on Childern at Risk, op. cit., 8
35. Ibidem, 42-3, 68.
36. Michelle Conlin, "UnMarried America", *BusinessWeek*, 20/10/2003, 106.
37. Comission on Childern at Risk, op. cit., 41.
38. UNICEF, *State of the World's Children 2005* (Nova York: UNICEF, 2004), segunda capa, <http://www.unicef.org/sowco5/english/sowco5.pdf>.
39. Baseado em Sharna Olfman, "Introduction", in Sharna Olfman (org.), *Childhood Lost: How American Culture is Failing Our Kids* (Nova York: Praeger, 2005), xi-xii.
40. Center for a New American Dream, "Facts About Marketing to Children", s.d., <http://www.newdream.org/kids/facts.php>.
41. Juliet. B. Schor, op. cit., 23.
42. Ibidem, 48. Schor fornece numerosos exemplos destes e de outros tipos de publicidade de baixo nível, 39-68.
43. Ibidem, 69-97.
44. American Psychological Association, "Report of the APA Task Force on Advertising and Children: Psychological Issues in the Increasing Commercialization of Childhood", 20/2/2004, <http://www.apa.org/releases/childrenads.pdf>.

Capítulo 21: A liberação do potencial criativo

1. Ver o site da organização, <http://www.americaspeaks.org>.
2. Ver o site do Center for Voting and Democracy, <http://fairvote.org/>, para informação sobre a decisão de votações, representação proporcional e outras reformas eleitorais.
3. Sally Goerner, "Creativity, Consciousness, and the Building of an Integral World", in David Loye (org.), *The Great Adventure: Toward a Fully Human Theory of Evolution* (Albany, NY: State University of New York Press, 2004), 153-80; ver especialmente 175-9.
4. Para mais informações sobre o Campus Compact, ver o site <http://www.compact.org/>.
5. Para mais informações sobre Democracy Collaborative, ver o site <http://www.democracycollaborative.org/>.

Capítulo 22: Mude a história, mude o futuro

1. Berry, *Great Work* (ver cap. 4, n. 2), 1, 159.
2. Puanani Burgess, in Jack Canfield et al., *Chicken Soup from the Soul of Hawai'i: Stories of Aloha to Create Paradise Wherever You Are* (Deerfield Beach, FL: Health Communications, 2003), 215.

3. A principal missão da revista *YES!* é compartilhar histórias desses grupos (ver http://www.yesmagazine.org/). Para outras fontes excelentes que tratam dessa e de outras importantes experiências internacionais, ver David Suzuki e Holly Dressel, *Good News for a Change: How Everyday People are Helping the Planet* (Vancouver, BC: Greystone Books, 2003); Frances Moore Lappé e Anna Lappé, *Hope's Edge: The Next Diet for a Small Planet* (Nova York: Jeremy P. Tarcher/Putnan, 2002); e International Forum on Globalization, *Alternatives to Economic Globalization*, 253-67 (ver cap. 18, n. 3).
4. Larry Rother, "With New Chief, Uruguay Veers Left, in a Latin Pattern", *New York Times*, 1/3/2005, A3.
5. Vandana Shiva, entrevistada por Sarah van Gelder, "Earth Democracy", *YES! A Journal of Positive Futures*, inverno de 2003, disponível em <http://www.yesmagazine.org/article.asp?ID=570>.

Sobre o autor

O dr. David C. Korten trabalhou por mais de 35 anos nas mais destacadas instituições acadêmicas, de desenvolvimento internacional e de negócios antes de abandonar o *establishment* para se dedicar exclusivamente a grupos sociais de interesse público. É cofundador e membro do conselho do Positive Futures Network e da revista *YES! A Journal of Positive Futures*; fundador e presidente da People-Centered Development Forum; associado ao International Forum on Globalization; e membro do Club of Rome. Trabalha nos conselhos da Business Alliance for Local Living Economies e do Bainbridge Graduate Institute.

Korten obteve os títulos de mestre e doutor na Stanford University Graduate School of Business. Especializado em teoria da organização, estratégia de negócios e economia, dedicou a fase inicial de sua carreira à fundação de escolas de negócios em países de baixa renda — começando pela Etiópia —, na esperança de que criar uma nova classe de empresários profissionais seria a chave para eliminar a pobreza no mundo. Concluiu o serviço militar durante a Guerra do Vietnã, como capitão da força aérea americana, com honras na Special Air Warfare School, no comando dos quartéis-generais da força aérea, na Secretaria da Defesa e na Advanced Research Projects Agency.

Passou então cinco anos e meio na Harvard University Graduate School of Business, onde lecionou administração na graduação e em programas de mestrado e doutorado. Foi ainda conselheiro da Harvard University no Instituto Centroamericano de Administración de Empresas, na Nicarágua. Juntou-se logo depois à equipe do Harvard Institute for International Development, onde coordenou um projeto patrocinado pela Ford Foundation para fortalecer a organização e a administração dos programas nacionais de planejamento familiar.

No final de 1970, Korten deixou o meio acadêmico dos Estados Unidos e se mudou para o sudeste da Ásia, onde viveu por quase 15 anos, trabalhando primeiro como especialista em projetos da Ford Foundation, e depois como conselheiro regional para a Ásia em desenvolvimento empresarial para a U.S. Agency for International Development (USAID). O trabalho desenvolvido lá lhe deu reconhecimento internacional por suas contribuições na criação pioneira do desenvolvimento de estratégias de intervenção para a transformação da burocracia pública em sistemas de apoio dedicados ao fortalecimento do controle e do gerenciamento do solo, das águas e dos recursos florestais por parte das comunidades.

Cada vez mais preocupado com o fato de que os modelos econômicos assumidos pelas agências oficiais de auxílio estavam aumentando a pobreza e a devastação ambiental, e também com o fato de que essas agências são resistentes a mudanças internas, Korten rompeu com o sistema oficial de auxílio. Seus últimos cinco anos na Ásia foram dedicados ao trabalho em parceria com líderes das organizações não governamentais asiáticas para a identificação das causas da falha no desenvolvimento da região e no fortalecimento da capacidade das organizações da sociedade civil para atuar como catalisadoras de mudanças positivas em nível nacional e global.

Korten se deu conta de que a crise de aprofundamento da pobreza, da desigualdade, da devastação ambiental e da desintegração social que ele observou na Ásia estava agindo em quase todos os países do mundo — incluindo os Estados Unidos e outros países "desenvolvidos". Além disso, concluiu que os Estados Unidos estavam promovendo ativamente — em casa e no exterior — as mesmas políticas que vinham aprofundando a crise. Para que a humanidade tivesse um futuro positivo, os Estados Unidos precisavam mudar. Voltou a seu país em 1992 para compartilhar com os colegas americanos as lições aprendidas no exterior.

As publicações do dr. Korten são leitura obrigatória em diversos cursos universitários em todo o mundo. Entre seus livros mais conhecidos estão os *best-sellers* mundiais *When Corporations Rule the World* e *The Post-Corporate World: Life After Capitalism*. Colabora regularmente com outras publicações, como livros, jornais e uma ampla variedade de periódicos. Palestrante de renome internacional, é também constantemente convidado para participar de programas de rádio e televisão.